春　水

徐 策／著

文匯出版社

序

赵丽宏

我小时候住在苏州河南岸，河对岸的河滨大楼，是当时上海最大的公寓楼。这幢由犹太人沙逊建造的七层楼公寓大楼，占地超过一个足球场，曾被誉为"亚洲第一公寓"。童年时代，我无数次眺望这幢大楼，也曾无数次经过它面向苏州河的显赫大门，好奇地往里窥望，看不真切，是一个神秘幽深的世界。我没有机会走进这幢大楼，但这幢巨大的楼房里，到底发生了什么，对我而言，一直是一个谜。

最近，读了徐策的长篇小说新作《魔都》。这部小说像一幅篇幅浩繁的工笔长卷，精细生动地剖露了苏州河畔的一段历史，为我解开了河滨大楼之谜。《魔都》是徐策长篇三部曲的第二部，这个长篇三部曲，就是围绕着河滨大楼来写的。第一部《上海霓虹》，写的是四十年代末到六十年代初，《魔都》写的是六十年代中期，也就是那场史无前例的浩劫。

这是一部有着极其鲜明特色的海派长篇，小说中的情节描述、人物对话，有明显的上海腔。小说的叙述风格，绵密周到，不厌其烦，如评弹说书，细流涓涓不绝蜿蜒；如苏绣织锦，针线密集百色交汇；也像无微不至的工笔线描，不仅把复杂的故事情节交代得滴水不漏，也把人物的音容和内心刻画得细致入微。作者不慌不忙地讲着他的故事，读者却不会嫌其繁琐絮叨，因为，这些精微的描述，剖析人性，关乎生死，无不紧扣着人物跌宕的命运。小说如现代版的《清明上河图》，徐徐缓缓地展开，引人入胜，让读者随着这些带着上海味道的文字，走进河滨大楼，窥见大楼里的杂色人生，见识那个匪夷所思的时代。

小说中，一个时代的风云变幻，几代人在这个时代中的挣扎沉浮，汇聚在一幢大楼里。河滨大楼里的人物形形色色，不同的阶层，不同的职业，不同的性情。有住在豪华套房里的富商、高官、外国侨民、医生、名演员、围棋国手、大学教授、摄影师，也有住在辅楼小屋中的娘姨、帮佣、裁缝、富人的乡下穷亲戚。特殊时期，大楼里的所有居民命运都遭突变。在喧嚣混乱中，人性扭曲，河滨大楼像一个超级大舞台，演出了一幕幕超出现代人想象的人间荒诞剧。

读《魔都》时，我想起苏联诗人马雅可夫斯基的一首诗。他访问美国，在纽约的摩天大楼外面遐想，大楼的每间房间里正在发生什么？他在诗中想象自己劈开了一幢大楼，使里面的每一间房间都暴露无遗，暴露的瞬间，呈现的是一片泛滥的欲望之海。这是诗人的幻想。《魔都》中的河滨大楼，也像是一幢被剖开的建筑，所有曾经私密的房间都公之于众，但这种公开，不是一个瞬间，而是一个漫长的时代。每个房间里发生的故事都不一样，每个房间的主人都无法掩藏自己的隐私。马雅可夫斯基刀劈摩天楼，表达的是对西方生活的鄙夷，而徐策的小说对河滨大楼的剖露，则是折射了一个时代深刻的悲哀。

《魔都》为读者展现的，并非都是世道的灰暗和人性的扭曲；人间的情爱，人心中对美好的憧憬和追求，在艰难时世没有被扼杀淹没，很多这样的细节，如珍珠嵌在混浊的泥流中。小说中贯穿始终的重要人物祖鸿和娇鹂，他们的恋爱经历了辛酸曲折的过程，却不乏人性的亮色。竟然还有这样的景象："外面铜鼓咚咚敲……但关上窗子，窗帘一拉，并不妨碍老婆婆与儿女们用喷银的茶壶，煮上一壶格雷爵士红茶，细细一注，咕噜噜泻入骨瓷杯里，喝下午茶。母女们交流，只说英语……"

医院、大学、里弄居委、宾馆、商场……在小说中，建筑和人一样，是有生命的。《魔都》中的河滨大楼，在作者的笔下发出奇妙的喘息。随着故事的展开、人物的活动，小说中不时会出现对建筑风格的描绘，门厅、电梯、走道、阳台、游泳池、豪华的套间客厅、逼仄的辅楼小屋，让读者如临其境。

《魔都》的故事情节，以河滨大楼为中心，向城市的四面八方辐射。小说中出现的很多地方和场景，都是我熟悉的：苏州河，天妃宫，邮政总局，河滨公园，曙光电影院，外白渡桥，外滩，市立医院，上海大厦，和平饭店，南京路，虹庙，中央商场，西郊公园，万国公墓……徐策对这些地方的描绘，生动、细腻、准确，有些场景，也是我在那个时代曾经亲历的。读这部小说，引起我很多回忆和共鸣。

徐策的创作态度是严谨的。他写上海的长篇小说三部曲，篇幅超过百万字，可以说是史诗式的叙写。而这样的史诗，凝集在一幢大楼中，我们可以从中读到一个时代真实细致的悲欢沧桑。这部小说的价值和意义，就在于此。徐策是一个沉得住气的作家，他默默地写着，不事张扬，写河滨大楼的两部长篇小说出版后，似乎没有被太多人关注。但我相信，这样的小说，一定是有生命力的，对于上海这座城市，它的价值和意义，不应被忽视。

河滨大楼在二十世纪七十年代末被加高了三层，变成了十层大楼，随后又迁入无数新居民。这幢大楼的居民的命运，一定也在随着时代的变迁而发生各种变化。在徐策的第三部长篇中，大概会看到这种变化吧。我很期待。

目录

引子

上部

第一章　1. 防空洞 …… 009
　　　　2. 泥砖 …… 013
　　　　3. "棺材" …… 019

第二章　1. 缝纫间 …… 023
　　　　2. 出事了 …… 028

第三章　1. 太平间 …… 031
　　　　2. 不速之客 …… 037
　　　　3. 对弈 …… 048

第四章　1. 师徒 …… 053
　　　　2. 国手之死 …… 061

第五章　1. 假山 …… 063
　　　　2. 塌方 …… 069
　　　　3. 叫天不应，叫地不灵 …… 071

第六章　1. 陪护 …… 074
　　　　2. 门里门外 …… 081
　　　　3. 传呼电话 …… 086

第七章　1. 痊愈 …… 093
　　　　2. 遇见 …… 096

第八章　1. 桥 …… 103
　　　　2. 瑜荪 …… 108

第九章　1. 箱子间之争 …… 114
　　　　2. 富阿婆斗法 …… 116

第十章　1. 窦婉芷 …… 123
　　　　2. 煤气灶前 …… 131
　　　　3. 老崔 …… 135

第十一章	1. 登门拜访 …… 138	
	2. 英国老太 …… 142	
第十二章	1. 劝导 …… 152	
	2. 访病 …… 160	
	3. 信 …… 164	
第十三章	1. 晨昏之间 …… 172	
	2. 电梯旁 …… 184	
第十四章	1. 老屈 …… 189	
	2. 女画家的房间 …… 193	
第十五章	1. 田野 …… 198	
	2. 给叔叔的信 …… 202	
第十六章	1. 灼热之夏 …… 206	
第十七章	1. 铁路 …… 217	
	2. 绿皮车厢 …… 223	
第十八章	1. 沸腾的墓场 …… 229	
	2. 信徒曾翠玉 …… 237	
第十九章	1. 灵歌 …… 241	
	2. 苏州河之波 …… 249	
第二十章	1. 过继 …… 254	
	2. 靶子山 …… 257	
第二十一章	1. 礼拜六 …… 262	
	2. 景萱 …… 265	

下　部

第一章　　1. 秉逊归来 …… 277
　　　　　2. 安东尼奥尼 …… 285

第二章　　1. 桥头 …… 294
　　　　　2. 忧喜参半 …… 301

第三章　　1. 夜未央 …… 309
　　　　　2. 北大荒 …… 316

第四章　　1. 翻盘 …… 330
　　　　　2. 十月 …… 340

第五章　　1. 大游行 …… 353
　　　　　2. 三姊妹 …… 363

第六章　　1. 转折点 …… 371
　　　　　2. 一纸文书 …… 382

第七章　　1. 过堂 …… 389
　　　　　2. 恨悠悠 …… 400

第八章　　1. 死 …… 411
　　　　　2. 北方以北 …… 416

第九章　　1. 加层 …… 429
　　　　　2. "流水席" …… 440

第十章　　1. 契阔 …… 446
　　　　　2. 尾声 …… 457

跋 …… 467

引　子

1948年，洋人陆续搬离河滨大厦，药界实业家席秉逊瞄准时机，用金条顶下了七楼的大套房。随席家一同搬来的，还有亲外甥祖堃。这个"外甥皇帝"运气颇佳：早些年为逃壮丁投奔娘舅；到了婚配年龄，娘舅做主为他回乡娶亲，并将配有的一间佣人房也让给了他。有了栖身之地，祖堃赶紧把小娇妻阿姣接了出来，这一年刚好上海解放。初来乍到，乡下佬阿姣对眼前的一切无不新鲜惊异：巍峨、洋气的高楼公寓，带烤箱的煤气灶、抽水马桶和英国铸铁浴缸；阳台外，邮政总局塔楼雕像，海关大钟报时声声入耳，苏州河上，船来船往。阿姣交上好运，令乡亲们着实歆羡不已，就是她自己也会睡梦里笑出声。虽然处在幸福和兴奋之中，偶尔也有小小的不如意。其一，男方足足大她十三岁，结婚前原来大家都瞒了她；其二，房间只有四个半平方米，还是筒子楼，简陋拥挤，与体面气派的前楼公寓简直没法比。

阿姣要面子，穿着打扮倒也换得快，不出个把月，乍看已是一位顶呱呱的上海少妇了。但秉性使然，做惯了闲得发慌。一天，她在娘舅家吃完中饭出来，碰巧在垃圾间邂逅了多年前走失的婶婶——宝魁嫂。"洋阿妈"宝魁嫂受托，刚巧一个洋东家要帮佣，就把侄女引荐了去。瞒着大家，阿姣悄悄当起了"地下阿妈"，虽然时间不长，少不了受些委屈甚至屈辱，毕竟也让她开了眼界，还会了些西式烹调。两年之后，她揽下娘舅家所有的活，买菜、烧饭、保洁，包括接送表亲上下学。尽管不识字，她竟把菜钿算得分毫不差。娘舅夸奖阿姣聪明，什么事情一教就会，只可惜没念过书。另外她的名字也太土，于是大笔一挥，改成洋气十足的"娇鹂"。由于名字的繁体字异常繁复，要一笔不漏异常困难，故而她从来就没把笔画写全过。

娇鹂勤快能干，肯吃苦，细活粗活一脚踢。如此一来，娘舅家除了杏花大嬷，原先雇的另三个娘姨就没必要留着了。这其中，就有逃了婚、从苏州河里漂上岸的小大姐阿香。娇鹂不以繁重的家务活为苦，反而因"不吃白米饭"心满意足，笑脸如花。娘舅一家老少对她称赞有加，她甚至跟小表弟冬冬也有私谊。

娇鹂只满足于娘舅家这一方小天地。不料，参加扫盲班，使她看到了"外面的世界"。正值抗美援朝热潮，各家各户纷纷义务捐献，娇鹂把手指间那枚方戒也捐了。就在与冬防队（后改为居委会）来往之间，娇鹂得到了戚大姐的许多帮助，听说她们帮冬防队做事、办托儿所不拿一分钱，不由更加钦佩。

其时，祖堃返乡时因逞强，骑脚踏车俯冲下山跌伤了，险酿大祸，惹娘舅生气。挂了长途向小外甥祖鸿问事由，方知祖堃此行其实是自掏腰包，为爹娘、爷爷奶奶修坟的，由此转怒为喜。绍兴风俗"冬至大如年"。秉逊破例开了一瓶红葡萄酒，把外甥修坟的事大大夸奖了一番，接着捣鼓起他的那本发家经和家训之类。娘舅醉得一塌糊涂，他们姐弟情深，作为资深药剂师，对亡姐怀着深深的眷念、歉疚与遗憾。众人劝不住，还是娇鹂懂得娘舅，一番话让他释怀解颐。转眼间，娇鹂嫁到上海三年多了，特别惦记娘家亲人。这时正好函告母亲病危，便请了假赶紧回乡。难得回一趟娘家，不料烦恼不断：先是被猜忌私拿东西，后又被怀疑探病有诈，甚至连母亲差点病死的事，竟以为也是假的。眨眼之间，去娘舅家仿佛掉进了冰窖，舅妈（乡下称作妗姆）更是冷言冷语。得知原委后，娇鹂发誓再也不会踏进妗姆的家门。其时，工商界"打老虎"开始了。风波中，秉逊一度想不开欲寻短见，娇鹂不顾怀孕之身，为解救娘舅立下了头功，舅、甥双方误解冰释，两家和好如初。不久，妗姆仙逝。发妻到底是发妻，生前早就为丈夫留好了退路：等他败家丧业之后，垂暮还有一笔资财度此残生。忠仆杏花大嬷成了唯一的秘密的守护人。

　　祖堃夫妇的小日子虽然滋润惬意，但哥哥想到弟弟孤苦伶仃，还在乡下受苦，心里难受。终于，祖鸿被接到上海来了，可房间太小，他只能睡在半露天的过道里，冬天寒风彻骨。尽管如此，兄嫂一家和小叔子同在一个屋檐下，其乐融融。由于弟弟从小无爹无娘寄人篱下，如今来到身边，哥哥自然对他加倍宠爱，还大包大揽其念大学、娶媳妇的事，作为一种补偿。这超常的手足之情，娇鹂尽管能够理解，却也不无妒意。祖鸿也没有辜负哥哥的厚爱：大学毕业，进了银行工作；获得了女朋友景萱的芳心，热恋中的爱侣情投意合，订了婚，打算结婚。这两桩事，都是当哥哥的格外看重和欣喜的。殊不料，祖堃情感迷失，卷入了一场婚外情漩涡。女方叫单苏，娘舅获知后棒打野鸳鸯散，并将其收为过房女儿；娇鹂虽然感情受伤，但还是宽宥了丈夫，使他回归家庭。更让人难以置信的是，灾荒年间，祖堃误食带有肝炎病毒的伊拉克蜜枣，后被夺走了性命。临终前，肝腹水浑身水肿的丈夫向妻子双膝跪倒，流泪哀嚎："家恕娘，一百廿个对不起啊！我没给你享什么福，想不到，这千斤重担今后要你挑了，你怎么压得起啊？我对不起你、对不起你呀！我就是死了也闭不上眼啊！"亡夫给年仅三十的娇鹂留下四个孩子，一身债。

　　娇鹂发誓用一辈子的代价，完成丈夫的未竟之志：把孩子培养成人，让他们受好的教育，知书达理。然而，万没料到的是，祖堃还嘱托胞姐、姐夫作证，留给了他妻子、弟弟一项难以接受、无法面对的使命：叔接嫂。这一古老的绍兴风俗，多少有些野蛮的成分。尤其对娇鹂和祖鸿来说更是残忍，因为他们尽管差不多同庚，又长期生活在一个屋檐下，长嫂代母，加上他们兄弟异常深挚的手足情义，在伦常分际之内，使嫂子与小叔更多了一份正常的家族亲情、相知与尊敬。何况，一向受恩于兄嫂的祖鸿，自哥哥罹灾一病不起，家道中落，他就毅然忍痛悄悄与未婚妻分了手，专心侍奉病兄，并守志用一己之力，帮助嫂嫂渡过困厄，以报偿他哥哥的高天恩情。不久，胞姐、姐夫执行了遗嘱。突然之间，使娇鹂、祖鸿陷入了极度的恐慌、错愕、尴尬、痛苦之中，由叔嫂关系瞬时转换为未来的夫妻，这种转变生硬而又残酷。然而，出人意料的是，"天意难违"，娇鹂、祖鸿他们俩竟然都顺从了命运的安排——至少是在口头上。由于正值居丧期间，谈婚论嫁显然不合适，于是，这事暂时被搁置起来。

十八岁从绍兴乡村嫁到上海，三十岁守寡；抚养四个亲生子女、一个孤女——后者为单苏托孤，据说是祖垫婚外的女儿；半文盲，斗大的字识了没几个，却毅然担负起亡夫遗托，矢志要让子女们读书成才变"上等人"；在知识分子成堆的市立医院里当个打杂的后勤人员，后转缝纫组，临时工十几年老也转不了正；好心姊妹劝她"扔掉子女包袱"，趁着年轻改嫁，虽不无择偶良机，但娇鹂的心底却为小叔子祖鸿留好空位……五个孩子六张嘴，单靠一个临时工微薄的四十元薪资哪里够？她不求人，不喊苦不叫冤，不自轻自贱不走歪门邪道不放弃人格底线，而是靠自己的两只手，想方设法化解困厄，甘冒风险走层串楼缝缝补补"接私活"；缝纫机被没收了，靠卖血贴补生活；尽管极度贫穷，却从不沮丧失望自卑，自称"牛瘦角不瘦"，苦日子过得有滋有味。而且，信守承诺，得人涓滴涌泉相报。

一场狂风骤雨不期而至，叔嫂之恋处在风雷激荡、风刀霜剑之下。与此同时，作为冰山一角，河滨大厦的各色人等也在苦熬苦撑。他们分别是：民族资本家席秉逊和窦婉芷伉俪；民国围棋大师缪镜吾以及他的女儿缪独伊，她曾是大厦扫盲班老师、热心公益；头牌花旦佟颖倩；世家子弟项炳其；包括原银行家骆老头；殷实人家、追梦好莱坞黑白片的谭家婆婆倪老太；迷迷糊糊分不清现实与梦幻，坚称"英国老板（沙逊）"回来了、雅号叫"小笼馒头"的孃孃……祖鸿、娇鹂情感里苦海行舟，不知不觉，却与大家都在河滨大厦这条船上颠簸着，风雨同舟，同船共命。浊浪滔天乌云压城。然而，面对风暴，老公寓人们置生死于不顾，其身上的潜质一下子放出灼眼电光：荣誉和尊严，它的重要性甚至超过生命！

　　流光易逝。说好的婚事被搁下了，谁知一拖就拖了三年多。其间，娇鹂感情上要么不冷不热按兵不动，要么半推半就举棋不定，就是好不容易约会西郊公园，却被景萱搅了局，遂使感情指数暴跌进入"冻土带"。再到烧香虹庙回暖，娇鹂第一次踏进祖鸿的屋子。祖鸿尽管为她"赖婚"牢骚腹诽，但还毅然与嫂子一起担当生活，化解困厄，养育孩子。当他身陷"牛棚"，以戴罪之身一封敞开心扉的书信，撬开了嫂子欲放还收、忐忑游移的坚守。眼看有情人终成眷属，却被东窗事发打断：祖鸿与旧恋人景萱出于好心，欲从银行违规取出娘舅被造反派冻结的存款，败露后致使三人同台挨斗挨批。苦中更苦的是，嫂子竟发现小叔原来旧情未断，他们居然在众目睽睽风声鹤唳中，上演一出"是我错"。

　　祖鸿和娇鹂的苦恋碰撞中，有好几个回合给人留下较深印象：小姊妹林翡凰频频做媒，让娇鹂"扔掉孩子包袱"改嫁，而她却因拿不定主意到底与小叔子赴不赴约，心乱如麻，以致切菜刀误伤了指头差点丢饭碗；虽然闹误会错怪了祖鸿、景萱，被羞辱的狂怒中，却还心细如发，留下手帕暗示已离开让祖鸿不必白等白耗；为摆脱丑闻缠身两难境遇，把私生女接来后，留了个心，故意延宕不让"叔接嫂"成其好事；当获知祖鸿打算放弃后代，作为"精神父亲"希望能培养侄儿成才时，害怕再生孩子的娇鹂猛一下被戳中了柔软处。感动中，她祈盼着一场爱情长跑应该抵达终点了。

　　然而，此时发现祖鸿旧情未断，等待娇鹂的却是当头一棒。显然，"叔接嫂"又被搁置起来，接下去会怎样呢？只有天晓得。

上　部

第一章

1. 防空洞

门外,蓦地响起窸粒窣落的声音。开门一看,有一大群人蹑手蹑脚走来,老头老太居多,他们个个绷紧着脸,大气不敢喘。接着队伍朝二楼走廊的两边散开,大家蹲下身子,或坐在随手携带的小板凳上,并纷纷用湿毛巾捂鼻。可毕竟上了年纪,静悄悄中也未免有几声此消彼长的低咳。事后才知道,原来这是在防空演习。1971年的上海,差不多到处掘战壕、挖防空洞,遍地开花。然而,河滨大厦到底不一样,它异常坚固,防震防火。据说当初为夯实地基,成批的洋松一根接一根打下去,要打在地层深处,其深度等于建筑物的高度。何况,大厦还有两层混凝土地下室。由于这个缘故,战壕、防空洞这儿不光用不着,毋宁说,大楼下面都可以当作防空洞,假使真打仗了,轰炸肯定是炸不到那里的。缘于此,为落实"备战备荒"的要求,人防部门事先并不告知,突然组织大队人马,进行模拟演练。

几分钟后,"警报"解除,大家都舒了一口气。宣布解散的话音刚落,仿佛立刻记起什么,忙补充说:接下去自愿参观大厦的地下室,没硬性规定,想去的去,不想去的可以不去。说话的是居委会戚大姐。应者寥寥。倪老太身子不方便,特为带了只帆布马扎。她穿着中式丝绵棉袄,隐花旧织锦缎罩衫,受到背部不匀称隆起的驼峰的牵绊,衣服不怎么服帖,但立领间蝶翅似的小白绢方巾,却始终那么周正。旁边,谭家婆婆上前搀了她一把。随后,挽起好姊妹的胳膊打算一块走,似乎想告诉一件只有她俩才能互通款曲的事,但倪老太却婉拒了,因为她走路素来靠一只手放在脚馒头当支点，自然要慢一些。她旁边，是一对老亲家窦婉芷和罗紫琳，后者自家的独栋洋房不能住了，苦苦央求，靠熟人通融，大楼房管所答应权且在亲家那里住下，报了临时户口，好歹让老夫妻有个栖身之所。而且，与儿子、媳妇住在一起，饮食起居也有个照应。却怎么也没料到，女亲家席秉逊在提篮桥一关就是好几年。一年前，儿子瑜荪又给隔离了。

罗紫琳暗暗叫苦，时时为亲家和儿子祷告，祈求主保佑他们平安回来。罗紫琳变得越发虔诚了，虽然在旁人看来她似乎并无二致：既不拿个烫金小本本，也不画十字，更不会与其他信徒"交通"。老年人蹲久了简直站不起来，亲家搀了她一把，她起身时膝盖"咔"地一响。换一个人听了，绝不会作他想，而她却兀自惊喜起来，把这声"咔"当作是上苍对祈祷语的某种感应。正巧，曾翠玉姊妹从身旁像一缕清风般走过，回眸中朝她点了点头，有一道亮光在眼里一闪。很久以前，她们时常会在景灵堂做礼拜、布道时遇见，偶尔也会登门互访，但自从景灵堂被封后，这一切都结束了。

这时，老庞大步流星走上前。尽管遇上不少烦心事，看上去一副运动员身坯还那么硬朗矫健，蜡蜡黄的指缝间不忘记撸着三颗锃锃亮的铁球，又大又沉，滚呀滚的，很奇怪怎么总不掉下——砸在脚趾上可不是玩的。一年多过去了，没少上医院，也没少找来偏方自熬汤药，可他的花皮肤非但没减轻，反而更厉害了。他前面有两位老先生慢条斯理并排走着，挡着道，过不去。他们偶尔聊句把什么话，一唱一和，兴味处忍不住嘿嘿一笑，仿佛立刻注意到大庭广众影响不太好，忙收敛住。这两人，高个子的叫凌之轲，矮胖的叫夏臻合，曾经都有过一段留洋经历，使他们更多了些共同语言；这样的老先生大楼里真还不少，慢慢就形成了一个个小圈子，差不多每礼拜大家都要聚一聚，喝咖啡、聊天、打桥牌。不过，这都是四五年前的旧事了，因为年景不对，这份闲趣早就放弃了。夏臻合边说边走，仿佛谈及某件事很无奈，摆了摆梳得一丝不苟的脑袋,视线凑巧与不远处的缪老先生碰在一起,忙颔首打了个招呼。私下里聚会不好,桥牌也不打了,倒并不妨碍有时到缪家去下几盘围棋,杀杀瘾。他颇有自知之明,晓得与缪老先生绝对不在一个层次上;去缪家只是跟那里的围棋爱好者交交手,或者翻一翻最新一期的日本围棋杂志《围棋新潮》或《棋道》。

长走廊上人也真多,肩膀擦肩膀。老庞性子急,嫌前面两位走得太慢,刚好左手边有了半肩来宽的空隙,他侧了侧身赶紧超过去。谭家婆婆正拉住汪琪芳的手说着什么,这时一只摊开的手掌伸过来,掌间几个大铁丸子咔嗒作响,铁球在指缝边缘转悠,险些掉落。她们一看,唬得赶快避闪,对方却毫不在意,只咕噜了声"借过"或"对不起"之类,走远了。吃了惊吓,她们对视一下,也许都觉得刚才的反应有点过,不禁又好气又好笑。这两位,一个上了点年纪,一个比她略微年轻好几岁,但看得出都是来自知识分子家庭,衣着素雅整洁,落落大方。又回到原先的话题上,谭家婆婆低声问:"嗳,你家做砖头的模具是问谁借的呀?等你用好了,能不能借给我?交货日期快了,啊呀,真急死人。"汪琪芳告知模具是跟楼上英国老太——老婆婆借的,忙噗嗤一笑,补了句:"我也是额角头高,上家赶工期匀出点时间。否则,靠排队不知要排到几时呢。"谭家婆婆叹了声,只得等下了地下室,顺便再问一问戚大姐了。

前面,墙壁暗幽幽的,木质刻花镜框线上,一只长方形乳白色磨砂玻璃罩里映出猩红的字:"太平门"。许多大楼内的住户,一直误把太平门当成了太平间,停死尸的地方,路过这里每每会发生惊悚感,小朋友一个人根本不敢走。其实,它只是普普通通的消防通道。不过之所以害怕,也不无来由。靠近河南路桥,这里下面的零楼有个大门,叫做D字门。它里面的门厅、石级,和左右各有一部美国OTIS手动电梯,其整个面积、构造、装饰、功能与C字门一模一样。可以想见,当年在河滨大厦作为出租式公寓的鼎盛期,灯火通明,香气氤氲,宾客盈门，人们多半就是顺着沿北苏州路的 D 和 C 两个门厅进进出出的。所有走廊上，铺着红地毯。大门前，永远雕塑般站着敦实黧黑满嘴胡须的红头门警；厅堂里，一身崭新制服、快步如飞的仆欧替客人推着行李车或拿行李，迎来送往，小汽车、三轮车、黄包车早已停在门口。解放后，D 字门一楼成了第一人民医院的分部，开设了包括外科、中医科在内的好几个诊室。医院分部纯粹是一个封闭系统自行进出，与大楼毫不相干。再后来，随着医院搬走，D 字门便被废弃了，只有各条晦暗走廊上的太平门，似乎还跟一段湮灭的历史相通。至于太平门怎么以讹传讹，变成了太平间，就不得而知了。

老头老太们步履杂沓，轻轻松松过了太平门，没有丝毫的异样感觉——如果有，那也是冷不丁疏散隐蔽，让假想中的空袭给吓的。有些岁数大的人感觉迟钝，意识含混，简直分不清现实与幻象，常常游走在半梦半醒之间。譬如说，"小笼馒头"孃孃这些人，一听说苏修狗急跳墙，可能会掼炸弹甚至原子弹，就当了真。

过了穿堂，顺着长廊再走几分钟，就是 C 字门电梯厅了。这大队人马中，有的住三楼、四楼，有的住六楼、七楼。由于这种英国式大楼的做派，底层是零楼，一楼要从实际上的二楼算起；加之每层楼的层高有三米多，上楼不坐电梯恐怕吃不消，尤其这儿大多是老年人。然而，自从"进驻河滨大厦一百天"开始，凡事都是文攻武卫战士——习惯上他们被称为"阿文攻"——说了算。突然之间，下了一道通令，张贴告示，晓谕楼宇。该令有三，内容包括早请示晚汇报、离楼请假、乘电梯。末尾一项，阿文攻说"不能让你们这些臭老爷、太太、小姐们太舒服了"，于是规定早、中、晚，各自有一个半钟头，大楼居民才可乘电梯，逾时不候。至于"黑五类"或"黑七类"，戴了帽子的坏人、部分走资派等，一概免乘。自该通令颁布之日起，立即生效，便遵照执行了。事实上，在这条铁律之前，还有一条不成文的规定：乘电梯者不包括二楼的住家。

电梯厅清一色的格局：靠墙两部 OTIS 手动电梯，电梯之间一个过道通向公共扶梯，过道入口处有一道荸荠色的隔断，双扇玻璃弹簧门，上面一对方括号形的黄铜把手；门框上正中朝南搁着一幅宝像。对面，是面朝苏州河的一个狭长空间。一条长廊横穿过电梯厅，两边各有一道双扇玻璃弹簧门。门"咕吱"一声打开了。弹簧很灵活，轻轻一推便左摇右晃不止，为防碰着人，前一位替后来者摁住门；后来者接替下了，也用一只手摁住。老头老太们不慌不忙依次来到电梯厅里。两部电梯门上面，各有一只半圆形紫铜显示器，它上面的紫铜箭头停在起点的一个罗马数字上。眼下，不在开电梯规定的时间段里，况且二楼原本电梯就不停，人们自然不抱任何希望。

随后，大家各行其道，该上楼的上楼，该下楼的下楼。很快，就像几滴滚着的水珠子，迅速被海绵吸收了。

2. 泥砖

我才不去地下室呢，汪琪芳想。与谭家婆婆道了别，她踩着公共扶梯，一口气上了六层楼。

汪琪芳年纪五十开外，相貌端丽，性格娴静。早年毕业于圣约翰，因为执意要念大学，把家里为女儿作陪嫁的钱都花光了。后来嫁给了穷书生夏臻合，那时他刚从德国留学归来。她与胞妹走的是一条不同的路，后者虽然没进大学深造，却风风光光嫁入豪门，成为盛宣怀的孙媳，当年静安寺路上的新城游泳池就是他家的。跟妹妹一比，汪琪芳虽没感到自己矮半截，但也未免叹息"嫁得不好"。成家后，她没出去工作，一心相夫教子。空闲时，偶尔上天蟾舞台看看戏，或跟着留声机哼哼唱唱——梅派、荀派是她的最爱。谁知风暴来了，她找出梅兰芳、荀慧生等演员的剧照、《京剧大戏考》和相关杂志剪报，撕的撕，剪的剪，烧的烧，把这些伴随几十年的心爱之物，来了个寸草不留。一同撕毁的，还有她与丈夫当年的结婚公证照片，因为公证堂上挂着两面青天白日旗。她丈夫毁物更辣手，除了德文学位证书、戴方帽子的毕业照、退职前的教授聘书，和大量的中、德文书籍；两架从德国带回的二十年代产的徕卡相机送了人，就连一打领带也剪了。女婿从海外寄来的料子服装和高跟鞋一概处理掉；即便是几方芙蓉、鸡血石章，吩咐小外孙赶紧将其狮钮和印面给敲毁、磨平。末了，将金银首饰等细软之物打成包袱，若要，拿去就是。汪琪芳、夏臻合夫妇想得开。

尽管如此，第三次抄家还是长达七小时。还好，凡是带走的物品都罗列在长长的清单上，一式几份，让汪琪芳签字。签了字，弱弱地问能不能留一份。领队立刻拉长了脸，呵斥说："吓，想拿了做变天账？"放被子、冬天衣裳的箱子间被贴上了白封条。见他们要走，汪琪芳急得团团转，忙央求说，秋天到了，天气转凉，马上就要盖被子。封了门，叫我们怎么取被子啊？对方冷冷回答："不行！按规定封房子，被子我们不管，你自己想办法。"她丈夫问："可不可以让我们先取出被子？"对方拒绝了，放话说擅自撕封条一切后果自负，并威吓"我们还会来的"。一个多月后，这帮人果然又上门了。这回没拿东西，却将一把红木椅子坐坏了。已届深秋，天气更凉。汪琪芳不管三七廿一，一把揭了封条，取出御寒之物。两个小外孙拍手叫好，夏臻合一脸无奈，解嘲说："喏，封条是过去皇帝惯用的手段。这才是真正的'四旧'，应该破一破才好呀。"

汪琪芳拐个弯，沿长廊走着，周遭静得发慌，临近家门口，从隔壁突然传来爆炒米花那样的声音。门开了，老邻居谷医生怏怏出来，跟着踏出一个怒气冲冲的矮冬瓜，嘴里哴里哴声说："老子怕啥人？勠眼乌珠戳瞎！我一只电话就调来五部十轮卡车……"接着，吐了口吐沫，"砰"地关了门，震得门上一块冰裂纹玻璃"哐啷"一响。谷医生脸色铁青，一副冤苦无处诉的样子。汪琪芳忙把他请进门，端一把折了靠背的红木椅,往座面上抹了抹,奉茶。来者捧车料杯子的手发颤,好一阵说不出话。谷医生以前是这里一起喝咖啡的常客,跟夏臻合一样,也出洋留过学,在市级医院供职,一位医术高超的眼科大夫,人称"一只眼"。他的寓所在斜对门,朝南。半年前一对老夫妇去外地看儿子,小住几天,等回来,这里已被一个陌生家庭占据了。原来,趁主人不在家,隔几个门朝北的一份人家偷偷撬开那里的司必灵锁,搬桌移橱大腾挪,便携家带口住了进去。谷医生家被调换到朝北屋去了,忙找占房者理论。那个矮墩墩的家伙堵着门破口大骂,说他家"成分不好",没扫地出门,已算好的了;还说有本事可以去告他。时下公检法全砸烂了,哪里去找?老邻居们实在看不下去,纷纷去找矮冬瓜评理。有人找了矮冬瓜上面的头头说事,害得他很没面子。谷医生这回上门去敦促早点换回来,矮冬瓜嘴里不干不净一顿数落,把手里一只竹壳热水瓶也摔了。汪琪芳听了忿然说:"怎么可以这样子!嗳,你没烫到吧?"谷医生含了一泡眼泪,摇摇头,起身告辞。女主人送到门口,只听斜对过那个门里还在骂骂咧咧。"幸亏我们房子朝北,要不然……"她想。向来抱怨入住大楼时怎么没挑没拣,背阳,冬天冷得发抖,这回反倒省事了。

　　社会上的冲冲杀杀,给大楼住户带来了明显改变,一些好人家纷纷被赶撵着:有的被换到楼里原先的佣人房——小房间住;有的被扫地出门,流落街头;有的被遣返原籍。随之而来的,是一些头角峥嵘的新贵,这些住户中有很多人住惯了草棚棚、矮平房,或工人新村,还有地段很差的弄堂房,未免带着很浓的习气。这在原地也没什么,到了老公寓就很扎眼。或许有自卑感,偏要摆威风,似乎这样就可以把人家踩在脚底下,"东风压倒西风"。矮冬瓜就是这样一个爷。卫生习惯差、满嘴脏话、蛮横,善意地指出他还一跳八丈高,开口闭口要打架,胸脯一拍说:"怕啥人呀?阿拉跟王洪文、王秀珍一起造反,安亭一道困过铁轨。买账哦?老实讲,把你们都打死也不会坐牢的。"

朝外一排钢制门窗，老式方格玻璃上，无不糊满×状的防爆纸条。白刷刷的，有点异样。日子一久倒也习惯了，就是一个个×看了不大舒服。按照汪琪芳的意思，应该黏成米字形才对，可人家不让，因为容易想起米字旗。她暗自好笑，偷偷跟丈夫揶揄说：阿文攻一来，挨家挨户严查"红彤彤"了没有。墙上喷红的宝像、语录，窗上却是满目大×，倒无所谓了？当下，她将一把折了靠背的红木椅搬回卧室，挨窗台放好，目光未免在大×上逗留了一下。这会儿，丈夫还没回家。每家每户要完成一百块泥坯砖，制砖模具好不容易才拿到手，眼看规定时间快到了，他倒蛮悠闲！汪琪芳不禁蹿起一股无名火。

这两天，她老觉得丈夫有点神不守舍。蹊跷的是，一次她不经意间发现，他偷偷积攒下的一大笔私房钿突然不见了。这笔钱，是当家人的他每月从牙齿缝里省下的，悄悄掖在湘妃斑竹小书架上某本硬皮书里，这一类破专业工具书没人翻阅，很安全。他以为藏得密不透风，她哪有不知道的？只不过睁一只眼闭一只眼罢了。他们老夫妻跟小女儿和两个外孙子一起过，小女儿是一位产科大夫，她丈夫在国外；大女儿一家不住上海，把儿子寄养在外公外婆家。老夫妻一个没工作，一个是提前告老还家的退职教授，退休金有限，生活费不够支撑偌大一个家，靠几个女儿、儿子补贴一点；先前小女婿还从国外寄钱来，后来就停了。五口人这点钱过得紧绷绷，加上外地特别乱，上门来避祸的亲戚不断，人多开销大，手头就更紧了。为此丈夫留点私蓄以备不时之需，她心里很清楚。然而，一下拿光私房钿，到底为什么？他们旁系亲属中，就有突然失踪的，从此杳无音信。她暗暗担心，有一回再也忍不住，在枕边问丈夫："你是不是也想……"丈夫愕然。"如果这样的话，我们就一起走，一了百了。"说着，呜咽起来。夏臻合一时摸不着头脑，稍后才恍知白天自己拿钱时被她瞅见，想岔了，忙告知原委。

原来，家里一台老式的电子管无线电早就坏了，因厌烦一天到晚听那些大批判或样板戏,懒得去修。可考虑到两个外孙子快要上学,应该让小孩子多长点科学知识,起码学普通话也好,便打算添一台晶体管收音机。外孙子一听都很开心,外公却让他们先别告诉外婆,等买好了再给她一个惊喜。于是,接连几天,他带着外孙子跑了几家五金交电商店,但都不太满意。"你想我会那样吗?不,我一不会失踪,二也不想自杀。事情终究会真相大白的,这一天我会看到。"末了,他对妻子说。

家里照例住着很多的人。白天出去散心,到了晚上,又打地铺又放行军床,活像一个兵营。客人里头,唯有一位长辈亲戚从来不上街,因为他双目失明——这位曾参与西安事变的国民党将领,后来被人暗算,残害致瞎。解放后,作为著名的民主人士,受到政府的格外优待,即使被打成"右派",也还威风凛凛、风度翩翩,身旁有非常年轻的小娇儿陪护着,受不得一点委屈。就为了盲人将军脾气大、嗓门粗、口无遮拦,汪琪芳伉俪没少担惊受怕,暗自巴望着早点请出菩萨。当下,听见谷医生走了,女主人返身进了起坐间忙碌着,盲人将军循声问:"啊哈,防空洞蹲好了?怎么大楼也兴这个?小花园里工事修得怎样?仗会不会打起来?听说还扔原子弹?喝,好家伙!"汪琪芳晓得老人行伍出身,一听壕沟掩体、操演之类特别来劲,说起来眉飞色舞一套一套,忙剪断他的话。"喏!叫你去二层楼蹲一蹲,就蹲一蹲好哎。"盲人将军以为臻合去参观地下防空设施了,于是,什么地下面积啦,混凝土结构啦,预制密封门啦,又是一大篇。老先生是丈夫那边的亲戚,不能不敷衍一下。接着,她便没好气地说:"他呀,作兴又去挑收音机了吧?"

捅破这个秘密,而且明显有甩开外孙子这两条小尾巴的意思。此话一出,立刻把两个小家伙惊得几乎要跳起来,眼睛像龙眼般圆。此刻,他们正一搭一档在阳台上捣泥巴。仿佛方才还有点顾忌,却突然得了理似的，把半熟的黏土坨子摔了又摔，发出吃耳光那样的"啪！啪！嗞——"声，泥巴变得柔和细腻，后一声，是剥离黑白六角形马赛克时发出的，像撕一块皮肤上的膏药。外婆忙上阳台，见小家伙在玩泥巴，脸上、衣裤上、晒台上脏兮兮的，不由有点愠怒。可再仔细一瞧，地上有个长方体的木匣子，一张毛竹片弓。孩子像青蛙似的蹲着身，将捣熟的一坨坨烂泥装填进木匣子，泥巴高出的部分拿钢丝做成的弓状物一割，刮去泥尖。拆卸木匣四边的板条，一块泥坯砖就在眼前，似乎有些缺胳膊少腿。显然，外孙子们对自己的作品很得意。不过，耳畔传来的却是外婆一顿呵斥："喔唷！龌龊煞了！你们这两个皮大王！泥猴子！阳台怎么弄这个？看我不告诉你们姆妈！马上挂电话！等什么？还不统统给我扔垃圾筒去？"但外婆一边骂，一边脸上泛起一种笑意。盲人将军有一阵子听见房间里窸粒窣落响，不知小孩子搞啥名堂，遭到外婆怒斥。身旁的小娇儿压着嗓子冲他耳朵说："没事没事，小外孙在做砖头呢！咦，怎么家里也弄这个呀？"盲人将军忙护短说："小孩子嘛，皮点好！淘气一点，长大了有出息！"没料，小家伙却听不得"皮"，气得呼哧呼哧说："是外公说的！"

　　正乱着，夏臻合老先生踏了进来，夹胳肢窝里掖着一只带包装的晶体管收音机——还真被汪琪芳猜到了，所谓知夫莫如妻。小外孙委屈得要哭，外公往阳台上一打量，什么都明白了，立马说，自己确实答应过他们的，等上家的模具一到，与他们一起到小花园一个角落去做砖头，那是大楼集中做砖坯的地方。显然，外孙子性急，见模具匣子来了，外公却迟迟未归，索性自己忙开了——好在外婆也没在家，否则，一向有洁癖的她，是断然不许烂泥巴上门的。外公把有折缝的裤脚管提了提，蹲下身，仔细端详了小家伙的作品后，跷拇指夸奖一番。破搪瓷面盆里，剩下的泥巴差不多够做几块砖的。看外孙子劳苦功高，便答应将这些泥料都制成半成品——好坏也凑个数。论指标，每户可要交出一百块呢。尽管居委会并不强求，能做就做，不能做也没啥，但上面既然说了,哪有不做之理?

外公把晶体管收音机放好,换了身旧衣裳,一面说,一面朝盆里浇上小半铜铫水,让泥巴像做面包发面那样"醒一醒"。少顷又揉又摔,使泥坨子粘糯柔软起来,随后摔砸进砖架,拿起弓轻轻一勒,面上平整了。见啃过洋面包、以前 N 大学当教授的外公像一个泥瓦匠,技艺精熟,外孙子无不钦佩。就听老师傅一边摆弄,一边循循地讲起"秦砖汉瓦"啦、砖瓦烧制技术啦,以及筒瓦、板瓦、莲花纹、兽面纹瓦当等名目。还说这些老祖宗传下来的东西,早在两千多年前已达到相当水准。听他像讲故事一样娓娓道来,小外孙十分新鲜有趣,就连外婆也不讨厌烂泥巴了。"万里长城上的大方城砖有几十斤重,经过数千年的自然风化,还很结实,甚至认得出戳在上面印子的名字呢。"退职教授又说。

泥坯砖脱模了,移到阳台一隅,留着些空隙,任其慢慢阴干。

3."棺材"

夜半,三五牌座钟敲了十一下,床上、地铺上的人都睡着了。蓦地,大门外"笃笃笃"一阵猛响,伴随着好几个男子高高低低喊叫着,森冷而又嘈杂。顿时,全家都被吵醒了,心里一阵紧张,缄默不语。喊门声越来越紧,好像还叫着什么"棺材、棺材",十分诡异。夏臻合披了件毛哔叽外套,硬着头皮过去开门。门外,已站好十来个臂箍红布、头戴柳条帽的阿文攻,有几个还提棍带长矛。领头的是常委老屈,几绺散发从后面包抄着光脑门,所谓"地方支援中央"或"荷包蛋"。上身一件左口袋上细细一行喷漆红字的旧帆布服,外面一条靛蓝劳动布背带裤,斜背着一只红袋袋,足蹬电工用的翻毛皮鞋。其时,"进驻河滨大厦一百天"预定的期限早过了,"沙逊俱乐部"案弄来弄去还没结果,草草收兵又很不甘,搞得老屈心情很坏。本来不用他事事出面,但心里空落落的，冲在前头，起码也给自己壮壮胆。见门迟迟方开，老屈憋了一肚子火问："喂！你家是不是姓甘？"说要找这个人，他名字里似乎还有个"财"，沪语读音含混，乍听就像"棺材"。夏臻合怔了一怔，旋即想起这人可能是某某室的，因以前也有过将姓甘的信件或电汇单送错。其门牌号与夏臻合家数字相同，但排序不对，电汇白白送钱，闹过笑话。听罢，老屈咕噜了声"戳那娘"，胳臂朝走廊另一头一挥，一队人马哗啦啦跑了。

房间里，红木床、行军床、地铺上都不响，连盲人将军也噤了声，忽见这副样子，夏臻合忍不住放声大笑，高声说："活见鬼！半夜三更找我要棺材，我们家可没有。嘿，从前天妃宫旁边倒有一只棺材铺，怎么不到那里去？"等弄明白怎么回事，盲人将军与两个小家伙都乐了，可汪琪芳母女俩和小娇儿心里惘惘的，怎么也笑不出来。关了灯，大家接着睡，盲人将军先打起鼾来，一递一声。忽然，又是一阵"咚咚"的踢门声。夏臻合以为刚才那帮人又来了，没曾料，来者却是几个同大楼的小年轻，有点面熟陌生。为首的姑娘穿蓝军装、牛皮筋扎着低羊角辫，一双搭襻布鞋。夏臻合认出是走廊斜对面的，她父亲是一位空军军官，复姓令狐，制服上有四只口袋，跟着勤务兵。

军官的女儿一张脸很娟秀，气哼哼的，劈面就问："这么晚了你在干什么？"夏臻合说："什么也没干，我在睡觉啊。有事吗？"令狐姑娘狠狠瞪了一眼，却掩不住天真稚气，问："不对吧？我在楼下看见你屋里亮着灯。你骗谁？"夏臻合正色说："小姑娘，说话客气点好不好？晚上十一点钟，有人敲错了门，之后关灯睡下。我问你现在几点了？"也巧，座钟当当打了两下。"已两点了，我们躺下就没开过灯，你是不是看错了？"令狐姑娘截然说："肯定不会错，我们在下面观察很久了。老实回答，你是不是在写变天账？"夏臻合恼怒起来，但还压着火，说："我这么大岁数还会骗你们？勿争了，家家都睡下了，有事明天再说，行吧？"令狐姑娘却两条瘦胳膊胸前一绞，戳着门，一副不依不饶的样子。再这样下去，整条走廊的人都吵醒了，夏臻合便问她看见哪一间亮着灯。令狐姑娘一口咬定某间房。夏臻合面有愠色，反诘说："你肯定吗？那好！你马上亲手去摸一下电灯泡。开久了灯泡发热，这盏灯的罩子是棉布做的，有蓄热作用，你也可以摸一下，热不热？"

令狐姑娘略微踌躇一下，喊上伙伴一起进房间，爬上爬下各自摸电灯泡。果然，每只电灯泡都冷的。姑娘杏眼一瞪，气哄哄的，又说一定是夏家另外一间房；又叫她去摸灯泡，结果还是冰冰凉的。这时，令狐姑娘红头赤脸，不知是害羞，还是这个年龄段自然而然的样子；只是一味蛮缠，给人一种强盗婆的印象。眼看快撑不下去，一同进去的都讪讪而去。等令狐姑娘发现只剩自己孤零零一个，四周老老少少或躺或坐，差不多都像看耍猴似的瞅着，究竟不是滋味。

门砰然关上。夏臻合蹑手蹑脚回屋，捂住嘴忍不住笑出了声。不料，军官的女儿踅转身又回来，身旁多了好几个成年男子，有些还是指挥部里的人。这些阿文攻，因有居委会一五一十点花名册，加上与大楼数回合的较量，早已把各家各户的底细，摸得像手掌上的纹路一般清楚。小头头瘦唧唧的，嘴里叼着带竹节烟嘴的飞马烟，对姑娘叽里咕噜一番说。这就像学堂里吵架吃亏喊来了爹，顿时气壮如牛。姑娘们噔噔噔冲到主人跟前，鄙薄地提到，已知道夏臻合年轻时去德国留学，坐船走了一个月。接下去左右开弓，一个喝问："为什么坐船去？而不坐火车？"一个吼叫："为什么不坐飞机？"夏臻合听罢微笑着回答："问这个啊？当时连接欧亚大陆的火车还没修通呢；至于飞机，当时它专门用于战争，就是空中飞行也飞不了多远。飞机的民用普及，是在二战以后。"一阵缄默。少顷，对方扯着嗓子又问："那你为什么去德国，而不去苏联，是啥用心？"夏臻合回答："我申请去德国，是为学习工业技术，当年中国还很落后，需要先进的东西；而苏联，那时还没有呢！那是沙皇统治下的农业国，十月革命还没胜利呢！"

听了这番话，令狐姑娘吃瘪了。小头头在一旁，食指弹了弹烟嘴，喷着烟,指名道姓叫了声"夏臻合",然后连珠炮似的发问:"年轻人都应该去延安,对吧?你为啥不去延安去柏林?去法西斯老窝,你想干什么?"夏臻合淡淡扫了眼瘦子,不紧不慢地说:"对不起,那是在第一次世界大战期间。而根据你说的情况,应该指第二次世界大战前后吧?关公战秦琼,挨不上边嘤。"

自讨没趣,这伙人便怏怏走了。

第二章

1. 缝纫间

在老早修道院修女宿舍的一隅，两扇落地宝蓝色玻璃窗子嫌冷半开，窗外，有辫子的17路电车不时一晃而过。花窗采光不够，屋里亮着一圈高高悬下的40瓦日光灯，灯脚两头褐中带紫，"方梆"呜呜浅吟。脚踏板一碰，电动缝纫机旋即发出震耳的嗡嗡声，与远处几台卧式汰衣裳机的轰隆轰隆混成一片。耳畔重又响起熟稔的声音，娇鹂心里说不出是喜是忧。她头戴白无沿帽，一身朝背后缚细绳的白长褂子，蹬着鞋帮上细细一行喷红小字的旧白胶底鞋，仿佛一个雪人。奄忽三载，尽管困顿寒素，却似乎没在她脸上留下痕迹，肤色莹白，像刚揉好的宁波水磨小年糕，唇间泛着血色，乍看就跟抹了口红一样。只是嘴没抿拢时，似乎还露出点龅牙。前一向，医院增设了红卫兵病房，抽调一批医护及后勤人员过去，娇鹂也在其中。随着全国大串联高峰过了，南来北往的人数渐渐回落，收治的病员渐少，红卫兵病房被撤销，娇鹂又回到了缝纫间。

一切似乎还是老样子：电钟指针七点半起，一个屋檐下，四周坐满了白衣白帽者，摊开红宝书和报纸"天天读"；九点钟开了工，缝纫组几个老户头天南海北接着聊，缝纫机面板上，香瓜子壳堆了好几堆；指针移向十点一刻，大家陆续忙碌起来；午休时，睡午觉从不脱班；指针到了下午四点半，时间差不多了，悄悄去浴室洗个澡——赶早人少。老洋房大多楼层奇高，为此墙脚一米左右用木料隔了层，下面做仓库，上面当作场间，一架小木梯子上下。工作台由许多缝纫机台面拼接起来，围成一个扁长的回字，中间放一只马达。总轴上的皮带盘传递动能，分别输送给一台台缝纫机的飞轮，由此脚踩缝纫变成了半自动。一只只机头漆水乌亮带金；一个个缝纫工俯着身、低着脑袋，臂弯两边撑开。白褂白帽白鞋，所加工修补的被褥衣裳等也是纯白或本白色，望过去，简直白茫茫一片。

娇鹂一上工，差不多就没个停歇，经常憋着尿。身旁好几个老户头，说起话来都很客气，有个急难事或钱不凑手大多也肯相帮，或临时借个五块十块调调头寸；或见她家孩子多，"长发头"里胃口奇大粮食不够吃，周济些多余的粮票八斤十斤；或把穿不下、过时的半旧衣裳送给她，如此等等。然而，公事公办，对不起，麻烦娇鹂就多辛苦一点吧。见她缝纫机旁一摞被褥衣裤锐减，赶忙把自己跟前的活计匀一半过去，眼睛都不眨一眨。剩下闲工夫，宁肯你一言我一语谈山海经——倒不是欺娇鹂老实，而是正式工与临时工本来就不一样，多做活该，谁叫你是临时工呢？

娇鹂总是来者不拒，量大福大，笑靥如花，似乎越忙越开心。加之手脚也快，三下五除二，没多少工夫，堆得老高的小山峰就给削平了。但心里面，渐渐也生出些许不快，苦点倒也无所谓，就是人家那股子滋味受不了。那年，出了河滨大厦舅甥挨斗的事，尤其石河子倒流女子夹在里头，唱了出"是我错"。因曾有医院分部设在一楼，D字门进出，即令分部撤走了，有些家属还住着，哪里瞒得住？传到医院里，娇鹂顿觉不光没面子，就连夹里也不剩，加上临时工老不转正，于是便动念换单位。刚巧红卫兵病房三班倒，有时间跑劳动局，想把调进崇信药厂的事再跟丁副局长说说。那天大雨如注，丁副局长还借了把雨伞给她，数天后去还伞，他也许会记得吧？却哪晓得，当年的丁副局长已跳楼殒命。那时，格辣格辣拨电话拨盘的办事员，和一身洗淡的蓝制服、用牛皮筋扎着羊角辫的接待员，都给娇鹂留下很深的印象。颇费一番周折，终于找到她们，但答复都是"管不了"。没奈何,她只得自己找上门去。到了药厂,方知"崇信"已改名"为民",现在厂里龚敬一坐革委会第一把交椅,炙手可热呼风唤雨,人称"龚老三"。

那时,药厂忙着"三结合",几个造反派组织互不买账,明争暗斗,由于权力分配失衡,致使派仗严重。龚老三曾经是老鞠的大红人,早先在席秉逊手下又很吃得开,虽然成功反水,靠出卖私方厂长和第一把手拿到资本,但到底有点说不响。再则,之前坐在劳动人事科长的位子上,捞过不少油水犯过错,自己有数,一想起来就背脊上滚汗。所以,他上台后的头等大事,就是趁乱抢了档案室绿皮箱子,把他名下的牛皮纸袋里的几页纸划一根火柴烧了,除了心腹大患。娇鹏去药厂最不愿碰到龚敬一,但是印把子握在他手里,真还绕不过去。龚老三等听明白了,面有难色,左推右挡,一口咬定她娘舅席秉逊关在提篮桥,又是从前这爿厂的老板,这种阶级成分是一根高压线,谁敢碰?不要命了?一番说辞,娇鹏听了也觉得有道理。显然,调工作压根没希望了。

实际上,有许多事她并不知情:其一,他之所以故意刁难,是那时吃豆腐吃到苦命的寡妇身上,鞋没做成落了个印,败露后挨了骂,心里结下疙瘩,伺机报复;其二,送上门来他哪有不要的?照他推断,娇鹏已山穷水尽,过去身上还有一股子傲气,现在怕是不会再有了,难道还会不依他?那年她戴着孝,又年轻又漂亮,让他格外动心,如今正好补偿缺憾,但这样一来,凶吉难料;其三,根据政策,换工作手续很简单,只要双方单位一个愿意来,一个愿意去,对调一下易同反掌,根本不牵涉到第三方;其四,也是最关键的一点,他位子坐得不稳,这种时候没心思沾点事情,万一横生枝节,岂不坏了大事?尽管他还没把握她究竟会怎么样,但首先他自己就把路给堵死了,一念不生。龚敬一这样会算计,然而,却没料到在一次派斗夺位中,医药公司一个"揪坏头头指挥部",喊来十几辆卡车的人,趁夜大包围,乱中龚老三被打断了腿绑走。逼供不成，他头部挨了两厘米长的铁钉，分八次钉入，死了。

隔了很久，娇鹏才从药厂的一个老职工——秉逊的妻舅棣棠那里听到噩耗。棣棠那时从写字间账房先生一撸到底，扫厕所不算，还吃了不少苦，对龚老三遭报应自然很快意，但娇鹏听了不知怎么木木的，没感觉。她向来不记恨只念恩，何况，拼命撺她出上海的事并不是他主谋，之后想动坏脑子也没得逞。娘舅一定会高兴吧？过去对他如此厚待与器重，他却背地里捅刀子。不过，娘舅关提篮桥有几年了，不会知道。单苏吃尽了苦头，只留下妹妹头这么一根孤苗，收养在家里，没到懂事年龄，自然没必要提起。

缝纫间马达嗡嗡，七八只机头"哒哒哒"声此起彼伏。趁间隙魏师傅、林翡凰、荣德锦、曾美娪、小朱等，不忘吹吹谈谈嘻嘻哈哈，甚至打打闹闹，隔空笑语。小组长老魏曾是奉帮裁缝，手艺很好，外带对缝纫机维修保养，等于保全工，每天开工都少不了他。一窝子娘们，独有他一个男子，加之糯糯软软的好脾气，年轻时也帅哥一枚。沪语"介许多大米轧了一粒洋籼米"，他益发成了亮晶晶的"洋籼米"，女人堆里一个活宝。林翡凰因家境优渥，生活讲究，吃了大家一张大字报，不过这事很快过去了——相互间大字报贴来贴去也是常事。跟下放在缝纫组、洗衣组、被服组里的好多名医、主任、主治医生相比，算得了什么？所以，林翡凰照样还会当众丢给老魏椰子糖或果丹皮什么的，有时分一只热乎乎的海棠糕给他，拱起的软盖上甜汁流溢，金黄喷香。说话拿臂肘子搡他，语言生猛些也没关系，因为都知道是逗趣打朋。肚子里有点墨水的荣德锦虽不掺和，也跟着笑；曾美娪瘦得像鸡壳落，胃口奇好，每每说到吃十分来劲。里弄工冼阿姨、丁阿姨轮不着她们说话，但很会起哄。戴帽子女牛鬼不好响。小朱接连遇上不顺心的事。后台倒了，钢窗蜡地房退还了，带斗的摩托车也早已不再"轰轰轰"来接她，那公鸭子的嗓音自然不会满屋子哇啦哇啦。此刻，林翡凰与曾美娕正聊着西湖饭店哪个美味最配胃口，不久压低了嗓子唧唧促促，冷不丁放声喟叹："啊哟！看不出哦，人家真也做得出！"眼睛似乎朝娇鹂那边瞟了瞟。

娇鹂面前的机头扎下一排空针，显然是没线了，忙卸下梭壳，换一只梭芯。三只手指装着芯子，不经意间，听见了这么一句，似乎有所指。她跟林翡凰过去一向很合得来，但自从她被人冒名联署揭发林的大字报后，翡凰信以为真，又恼又恨，一气之下做手脚，使她断了每月的困难补助费。昔日的"姊妹淘里"竟变得这样不堪，委实让娇鹂痛心不已，但确确实实又是自己的名字署在上面，怪不得人家，只能吃哑巴亏了。以后，翡凰仿佛也知做得有些过头，作了点补救，但毕竟心存芥蒂，不可能和好了。林翡凰嘴里突然蹦出这么一句，光凭此话也许并没什么，娇鹂本来就不是多心的人；但是，曾美娕一向也是要好并可以深谈的同事，遇到很纠结的问题娇鹂会向她倾诉，万一曾美娕口风不紧，把这些事传给林翡凰了呢？想一想，也有可能。或许那天舅甥挨斗，倒流女把事揽在自己身上，她又是外甥的前未婚妻，加之娇鹂如何当场晕倒，这一节在裁缝间里早已传得有鼻子有眼；但由于当事人没在，这种事嚼起舌头来总不够滋味。现在娇鹂就在身旁，免不了旧事重提。林翡凰指谁呢？舅甥挨斗，娘舅肯定不会，剩下只有外甥或倒流女了。

刚进组的时候，林翡凰热心肠，一趟趟撮合娇鹂嫁人，后来发觉全都瞎起劲，因为娇鹂心里早就有人了。害翡凰白忙一场，未免生气，娇鹂不得已，才把自己与祖鸿的事透了个底。所以，无论是祖鸿还是景萱，她都不陌生。但时过境迁，倘使林翡凰在一旁冷嘲热讽，无论指其中的哪一个，都是没安好心——也轮得到她？与其说这是替娇鹂感到惋惜，不如说是揭人家疮疤、看笑话才有的洋洋得意。想到自己成了笑柄，不禁让娇鹂背脊后泛凉，脸颊发烧。在对待祖鸿的态度上，娇鹂还是所有女人惯有的想法：对于自己最关切的一个人，即便有千种不好、万般不是，除了她本人，别人都不许说好说孬。那天在 A 字门外，若非亲眼所见，真还不相信他们会有这么一出。娇鹂气昏过去，等醒来，脑子一片空白。婶娘宝魁嫂搀扶着她回家，长走廊时暗时明总也走不完，恍若游走在阴阳两界。宝魁嫂劝慰她几句，也不作答，脸色青白，眼神迷离，突然蹬脚大叫一声："娘冬采！我随便哪能不会原谅伊！横竖当伊死了，再没这个人！"说着，两行眼泪淌了下来。宝魁嫂那天也在，前前后后再清楚不过，旋为祖鸿辩护一通，娇鹂只恨恨说："伊是死人哪?！"意指祖鸿在那个情景下没站出来制止，替娇鹂想一想，周围大多是楼里的熟人、邻居，有多丢人啊。

见侄女在气头上听不进，宝魁嫂也不劝了。实际上，跟祖鸿的关系上，虽说有"叔接嫂"约定在前，但娇鹂也总是遮遮掩掩犹犹豫豫，说她脾气疙瘩也好，矜持也好，甚至反悔赖婚也好，反正阴晴无常，一日三变。她的一颗心就像蛤蜊黄蚬那样的软体生物，轻轻舒展开了，只要一触碰马上就紧紧闭拢。不过，就在私自提取冻结的款子犯事之前，祖鸿写了一封五页长信给娇鹂，那种滚烫之语、笃实之心、沉毅之志，微带些委屈、苦涩和不甘，不由得使娇鹂大为感动。从那一刻起，她便完完全全向他敞开了心扉。可是，到了这个份上，竟然还会发生如此不堪的一幕，这就不难理解娇鹂是何等的齿冷和剜心之痛了。偏偏类似这样的事，还不止一回。之前，在西郊公园就有前辙。

2. 出事了

"哒哒哒……"缝纫机的机针急速上下，在被单上像开犁般留下笔直的缝线。娇鹂正埋头干活，忽然，一道藏青棉帘子外，小木梯旁的一只拨盘式电话机响了。老闵推着小推车来送被服料，顺手拎起听筒接听。老闵细长条子，斯文白皙，因"反右"时吃了轧头后被下放到总务科，过去也曾是脑外科响当当的"一把刀"。饱尝世态炎凉，使他对不幸者多了一份怜悯心，向来对娇鹂很关照，只要可能，有求必应。电话是总务科转来的，见对方仿佛有点异样，老闵问了问，但马上脸色一沉，小尖鹰钩鼻似乎也更尖了。他忖了忖，没像过去谁有电话那样，冲楼上喊一嗓子，而是径直来到娇鹂的缝纫机旁，凑近耳朵说了声："盛娇鹂，你有电话了。"娇鹂谢过了，抬起身，边掸了掸，边出去接电话——是那种有拨盘但打不出去的内线。对方没应答，娇鹂瞥一眼有十三只细孔的听筒头，咦了一声说："真怪，电话怎么挂断了？"老闵掀帘子出来，故意间隔几分钟，料想她已知道噩耗了，刚好劝慰几句，让她情绪略微镇定一下。娇鹂搁下听筒，拿小指尖剔了剔垂散在耳旁的鬓丝，掖进白口袋似的帽里。她耳轮红红的，额头爬着细汗珠，翕开嘴微微一笑。

老闵不忍心告诉娇鹂不幸的消息，不啻轰地焦雷炸响。两人顺着一道螺旋形的铸铁雕花楼梯上去，总务科办公室在楼上。老闵始终绷紧着脸，神色恐惧，问他也不正面回答，娇鹂渐渐疑心起来——老闵那样的"一把刀"，锯开半个脑壳白花花的他都不怕。现在他怕到这个样子，肯定出大事了。这么一想，"咚咚咚"，仿佛心就要跳出喉咙口。到了一间堆放杂物兼办公的小屋里，老闵去把刚才挂电话的一个女办事员请来，阖上门，自己留在门外。女办事员一张胖头鱼脸，尽管是造反上去的，要比老闵高个等级，但对落难的名医很敬重，有什么事会照拂一下。女办事员把方才在电话里讲的话复述一遍，末了说："怪不得郑重其事呀，原来是对方组织上打给医院组织科的，电话一级一级传下来，传到我们总务科。嗳，不是我说，他们组织上倒是很负责的啫。既然事情发生了，躲也躲不开，就节哀顺变吧。"是说人防挖防空洞意外发生大坍塌，多人被埋在数丈深的地底下，死了好几个，祖鸿也在其中。娇鹂一听，脑袋"嗡"的一下，跌坐在一把克罗米折椅上。嘴里叠声说"不可能！一定弄错了"，眼泪却簌簌滚下了。刚才说到"很负责的"，女办事员故意顿了顿，含义似乎很清楚：几个监督劳动的人死了,那算什么?死了不如一条狗。见女办事员急着要走,娇鹂方懔然,忙拽着她一条胳膊,问了一连串问题:"他"在哪里?能不能见最后一面?案发地点在哪?也许,询问之事大大超出人家所了解的,女办事员敷衍几句,显得极不耐烦,一条腿早伸到门外。

娇鹂呆若木鸡,恍恍惚惚,既不晓得到哪里去找"他",哪怕送他一送;也不晓得挖防空洞的那个人防组织在哪里,以便去问详情。心乱如麻,悲从中来,噗通一下,就扑倒在桌子上,抱着双臂放声痛哭。少顷,桌上放了只印有一圈红字的白地蓝口搪瓷杯,杯口冒着热气。娇鹂似觉飘来一些暖意,一抬头,老闵正背手踱着步。意识到在别人的地方哭泣,就是笼罩在悲哀情绪之中,也奇窘。她忙站起身,一面用手背揩了揩面颊上的泪痕,一面致歉。老闵把搪瓷杯推到她面前,问了声:"要不要喝水?"娇鹂咕咚喝了一大口,定定神。老闵告诉她,刚才去急诊间打听了一下,值班医生告知,前天确有一辆救护车是从灾害事故现场开来的。据说很惨,有的当场被压死;有的伤势过重,半路上咽了气;剩下的也奄奄一息。他们是在一起突发的坍方事故中遇险罹难的。老闵一脸肃穆,说得很克制,但明显流露出一种悲悯。实际上,进了急诊间,当一听说都是些监督劳动分子,立马就失去了抢救的必要性,任其躺在过道里自生自灭,死了,就往太平间一塞。护士偷偷说的这些事,怕娇鹂受不了,老闵都省掉了。

少顷,娇鹂踉踉跄跄,扶着把手,从螺旋形的铸铁雕花楼梯下去。老闵刚才说话时,她眼瞪瞪的,也不知听进去没有;心里,有一个愿望愈来愈强烈:"活要见人,死要见尸。再怎么样,总要跟他见上一面。"但是,如何才能见到祖鸿呢?她却没有想过。

第三章

1. 太平间

晚上十一点不到一刻钟,把家里都安顿好,娇鹏出了河滨大厦C字门,顺着苏州河北岸一溜矮墙,往旧名叫公济医院的地方走去。夜色笼罩下,河旁泊满了舢舨,波摇影动。水波不时拍击着堤岸、船舷和两脚伸进河里的人字形水门汀石级,"啵唧啵唧",发出接吻般的声响,低低碎碎。隔了一道菱形铁丝围墙,草坪上有一排老龄香榧树,枝叶繁密茂盛,风中簌簌淅淅响着。不远处,有一栋紧挨着病房大楼的老洋房,褐红色缓坡顶,大窗子上都带着拱券或浮雕。在高处一扇窗子里,多年前,有一个肝腹水重症病人,不顾浑身水肿,腿有小象腿一般粗,扑通一声,双膝跪倒在妻子面前,哀告种种愧悔与不舍。这一幕,深深印在了娇鹏的脑海里。时光像苏州河水一样奔流不息,如逝者所愿,她与祖鸿快要走到那一步。哪知天有不测风云,前面送走一个,眼下又要送另一个!自从有了后来的事,她总试图从过去的记忆中逃逸;过去像深山古庙墙上的壁画,后面覆盖了一层泥金斑斓的画,就不会有早先的了。起初是强迫自己,慢慢,也就只剩眼前的画了,毋宁说,两者已合二为一。所以,尽管几乎天天都经过这里,也不会怎么样,但此刻正往太平间走去,情形大不一样。底层走道很长,即令白天也点着鬼火样的灯,半暗半明之间露出些个拱券窗与雕花柱子。夜深了,小卖部、剃头间之类的小店早打烊了,往前一个T形凹厅,吃惊的是一向紧闭的两扇门居然洞开,顶部一盏罩着防爆罩的灯泛出一团猩红色:太平间到了。

这种地方既晦气又恐怖，娇鹏胆小，平时总躲得远远的，但这回情形不同，事到临头，只好咬咬牙了。往下约有两三级石阶，一旁有一道缓坡，这是个 L 形的冰库房，感觉比外面冷好些。靠门的走道略宽，折弯里面的步道较深，两面挨墙都是类似五斗橱抽屉的东西，层层叠叠，摞得比一人还高，贴壁放着金属人字扶梯。房间里乍看空空荡荡的，周遭浴在一片白里发蓝的静辉里，日光灯镇流器或制冷压缩机发出低频的嗡嗡声，更显得阒静。唯其静寂，一辆刚推进来的手术推床旁发出的哭号声、哀嚎声，才益发震耳摄魂。推床上的尸首盖着被褥瘪塌塌的，脚掌分开高耸，一个中年妇女跟在一旁掩面蹬脚，不住喊出也许是死者的名字，呜咽着说一些伤感的话，伴着放声嚎哭。身旁跟着的几个人，架住她两个夹肢窝低低相劝，一面也忍不住啜泣起来。推床停下，少顷，略给死者净面，卸去深浅条纹的病服，换上一套半新旧的蓝色涤卡中山装、蓝便帽和白塑料底松紧鞋。

　　一个头发花白的勤杂工指指点点，他大约很有经验，但也闪闪烁烁鬼鬼簇簇，叮嘱些什么话，似乎要看死者家属的需求行事。受到委托，老勤杂工麻利地将厚厚两刀马粪纸垫在了死者脖子后，压实。这样当尸首发僵时不至于嘴巴张开，口眼不闭未免让人闲话。弄好后，死者家属赶紧往老勤杂工的口袋里塞了些小钞票，他也不谢——即便到处都在破四旧，而一些诸如此类的积习因为管用，悄悄留着旧风旧俗的小尾巴。老勤杂工忙完后，似乎额外多留些时间让家属陪死者，让其哭哭畅，以便接下去将尸首收进屉子，再推到冰柜里完事。眼前这一幕，旁观者娇鹏再熟悉不过了，当年祖堃也是身上盖着一层蓝色的布，躺在推床上被送进这道门的。门开了，一股寒气扑面而来。尽管隔了多少年，尽管仿佛古庙墙上的壁画，被后面涂抹的新一层泥金斑斓的画覆盖殆尽，但一旦被触发，覆盖层渐渐斑驳剥落，里面照样簇簇新。想起祖堃，进而想起祖鸿兄弟俩，滚烫大滴的眼泪忍不住下掉，幸好戴着个大口罩看不见。

娇鹂早到了几分钟，显然没料到竟会有这样的事。实际上，医院病房里、手术间时刻上演着的生生死死谁知道？但这样一来，似乎也并不坏，至少，进这个地方不是单吊，不显得那么突兀和尴尬。果然，老章不早不晚已到太平间门口。老造反章寿成出道早，名气很响，尽管"三结合"，进了院革会，终究是个后勤大组长，不脱产。谁知，当个大组长也威风八面，事事关心，样样要管。况又惜老怜贫，对娇鹂向来照顾。得知她又逢倒霉事，一口答应给通通路子，反正小兄弟多得很。殡仪馆方面的回复来了：查无此人。他又一番疏通，安排她到这里来碰运气。当下，他跟一个年轻的勤杂工说了些什么话，勤杂工颔首，便带着娇鹂进去了。这人手里擎着一张停尸室登记单，按照姓名、性别、编号、冰柜编组牌号，按图索骥，很快站到了一排屉子前。哐啷当一声，架起金属人字扶梯，蹬几级。屉子已开启四分之一，里面冒着冷气，赫然出现一双脚丫子，穿一双崭新的鞋子，呈倒八字。松垮垮的咖啡色纱袜耷拉着，脚脖子粗细似有些异样，一个脚骨细伶伶的，螺蛳骨却奇大。上面拴着根吊牌细绳，与登记簿上要找的刚好对上。

勤杂工下了扶梯，来到娇鹂跟前，朝那面凸出的屉子指了指说："喏，那就是。"娇鹂眼泪已收住了，听着这一声，身子微微痉挛着，不觉又泪眼婆娑。不远处，刚才那张推床前、老勤杂员、中年妇女、几个男的正托后脑勺的托后脑勺，抬胳膊的抬胳膊，扶脚跟的扶脚跟，将死者挪移到一只狭长的屉子里去。知道不能让泪水滴到死者脸上、身上，女子极力克制着不哭，盛遗体的屉子慢慢收拢，很快只剩一双脚掌。这时，她突然拍手拍脚哀嚎起来。娇鹂已够难受，听了心里直发颤。往臂弯里揩了揩，径自上梯。"娘冬采！我随便哪能不会原谅伊！就当死了，再没这个人！"一面蹬着，一面脑子里响起了那天说的话。"伊是死人哪？！"跟婶娘说这番话，多半是气他怨他，恨不能甩他两个大头耳光。然而，发泄一通后，也觉得言重了，还不至于这样不堪——真这样,那她算什么呢?当下蹬着梯级,回想说的话太狠,横一个死,竖一个死,那不是咒人家么?这么一忖,追悔莫及,两行热泪立马滚下来。

透过一层稀薄的水幕,真不知是幻是真,也不知是悲是喜,因为确实有许多日子没见面了,但即使见了面又怎样?憋着一肚子火,心里的那笔苦账又不好提起:人家正被监督呢,苦也受够了,还好意思数落他的不是?多年来,闭口不说,他自然更不会提及;而叫她放低身段去讨好,又万万不能——这种事上如果让一步,被人看贱了,以后就得低眉顺眼步步退让。所以,好不容易见了面,两人之间总是疙疙瘩瘩。如今,他一去,带走了所有的一切,包括彼此感情上的那些粘缠与纠结。是与非、对与错,再无需分辨什么了。念及此,娇鹂顿时心酸无比。朝屉子那头望去,心里轻轻叫着:"祖鸿,我看你来了……"

老勤杂工忙完了这档子事,推着手术推床离去,趁空可以眯上一觉。推床下面的万能轮子咕吱咕吱响,刚过缓坡,有人递了盒硬壳烟过来。硬壳烟上面拆了封标纸,已有两三支烟露出一半,一面搭讪说:"老兄是侬啊?忙不忙?"老勤杂工一看是章寿成,响当当的一个人物,知道他有公干,老实不客气,便顺手抽出两支,往鼻孔下嗅了嗅,一支夹在耳朵后面,一支叼在嘴里。"啪"一下,老章递上一只镀铬的金属打火机,摁开点燃,自己也呼上一支。见老勤杂工对打火机眼睛发绿,往他上口袋里一塞,嘻嘻哈哈说:"喜欢么?拿去拿去。我有个小兄弟在打火机厂当头头,多得是。"老勤杂工谢过了,敷衍一句:"老章真辛苦,这么晚还在忙。"老章照例哼唧一下,也不忘掼掼浪头:"这个专案不放心哪,少不得亲自跑一趟。你有数的。"老勤杂工忙接翎子说:"有数有数。"

金属扶梯上,娇鹂原准备打量一眼就下去。早先她嫁到上海,有过一段衣食无忧的好日子,虽然谈不上很富裕,但隔三差五,打扮好了坐三轮车去老闸桥戏馆看绍班，戏散场了，吃个宵夜再回家，也是常有的事。他们绍兴人一向喜欢看家乡戏。绍班越剧，一刚一柔，好似一阳一阴，所谓"大班（绍剧）为天下，小班（越剧）为老嬷（老婆）"。看多了，留下一肚子"戏文"，哼唧几句，也不是难事。此情此景，未免让她想起"秦雪梅见夫灵悲声大放……"以及"扶灵柩我心如刀绞珠泪簌簌……"等几段，凄凄惨惨戚戚，肝肠寸断。但纵使心中难受得紧，也清楚真要大哭一场，像戏台上演的《秦雪梅吊孝》《宝玉哭灵》《祷墓·化蝶》一类，那成了什么样子？因为究竟还不是夫妻。何况，那年轻的勤杂工站在扶梯旁，已有好几次想摁动钮扣开关，关拢屉子。嘴上不说，脸上分明已很不耐。显然，不好再耽搁了，她想再看一眼就走。堃转身，内心却涌起一种强烈的冲动，想抚摸他一下——哪怕手上或脚上也行。

霎时，娇鹏被这个孟浪的想法吓了一跳。遗体盖着白尸布直挺挺躺着，中间隆起一大块，显然胳臂弯着，一双手交握在腹部，而不像通常那样搁在两边。脚跟并拢脚掌撑开，兀自耸起。既然出了坍方事故，遗体遗容恐怕就很难全了。殊不料，眼前的他，脑袋、胳臂、大腿、手脚俱全，真可算一种造化。想到此，纵然在撕心裂肺、翻江倒海一般的难受中，仿佛也带来一丝轻微的宽慰或纾解。凝眸之中，她心里翻来覆去这几句："祖鸿呀！是你阿哥、是我害了你。吃了苦，受了委屈，走得还这样惨！这辈子再也无法报答你了……你就安心走吧！"

泪水模糊了她的眼睛。恍惚迷离之间，脑子里却像过电影似的，异常清晰地涌现他一幕幕的往事；一会，是那年轻俊朗的样子，穿着海虎绒领、藏青卡其布的苏式大衣；一会，拿着个口琴，呜哩呜哩吹着，虽然那魔匣子吹奏些什么她一点也不懂，听了却感到暖暖的；一会，蹬着脚踏车在追赶绿皮电车；一会，拿着个"小炮仗"，小糊涂仙什么的，脸上红酡酡的，半神半仙陶醉的样子，娘舅、嗯娘也在一旁；

一会,他俩坐在一张镂空椅子上,说着说着,突然伸出两条胳臂锁住她颈项,亲吻了她……此刻,隔着生死之门,就在彻骨冰冷之中,犹能感到"初吻"那种火辣辣与慌乱。一阵瑟瑟发抖后,她禁不住伸出了手,轻轻碰了一下"他",猝然间,感到是那样的湿冷、僵硬、尖锐、陌生,触电似的,手立刻弹了回来。她十分诧异,惊恐莫名,仿佛碰了不该碰的东西,心生反感,隐隐觉得,哪里不对劲。但真要分辨出究竟在哪里,倒又说不出——毋宁说,只是一种感觉。

"好了没有?"年轻的勤杂工咕哝了一声。"晓得了。"她冷冷回答,装作毫不在意的样子。"那我关了?"他又问,语气中既有冷淡与轻蔑,也带着一种惋惜,和对没这方面经验的人嘲弄。"你关好了,小师傅,没你的事了。"她说。年轻的勤杂工瞟了一眼,再没开腔,但是那种眼神,却仿佛说:"看一看勢紧,哪能好碰?要触霉头的喔。"随后,他伸出一根食指,往绿红两色按钮中的一个按钮摁去。"嘎!"一声,盛遗体的屉子开始朝内移动起来。虽然是直线移位,大约设备老了,偶尔也会轻微摆动一下,屉中的遗体跟着一耸一耸,仿佛会舒展一下身子,坐起来。自从刚刚感到有些异样,她的心态跟着陡然起了变化,原先不怕,现在竟骇然了,担心那个直挺挺躺着的尸体真会"咚"地坐起身。但即使在极度恐惧中,想弄清楚"究竟是不是他"这种古怪念头还是不断冒出来。显然,留给她的时间已经不多了。

想起有一回,他们为了一桩事闹得很不开心。他堵着门不放她走,她的脚因被玻璃碴子划伤,缝了好几针,缠着纱布,不能跺脚,气不过,便"得嘞"咬了一口。咬在他的虎口上,也许会落下个印痕吧?这么一忖,就想看一看屉子里那双交握在腹部的手。但是,那双手覆盖在白尸布下面,怎么看得见?再说,这一段身子很快已经移进冰柜了。屉子微微摆动着往冰柜内收缩,转眼,剩下膝盖以下部位了。她的目光迅速打量一下,白尸布结着些霜花,仿佛不够长,豁开一道口子,能看见一双脚,穿着崭新的鞋子,松垮垮的咖啡色纱袜,一只脚脖子细伶伶的，拴着吊牌。趁屉子缓缓移动的间隙，她不知哪来的勇气，凑近了，赶紧盯着一双脚和吊牌上的名字、性别、岁数看，不看也罢，仔细一看，不禁绝倒。吊牌上名字、性别、岁数三样，竟然除了姓名，其他都错了。她虽然"睁眼瞎"一个，但性别、岁数的字总还认得。再朝那双脚瞥了一瞥，似乎不大一样，类似生过小儿麻痹症那般脚有粗细，就是坍方被轧坏了也不会这样。尤其是不吊牌子的那只脚，尺码有限，同祖鸿要穿43码的大脚根本就是两码事——她帮他做过好几双松紧鞋，有直贡呢、灯芯绒和布面的，照例依纸样画在裱褙好的硬衬里子上，剪好，一层层摞起，然后用带钩嘴的锥子、细蜡绳，自己切鞋底。做好了试穿，新鞋子大多鞋口紧，要用铜拔子。数年来，这一来一去，脚大脚小，哪有不熟悉的？她惊骇不已，激动得几乎就要喊出声。因为凭眼前这几样，已确凿无疑，那屉子里收殓的遗体根本就不是祖鸿！

登时，她有一种被戏弄或亵渎的愤怒，牙齿咬得格格响。愤怒之后，又一阵慌乱，心脏猛然间"咚咚咚"跳得厉害。屉子已复位，按钮显示灯最后闪了闪，熄了。年轻的勤杂工脸上毫无表情，一直摁着的食指从红绿按钮上挪开。接着，哐啷当一声，把金属八脚扶梯搬到一旁。很快，太平间两扇门阖上了，插上了铁门栓，咔嗒一响，拿一把烤漆大铁锁锁上。一切都已归复平静。T形凹厅前，一盏罩着防爆罩的猩红色灯亮着。老章、年轻的勤杂工各走各，大家散了。

几分钟后，她沿着苏州河边走着，心里很不得劲。"娘冬采！怎么这种事也这样粗心？"她不由忿忿然想。

2. 不速之客

那天下午，高个子的凌之轲与矮胖的夏臻合到了二楼电梯前，似乎没谈畅，就像过去小聚会那样，便一起在电梯间抽个烟。这个地方与过道厅呈基督教那样的长十字,顶端透过一排高窗,是终日哗哗流淌的发臭的苏州河。河道有个缓缓的弧度,使邮政总局那一长排高高的科林斯圆柱尽收眼里。廊柱之上,巴洛克式钟楼那绿色的塔尖直刺天穹,塔台上两排绿色人体雕像没了,不过,站了"万岁"五个字样。凌之轲、夏臻合说着什么,但也只是泛泛而谈,毋宁说是一种感情上的抚慰或躲闪。因为从这里望出去,桥、河水、建筑物、天际线,伴随着清晰传来的外滩钟声,这一切非常熟悉,就像泰晤士河、塞纳河、莱茵河畔某个地方一样,他们的青春曾与之交融,既甜蜜又怅惘,很像初恋。

"呱、呱、呱……"电梯间外、穿堂上响起一阵近似青蛙的鸣叫声。凌之轲、夏臻合听罢怔了怔,弄不清什么路数。大楼里,早些时向来有敲锣打鼓抄家的习惯,"击鼓传花"似的,锣鼓声停在哪家抄哪家。因此,听了让人害怕。可这蛙鸣声怎么回事?一看,有个老太太拍着巴掌过来了。由于"沙逊俱乐部"案情所涉,她成了关键中的关键,时而被关或被放,被虐待或优待,弄来弄去,俨然成了大楼如雷贯耳的一个人。她叫孃孃,已届耄耋之年,半盲半聋,没儿没女,因一张脸长得颇像南翔小笼包,小孩私下管她叫"小笼馒头",大楼里渐渐也叫顺口了。她由于嘴巴常挂着"英国人老板(沙逊)回来了",招来大祸,出送好几条人命,却似乎并不就此收敛些,反而更张狂,时不时预言哪个方向会死人。见电梯间有两位绅士样的老先生,不管认不认得,上前便半捂着布满皱纹的小瘪嘴,超出的下巴略摆了摆,说:"喔唷,昨末子夜里哭得来,C字门口肯定要出事体了……"说着,用只枯手做了一个抛物线状。对于这个神神叨叨的孃孃,凌之轲、夏臻合似略有所闻,见她指指说说,近于巫术,自然不予理会。孃孃自感没趣,也就离开了。少顷,长廊深处响起了"呱呱"声。

大约站了一支烟工夫,凌之轲、夏臻合捻灭烟屁股,关了窗,各自打算回家。窗玻璃还是老款,双层,里面夹了六角形细铁丝网,考究得很。但有些个窗钩却浮皮潦草,一种极次等的烂铁皮,薄削削的。实际上,这里的窗钩、窗阻最早是全铜的。由于太平洋战争爆发,英美人搬走,东洋人住进来。战争吃紧,物资奇缺。日本人坏,把全铜物件拆走,去造弹壳了。据说,原先外滩的一战双翼女神铜像,也这样给拆了。放好蹩脚的铁皮制窗钩,正待转身,冷不丁从楼下C字门口传来一阵惊呼:"伊要跳楼了!快去叫人!当心,甏过去哦!"后一句指大门前别走了,很危险。此刻,七层楼电梯间的窗栏上站着一位女轻生者。她大约犹豫良久,已脱了鞋,迟迟跨不出最后一步。听到楼下喊,有人冲过去想抱住她的腿。快碰到了,她便纵身一跃。刚坠落两脚朝下,类似"插蜡烛"的样子,但下降到一定的高度气流陡然增大,兜到风,身子横了过来。同时,衣角、薄花呢裙子全都飘到她的脸上,盖住了头,看上去就像一只降落伞。旋即,"嘭"一声,摔在大门口,脚抽搐几下就不动了。二楼窗前,还没等凌之轲、夏臻合反应过来,眼前就已经这样了。他们骇惶之极,别过头,胸口堵住。一时无话,互相只摊摊手、耸耸肩,就告辞了。

凌之轲向来胆子小,感情脆弱,容易流泪,冷不防这一幕,在窗前不好意思让老夏看见了,好不容易屏住一泡泪。等到独自走在长廊时,眼泪立刻簌簌直流。也真怪,越是心肠软的人,越会碰到些特别残忍的事。几年前,七层楼有一对老夫妻双双坠下,竟把斜坡"假桥"上茶盅口粗的铁栏杆也砸弯了。老太太脑浆迸裂,四散了一地。那天,偏巧他路过这里,想躲也躲不开。吃了惊吓,夜里乱梦颠倒。更夸张的是,老凌一个朋友住在离大厦不远的桃源坊里。他悄悄告诉凌之轲,石库门里几户人家不知是相信"吃脑补脑",还是旁的什么怪念头,竟然拿来盛白米饭的蓝边碗盏,活抢活夺,争着将死者脑浆往碗里舀,捌奶油似的,拿了一笑轰散。凌之轲不禁毛骨悚然。怎么也想不到,一下子像退到了茹毛饮血的年代。

跌跌冲冲来到家门外,谁知他的妻子孟婉婷已候在门口,左等不来，右等不来，急得浑身冒火呢。孟婉婷五十三岁，白皙的长圆脸，眉眼疏朗，三停匀称，尽管有些老来福相，但体态轻盈；一种童话公主的范儿，高贵骄矜，实际上很随性爽直，性格外向，穿得也朴素。蚕豆似的鼓鼓的耳垂似乎拉长些，本来大约总吊着昂贵饰物，不吊了改成耳钉。后来，用茶叶梗子撑了些时，以后耳垂上的小洞眼就长没了，但还似有若无。孟家极有来历。父亲晚清秀才、官派留日、参加同盟会、辛亥革命率领起义、民国首任西北都督，解放后出任首任副省长、省第一副主席等。作为特邀人士之一，参加全国首届政协会议。在领袖身边的合影照镶了红木镜框，一直挂在客厅里。父亲三十六岁才有了这个宝贝疙瘩，独苗苗，自然万分宠爱，时时伴随。她北平念书时，班级里就有白杨、张瑞芳等一批人。高中那年嫁给了凌之轲，虽然是两个大家族的指腹为亲，但夫妻俩却极为投缘，育有两个宝贝儿子，招风耳朵大大的，都直接遗传自乃父。转眼他们已一个高中生、一个初中生。不料，遇到上山下乡热潮，因家庭成分不好，趁早乖乖下了乡，一个在内蒙，一个在黑龙江。

兄弟俩是在同一个礼拜离沪的。怕老伴难受，婉婷都只送儿子到电梯口。小儿子年方十七，到军工路码头坐"工农兵14"号轮，取道大连，转乘火车去佳木斯。因为送走一个又一个，心里憋闷，禁不住，小儿子前脚刚走，之轲就脸上捂了毛巾哭得一塌糊涂。婉婷被哭得没办法，夫妻俩赶紧追到军工路码头，人密密麻麻多极了，哪里还找得到？大烟囱冒着黑烟，汽笛呜呜一叫，船上船下哭成一片，宛如"黄河大合唱"。不过，第一次乘船远航，小儿子还很开心，到了农场一封信寄回来，说"头一晚行李未到，在炕上和衣而睡，屋子中央吊着个1000瓦的大灯泡，大得像文旦一样"，云云。随后，仿佛想让父母放心，特为画了一张农场地形图，标出男女知青宿舍、厕所、瞭望塔、马号、仓库等位置，还暗示靠近中苏边境，晚上有亮瞎眼的曳光弹、信号弹窜来窜去，神秘兮兮。毫无疑问，信件被截下了，一查成分不好，引起高度警觉。但念顾他年少无知，训了几句，放过一马。父母闻之极为惊恐，幸亏没事。

婉婷早年贵为公主，随父出入于最高级、最神秘的场所，与周总理也有单独合影照。她父亲五十年代行政六、七级，他们家在×省城最好的街区有五进大院，占地九百多平方米，先后用过的管家、秘书、跑腿的、卫兵、厨子、车夫、女佣有一大帮子。但年景不同了，过去的一切，成了沉重的包袱。红卫兵上门，把已故老爷子称为"老封建官僚""狗官"，留有同盟会墨迹的立轴等抄了，与领袖合影的红木镜框拿了，还有满满一罐子的珠宝首饰。不过，后者倒是婉婷自己请丈夫单位的造反派上门来抄的——请来的总比陌生闯入者强。跟妻子相比，凌之轲的出身也好不到哪里去。大资本家家庭，胞兄胞妹几个1949年去了台湾，二哥和七弟是国民党空军高官。这些事都万万不能提的，被盯上了那还了得？

不料，今天下午凌家来了一个不速之客。沏茶奉陪，一面在等凌之轲回来。聊着聊着，冷不丁仿佛说漏了嘴，提着一两句国民党空军高官兄弟的事，又不肯直告来意，让婉婷心中打鼓。这时，丈夫阴沉着脸回来了。她忙把上端有一大块黄黯色冰裂纹玻璃的门轻轻带上，一只手握着亮晶晶的黄铜门球。门的中央，原先有块闪闪发亮的铜质号牌，不料，被哪个淘气孩子撬了去换糯米糖吃。走廊上其他人家也这样。当她在门外先跟老伴耳语几句后，之轲一听，立刻吓得面无血色，说话结结巴巴起来。留洋出身、轻工部直属的五千多人大厂的一个总工程师，变得像挨了骂的小学生那样抖抖豁豁。

"凌总来了？你好你好！"起坐间里，一个熟悉但有些大舌头的声音说。他下放到车间已好几年了，很少再提这样的旧称。一看，倒是个没亲没故的本家，蓝涤卡上衣带翻盖的口袋里别了支破铱金笔。副总工程师老凌老早是他副手，也住在大厦里，但不在一个楼层。虽是多年的同事、邻居，却鲜有来往，为何突然登门，似乎需要解释解释。他一打开话匣,随即海阔天空聊了起来。谈了一会,突然话锋一转,蔼然说:"谁说不是?凌总,一笔写不出两个凌字嘛!"接着,问起之轲家支边的两个儿子来。因为老凌的两个女儿也支边,有一个也在北安,有一回托他大儿子捎过东西;有一回探亲结伴而行,男女搭配有个照顾。说了女儿聪明、孝顺、节俭,长得也不输给人家,就是比较任性,不合群,出门在外要吃亏。外加夸赞凌总儿子几句。什么意思?难道攀起亲家来了?"上海人嘛,会得享福!"老凌蓦地赞叹说。接着谈到女儿她们白天荒原里干活累,体力消耗大,容易饿,连女生也成了大胃王,总嫌不够吃。一到晚上,就靠上海带去的各种食品:炒麦粉、麦乳精、奶粉、饼干和大白兔奶糖等充饥解馋,还互相调剂自己的藏品——一样是知青,一样物资匮乏,上海来的总不一样些,惹外地知青反感。但统共藏着这点私货,给了外地知青自己不够;不给又有得说了,所以,上海人背后被笑称"犹太人"。"嗳,还真是,上海人脑筋活络,会想出这些稀奇古怪的花头来!"老凌得意地大笑。随后,说出些名堂来,什么"茶杯里放点猪油,加一包鲜辣粉,拿开水一冲,就是一杯鲜美无比的汤"啦;"有时没工夫冲服,就拿不锈钢调羹舀一小勺猪油直接喝下,往肚子里加油水"啦;嫌"知青食堂只供应苞米面做的烤饼,淡唧刮啦不好吃,就发明一种'砂糖夹心苞米面饼'啦"——咬在嘴里咔哧咔哧,像吃大饼油条。

不知不觉已过了烧饭时间,老凌谈兴甚浓,而且全没刹车的迹象,之轲夫妇未免面面相觑。系了只像可的牛奶颜色的格子饭单的婉婷进来,一边往茶杯里续水,一边故意留饭。自从风声稍紧,主妇坚辞了从×城带来的两个保姆之后,便天天自己烧菜做饭、打扫卫生。有一阵子,家里换下的衣物被褥等还叫人洗烫,是大楼里好几份人家合用的保姆,专管洗洗涮涮和熨烫之类。后来怕被人家说,干脆洗衣工也不请。×城两个保姆,倒是在她母亲手里跟了大半辈子的;一个还是陪嫁丫鬟,终身未婚,明摆着要给她送终的。那时父亲走了,一个患精神病的大房也不在了,她母亲是续弦,×城西北地方太远,毕竟不方便,所以她把老母接了出来。一堂檀香木家具、门口一对石雕狮子,包括给老太太留好的金丝楠木棺材,都变卖了。到了要遣散两个老保姆,她们急了,哭着央求"老太太有啥吃我们有啥吃,不给钱也行"。钱不是问题。婉婷从来不上班,靠吃每月三百元的定息,已相当阔绰,还会养不起?但是老保姆哭得厉害,只能让她们随老太太来沪。等老太太一过世,老保姆靠不上了,做家务还得雇保姆,但看情势,家里用了三四个保姆,排场很大,像什么?所以发了遣散费送走老保姆,又把雇来的保姆辞了,别人没话讲。前几年,家里用着好几个女佣,婉婷热心公益,天天大清早就义务在穿堂、长廊、扶梯口搞卫生。那数百米长廊,从第一家扫到最末一家,人家都还没起床呢。变成一个笑话,亲戚说:"啧啧啧,家里未用好几个人,自家倒在外面扫地、揩楼梯,来得个起劲,瞎忙点啥呀?"

  对于女主人明显而委婉的逐客令,老凌好像听不懂。又瞎侃些时,才辞出,但又留着一句:"晚了晚了,不打搅老本家,那就过天再来吧。"嘴巴里像含了一枚檀香橄榄。这个来访者离开了,却把巨大的悬念和深深的恐惧留在屋子里。之轲老两口食不甘味,睡意渐无。相互间绞尽脑汁,猜想这个大舌头到底想干什么。台湾空军将领的事蜻蜓点水,又不深谈,啥意思?还是婉婷脑子快。"他不是一直在说插队的事吗?是不是看中了我家儿子了?也好有个照顾。"她欣喜而又讶异地说。"怎么会?作兴他们已在谈朋友啦?真看不出,老二不声不响闷葫芦一个,倒是出手比他阿哥还快!不过,就是找对象,那也该好好说呀,捆绑不成夫妻哪。"之轲认为有理,顺着这条思路,忖了忖,笑着鄙夷地说:"人家毛脚亲家,看我们都住在一个大楼里,就门当户对了。"婉婷脸上露出一丝不快,忿忿说:"谁跟他门当户对!还阴司呱哒,语含威胁,这种人!""作兴没那意思,覅想得那样坏好不好?"之轲说。"我猜本家的意思,是他家成分好不到哪里去,我家这么个烂污泥底牌,所谓'臭鱼配烂虾',也是有的。"

隔了几天,老凌再次造访,还是蓝涤卡上口袋里别着铱金笔。东一榔头西一棒,谈了老半天,一脸笑意,依然语焉不详,猜不透他到底为何而来。婉婷性子急,想如果提亲之类,女孩子家总归要害羞点,难道肯说是自己挜上来?掉不掉价呀!所以,吃吃笑着,半真半假地说:"本家,下趟你来末带一蔀水果篮头,我末请你到外头馆子里吃饭,大家扯平,好不好?说是儿女自有儿女福,但有些时候,做父母的也还要提点提点。孩子懂什么呀?"老凌呆了呆,不接这个茬,故意转个话题,又开起无轨电车来。临告辞,老凌长长"呃"了声,神神秘秘地说:"凌总,听说您那边吃军队饭的两个同胞兄弟很活跃呀!又是广播喊话,又是报纸登文章……"之轲如焦雷耳旁炸响,板着脸掐断他的话,表示与他们之间早已一刀两断,互不来往,更不晓得什么事情。要是本家一趟趟就为这个而来,马上请回吧,以后也不欢迎他来,来了恕不接待。

老凌显得十分委屈的样子,自我辩解几句,仿佛这方面并非他来访的重点。到这个份上,开锅了也退不回去,主人不敢怠慢,忙又请他到起居里,落座奉茶。"老兄,你究竟有什么事呢?"之轲问。老凌一脸无奈无辜的样子,叹了声说:"宗兄,惭愧惭愧。愚弟我受人之托,推托不了,知道是做难人的窘事一桩,得罪得罪!"主人两口子要他尽管讲好了,不必扭扭捏捏,能办的办;不能办,也没法子。老凌放下了新沏的大红袍,背着两条胳膊,在凌家几间房里闲闲地踱来踱去,哼哼唧唧说:"住得嘛是宽敞了些,宽敞了些呀!哪像我只有一间。"好了,被人家看中房子了!之轲、婉婷迅速交换一下眼色。同时,肚子上好像都挨了一拳,刚微笑到一半的脸僵住,苦哀哀的。"还可以吧?"婉婷嗫嚅着说。"大楼里比我们好的人家,还有得是呀。"老凌这回单刀直入,忙问:"呃,上海平均居住面积是多少?四平方米以下噢。这套房子按这个标准算,你们两位顶起码翻七八个筋斗不止。

还不算厨卫啦、过道啦、阳台啦面积，比起劳动人民够奢侈了，难怪有人心里不服……"之轲不吭气了。

婉婷气不忿，颤声说："喔唷，话也不能这么说呀！居住面积也不能这么算——单单按照我同之轲两个是这样，可我们还有两个儿子呢，虽说去了外地，今后总要结婚吧？给两个儿子结婚，这套房子还不够哪！难道人家姑娘肯答应吗？结了婚，会有小孩，我们会有孙儿孙女，拿指头扳扳看，还缺好多呀！本家兄的话是不假，可我们也有难处啊。"在女主人刚说出个"兄"字，老凌飞快回应"不客气"，接着叹息说："呃，问题就出在你们的两个儿子都下乡了，户口簿一迁，话就说不响了。虽然还要探个亲什么的，可毕竟平时是你们老两口住着，怨不得人家呀。"婉婷刚想说"又不是儿子自家要去下乡"，忙把话吞咽到肚里——万一给他们揪着小辫子，那还了得？只听老凌掷地有声："你家两个儿子都下乡了，你两夫妻住这么大房子，太招摇。造反派许多人看上你家房子，不如让一间出来。人家也是厂里的干部，熟人末，比大老粗总好吧？倘使自己交出来，还能选择芳邻。倘使不交，到时候，住进人家不知底细，万一弄个强盗坯，就像'一只眼'对过那份人家，满口'辣你个妈妈'，一吐一口浓痰，哪能办？我都替你们捏一把汗哪。好啦，闲话少说，好好想想吧。"说罢，扬长而去。婉婷追着问："那，你说的这个人是谁呀？"老凌收脚回答："你们认识的嚜。他呀，脾气好，菩萨心肠，斯斯文文和和气气。大块头，跟无锡大阿福一样。反正，来了就晓得了。"仿佛还不足以收服他们，添了声："呃，这么说吧，假使邻居不好，我凌字倒过来写。"

晚上，老两口争个不休。双方红脸赤颈青筋暴出的样子，看看势头很猛，但实际上，婉婷倒是愿意破财消灾的一方。她跟父亲跟惯了的，洒脱飘逸，财产向来看得淡。×城闹市区有一大片房子都是她父亲的，当初父亲捐些房办了幼稚园，没有二话。之轲尽管留洋镀过金，却还是资本家精打细算那本经，讲究本利和收支平衡。加之被吓怕了，懦弱成性,抖抖豁豁。因此,夫妻双方中成了冥顽不灵的绊脚石。争到后来,似乎对交房都不反对。但是,万一进来的也是一票货色怎么办?谁来担保?凭本家一张嘴就行?他们吵嘴吵得厉害,各不相让,一辈子也没这样红过脸。仿佛急于求成,想一招制胜,竟连过去那些陈糠烂谷子也抖搂了出来。"你呀!前怕狼后怕虎,就吃这亏。咦?也怪了,"婉婷笑嗔着说,"说你胆小,走路怕踩死蚂蚁;说你胆大,就跟吃豹子胆一样。真弄不懂:你到底是胆大还是胆小?"之轲显然没听懂,小指尖挠了挠微微谢顶的脑袋,像颗剥了皮的荔浦大芋头。婉婷挖苦说:"忘啦?那年你迷上了赌马,要不是我喊醒你,死路一条!忘啦?我把行李箱装好,铺盖一卷,外面黄包车都雇好了,对你说:'再去,我就回娘家,再也不回来了!'"之轲一听,脸上堆笑,分明很窘的样子,说:"咦,提那事做什么?不相干嚜。"婉婷气鼓鼓瞪他一眼,也不作答。

夜深了,妻子已酣睡,呼噜中还带着口哨音。他披衣起来,趿拉着一双旧皮拖鞋,进另一间房,拿了一瓶幸好没被抄走的洋酒,自斟自饮。窗外,苏州河上,传来夜行船木橹发出的"吱咕吱咕",声声入耳。如果不提那件窘事,早就忘得干干净净,一提起,宛在眼前。

那时他很年轻,少年得志,又新婚没多久。英伦留学时,偶尔会上赛马场看看玩玩,看上某匹骏马,一时手痒,也会押些小钱。归国后,恰好就在这段时间,他爷爷在沪开的鑫记分号的账房先生要回北方,临走把现款存进银行保险箱里,包括印章、支票本、文件等,银行保险箱的钥匙留给大少爷之轲,并领他去试了试怎么开户取钞。对账房先生来说,也顺理成章。妻子去了外地,他逍遥自在,有一回荡到跑马厅,试试运气。不料,一张二块银洋的"独赢"马票,中了两百多元,兴奋得竟连尾数都不要。拿这笔钱中的六十元,做了一套隐格子麦呢西装。以后,心痒难熬,又一趟趟到跑马厅去,还花了十块钱，加入跑马协会。这样，就可以进入二楼环形平台旁的一个高级餐厅，边享用免费西餐，边瞅着墙上忽闪着霓虹灯的跑马指示灯图。根本不用到户外站台上，马跑得孰快孰慢，超前或落后半个、一个马身，一清二楚。就是现在，他还能够想起那一个个血管偾张激动人心的场面：跑马伊始，马蹄"得得"声很响；旋即，报告员用语速极快的伦敦英语，报着跑在靠前位置的几个马号。高潮迭起，经久不绝。慢慢，他的口袋就瘪了。也看到不少像他一样的失意者，但没办法不去。沮丧，兴奋；兴奋，沮丧。输的时候，恨恨的，把买空的票子恶狠狠撕了，往空中一抛。经常是，越输越不服，越不服越输。把银行保险箱里的十元一张、一叠一百元的新钞票，换成了面值二元的十张票、廿张票，很快又十张十张地撕了。不知不觉，竟输掉了六千块大洋！按那时的物价指数，一块银元可买十六斤大米，四五斤猪肉，六尺棉布。可见，是怎样的一笔巨款呀。

新婚妻子返沪后，他带她一起去买马票。亏空的钱自然不敢提，等到窟窿越来越大，实在瞒不住了，才摊底牌，还悻悻然说："我就是不甘心，可能明天会赢。定规把输掉的钞票，统统赢回来喔！"还是输，便向卖票的人大发脾气。妻子劝他，哪里肯听？气得婉婷狠狠心，把行李箱收拾好，发出最后通牒。还不听劝，妻子皮箱一拎，走了。他脑子马上清醒过来，想："愚蠢之极！值得吗？弄得家破人亡，太可笑了。"于是，写信求饶，发誓再不上跑马厅。每每想起这桩事，总令他芒刺在背，羞愧难当。闯祸闯大了，这亏空的六千块，父亲心里有数，但绝口不提，也不知后来是怎么填补空缺的。

"我说过忘记了吗？怎么又提这事？"之轲烦躁地想。顿时，十分狼狈，威士忌一杯接一杯，难浇愁绪。"……反正，两个儿子没希望回上海了，自己交出来，总比被迫交强些吧？"他忖度着，寻找一个个理由。"再说，割去一间，另一间不是笃定保住了么？再怎么，总比扫地出门强，对不对？"福至心灵，便有一种想喊醒妻子的冲动。

3. 对弈

　　与凌家的不速之客差不多同时，另外一个特殊的人也来到了河滨大厦。他，就是一代围棋国手缪镜吾的高足、后来的棋士九段、首任国家棋院院长。多年之后，这位全国围棋冠军深情追忆道：老先生八十岁的那年，到了上海我很快就来到了老先生所住的河滨大厦。我跨进那老式的电梯，在那长长的、有些阴森的走廊上快步走着。我的心在呼唤着："先生！先生！"我推开了老先生家的那扇门，那宽敞的房间里，有十来个小孩围在一张桌子旁，老先生被这群小孩包围在其中。他直到七十岁时头发还是乌黑的，如今却全成了银白色，连眉毛也白了，以前的精悍一去不复返了。然而，他那炯炯有神的眼睛，还是那么明亮，几乎和我第一次见到他时一样。

　　的确，七十岁时，缪镜吾先生穿着老布中式服装，留着板寸，黑发如漆，双目炯然。尤其是他复盘时那条分缕析、棋理透彻的讲解，说到得意处，更是双眸熠熠生辉，摄人心魄。那是1951年，在襄阳公园茶室，让七子与七岁少年对弈。对局到了一半，缪老突然一拍桌子，欣欣然说："好，我就收你做徒弟。"以后，启蒙老师对这位天才少年格外垂爱，悉心点拨提携，凡到公园、棋室，让他只跟成年棋手对局。一番搏杀后，每每加以复盘指导。少年很快就脱颖而出。日后成为国内首屈一指的棋手，曾击败有"日本业余棋界天王"之称的菊池康郎，开启了战胜日本一流棋手的历史。

　　襄阳公园一向是沪上围棋爱好者云集之处。绿荫深处，一抬眼，就能看到俄罗斯东正教洋葱头形的宝蓝色屋顶，在茶室内外或聚会，或弈棋，闹中取静，风雅别致。这里不光是一班围棋爱好者的好去处，就连大名鼎鼎的前辈国手们也经常来弈棋会友。每当这时，观者如堵。此种热闹情形，可以追溯至四十年代。过去，围棋并非一种谋生职业，即便是一些著名国手，也靠弈指导棋或赌彩为生。缪镜吾时常来襄阳公园，被尊为"缪老"，他在棋界名望最高，辈分与棋艺无出其右，慕名求教者不少。作为谋生之需，他会通过一些熟识的棋友，出售指导券。该券为白色的印刷品，一本十张，每张价格为人民币旧币三万元（折合为三元）。凭若干券就可与缪老弈一局指导棋。据说，有钱的棋友出手阔绰，会拿下一本两本。此券亦可获得与其他国手弈指导棋，再拿券跟缪老结算。老棋手均以此营生，但缪老有一点不同，他热爱弈棋少年，对有异常禀赋者乐意给予指导，向不收费。

襄阳公园俨然是弈棋者的天堂。风暴来了，公园掌权的造反派横看不顺眼，竖看不顺眼，早就想取缔，只因碍于围棋爱好者死扛着，不好下手。适逢公园大修，逮着机会，便来了个一锅端，将原先弈者聚集的茶室内外、公园西侧的长廊全拿掉，代之以死沉沉、空荡荡的水门汀小道；又在毗邻公园办公室处，造了一条休息廊，两侧醒目地挂着"禁止在此下棋"的牌子，以示警戒。棋友们转移阵地，到石凳或木条椅子上下棋，大喇叭里便频频高喊："要警惕阶级斗争新动向。"如此一来，下棋的人遂被全部放逐。失去温暖家园，弈友们无不惶惶如丧家之犬。前辈国手们早已自顾不暇。风暴初期，缪镜吾和另一位著名老国手、老牌权威首当其冲。那老国手，早年坐镇江南，与缪老同为棋界巨擘，民国棋坛就数他们棋艺最精、名望最高，各占半壁江山，曾有南北双璧之称。老国手被监督劳动。扫地时，没留神将一张印有宝像的报纸扫进垃圾堆，不幸被逮个正着，成了"现行"，批斗游街。上街游斗，少不得吃一顿老拳，打得鼻青眼肿。

缪老也没少挨斗、挨打，屈辱之心、不愤之气难以名状。台上一面斗他，他一面长吁短叹。回到家，坐在凳子上，每每一声接一声地透气，嘴里叫着："老段啊！老段！"他小女儿这天正好来，闻之大惊，忙叮嘱"段祺瑞是反动军阀，你不能喊的"等语。段祺瑞酷爱围棋，对他这位年轻才俊多有礼遇款待之举。在段等人的支持下，缪镜吾东渡日本学棋，他也是当年出国专攻围棋的第一人。靠边后，缪老就在棋社食堂里监督劳动，扫地、揩桌子、倒鱼骨头。每天，小将押着他从河滨大厦到单位。半路上，坐在电车里还被当作反面教员，拎出一条条所谓"肮脏的历史罪状"，逐条认罪——自然，与反动军阀段祺瑞过从甚密、拜倒在日本超一流棋手脚下等，是逃不过的。顶气人的，小将们摇身一变成了红人，实际上，从前他们大多受教于缪老。多年来亲炙亲为，培养栽培——怎么能这样？说到日本人一节，仿佛又有许多话要说。上海沦陷时，侵华日本人仰慕他的大名，黄包车带了一车车当时极其紧缺的粮食、佳酿等求见，而他坚辞不出。像梅兰芳蓄须明志一样，他也废艺自断生计，艰难度日。还有，他一个复旦出身、具有数学天才的儿子，因任意解释"领袖的话一句顶一万句"获罪，在中关村跳楼身亡，连尸体也没找到。这桩桩事讲来都异常刺心，而他一生孤高桀骜，强悍狷介，岂肯低眉隐忍？然而，这口气他也忍了。

风声鹤唳之中，老棋手们人人自危。何况，外面茶馆、棋室，这些原先弈棋的地方差不多都封了，自然难得见到他们。另一位著名老国手，已噤若寒蝉，谈棋色变。苦苦熬过"监督劳动"，直至退休之后，仍守着他给自己立下的两条规矩：一不与棋界人士接触；二不下围棋。与他相反，熬过最严酷的几年后，缪镜吾所奉行的原则，是一下围棋，二与棋界人士接触。事实上，即令1966年后的那几年，通往海外境外的邮路虽然没断，但已经不敢往来；而他，每个月依然如期收到寄自日本的围棋杂志《棋道》《围棋新潮》，从不中断。这两种棋刊，缪老向来极为珍视，因为它是日本围棋大师吴清源特为赠阅的，早年吴清源曾受教于缪老，视他为开蒙恩师。除此之外，它也是了解当今围棋潮流的窗口。所以，每每收到《棋道》《围棋新潮》，夙夜研读，悉心揣摩，成了他多年来的一种老习惯。遇有棋界后辈或新秀登门造访，缪老欣欣然将最新的日本棋局摆一遍，品鉴赏析一番；即便隔几个礼拜，还记得清清楚楚。此等记忆力和深厚功底至老犹在，足令晚辈们膺服不已。

来河滨大厦拜访缪老的,有棋界后辈实力人物,但更多的,则是普通围棋爱好者。对于后者,缪老同样笑脸相迎,来者不拒。这里,不妨说一说他与小辈弈的两副棋。一副棋,对方是一个姓储的年轻人。同住在大厦里的邻居,一位新四军老干部,是围棋的超级发烧友,时常与缪老下棋。据说,他曾在市级赛事中当过围棋裁判长。由这位已靠边的老干部引荐,小储来向国手前辈请教。初次见面,少年轻狂,居然提出"让二子",缪老抬了抬两条深浓的乌眉,大感意外。因为,即便是让二、三子,除了弈指导棋,没点资历的棋手,向来是不可能与他交手的。就是被让二子,对方也要名手方可。于是,缪老便问:"你和哪些人下过棋?"小储想了想,报出两位知名棋手的姓名,与其下过对子棋。确切地说,只是让先棋。缪老笑言:"知道吗?就是他们,我都要让三子的。"老干部一看苗头不对,忙对年轻人夸赞几句,说"让二子对他来说压力是重些,就让他锻炼锻炼吧"。尽管这位退职的裁判长面子够大,但缪老却毫无商量余地。眼看这副棋就要黄了,小储才接受被让三子。没料到,缪老顿了顿,说:"好,我叫阿云先和你下一盘棋再说。"随即离开。老干部得空告知内情:阿云是与缪老住在同一幢大楼里的少年,他跟缪老学棋已有一年多,缪老仍让他八子。

少顷,缪老领着阿云来了。他是 N 楼小房间爱珍娘家的老四,人精精瘦,鬓角寒毛老长,有络腮胡的趋势,沪语称"赖带胡子",简化"赖带"。家里兄弟俩,分别叫"大、小赖带",他便是"大赖带"了。落座,桌上已摆好棋盘,缪老吩咐小储让阿云六子。小储诧然,心里也明白这是先搭搭脉:如果弈输了,恐怕与缪老对阵让三子,还得降级呢。一个钟头后,少年棋力不逮。缪老伸手搅一搅,棋子乱了,咕哝了声:"阿云,你输掉了,走吧!"随即对小储说:"好,我跟你下一盘棋,让三子。"于是,老国手执白,年轻人执黑,让三子棋开局,老干部没事了径自归家。约莫个把钟头过去,海关大钟报时的钟声打了十二下，缪老离开棋盘。隔壁，筷子、碗盏和吃饭的声音盈耳，开饭了。一刻钟后，缪老返回棋盘前继续下棋。小储委实感到肚饥，忍了半个钟头，实在吃不消，便提出下楼去吃碗点心或买个面包，不消几分钟就回到棋盘上来。缪老回答："不行，这就是打挂，离开棋盘，这盘棋结束，不弈下去了。"小储闻言只得作罢。又过了个把钟头，老干部来观战，听说年轻人还没吃饭，忙送来了盖浇饭。

此番弈棋老先生不知为何，嘴里一直叽里咕噜。左一声"下坏了，下坏了，落了后手了"，右一声"这步棋随手了，随手了，没有用的棋"，唠叨个没完。毕竟，沙场老将棋高一着，高招频出，手筋不断。在一番凌厉的攻势下，小储出错频仍，棋局渐渐走向不利于执黑的一方。到收官阶段，禁不住老国手左右开弓，被搜刮无数。末了，黑方翻本无望，溃不成军，以白棋赢四目棋宣告终局。赢棋后，缪老含笑缄默不语，那对漆黑的眸子灼灼放光。想到之前竟要老国手让二子，年轻人未免暗生惭愧。

再说另一副棋。缪老与名手对阵，向来只让三子。话虽如此，也并非没有例外。本埠有一位年轻人小Z，尽管学棋时间不长，但弈棋天赋极佳，研习极深，尤其精熟于摆弄大师胜局的那一个个棋谱。他还有一个绝活，是善于长考，耐力极佳，后发优势强。每一步棋都殚精竭虑，常常要下一个钟头。一局棋，耗时五至十个钟头。据说，他曾与其他老国手交手屡有斩获，就因为老将体力有限，耗不起才认输。缪老听说，这位小将有连赢老国手三盘的佳绩，不禁对他刮目，便破例同意，让二子对弈。缪老棋力非凡，虽宝刀未老，却在年轻人漫漫长考中吃了亏，最后落败。这盘让二子的棋，整整花了六个钟头，体力严重超支。一盘棋弈下来，老国手病倒了，好几天都回不过神。

自此，缪老便高挂免战牌。但凡有人慕名而来以求一战，对不起，概不对弈。

第四章

1. 师徒

当下围棋冠军的到访，让缪老十分开心，高兴之余，未免怆然。他们师徒两人，一个身怀绝技，孤高率性，卓尔不群，棋坛称雄数十年；又注重培养新人，一生致力于华人围棋的崛起，没想到竟成了棋盘上的弃子，仿佛过街老鼠人人喊打，晚景凄凉。一个虽然天分极高，棋力非凡，三度拿下全国冠军，与日本高手对垒屡有佳绩，正有望步入棋艺巅峰，但也只能黯然离开棋枰，终日在北方的干校和工厂劳动里消磨时间。

如今，除了偶然替大楼里的小朋友复盘一下，缪老已"金盆洗手"，不再与别人弈棋。风声鹤唳风雨飘摇之中，同辈的一些老国手们唯恐躲避不及，谁还下棋？何况，旧习俗所致，高手之间对弈的事原本就不会发生。年轻一代的棋手，尤其是后起之秀，即便在肃杀的环境中，下棋热情依然不减——毋宁说越被禁止，反而越发不可收拾。这拨年轻人，有些本就受到缪老的指点与提携；有些虽未谋面，但慕名已久；还有一些原本不了解但通过熟人的介绍，想得到名师垂教。围棋新人们或在本埠，或在天南海北，突然之间，来叩缪老家的门。一说来意，无不渴望跟缪老下一盘让子棋。这是他们一生的梦想。因为谁都知道：作为棋手，再没比跟首屈一指的老国手下棋，更幸运、更值得骄傲、更具专业资本了。著名老国手像一块试金石，与他弈棋，其实也具有挑战意味——年轻人一旦与他交过手，立刻会显示出自身的价值来；假使有幸赢一盘让子棋，抑或所让的子比同行更少，足以获得傲人的战绩和资历。于是，年轻人便纷至沓来。无论他们是怀揣职业梦想，还是为了沽名钓誉；或者，雄心勃勃，单为痛饮一杯战胜棋坛耆宿的胜利酒。然而，等待着他们的却是一个相同的答复：不下棋了，请回吧。

有很长一段时间，缪老与其说喜欢下围棋，不如说喜欢打桥牌更确切。的确，打桥牌对缪老来说，比下围棋更随性、更轻松、更自在，因而更开心，能够获得更加纯粹的乐趣。来缪府打桥牌的，是一班老牌友。他们中，既有当年中华民国队的桥牌高手，曾屡次代表中华民国队参加国际比赛，或一些高级别的桥牌赛事；也有体育界、新闻界的资深人士，包括沪上一家著名晚报跑体育条线的老记者。通常是四人打桥牌，两对两。台面边上，总扔着几盒上好、柠檬黄色的凤凰牌香烟。打牌中，客随主便，或抽烟，或吃茶，聊聊天、说说笑话也无妨。跟职业的桥牌选手相比，缪老这位跨界的爱好者，牌技明显不占上风，输牌是自然的事。但是，大家心里明白，输赢并不重要，重要的是陪缪老打牌，可以帮他纾解情绪、释放压力。而这，对于饱受摧残、内心极度荒芜的寂寞老人，一位即将油枯灯尽的昔日棋坛王者来说，不啻是一种最好的放松。因此，大家心照不宣，用极为高超、精致的牌艺，来给老国手让牌——赢了，还看不出来。缪老一生都专注于黑白棋子之间，输与赢、得与失、成与败，其真谛已参透。然而，牌桌上却像一个初出茅庐的新手，对输赢十分计较。往往，或为一张牌争得红脸赤颈，或为搭档一张牌出错埋怨个没完。自然，偶尔也耍点小聪明、赖赖牌。对此，大家只是哈哈一笑而已。

席间，缪老对高足聊起打桥牌的趣事，兴致很高。一般围棋高手多半也喜欢打桥牌，两者牌理上本就相通。然而，境况殊异，老师谈笑风生，不无揶揄自嘲，围棋冠军听来，却忍不住一阵酸楚涌上心头。缪老"封箱"不下棋了，尽管不算太意外，但也着实使他难受。因为他深知，恩师不甘心于此。也许，一半为了安慰先生，一半为了表示对先生的感恩，因此，不管他愿不愿意，仍执拗地把已经岔开的话题，重又拉拽到围棋上来。

"我去北京多年，但是做梦一直回到上海市体育宫里，怪不怪？"围棋冠军笑言。"一进门，就看见一个好大好大的看台。得走到这个看台的最高处，才能找到围棋集训队的那间屋子。我才十四岁，看台总好像有那么一种了不起的、神秘的意味。我一级级地向上走着，好像总也走不到头似的。"说到这里，蓦地，学生内心有一种莫名的感动，嘴唇痉挛一下。从看台一层层的阶梯，他想到在人生的阶梯上，开始了永无尽头的攀登；想到从此被抛掷在围棋世界里，一次次恶战、一次次搏杀、一次次饱尝胜利的狂喜和失败的痛惜与苦涩。从一个只想当船厂油漆工的高中生，到全国围棋冠军；再到围棋比赛竞技项目被取消，国家围棋队被解散，下放到车间里劳动。终点回到了起点，感觉就像乘坐在过山车上。"人的命运有时是那么多变，那么不可思议啊。"他不禁感慨道。

缪老听了，默然良久，脸色愁楚，仿佛被什么东西绊了一跤似的。不提体育宫犹可，一提起，像打翻了五味瓶，酸甜苦辣麻，五味俱全。体育宫是一个仿古琉璃瓦大屋顶建筑，建在原先的跑马厅附近。后来，这个地方矗立起一座水晶宫，也即上海大剧院。老早，缪老是体育宫的常客。或在围棋班上，向少年棋手讲课；或在围棋比赛中，担任裁判长。全运会、中日围棋比赛中，不管他的高足成功问鼎，还是功败垂成，赛后，他总是热心地帮学生复盘，分析利弊得失。1960年的春天，解放后首个日本围棋代表团来访，阵容超强：清一色日本第一流棋手，率队的团长、日本近代屈指可数的围棋大家濑越宪作先生，还是日本棋坛第一人吴清源的老师。少年时，吴清源也曾受教于缪镜吾，他这个名字还是老师给取的。体育宫里，两位老师相逢，堪称中日围棋界一段佳话。只可惜，仅仅过了几年，再度来到体育宫，缪镜吾却已成"阶下囚"——就被关在这寒冷空旷、看台高耸的地方，度过一个个充满耻辱、苦涩和困惑的不眠夜。并且,为了故意折磨老人,造反派还规定夜里不准上厕所。这样,为避免或减少小便次数,老人不得不在傍晚前,便大口大口地吞咽炒麦粉……

"先生,我还经常想起您给我买冰淇淋吃呢!"见先生面色阴沉,围棋冠军忙转了个愉快的话题。"多好吃的冰淇淋啊!"果然,缪老抬了抬浓黑的眉,眼睛放光。当年,棋士还是一名垂髫少年,经常跟着缪先生学棋,也就随老师一起吃饭,或在老师家里,或在老师的棋友家。有一回,老师带他去淮海路上的天鹅阁西菜馆,各自都吃了一只奶油全鸡,才九角钱。在襄阳公园小卖部买些甜点冷饮,更是数不胜数。记得某年放暑假的一天,下完棋准备回家,老师给他买了一个纸杯冰淇淋。它那奶黄色、螺旋形的尖角高高隆起,翘着根小尾巴,煞是好看。尽管小朋友的家境不错,他父亲留过洋,是个海归,可冰淇淋这种东西还是稀罕之物。孩子舍不得吃,只想快点拿回家与父母、姐姐一起品尝。离开襄阳公园,飞快往离公园不远的家里疾跑,一个箭步冲进门里。"真是伤心透顶!他们都不在家。再往手中的冰淇淋看一看,哎呀糟糕!全化了,只剩下杯底稀薄的一层冰淇淋水。真是让人啼笑皆非啊。"他笑着打住说。

房间里,十来个小孩围在桌旁,仰着头,听着缪老与围棋冠军聊天。当说到冰淇淋的趣事,小朋友个个乐开了怀。这情景,让围棋冠军不禁十分感慨,因为多年前无论在襄阳公园,还是在体育宫里,都是看惯了的。先生欢喜孩子,对有天赋的少年加以悉心指导,围棋界一直传为美谈。早在市青少年体校围棋班成立前,他就亲自带过一批少年棋手,授课地点在市体育宫,一礼拜数次。有两位少年主动找他,请求听课,他也欣然答应。而且,不光一起上课、弈棋,时常还把日本棋刊借给他们翻阅。六十年代初,有个女棋手年仅十三岁,一举夺得市女子围棋冠军,颇受青睐。不久,市体育宫举办学生围棋比赛,本市有五百多名学生参加。比赛采取单淘汰制,这位女同学顺利进入最后的角逐，显然是夺冠大热门。不料，半决赛的比赛开始了，该同学却迟迟未到，担任本次比赛裁判长的缪先生坐立不安，忙吩咐快去找。结果一打听，居然是弄错比赛时间，出去玩了。根据比赛规则，迟到十五分钟作弃权论。可是，十五分钟早过了。裁判长破例予以延长时间。但左等不来，右等不来，三刻钟过去了，不得不判其弃权。先生爱才之心，可见一斑。

"虽然先生这辈子正式收为学生的，只有吴清源和我。但热心培养下一代，对会下围棋的小孩都很喜欢，都愿意教上几着，这份拳拳之心，在您围棋生涯中却是一以贯之的。"围棋冠军不由动情地想。"真的，您就像一支蜡烛，散发着光和热。这光和热是永恒的。"这一番话，久久在嘴边打转，竟说不出口——仿佛一说，就减轻了它的分量。"是的，我取得的每一点成绩，包含着多少人的心血啊！尤其是您，我的启蒙恩师！师恩难以回报，唯有拿出最好的成绩单，以表深深的谢意！"然而，一想到围棋在竞赛中已被剔除，下棋人成了没家的孩子，顷刻间，眼前一片迷惘。

一番寒暄后，切入正题。顿时，缪老显得神采焕发，目光灼灼。他习惯性地朝墙上一只电钟望了望——今天，为迎接这位饮誉棋坛的得意弟子来访，特为摆好了三副棋，由围棋冠军同时跟三位棋手下棋。自然，都是让三子的。为了一睹全国围棋冠军的棋士风采，门里门外，悄悄挤满了观战者。作为这儿的常客、围棋爱好者，夏臻合自然不会错过。他早就在主人另一间有钢琴的屋子里晃来晃去，头发有些花白稀疏，但头势清爽，每一梳子都像是剔干净的鱼骨。开战时刻到了，大家翘首以盼，只等权威的裁判长发令。"我打算离开河滨大厦，搬到松江去，我大儿子在那里。"殊不料，缪老竟这样咕哝了一句。听上去，如同告知朋友将去庐山避暑一般轻松。语气中，似乎带着轻微的调侃与俏皮。

霎时，大家都弄糊涂了，缪老的高足也很意外，问："先生，您都八十岁高龄了，搬到松江去，身体吃得消么？"没等回答，缪老的女儿缪独伊忙接过话头，笑嗔说："就是呀！叫爸爸覅搬覅搬，偏要搬，横讲竖讲，谁劝也劝不进。嗳，你是老师的爱徒，得意门生喔！他肯听你的，还是好好劝他吧。"缪独伊一面说着，一面提着竹壳热水瓶往茶杯里倒开水。按说，奉茶续水是周妈的事，但一来家里来了大贵客，女儿自己出面会更加亲切、道地些；何况，小时候也一直留饭，等于叙叙旧。二来，每逢来者不善，保姆周妈就跟排门板似的一挡——大家都是劳动人民，火爆性子，看不惯话说重些，谁也奈何不了。不过，今天都是自己人，就不必"护驾"。三来，要不是周妈自己要留，恐怕也做不长了，主人待她总要客气点，所以就亲自来了。这厢女儿话音刚落，另一间屋子里，缪老太太听见这句，忙应声唱和，半嗔半笑地说："哎唷唷！老先生八十了，还当自己十八岁咪！老话说：七十不过夜，八十不留宿，伊倒好嗳！歪理十八条，偏要搬到乡下去，哪里说得过伊？乡下头荒山野地，不是我说，那种地方医疗条件差。说难听点，要有个三长两短，叫我哪能跟人家交代？"缪老太太老眼昏花，眼泡一红，泪水就顺着爬满皱纹的颊边流下。虽然跟缪老生活很久了，她对他以前的结发妻心平气和，仿佛成了两姊妹。但自从晓得他心心念念要去发妻那里，就耿耿的。平时不便说，趁大家刚提这壶，又大庭广众的，便发起牢骚来。

缪老素来像老神仙那样超然，一副闲云野鹤、万事不系怀的样子，琐事不加理会。但此时，吃不消老伴当众这么发飙，而且说得这么难听，脸上未免有点挂不住。尽管愠怒，还笑着说："喂喂喂！啥外面留宿？啥荒山野地？啥三长两短？啥跟人家交代？什么话嚜。搬到松江去，因为我大儿子在那里，哪能叫外面？左一声右一声乡下，松江是乡下么？当年，可是地地道道的松江府哪。况且，我啥毛病也没有，放心！跟谁交代？亏你说得出口。"缪老太太心里堵得慌，颤声说："我们都年纪大了，草间露，瓦上霜；在一天，算一天。也不知一起能多长。平时我都依你，这回依我一次。行吧？两人过日子总有磕磕绊绊，我的话，纵有一百句不对，也有一句对吧？"说着，又是老泪纵横。女儿边劝边哄，忙把老母亲拉走，因晓得一对三的一副棋就要开盘。正往箱子间过去，忽见周妈在厨房间朝外张望，涨红了脸，欲说不说的样子，便关照她去起坐间照应照应。周妈应诺，随手把煤气灶喷嘴的火拧小点。

　　转眼，一家子当着一房间的人就呛上了，未免有失体统。虽然搬到松江去的消息是缪老自己说的，但高足的一声劝，犹如点燃一根导火线。何况，先生的女儿又指名道姓相求于他，既然如此，也不好不力谏一下。于是，围棋冠军便甲乙丙丁，讲出一番大可不必的理由，末了说："师母、令爱都为您好，我也是这个意思。先生，您老就听大家一句，别搬了吧？退一万步讲，就是主意已定，一定要搬，恐怕也要叫令爱陪您去——她一直在您身边，晓得饮食起居的习惯，照顾更周全一些。"缪老说："不，独伊姊妹俩都不去。"此时，女儿已安顿好母亲，回起坐间，听见这么一声，忙解释说："喔唷！正为这事发愁呢。我在大楼幼儿园里当老师，走不开。为啥走不开呢？因为当年解放妇女劳动力，人人都要有一份工作。偏巧我两个小孩要照顾，一个大班，一个小班，外加我会弹琴。于是，就当上大楼幼儿园的音乐老师，一举两得。就因为当初是这个原因（进去），所以现在不能辞掉，否则话说不响，良心上过不去。至于搬家末，我的态度：首先，不同意爸爸搬到松江去。其次，假使爸爸一定要搬，只好委屈他们自己去，反正有大哥哥照顾，也一样的。"说到这里，围棋冠军未免想起刚才先生欲说不说，似乎在为房子大伤脑筋，便问："先生、师母搬走，你们母子三人留下，是不是还住在这里呢？"周妈涨红着脸，实在屏不住，此刻仿佛逮着了机会，忙带着浓重的乡音，忿忿然说："倷哚想得倒好，囤勒格里！原先棋院的造反派来仔好几埭咪，呆板数倷今朝搬走，隔手俚哚明朝就搬进来哉！"尽管这一口无锡土音不甚明白，但大概意思是懂的，是说棋院的造反派上门催得紧。既然如此，似乎也不便置喙，心里替老师难过。

被周妈骤然插了这么一杠子，主人家的女儿仿佛有些悻悻的，忙正色说："原先他们棋院里的人来说这件事，的确有的。不过，人家也没硬撵爸爸走，更没有叫我们搬到松江去，对吧？要按说我，人家上门归上门，讲归讲；我们做归做，不睬顶狠。光天化日，总不见得把我们往马路上赶吧？面皮老老，装装糊涂，事情也就过去了，对吧？再说，什么棋院，讲难听点，早就散了，管它做什么？我爸爸太爱面子，就这点吃亏！"说着，她一面带着埋怨赌气，一面又带着赞许钦佩，几分撒娇几分淘气，狠狠地瞪了父亲一眼，漾着笑意。缪老似乎还有余愠，但显然气已经消了一大半。大约觉得耽搁太久了，他浓黑的眉毛抬了抬，指了指墙上的电钟说："好啦好啦，清官难断家务事，搬家的事先不谈，下棋下棋。"她女儿表示禁止地"嗳"了声，急忙说："爸爸，等一下，让我把话讲完。否则，您的爱徒要怪我答非所问了。"缪老颔首笑着说："好好好，给你五分钟吧。"独伊说："用不了，一分钟就够。"遂趑过身，对围棋冠军苦笑了笑，说："假使爸爸定规要搬末，搬了家，我们母子三个这里肯定不能住了。房管所说，可调剂一间小房子给我们，就是过去的佣人间，四个半平方米。有啥啦？大房间、小房间一样的，曼不离开河滨大厦就行。"说到末一句，周妈的脸又涨红了，像一只通红熟透的国光苹果。

随后，围棋比赛开始。屋子里一片阒静，自始至终，只闻"啪嗒、啪嗒"的棋子声，和一阵阵压低喉咙发出的惊讶或赞叹声。这一对三，分别让三子的棋局，对手之中，有一人能力稍强。仿佛承袭了力战型的棋风，在四路上落子，不贪边角小利，喜欢捕"大龙"。哪知强中更有强中手，反而被冠军棋士一番"倚天屠龙"，斩于马下。不过，他似乎太过专注于该局，让别人钻空子，丢了一局。结果，以围棋冠军两胜一负，定下胜局。观战者大呼过瘾，嗣后，缪老帮那个力战型棋手复棋，让他茅塞顿开。时间不早，见围棋冠军欲起身告辞，独伊忙拉住他,笑盈盈地说:"急啥啦?吃了饭再走不迟。小辰光,侬老师常留饭的,记不记得?哀歇辰光,侬呀,同台子一般高。"说着,拿手比划一下。围棋冠军连忙称谢不止,但还在婉辞"不添忙"。独伊笑嗔说:"添忙啥?到外面馆子里去叫几只菜,邪气便当的。"

真的,住大楼就这样方便,有时自己懒得烧,就打个电话,向位于北京路江西路的扬州饭店预订一只红烧蹄髈。伙计挑扁担送来,到房间里一打开,那浓油赤酱的蹄髈,还在卜笃卜笃滚着呢。

2. 国手之死

一个礼拜后,缪老就搬到松江去了。松江地处浙江与上海交界地的附近,宁静祥和,古风悠悠,民风淳朴。挣脱了纠缠,摆脱了干扰,远离尘嚣,远离纷扰,远离羁绊,远离是非之地,云淡风轻,仿佛有一种身轻如燕的感觉。新居在小镇大仓桥附近,离当地最热闹的街区"朝东"不近,步行要半小时,好在有公交车。"朝东"有个岳庙茶馆店,是典型的江南百年老屋,白墙黛瓦,泥地木窗,六开间门面。一只老虎灶将店铺一隔为二,外间喝茶聊天,里间虽然也有交关老茶客,但再往里面,却是一个僻静的所在——小镇里唯一的"围棋摊",终日聚着许多老棋迷,棋盘上打打杀杀。许多老棋迷闻知著名老国手来小镇了,个个兴奋不已,奔走相告。一传十十传百,就连嘉兴的老棋迷也纷至沓来,一睹昔日围棋王者的风采。实际上,小镇虽小,跟围棋的渊源极深。据说,清末国手周小松晚年就教棋于此,播撒围棋种子,遂使松江、嘉兴一带的围棋兴盛起来。二十年代,缪镜吾与南方首屈一指的国手,曾在小镇下过"十局赛",南北争霸,轰动一时。

自从迁居小镇后,缪老的每一天、每一分钟都过得非常畅快。每天,被无数老棋迷簇拥着来到岳庙茶馆店,或观棋,或听他高论,或聊天喝茶;每天,被一帮子崇拜者围着,随便说句什么话,就会在棋迷中口口相传，奉若神明，似乎隐藏着围棋杀伐取胜之道某种秘笈或奥义；每天，热情的棋迷们会带来自做自酿的佳肴米酒，或时令果蔬，请他品尝，并让他留下墨宝；每天，有好几位身强力壮的棋迷朋友鞍前马后侍奉着。两位老人，虽然远居异地总有不便之处，亏得棋迷们知冷知热，呵护有加，一点不让他累着。随着天气转暖，春风骀荡，万物复苏，总之，这一切都畅快无比，让他仿佛又找到了昔日围棋王者的那种感觉。跟着，自然而然地，他就打破了自己设下的藩篱，偶尔会下一两盘指导棋。每逢这种时候，围者里三层外三层。"妙！""妙手！""手筋！"赞叹声不绝于耳。自然，小镇上的棋手水平有限，缪老一般总要让他们三、四子，或者六、七子。每每下棋后，人们对老国手的钦佩景仰之心益发高涨；而老国手，也很乐意传授些经验之谈。

就这样，缪老过上了神仙般的日子。躺在床上，夜夜酣睡；春鸟遍啼，醒来唤人沽酒，也是十分雅致的事。不过，有时做梦却由不得人。梦里，或许会梦到自己还被关在空荡荡、黑漆漆的体育宫里；梦到电车里被小将指指戳戳，遭到乘客的白眼或辱骂，有时是一块碧绿的飞痰不期而至；梦到在棋院食堂里当堂倌，倒泔脚钵斗；梦到有数学天才的儿子跳下楼血肉模糊；梦到另一个患有精神分裂症的儿子，只为向父亲讨不到香烟钱，一气之下，竟将吴清源所寄赠的《棋道》《围棋新潮》装了一麻袋，背到襄阳公园去贱卖；梦到搬家之前，这个儿子突然毛病发作，将一只石磨盘从五层楼阳台扔下去，幸好没砸到人；也许，还会梦见五六十年代，让他懊恼不已的两个输局：一次是建国初期首个市级围棋大赛，群贤毕至，但他发挥欠佳，只得了第六名；一次也是市文史馆举办的围棋邀请赛，意外地被年轻人击败，而他的一位棋坛老对手、老冤家知道了，马上叫年轻人复盘，还亲自将其记录在案，刻印了，当作范例流传开去……

一个月之后，缪老偶尔感冒，引发支气管炎，哮喘不止，导致心力衰竭。这天下午，他便咽下了最后的一口气。

第五章

1. 假山

那晚，发生荒唐的蹊跷事后，娇鹂愤懑之情还没平复，旋即被一番奇异的猜测弄得心神不宁，一夜无眠。自然，医院停尸间那个患有小儿麻痹症的尸首除了搞错，并不能说明什么，更不代表祖鸿还活在人世间。况且，对那起坍方事故的死者的处置，会有许多种的可能性，根本无法凭这一点来界定。然而尽管如此，娇鹂心里却仿佛有一种奇怪的感应，确信祖鸿命不该绝——至少，不应该这么不明不白地就走了。

在老城区，有一个曾为著名私立大学校舍的地方，因毁于日机轰炸，十六年后，在原址上辟为 L 公园。七十年代初，建造一座大假山，它的面积约占公园总面积的四分之一强，可见其气势非凡。这座大假山位于公园的东南角，有九米高、一百多米长、五十米宽，垒以千余吨的青石、黄石石料，植以数十种树木花卉，如青桐、白果、杜鹃、腊梅等，筑有九条上山石径，盘桓于异石茂林之间，登临峰巅，兴味十足。而实际上，大假山的功能除了供游人游览憩息，其最大的奥秘，还在于山脚下是一个隐蔽的防空洞，面积大约有一千八百平方米。

这个大型民防设施，工程浩大，时间紧迫，但挖掘和建筑设备却十分简陋——除了少而又少的一些卷扬机、混凝土搅拌机、抽水泵、小三卡、铲车等机械，大多靠"人海战术"，手挖肩扛。因此，挖掘这样一个巨型防空洞，无疑难度不小。由于要应对"要准备打仗"的严峻形势，这一人防工程很快就上马了。它采用大会战的方式，提出

"奋战 N 天完成艰巨任务向某某献礼"的口号或目标。人员除了部分来自园林系统,绝大多数从就近的街道、里弄、工厂、商店、学校、部队,还有近郊农村中调集,很快就形成了一支浩浩荡荡的队伍。并且,组织严密、纪律严明、配置合理、阵容齐整,有指挥员、测绘员、技术员、机械操作员、质量监督员、后勤服务员、广播员、卫生员、文艺小分队员等等,自然,最多的还是成片成片的挖掘者和业余泥瓦匠。他们或拿镐拿锹,或砌砖打墙,"嗨呀嗨呀"声、指挥的铜哨声、镐锹声、马达声、口号声、嬉笑声、歌声不绝于耳。虽然工地上夜以继日,热火朝天,阵势如此强大,但该工程属于本埠预防空袭、人防安全体系中的一部分,因此,它具有一定的隐秘性和保密性,至少是半公开的。正是由于战备的原因,参加大会战的人员政治上要求过硬。加盟挖防空洞的人,或许会觉得是一种待遇呢。

这天,祖鸿稀里糊涂就被拉来了。像他这种身份的人还有几个,这是他后来才慢慢知道的。或许是某个单位抽不出这许多人;或许是工地劳动强度过大,某些原因造成缺勤人数较多;或许是施工人员来自众多单位各不相识,偏巧又遇上马马虎虎的召集人,于是才有了如此严重的疏忽。不过,工地为了赶时间,也不计较,反正就当劳动力使用。

挖防空洞是很苦的。首先,由于上海地质方面的原因,"深挖洞"很困难,往往今天百来号人挥镐舞锹汗如雨下,刚刚挖掘好了若干土方,以够快的掘进速度朝前推了若干米,但明天坑道里就有了一大片积水——只要下挖到地下七十厘米,地下水就会满溢出来。为此,不得不用潜水泵不停地抽水。其次,防空洞开挖已呈遍地开花的趋势,造成木材短缺,甚至严重匮乏,壁腹上,用作水泥砂浆夹板的板材要拿竹片来替代。同样,预制板浇注时钢筋材料十分短缺,只得少用或不用,拿粗铅丝一类顶替。这样,其牢固性、安全性均得不到保证,作业风险也明显加大。还有,地底下虽然被称为"有天然的空调",洞内全年温度基本维持在20℃左右,但新鲜空气不足,气体浑浊难闻,呼吸不畅,而且潮湿难捱,不干活衣裳等就湿滋滋的,出了汗更是湿漉漉了。冬夏寒暑,被湿漉漉的内衣一直贴肉绷着,这样的感觉不光不好受,还容易感冒。除去上述情况,每天长达八九小时的劳作,或挖泥运土,或砌砖头,或抹水泥砂浆等,这还只是天天应有的功课。尽管如此,祖鸿却非但不以为苦,反而因为能够用劳动的汗水冲洗思想上的肮脏,以便脱胎换骨,感到某种庆幸或宽慰。特别是为自己能够与这些劳动大军在一起,仿佛政治上有了某种待遇,而窃窃自喜呢。

三年前,在银行一个分理处做事的祖鸿,因不忍心娘舅受冻馁之苦,私自替他提取抄家时被冻结的款子。不料,竟成了"抽盗团伙案"。案发后,他被清除出银行,差点退回原籍,不久被押送到工厂管制劳动。刚巧,这爿厂与银行分理处有协作关系,厂方当权派头头原先跟祖鸿打过交道,积攒了点人情。就凭这点,尽管祖鸿戴了帽子,跌落深渊,处处低人一等,可是日子也不算太难过。苦活、累活、三九天三伏天户外劳作自然免不了,车间里开批斗会时,少不了挂牌子陪斗罚站。除了个别坏脾气的老师傅会拿他出气,但一般工人,尤其是年轻人,倒有点同情他,有时候会偷偷塞一支"飞马"或"勇士"给他,说一声"小绍兴,休息一歇,抽支烟"。过了大半年后,环境似乎又宽松一点,祖鸿有个头疼脑热,医务室开了病假单,甚至可以享受病休。自然,每当这种时候,他就会悄悄来到河滨大厦N楼小房间,以尽多年来从未中断的"课子"之责。

对侄儿们的学习,他一向异常重视。不管是先前学堂能正常教学时,还是课堂教学中断或形同虚设,他都会严格督查孩子们的学习情况,或检查作业,或补习功课,或解应用题,或排方程式,或教打算盘,如从1加到100是5050;或默生字,或背古诗,或批改要求他们写的周记、日记、游记,甚至,要他们谈一谈对某书的读后感。相对来说,理科底子扎实的他,比较偏重数理化。尽管苦心孤诣、用心良苦，可是那一番努力并不能得到回报。相反，孩子对于叔叔的严厉督导，显得既无奈又冤枉，甚至莫名其妙地很反感。加上天资上的某种缺乏或愚钝，所以，似乎总表现出一股浓重的消极倦怠情绪，反应冷淡，感觉迟钝。在这种情况下，学习效果就可想而知了。每一回，祖鸿兴冲冲而来，结果很快就失去了耐心，变得脾气暴躁、肝火旺盛，甚至暴跳如雷。常常由于意识到自己情绪失控太过粗暴，因而感到难过自责，忍不住哭起来。而被吓得战战兢兢的孩子，倒去安慰他。

尽管如此，祖鸿还照样去大楼课子。不久，厂方当权派改换门庭，祖鸿的日子马上就不好过了。厂里不光把他关押进昏暗潮湿的地下室，还专门派了两个小喽啰看管他。这两人，一个叫"笑面虎"，一个叫"母夜叉"，前者文弱有礼貌，后者爽直活泼，质朴憨厚的外表下，实质内心极其阴暗肮脏，乖张暴戾，虐待成性。他俩装得一本正经，其实是一对狗男女。两人关系好好坏坏、忽冷忽热，但凡遇上他们吵嘴或为鸡毛蒜皮的事不开心，必定拿祖鸿出气。轻则辱骂，重则狠打，刁钻促狭，折磨人的手段无所不用其极。祖鸿不堪其辱，每每用他们难以拒绝的方式予以回击，当众戳穿他们的鬼把戏，甚至不露声色，时不时点一下狗男女的"死穴"。他们对此窝火得很，却也无可奈何。于是，他们便借各种名目把祖鸿拉出去"批倒批臭"，有时是陪斗，有时是主场。然而，祖鸿因生过黄疸肝炎，手里仿佛握有王牌，经常事到临头，却甩出了一张病假单。笑面虎、母夜叉嘴都气歪了。一次，母夜叉悄悄尾随祖鸿，换了几部电车，来到了河滨大厦N楼。那天，酱菜西施刚好休息在家。母夜叉一番打听，酱菜西施一向最咬不得祖鸿与娇鹂来往，加上几年前在抢夺娇鹂家缝纫机头的事上吃了亏，心怀怨恚，便不分青红皂白信口雌黄，把他们叔嫂俩说得一钱不值。母夜叉听了一阵冷笑，以为这下算是捏住了祖鸿的把柄——至少，撒谎，病假不休息，外出串门子是事实吧？接下来，祖鸿受一顿毒打是免不了了。

祖鸿可以忍受皮肉之苦，却无法忍受对人格的侮辱。母夜叉与笑面虎，两人轧姘头，做着这种滥污滥糟的事，便觉得所有人同其一样滥。自从在酱菜西施那里打探到有关祖鸿的八卦消息：他一面与寡嫂打得火热，一面又跟新疆倒流女长期鬼混啦；玩三角恋里外统吃啦；寡嫂家莫名其妙多了一个女孩，也不知怎么一笔账？还有，同倒流女鬼混是一种破坏支边的行为，性质十分恶劣。当天就来个突然袭击，主场批斗祖鸿，他的前女友景萱也拉来一起斗。景萱脖颈上吊了两只月白绸面的旧鞋子，意为"破鞋"。车间里，一个生活腐化的工人在一旁陪斗。这人据说"外插花"，偷情不算，还将姘头带回乡下与他妻子共处。甚至，两人在农地野合，做了"龌龊事体"。批斗会以后，母夜叉就时不时逼迫祖鸿老实交代，还要求陈述细节，越细越好。

对这些诬词，祖鸿异常愤怒，一一予以驳斥。他用人格担保，坚称自己绝不是那样的人，也绝不会做出那样的失格之事；假使他的话有半点不实之处，当场一头碰死。对于他与嫂子的关系，他严词驳斥说：自己一向钦佩尊重嫂嫂，家庭有难，愿意与她一起扛起重任；虽然一直以来都在一个屋檐下生活，但他们的关系清清白白，问心无愧，没有任何瑕疵。至于人家喜欢用异样眼光来看待，那样卑鄙龌龊，那是小人之心。至于叔嫂恋，他辩白说：哪一条法律不允许这样一种恋爱关系存在？嫂嫂守寡已经四年了，她未嫁，他未娶，两相情愿两情相悦，这样的恋情难道也犯法吗？更何况，这种恋爱，缘于"叔接嫂"，其中还有他胞兄的一种嘱托与期许，因为胞兄对自己恩重如山，无法拒绝。对于前女友，他辩解说：她本是他的未婚妻，出于某种原因他们才解除了婚约，打那以后，他与她只是一种友情。而对于娇鹏家的陌生女孩，他申明：为了已经不在的当事人名誉不受损害，何必惊动他的在天之灵？应避免让他蒙羞或不安。所以，为守住这个秘密，他选择了保持沉默。

对于这些自辩，母夜叉、笑面虎一概呵斥为狡辩、抵赖、嚣张、抗拒，态度极不老实。结果是，祖鸿越为自己辩白，他们越是蛮横霸道，粗暴威逼，要求他交代所谓私情细节。否则，不光检讨书通不过，还一顿拳打脚踢。昏暗的灯光下，破桌前，摊开有某厂套红抬头的信笺纸，祖鸿搜肠刮肚，纸片撕了又撕，抑或揉作一团，常为写不出一行交代而苦恼不已，恨不得一死了之。但是，壁上的100瓦电灯泡有粗铁丝的防爆装置保护着；身上的皮带或裤带都被搜走了，裤子蚂蝗襻只拿一截细绳子扎一扎；碗具是搪瓷的，不可能打碎了化为锐利的瓷片，拿来割静脉；而床单根本没有，想撕开了当绳套也不行。总之，即令煞费苦心想寻短，也办不到。

欲生不得，欲死不能，如此境地，令祖鸿痛苦不堪。不知怎么回事，隔了很久，笑面虎和母夜叉也不露面。显然，看管祖鸿的人换了。新来的看管者不那么凶恶，总算舒了一口气。"咦？笑面虎、母夜叉为啥不来了？"他真想问新来的看管者，打听一下他们的下落，虽然也晓得想法有点古怪——似乎被这对狗男女折磨得还不够，又在惦记他们了。实际上，单位里造反派组织很多，虽已实现大联合，但派系林立，权欲盛炽，互不买账，相互倾轧。这一派刚刚坐上第一把交椅，权倾一时，旋踵之间，另一派又占山为王了。上台的飘飘然，下了台，往往必欲除之而后快。后来听说，厂里跟他有点交情的一派又当上了第一把手。所以，他幸运地被放宽身份，派往大假山工地。看来蹊跷，也就不奇怪了。

某公园双管齐下，一面深挖防空洞，一面叠石植树筑亭，让大假山渐渐有了雏形。挖掘出来的大量土方，正好用于堆积大假山；而大假山横空出世，也刚好掩盖了人防目的，可谓珠联璧合，妙笔生辉。出于某种原因，许是"深挖洞"的土方量，还不足以堆积假山所需要的高度；许是大假山的巍峨，需要有秀水的妩媚明艳来衬托，方相得益彰。于是，大假山西侧开挖了一方池塘，亭台楼阁，水光潋滟，游船疏影，恰好构成天然的山水画卷。

在工地，祖鸿享有每一个劳动者所有的权利，包括上下班作息时间、餐食供应、读报看演出、夏天发给若干盐汽水、领纱手套和高筒雨靴等，这些均与蹲地下室或厂里监督劳动时完全不同。上工第一天，祖鸿自由自在，有了飞翔的感觉。正因为如此，才更感到一个人政治生命的可贵。然而，坏分子的身份已被注定了，万劫不复。一念及此，犹如万箭攒心。"我完了。"他想，"一切的一切，全完了。"尽管，日复一日，工地上跟大家一样挖泥砌砖，一样劳作休憩，但内心的感受却迥然不同，与他们的处境也判若云泥。他灰心得很，有时会产生一些怪念头。"天天钻进地底下，挖啊挖，小太阳灯一直点着，白天跟夜晚根本没区别。"他暗忖，感觉自己就像鼹鼠一般，打着洞。人人都快乐，除了他。一只不快乐的鼹鼠。"洞体越挖越大，越挖越深，洞窟很结实呢。但是，万一洞窟坍塌了怎么办？轰隆一声，坍方了，我这只鼹鼠就埋在地下深处，得到超生。"蓦然间，被这种古怪的念头攫住。觉得异常平静、充实，甚至有些喜欢，未免诧然。

2. 塌方

这天，大雨滂沱。大假山周围，高高的木杆上架着被称作"小太阳"的碘钨灯，从各个方位照射，光柱成钝角。雨停了，就见飞蛾团团翻飞。大假山上下，人声鼎沸，旗帜翻卷，马达轰鸣。这样热闹的工地现场，很像足球场一场精彩激烈的德比大战。由于工程进度不断被刷新，为某某献礼的目标十拿九稳了，工地总指挥显得异常兴奋。因此，一个业余文艺小分队的慰问演出，也破例被允许在工地一角上演。为了鼓舞士气，正在挥汗劳作的人们被叫来观看。同时，大喇叭里传出小分队正在表演的节目。手风琴伴奏的大合唱。三句半。男声小组唱《社员挑河泥》。笛子和柳琴独奏。笛子曲《牧民新歌》《扬鞭催马运粮忙》，后者更是把工地欢乐的气氛推向了高潮。当时，祖鸿正推了一辆两轮小车，车停在地面上的工具房前，领取镐、锹、铲、钉耙一类工具——这些铁家伙很容易受损，坏了需要更换一下。他本来是不会观看表演的。冷不丁，从广播里传来一个名字，这位舞蹈表演者不是别人，正是娇鹂家的妹妹头。他不觉怔了怔，犹豫一下，便忙里偷闲钻进了围得密密匝匝的观众席——那里原先是坐着的，因为前排人高，看不清，慢慢后排的观众就站起来了，而且越站越多。机灵点的人纷纷上树，爬到树上看倒不失为一个好办法。

从小舞剧《丰收歌》的音乐起，到最后一个乐句结束，祖鸿尽管不停地钻来钻去，希望找一个能观看的角度，或一条视线能够穿过的缝隙，但基本上都白忙了。跳集体舞的女孩身量都差不多高，细腰肢，红衫黑裤，手里都有一顶宽边草帽。仅凭瞄了一两眼，真分不清女孩们谁是谁。祖鸿很想挑出妹妹头来，瞅上一眼。他已经很久没有到娇鹂家去了，非常惦记，尤其是女孩的养母娇鹂。他同她，仿佛已隔了一个世纪之久。很久前，但凡去河滨大厦N楼课子，他总是挑她的上班时间，总是小心翼翼，避免与她撞见。也许，出于同样的心理或缘由，她也总是退避再三。结果，自从那次在大厦A字门舅甥挨斗之后，他俩就从未单独见过面。自然，她虽跟他"冷战"，却也没任何理由拒绝他上门去——本来大家就在一个屋檐下生活。何况，课子，辅导侄子们的学习，似乎向是他们之间的一种默契和根基，也是他的某种承诺与约定。娇鹂望子成龙，缺了这个肯定不成。"太阳哎一出哪红满天哎，哎唷哎唷喂……"小舞剧不断回响着这一声。可是，不知怎么，祖鸿极度心灰意冷，只感到彻骨的冰冷、彻底的荒寒，因为太阳是照不到他身上的。

随后，到防空洞工地，挖呀挖，新铁铲秃了，新十字镐蚀了，虎口震裂了，而他脑子里，总是这样一声悲叹："完了，完了。"为赶工期，也为了提前实现合龙的目标，到了规定的下班时间，头头突然决定不收工，奋战一个通宵。这种情形是经常有的。施工图刚从装氨水的锌铁皮圆筒里拿来，有一股子淡淡的臭味。图纸上，标出了五条坑道在一个中心区域合龙的位置。五条坑道中的人们，仿佛已经感受到胜利会师的狂喜，无不加把劲挖呀挖。到后半夜，大概凌晨四点一刻不到，突然，洞窟厚厚的顶壁上，隐隐地发出可怕的声音，随即乱土乱石纷纷下坠。不知是谁尖叫了一声："不好！上面坍了喔！"跟着，谁在失声大喊："快！再不跑就没命了！"听见惊叫，大家下意识地扔掉手中的镐、锹、铲、钉耙和小推车，夺路而逃。五条坑道里虽然各自都看不见，但大致的情形应该差不多吧？

仿佛热锅上的蚂蚁，大家在极有限的时间里，凭着本能东奔西窜，西躲东藏。偌大的土方、成片的岩石纷纷往下掉，伴随着烟尘、浮土四处纷扬飘散，眼睛睁不开，呼吸困难。同时，无论被砸伤的，险些被砸到的，还是没被砸中的人，都不约而同，发出了哀鸣声和求救声。

3. 叫天不应，叫地不灵

那惊魂之夜，谁也不清楚，也不会留意坍塌究竟是怎么发生的。实际上，梅雨天，下了一场瓢泼大雨，傍晚虽放晴了，但大假山上下都还湿漉漉的。地下工地处于合龙阶段，显然，对这个中心枢纽区域的承重的估计严重不足。砖砌体的拱形壁腹受不了土表的重压，加上一些假山石就在附近堆积，地底下，当几个作业面同时推进，正待贯通，这时中心土层空虚，惨祸就酿成了。轰隆一声，飞沙走石，尘土飞扬。正在奋力开挖的人们措手不及，有的被压死，有的伤残；有的伤势不重，但精神上受了极度惊吓。祖鸿还算幸运。一些碎石崩土压下来，加上缺氧，空气稀薄，使他很快就昏厥过去。

一起遇难遇灾的，似乎还有些跟祖鸿同病相怜的人。这倒并非工程指挥者故意的，把这一小撮人当作人体盾牌。肯定不是这样。只能说，他们运气实在不佳。更倒霉的是，也许出于某种考虑，这起伤亡事故显然是被瞒报了。因为这个缘故,对事故受伤害者的处理极其草率,也很不人道。而对肇事原因的调查,牵涉到某种人事关系,或由于人员素质的原因,马虎得很。最可气的是,竟连死伤者的名字也给弄错了。

对这些节外生枝的事,祖鸿懵然不知。他醒来了,身子稍微动弹一下,突然,脊椎附近感到一阵闪电般的刺痛。与这针刺刀割似的腰疼相比,其余一切微不足道。而对坍塌的记忆,显得既含混模糊而又支离玻碎。由于恐惧和厌恶,他选择了遗忘。开始是有意为之,慢慢果真就什么也记不清了。虽然羞于承认,可实际上,当可怕的崩塌出现时,一分钟之前,他还那样的讨厌与憎恶,甚至觉得死亡不啻是一种最好的解脱;而一分钟之后,又那样渴望活着,求生欲望异常强烈,心里尖叫着"我现在不想死"。最大的愿望,是在阖上眼之前,能够见一见娇鹏,消除误解,今生今世哪怕做不成夫妻,也不必反目成仇。他从来就不是一个罗曼蒂克的人,却异想天开地盼望一息尚存,躺在娇鹏的怀中,说声"够了,够了",然后死去——也许,这就是尘世对他最大的恩典和福报了。

过去的十几个钟头,祖鸿都在蓝色氧气瓶铜质瓶嘴上的哧啦哧啦声,在充满乙醇、石碳酸味道以及某种甜咪咪的气味中度过。灵魂出窍,裙袂飘飘,凭虚御风,在传说中的奈何桥、忘川河、三生石那里,荡了一个又一个大圈子。这是习惯上被称公济医院的急诊室。由于抢救病人太多,这里病床全满。于是,不少病床就被安排在急诊室外的厅堂(也是排队挂号、付费与领药处)和走廊两旁。一张张简易床并排放着,或首尾相接,大多高挂着好多盐水瓶,打点滴。一些重危患者插满管子吸氧,露出一张不久于人世的面孔,就在众目睽睽下,拉风箱般吭哧吭哧喘着气,或身子弓得像虾米似的,一抽一抽痉挛着,哼哼唧唧。后来,似乎祖鸿的身份配不上如此这般的礼遇,一声喝令,遂被驱逐。显然,医生、护士看了看迟到的通知书,两手一摊,表示不必治疗了，爱上哪上哪。随后，转了几家医院，都不肯收。从末尾一家地段医院出来，一辆链子吱嘎作响的旧黄鱼车把他送回了家里。一路颠簸，磕磕碰碰，几乎车子每晃荡一下，都伴随着他"喔哟哟"的惨叫声。

  一个大活人，脊椎部位出了问题，仿佛就成了瘫子。踩黄鱼车送院的几个人，都是工地上的，还得赶回去继续挖防空洞呢。于是，留下祖鸿一个，瘫在床上。开初几天，派人来陪护，接班替换着。不知是谁，阴着脸唧哝一声："戳那，这种人，也配？"跟着，就被撇下不管，左等右等不见来人。据说，脊椎毛病最好就是一直躺在硬板床上，直到能爬起来为止。问题是，孤零零一个人，睡在一块浅褐色的杉木铺板上，叫天天不应，叫地地不灵，可怎么个了结？

第六章

1. 陪护

这是市北靠近大八寺的一个地方，有一条叫沙泾河的臭水浜蜿蜒流过，小河浜上依次架着青条石板桥、老木桥、铁路桥，还有就是横跨中山北路的有着简易护栏的一座水泥桥，它紧挨着光秃秃的铁路桥。小河浜流经此地呈 S 形急转。水泥桥的对面一侧横着双股铁轨，时不时，3 路绿皮有轨电车往返驶过，铁轨泛着锃亮的银灰色，半空挂着架空线。有轨电车急遽转个弯，一踩刹车，铁轮子与铁轨发出一阵刺耳的摩擦声。女售票员从车窗里探出半个身子望了望，喊道："上农新村站到了，啥人要下车？"听见报站，娇鹏忙应声下车。手里拎着一只绳子网兜，里面放了些乐口福听头、凤尾鱼小听头、生梨、香蕉、护腰绑带和结了一半的绒线衫之类，一览无余。

穿过中山北路，脚下是一条窄窄的柏油路，不久前它还是弹硌路。小柏油路越过一道手动式的铁路闸栏，穿过铁轨，向前延伸着。铁路两边各有一根斑马杆，黑白相间，高高翘起，杆尾配有压重用的铁轮子。娇鹏来到道闸前，突然，斑马杆放下了。少顷，蒸汽机火车一声长啸，烟囱冒着白烟，两侧分别喷射着有数丈远的白色水蒸气，轰隆轰隆驶来。这是一列油罐车，铁灰色、长圆形的储油罐硕大无朋，一个接一个，似乎永无休止，可转眼又消失得无影无踪。手中的网兜有点沉，她换了换手拎住，眼前变得豁然开朗。路旁，一边住着本地人家，清一色黑瓦平房，宅前种着芭蕉、柑橘、枇杷、白蒲枣、无花果等一类的树木，有些已挂果；一边有条丈把宽的小水沟，沟上数亩油菜田，一个月前还金灿灿一片，绝不比婺源的油菜花逊色。不过，此时它已变成了串串细长的豆荚，粉蝶或蛾子飞来飞去。正走着，飘来一股子冲鼻子的异味，因为大蓄粪池就在不远的地方。连垅油菜田的包围中，高起一只大土包，孤零零的，传说是某一个明清大官的显赫的坟茔，后来国军又在坟旁修筑了钢骨水泥碉堡。柏油路再往前，就是臭河浜了，河上有一座绿漆木桥。方形、结实的扶手栏杆，桥底也是方木铺的，木头之间露出两指宽的缝隙，看得见水流滚滚。往铁路一头的桥塊，青石板铺地，似乎年代久远，石板踩得油光光、滑溜溜。过了桥，右手拐弯，就是一大片平顶四层楼的新村房子了。

娇鹂以前曾多次听祖鸿讲过这里，说起这儿的火车、铁轨、道闸、油菜田、白蒲枣、枇杷、无花果、化粪池、碉堡、河与桥，似乎他对这一派郊外风光兴味盎然，不由想起远去的乡下——出生地管溪镇。虽然频频说起，她似乎对眼前的一切早已熟稔，然而，却从未涉足过此地。对单身男子独居的房子，她素来抱着谨慎、严肃或矜持的态度。况且，她同他一向处于某种说不清、道不明的关系，自然就更不会了。她可不愿意落人口舌。不过，这一回却是破天荒。自从那夜停尸间惊变之后，她就分外焦灼，打听他的下落。自己出面似有不便之处，就请祖鸿的好朋友阎子芬代劳。阎子芬跟娇鹂一家颇熟，从前上她家时经常留饭。后来，娇鹂家发生种种变故，就更添了一种调停人或斡旋者的身份。这种老友兼"老娘舅"的角色，阎子芬做得如鱼得水。

一番周折，阎子芬对情况已很清楚，便将祖鸿遇险、负伤前后的情形，大致对娇鹂说了说。不听也罢，听了她再也坐不住。感情这东西真是奇怪，误传祖鸿已死之前，她还是那样地怨他、气他、恼他、恨他，提起他简直不行，看到他眼睛喷火。一口一个"娘冬采！我随便哪能不会原谅伊"，或者"伊是死人哪"，然而，老天爷开了一个善意的玩笑，当得知祖鸿还活着，她不禁喜极而泣。而这个蹊跷的"死亡"，噌一下，已然把内心深处对他的不满、嫉妒心和恨意，抹得一干二净。不过,似乎更担心他的腰伤怎样了,隔日刚好是礼拜天,安顿好家里,她急忙就赶到了上农新村。

这个新村,原先都是三层楼的,红瓦人字屋顶,因建好后不够住,又翻加一层,房顶也成平顶了。娇鹏进了号门,刚开始,旧旧的铁锈红漆木质楼梯,踩着发出咚咚的声音,过了二楼,变成了混凝土石级。N楼笃底的一个门前,她敲了敲门。门开了,一看是阎子芬。只要有时间,子芬就会上这里来护理祖鸿一下。子芬的女朋友曼华,是红房子产院的护士,对如何照料病人很在行。有时他俩一块过来,陪上一天,今天曼华走不开,只剩子芬一人忙前忙后,服侍着一会喝水,一会蹲马桶,还有烧饭喂食,忙得鸡飞狗跳。抽水马桶是四户人家合用的。见了子芬,娇鹏既不感到意外,也不客气,好像他就应该在这儿陪护呢。子芬吆喝一声"祖堃嫂嫂",忙接过她手里的网兜,说句把"啥东西这样重啊"之类。放好了,一面哼哼哈哈,敷衍得十分妥帖,八面玲珑,而这正是他的强项。朝北的窗子前,两张老旧八脚长凳上搁着一块浅褐、微微有点发红的杉木板床,铺着旧褥,散开的旧棉被和补过的薄呢毯子下,似乎垫着皱巴巴的尿布片。乱乱的,有一种说不出的凄凉。床上,一个仰天平躺纹丝不动的男子,像一块木头,他就是祖鸿。方才听见一声"嫂嫂",祖鸿怔了怔。对这次造访或许已有所闻,可冷不丁听见她来了,表面上还平静持重,内心却十分震动。跟着,眼眶里就汪起泪来,怎奈手不听使唤,大滴的泪珠顺着面颊簌簌滚落。嘴里,照例说些"坐呀坐呀""路介远,就麴来了"一类的客套话,嗓音干涩。

娇鹏应了声,突然哽咽起来,说:"刚打听到你的消息呀,今天休息,就来看你。祖鸿,你吃了不少苦……"打量着,正不知如何往下说,忽见祖鸿泪水潸然,忙趱了趱身,一屁股坐到他的枕头边上,顺手抓起枕巾替他揩拭。一看似乎不甚干净,又换上了自己的手绢。一面揩,鼻子一酸,泪水就滚了下来。欲要抹泪,手里的绢头刚给他揩,绢角湿了。想也没想，便拿起手绢拭着泪，擤了擤鼻子，不知说什么。须臾，"腰……腰勥紧吧？"她觾声问。祖鸿身子不能动弹，稍稍摆了摆脑袋，脊椎部位明摆着很痛楚，却露出一个奇怪生硬的笑容，讪讪说："还好还好。痛末，总归痛点。"似乎意思是说，只要不死，都是好的。"骨头勥有啥问题吧？爱克斯光片拍了吗？诊断报告怎么说？"她连连发问。来之前，特为请教过老闵。老闵说，要是腰部压缩性骨折，轻则伤筋动骨一百天，重则有瘫痪之虞，把她吓得不轻。不过此刻，仿佛会触动某种禁忌招来不测似的，这一句"压缩性骨折"，在她嘴里直打转，却怎么也说不出口。

拍不拍片子仿佛与某种侮辱性有关。这隐隐刺痛了他的自尊心，还明明白白地表示了低人一等。他不禁愤慨，真想发一通牢骚："说得多轻巧！爱克斯光片拍没拍？被你们公济医院赶出来，别他的医院也不收，还想拍什么片子？呸！"但马上发觉唐突得很，似乎有将对院方的不满归到她头上的意味。就是破罐子破摔，也不能迁怒于她呀。再说，她能来看望，不忌讳什么，已是一种莫大的恩典呢。他强把话咽了回去，微微凸起的喉结咕噜一下，操着绍兴土语骂了声："惹鬼个！"仿佛只是腰痛带来的悻悻然。稍微一动，身子立刻像挨了一鞭子，苦着脸，发出一叠声的"啊唷喂"。娇鹂俯下身，两边支撑着自己的胳臂，就像哄生病的孩子那样，笑嗔说："勥动，勥动。看，一动就痛了吧？"

子芬在旁边一递一声，说些"腰出毛病，睡一睡木板床自然会好"之类老生常谈，搪塞过去。因为，只有他最晓得他们各有各难言的苦衷：对娇鹂而言，让他知道她的停尸间奇遇，还不触足霉头？对祖鸿而言，让她看清了他如今的屈辱身份；甚至，早些时倒为了到娇鹂家课子，动辄挨揍受骂，甚至被打得鼻青眼肿，她却不待见他。更严重的是，假使晓得他这样没花头，就一个臭坏分子，她跟他还有戏么？所以，两头都不能说穿。正无计可施，忽见木条折叠椅上放着一网兜东西，子芬脑子一转，立马转移话题，夸赞娇鹂几声；说到兴头上，忽见那个还扎着竹针的绒线衫片子,便打趣说:"勤快真勤快呀!祖堃嫂嫂手不肯闲着,怎么,这种时候也不忘结两针?"祖鸿绷着脸,仿佛屏不牢,弯起指节叩了叩铺板。子芬这才意识到自己语失——人家祖堃早已不在,而且,祖鸿同娇鹏又是这样一种关系,左一声、右一声"祖堃嫂嫂",脑子里进没进水呀?娇鹏又是"踏到尾巴头会动"的人,按她一向的脾气,肯定会很敏感的。不过这一回,她似乎既不窘,也不气,更不恼。

出人意料,娇鹏却好像颇有成就感似的,领首作答:"嗳。"显得十分笃定与明朗,这在从前是断然不会有的。随即,她浅浅一笑,面颊上微微泛红,一边拿小指尖剔了散开的鬓丝,露出红红的耳轮。"子芬,前一向多亏您时常来照顾他,也够辛苦。就让我来陪他好了。一天到夜清登登坐着,闷不闷呀?闲着也是闲着,趁空可以结两针。所以,就把绒线活带来了。"这么说着,突然萌生一念:"他需要人陪——假使能天天来陪护有多好呀。"这个想法着实把她吓了一跳:"发痴了!缝纫间那么忙,家里事情一大堆,缺钱,这眼泪水样一点点的薪水只够半个月开销,还请假,请假是要扣钱的。怎么可能?"但这个念头似乎已经抓牢了她,又一转念:要不,找大组长老章说一说,能不能求他想想法子?唔,老章神通广大,肯定有办法,大不了再替他结一条绒线衫而已。这么忖了忖,不知不觉说了声:"从今往后,我天天来陪伊。"

听见这一句,祖鸿、子芬都寂然了。此话刚说出口,她马上意识到自己漏了嘴,赶紧话锋一转,说:"讲是讲腰受重伤千万不能动,不过依我看,还是尽快去拍个片子,弄清楚骨头伤到没有。这样拖下去,怕就怕耽误了病情,那可就难办了。"子芬顿了一顿,搪塞着说:"嫂嫂讲得对。谁说不是呢?我们真应该动动脑筋,法子总不会没有。"娇鹏仿佛想起什么,"咦"了一声,对子芬说:"你女朋友不是在医院里做事么?兴许能想个法子。拍个片,有这样难么?"没等说完,子芬忙支吾着说:"曼华倒是愿意帮这个忙的。只怕小护士一个,这种事也做不了主。她前两天说了,看祖鸿的样子倒也不像骨折——痛是痛点,毕竟身子还能动,要是真的,绝没这样省事。所以,等观察几天再说吧。"

娇鹂见状叹息说:"难为曼华了。勒讲曼华,就是我,同祖鸿是亲戚,总该想一想法子吧?再说好坏也在医院后勤做,总算是近水楼台吧?可是,人家不肯收呀,一句话给说死,一点没办法想。"欲言又止,但既然已说到一半,格格不吐怪难受的,索性把话说开了:"这医院也真是的,有毛病就得医治,对吧?生生把病人往外推,什么路道?真给活活气煞。唉,一个临时工,叫我有啥法子?"说着,鼻子一酸,眼里又涌起一泡泪水。子芬本来不想拆穿,见娇鹂这么说,方佯装刚晓得似的,说:"原来前前后后嫂嫂都知道了。"娇鹂收住泪,点点头,一边忿然说:"娘东!晓得吗?还闹了场误会。那天,院里总务科专门喊我接电话,我听了差点急昏过去。后首来,又差一点气昏过去。哦,勒谈了,勒谈了。"子芬明知故问地说:"咦?一会急昏,一会气昏,嫂嫂,到底怎么回事?"娇鹂欲言又止说:"要死快了——算了,以后告诉你们吧。老天爷是开眼的。不管怎样,晏人没事就好。"

祖鸿把这一切都听在耳朵里。显然,自己受伤后情况她是心知肚明的,这尤其让他灰心丧气。"惹鬼个!好什么?"他忿忿然说,"天天躺着,半死不活,有病不治,医院不收,还要连累大家,苦煞。早知如此,真还不如给砸死呢。干脆死了,倒也干……"末尾一个"净"字还未出口,因过于激愤,身子轻轻一扭,脊椎骨周边立刻传来电击般尖锐的剧痛。由于条件反射,使背脊抽紧,大腿、小腿自然收缩,呈现一个浅浅的 V 字。而如此一来,就越发加重了腰部的痛楚。"啊哟喂!喔唷喔唷!"他尖叫起来。她仿佛就疼在自己身上。但是,除了俯身安抚他,帮他脸颊揉揉,臂膀弄弄,被子盖盖,也不晓得怎样才能减缓他的疼痛。她缩手缩脚,只怕一使劲,在哪又触碰到了他的痛处。

"啊哟喂！"突然，他又大吼起来，脸部扭曲。剧痛使他完全变了一个人似的。与其说是毫不掩饰情绪，毋宁说是一种恣意放纵或发泄，唯此，才是真正能够抵御肉体痛苦的盾牌。

然而，他因为怕痛才扭着身子、弓着腰、弯着腿，但这一姿势让身上的某处肌肉、筋腱、神经处于紧张之中，反而更容易受到刺激。"喔唷……喔唷！"他操着浓重的绍兴腔呻吟着，显得既怯弱又可怜，仿佛疼痛一竿子将他打回了原形。此刻，他就是一二十年前，管溪老台门里一个乡下孩子，一个从小没爹没娘、内向稀软、动不动就哭鼻子的"哭作包"。她轻轻摩挲着他的脸、他的胳臂、他的手掌，甚至他的胸膛，一味用哄孩子的那种口吻劝慰他。一会"是老痛老痛的呀"；一会"哦，不痛不痛，马上会好的"；一会，又指出他不能弓腰弯腿，应该躺平了，腰部和两腿要放松。"喏，这样就好了。勥动勥动，不对……对了……"话中，包含着几分体贴，几分惯宠，几分严厉，几分慈爱，几分讨好，还带着几分依允——仿佛这种时候只要宝宝开口，任何要求都不过分，都会得到满足似的。

然而，对于这份毫无保留的温情与关切，回报她的，却是更加肆无忌惮的作和刁蛮，怪这怪那，骂骂咧咧，大呼小叫。而这些，她并不在意，一味抱着无所谓的态度。仿佛唯其如此，才找到了自己的位置。于是，变得愈益温柔，脾气和顺，胸怀宽广。刚太平了一会，不知怎么动了动，顷刻间，从病人或许是腰部骨头、肌肉，还是末梢神经的什么地方，又爆炸般地引起新一轮剧烈的疼痛。这种无比难忍、锐利的痛，显然已击垮了他的心理和肉体承受力，摧毁了他的意志。他瘫软无力，像一坨烂泥。假使换一个场合，乍见这副样子，娇鹂一定会大吃一惊。

唉，当年那个穿着海虎绒领子苏式大衣、年轻俊朗的他，哪里去了？那个吹奏着口琴、多才多艺的他，哪里去了？那个把造反队摔跤手像掼麻袋包似的一个个扔在地上、结实强壮的他，哪里去了？她呆在一旁，既心痛又怅惘，且无可奈何，胸口堵得慌，鼻子酸酸的。由于劳累和艰辛、忧虑与惊恐，加上为了带给他一份小小的礼物，她又去了趟保健科蔺医生那里，额外增加一次捏小橡皮圈。所有这些，使她原本细白的肤色略显苍白，带着一种怯怯的病容。唯其如此，反倒更显得有一种贞静和端凝，也更加楚楚动人。尽管这一切，是多余的和忽略不计的。"喔唷……喔唷！"左一声，右一声，带着孩子般乞怜的哭腔，仿佛又有些夸张、滑稽的意味。尖叫声像刀子，不断在戳她的心。而对压缩性骨折，甚至瘫痪的可怕后果的担忧，更压得她喘不过气来。

"哪能办啊？"她想。

2. 门里门外

两天后，下了电车，过了桥，进了新村，娇鹂再度上门来探望祖鸿，手里擎着一小丛紫荆条，粉艳艳的，晃眼。推门一看，子芬刚好也在呢。子芬看见她手里的紫荆条，呆了一呆，笑着说："想不到，嫂嫂这样有雅兴，难得难得。"娇鹂大大方方"嗳"了一声，格格笑着说："喏，小路两旁，一蓬一蓬，开得很好看哦。野地里，反正没人种没人管，顺手就撷了。房间里也太闷了，正好冲一冲……"本想说"晦气"，到嘴边才噤了口。子芬说："嫂嫂倒会动脑筋，不采白不采。就地取材，灵个呀。"娇鹂狠狠瞪了一眼，目光灼灼的，似笑非笑，嗔怪着说："子芬，侬不作兴的，这是夸奖，还是取笑人家呀？"子芬忙分辩了几句，暗暗纳罕。心想："奇怪，她也会辣豁豁现开销了！从前嫂嫂可不是这样的。一转眼，哪能像换了个人似的？"他向来觉得娇鹂生性平和，含蓄内敛，尤其是孀居后，凡事都缩在后面，怯怯冷冷淡淡的。想不到腊梅幽地开，另有一番风姿呢。也难怪，有一回曼华冷冷说："哼，女人看女人才叫准喔！覅看伊死样怪气，冷冰冰的样子，其实是座死火山,一旦喷起来,'老房子着火',不得了。"子芬嫌女友不留口德,不该这么尖嘴薄舌。末了说:"她才三十七岁,又不老。"曼华却一句话,噎得他还不了嘴:"喔唷,还三十七岁咪,亏你记得这样牢。"

当下一番寒暄,照例给病人喂药、贴热敷膏药,之后,娇鹂就跟这儿家庭主妇似的忙开了,扫地掸灰,拾掇物什。很快,一向乱哄哄的家里变得井井有条,窗明几净。紫荆条已插进大号广口瓶里,摆在窗台上。忙完事,见病床前的一把藤皮躺椅子芬占着,无处可坐,娇鹂便不假思索,侧侧身,一屁股就坐在了祖鸿的枕头旁。跟着,拿过卷作旗杆状的绒线片子,敨开了。两只腿馒头略微朝外些,脚腕对脚腕一绞,竹针嗒嗒,飞针走线结了起来。少顷,俯下身,对他说些不相干的话,跟着白皙柔软的手指摸一摸他的面颊。指尖所到之处,只感到胡子茬硬硬的,扎手。因为距离太近,能感觉到他鼻孔里两股热热的气体,似乎嘴里还带着气味。"哼个……要屙屎了!"突然,他嗫嚅着说,"肚子发胀,难受呀。"眼睛里透出一种极度的畏葸和可怜兮兮。"好消息,好消息。"子芬在一旁兴奋地说。自然,子芬对这些套路十分熟络。他一猫腰,变戏法那样从另一边的小床下取出一只搪瓷扁马桶,欲将祖鸿的身子抬一抬,放臀部下面。但是,一抬病人就喊,痛得不行。无奈,只得单腿跪在铺板床边,横过一条胳膊拦腰半抱住了祖鸿。

祖鸿一米八的个子,加之无法自己移挪身体作配合,身子就像死尸一样沉,单靠一人吃不消。娇鹂见状毫不迟疑,一弯腰,把他石头样重的一条胳臂挂在了自己的肩上,并尽量身体挨着身体,好让他倚靠着借力气。两人像抬轿子似的,两边夹肢窝架住,蹒跚着来到门外,进了一个小小的公用水槽兼厕所间。他蹲马桶还在哼哼唧唧叫着。

子芬和娇鹂都退到了第二扇门外,里面呻吟声不绝如缕。走道旁,另外还有几户人家,一扇门里有人似乎探了探,没准要如厕呢,但见这般情形，又缩回去了。子芬点了一支飞马烟抽着。走道里，光两个人，尤其一男一女，许久不说话很怪的。子芬吸了一口，嘟着嘴，一指头不时轻叩着，把烟吐成一只一只圈圈，由小到大，由浓到淡，慢慢散开。一会，装作突然想起什么似的，附在娇鹂的耳旁问："嫂嫂，那天你说'从今往后，天天来陪伊'，这话当真？"娇鹂没搭理，但仿佛笑了笑。子芬便讪讪说着："真要这样，蛮好蛮好。呃，我倒也不在意扣薪水，不过，请事假太多了也麻烦，分理处有意见。再说，曼华也有想法。假使你真的……"大有"湿手沾面粉"之憾，娇鹂忍不住剪断他的话："喔唷，啥真的假的？告诉你，我呀，额角头碰着天花板了。喏，刚拿到一份好差事，求之不得。想不到吧？前一向，我不是抽调到红卫兵病房去么？有护理经验。所以呀，单位里就派我到这里来上班。不骗你的。不用请假，拿工资的。"说到这里，明显感到有点滑稽。"咦，怪不怪？好听白话，还是一项政治任务呢。"子芬诧然了，瞪大眼睛问："什么什么？怎么越说越悬了？还'政治任务'，侬麴吓我哦。"

这种新村房子，简陋而又整洁。在鼓励生育的年代，每户人家只怕养少了不怕养多了，因此，几乎家家都有一大窝孩子。就是现在，楼底右手边过来，不到十步深的小走廊的两边，几个紧挨着的门里，已有好几个大人小孩在探头探脑。瞅准机会，仿佛故意说给大家听似的，娇鹂遂把大组长章寿成，这个响当当的大人物，给捐了出来。这感觉，就像打扑克牌甩出了一张"大怪"。无非是说组织上同意了，特为开出公假，让她看护病人。生活上照顾他，政治上帮助教育他，两不误。"我带着单位介绍信呢！"说到兴头上，娇鹂面有得色，从口袋里好一番摸索，终于掏出一张对摺、有锯齿纹的纸片。这是盖上红戳子的公函。纸面上写啥不懂。于是，她把手里的纸片扬了扬，说："那，这上头都写着。老章说，要同新村居委会、楼里小组长联系联系，让他们配合，一起做工作。"听得子芬云里雾里，忙接过公函，展读起来。

　　果然，纸上用黑色碳素墨水醒目地写着："为了督促、教育、改造好一位犯有严重错误的人……"，还有"促转化、重帮教"等，白纸黑字，一清二楚。但尽管言之凿凿，子芬还将信将疑，更多的，是对娇鹂刮目相看——居然轻轻松松，就把这一切都搞定了。"嫂嫂本事大着呢，真小看她了。"一面暗忖着，一面就把公函拿过去给祖鸿看。纸片在手里就像枯叶似的颤栗着。久为病痛所苦，加上内心极度的荒败，所以，他对一切都看淡了——这个盖着红戳子的小纸片，又能怎样呢？"喔唷……喔唷！"他哼唧着，像受惊的马或牯牛似的叫唤了几声，完全的无动于衷。"怎么样？好了吧？"子芬问。近来，病人已很久没便意了。曼华从医院捎来了些通便的药物，也不奏效。"肚子痛哦，屙不出，下不来。"祖鸿十分苦恼地说。"再用点劲，能不能屏一屏？"子芬皱了皱眉说。"喔唷……喔唷！"一使劲，祖鸿痛得立刻喊起来，身子一斜，险些扑倒。子芬只得抱紧了他，暗暗叫苦。祖鸿一脸苦相，可怜兮兮。屙不出，要使劲屏；一使劲，腰痛得要命；怕痛，就不敢使劲；不使劲，哪还屙得出？成了恶性循环。此刻，子芬扶着病人，一面催促，一面想："谢天谢地，救兵总算到了，嫂嫂来替班。曼华不必拿一张野狐脸，天天给我看了。"

　　走廊里，娇鹂听见马桶间里嘀嘀咕咕，也不晓得做什么。问了，回答还屙不出，苦恼得不行。的确，五六天只进不出，哪能不憋得慌？听着一声声"喔唷、喔唷"，急得团团转，兜兜团。蓦地，她手掌一拍，猛然记起理东西时，将一堆药收在了一只翠绿塑料网眼小淘箩里，好像有开塞露什么的。忙踅转身，回家将小淘箩扬谷子似的翻了翻，果然就在那里。于是，拿来了，隔着公厕那种上下半截都空着的腰门，往里面递了递说："那，这个东西，一用就灵。"门里面，一支乳白色半透明、无花果形的小东西递进来，子芬一看是开塞露，接了就给祖鸿使用。只听轻轻"哔叽"两声，接着，响起一小片落水激起的水花声,就再无动静了。隔了一会,娇鹂问:"嗳,灵不灵呀?"祖鸿牛头不对马嘴,叹了声:"胀喔胀喔。"子芬仿佛已找到症结,埋怨说:"不行不行。没塞进去,怎么会灵呢?"祖鸿哼唧着,仿佛在抵赖。子芬说:"没花头,都打水漂了。"

门外,娇鹂闻言噗嗤一笑,说了声:"勎急勎急,等一下,我马上就来。"一矗身,又拿来了两支开塞露。"那,这是最后一支了呀。"说着,把其中一支递进去。子芬伸手接过,又把第二支开塞露交给了祖鸿。少顷,娇鹂又问:"灵么?"但显然还是遇到了麻烦。只听"哗叽"两声,接着,又一阵"嗒啦嗒啦"的小片水花声。这下子芬仿佛泄了气,终于用败下阵来的那种语调,抱怨说:"算了算了,这样弄,哪怕一百支开塞露也不行。"娇鹂说:"子芬,乃要辛苦你了。"子芬一听,就像给沸水浇着似的。这种事,在两个男子之间十分恐怖。"我?要我,那怎么行?"娇鹂又是一番鼓励。"嫂嫂,不行的,真为难我了。"忽然,子芬灵机一动说:"刚刚两支都泡汤,要用也没有。要么等下趟曼华带来,再讲了再讲了。"

不料,娇鹂早已留了一手。"那倒不用慌,喏,拿去呀。其实,很容易的,我来教你。用这东西,坐在马桶上不行的。喏,这样子。"娇鹂隔着门说。"人末要蹲下来,蹲低点。喏,往那里一揿。懂了吧?"她行使看护病人的权力,一副公事公办的神气,但当说到"往那里"时,明显打了打格楞。毕竟,身体某些器官之类,说起来很窘。"嫂嫂,饶了我吧。真的真的,这事,我从娘肚子里出来就没碰到过呀。"子芬求饶说。这时,走道旁的两扇门,先后开了关,关了开,砰砰作响。很明显,隔壁人家膀胱的忍耐力已到极限。靠近楼梯转角的一户,一个黑脸膛男子气哄哄出来,"又不是独门独户呀!"嘴里叽里咕噜着就要过来,背后一个女子赶忙拉住了他。另一个门洞里,有个中年妇女也"唧"了一声:"小孩子可以叫他蹲蹲夜壶。成年人大白天的,像啥啦?"说罢,家家都砰上了门。

这下轮到娇鹂急了，忙催促子芬快些。突然，明显也感到一种尴尬。子芬还在横一个不行，竖一个不行，苦苦央求，终于把娇鹂惹火了，咕哝了声："娘冬采！肚肠骨都根根发痒了，早晓得这样牵丝攀藤，还不如我来呢。"说着，一把拉开门扉进去。里面地方小，加一个人，简直无处插脚。于是，子芬便顺水推舟，全身而退。很快，有一股子滑溜溜、清冷冷的甘油，一下子滗进了该去的地方。

3. 传呼电话

娇鹂还是过去上班时的标准钟。一早乘上了3路电车，下了站，过桥；过了桥，赶到新村。甫进门，老规矩，快手快脚帮祖鸿打理起来——不知从哪天起，除了看护病人之外，还添上了煮粥烧菜一项，因为要给病人喂饭。自己做饭省钱。忙完了，结绒线衫。子芬已经有些时没来了。不过，时不时打个把传呼电话来，问一问病况。有时电话中捎带了曼华的关切和叮嘱。吃什么药啦，不要硬屏啦，硬屏会引发心脑疾病啦，尽量下地走走啦，如此等等。子芬溜之大吉，一把坐上去吱格响的藤躺椅空着，再像过去那样一屁股坐在他的枕头边，似乎总不大好吧？所以，她就挨着铺板床坐下。鼻子尖似乎闻到一股子异味。把被子一撩，浓浓的尿骚味扑鼻而来。一看，原来铺板床上的床单、褥子、棉花胎都弄成了世界地图。她放下绒线片子，把一头带个小小圆帽的竹针往上面一插。眉头不皱，话也不说，麻麻利利地换了被子被单、棉花胎。幸好，病前他睡的那张小眠床还有一副被褥。等被子、垫被弄干净，让祖鸿换上清洁的衬裤，再躺下。祖鸿有气无力，半睁着眼，抿着嘴，除了哼唧"喔唷喔唷"，不吐一言。但眼睛里却明显流露出几分惊惶、疑惧、可怜、腼腆、羞怯和倔强，像一个闯了祸的孩子那样。怪不得，今天看到他就有些异样呢。

"衬裤换了，但身子没弄干净，脏兮兮的，多不舒服呀！"娇鹂想，

"不行,让他弄干净了再睡吧。"擦身,自然而然会触碰到那一片禁区。此刻,尽管她在护理病人,有一万条理由说服自己:这仅仅是履行一种职责而已。可突然之间,某一种纠结、窘迫或禁忌还是严重困扰着她,不知不觉,两颊微微发烫了。略顿了一顿,才镇定地说:"哎,我去绞一把热毛巾来,替你揩一揩好吧?"听了这话,祖鸿半晌没搭理,冷不丁,恐怖地叫了一声:"啊哟喂!"看样子,腰部又给抽搐上了。一阵剧痛,使他没了想法,只乖乖地听任她摆布。

只一会工夫,就帮他擦好了身子。随后,盖上被子。而这一切,就像她在红卫兵病房当看护时那样,全没有一丝一毫的不自然,也一点不感到窘。事后,对自己能有如此表现,似乎也很意外。在返家路上,想起替他擦身子的情形,脸上不禁露出一丝羞赧。

第二天,娇鹂想:肯定有一张世界地图在等着她了。幸亏昨末子是个大晴天,将被子、被褥、棉花胎拿到楼下去晾晒,下午就晾干了,还能给替换上呢。假如遇到阴雨天,湿嗒嗒的,那怎么得了?到祖鸿家一看,这回虽没尿床,可是一整天,他还是闹着腰痛和肚子痛,数病交并,苦不堪言。往往,躺着肚子痛想屙屎的,坐上马桶就拉不出了。根据曼华的叮嘱吃了几颗药,也还是不见效,真是顽疾。眼看他的肚子鼓出来,摸上去实墩墩、圆滚滚的,成天愁眉苦脸,哼呀哈呀喊着,难受极了,可光难受顶什么用?身体是他的身体,器官是他的器官,急煞恨煞也没用。显然,似乎到了某种要决断的时刻,一切仿佛都停顿了。难道真要替他做帮手?难道非这样不可了?这样的念头早些时也有过几回,只一闪就熄火,能拖则拖。"哎,那有什么?小事一桩。"她忖了忖,很快就觉得这样做是合情合理、理所应当了。不过,要不要问他一下?这人没脾气时没脾气,但疙瘩起来也特别疙瘩。又一忖度,哎,照顾病人要紧,想那么多做啥?于是,从自己的人造革包包里,拿出早已放好的一只医用乳胶手套——这种东西单位里多得是,就像开刀间做手术用的那种不锈钢刀片,大号、中号、小号;

形状像带鱼尖嘴的,像关公偃月刀弯弯的;似乎手术间划几下就不能用了,还簇簇新,退役下来,不算什么。乳胶手套也是这样吧。

她背着身,偷偷对着乳胶手套吹一口气,膨胀起来,乘还没瘪下,赶紧套在了一只右手上,扯了扯,"呱"的一响。戴上了纱布口罩,旋即,便如此这般,操作起来。很快,她就发现担心是多余的。他呢,仿佛有些"死猪不怕开水烫"的意思。而她呢,仿佛也有点"一不做二不休"。解除烦恼的事进行得异常顺利。于是,他当晚就在扁马桶里屙了几颗羊屎,躺下睡着了。翌日,她又在替病人解除痛苦了。稳扎稳打,战果慢慢扩大。终于,祖鸿在第三个明媚的早晨,屙下了牛样粗的屎来。她到了祖鸿家,一推开门,臭气冲天几乎晕倒。再一看扁马桶,只见那里堆得满满登登,不禁喜上眉梢,捂着鼻子,皱眉笑嗔着说:"娘冬采!乃是黄金万两咪。"然而,接下去,情况似乎很不妙。由于他被憋得太久,一旦开闸,刹不住,弄得一塌糊涂。还好有多层的成人尿布垫着,被单上没弄脏,可屁股上全是稀里哗啦的。她一看,不禁掩鼻而笑,咕哝了声:"要死快了!一天世界,乃是乒吟乓啷掼炸弹咪。"他似乎感到赧然,咧了咧嘴,但也不好说什么。随即,该揩的揩,该洗的洗,该晒的晒。过后几天,一番忙碌,一番折腾,又一番忙碌,来来回回好几趟,总算才消停下来。

如此来回捣腾,把娇鹂累坏了,终于扛不住,病倒了。寒热发到三十九度五,挂盐水,歇上两天。高烧退了些,但还有热度,却硬撑着要到新村去。祖鸿听说娇鹂生病了还要来,嘴里就嘀嘀咕咕起来。子芬照例会来替班。对子芬,好兄弟,他一向不顾忌不保留,有什么说什么。不知怎,谈起这趟多亏有娇鹂来照顾他。子芬对嫂嫂自然满口夸奖,敬佩有加,说连抠屎这么脏的事也肯做,足见她心里有祖鸿。不用说,他们的事一定有戏呢。祖鸿听来,却似乎一百个不爱听,满面愁容,反唇相讥。"哼个,防空洞挖坍了,人死了。我没死,同死也差不多。其实,我就是在等死嘞,过一天,算一天。单位派人来,就是要等我死了,可以去交账。至于她……"他悻悻然说,"开出公假,那是例行公事。是单位派她来的,又不是她自己要来的。我算看透了,人么,都不是个东西!她这样卖力,是做给人家看的。她想好好表现一番。表现好了,临时工可以转正。哼,以为我猜不出来?"子芬大声说:"喂,侬心态好点好不好?"他极力为嫂嫂辩护,为她抱屈,口口声声说他冤枉她了。

祖鸿面目有些狰狞,身子仿佛冒着冷气,微笑着反唇说:"好咪!说起来还是未婚妻呢,那时她怎么样?现在她又怎么样?那时,我去帮侄儿补课,每趟要挨打挨骂,可她呢,那样子,望见我就像眼珠子出血,恨不得撕碎了我。说穿了,她就是势利眼。看见我一只筋斗跌下去了,就看不起人,一趟趟拿出张蛮娘面孔来。当我不晓得?"子芬说:"勥这样好不好?我到你这儿来不是一天两天了嘛。嫂嫂怎样我都看在眼里,她太好了,太贤惠了,天底下哪有这种女人?你呀,勥有眼不识金镶玉。"祖鸿说:"贤惠?假惺惺,我算看透了。"子芬说:"她那样贤德的一个人,长得又不差,人家哪一点不如你?再说你现在这个样子,是更加及不上了。"祖鸿心上被狠狠戳了一刀,负痛地说:"所以,我说她是装的,假惺惺。"又说:"那桩事,已经拖了七年了,横又不是,竖又不是,一拖再拖。"子芬明白,是指"叔接嫂",他们结婚的事。祖鸿接着说:"我末,一个老大学生,补补课、辅导辅导,绰绰有余。过去,还有点利用价值,所以她一根绳子牵着,既不靠得太近,也不撒手。现在好了,我算完蛋了,算数算数。"子芬晓得他是指前程。祖鸿重重地叹了口气,颓然说:"这是天意。过去好些年我也尽力了,子芬你都亲眼看见的。做不到,怪不到我。我对阿哥也好交代了。"正说着,身子猛然一抽搐,"喔唷喔唷",又一连声叫喊起来,可是,一面哼唧着,一面还催子芬快去打电话给娇鹂。

"嫂嫂,你寒热还没好透就勥过来了。祖鸿身体抵抗力差,万一把感冒病毒过给他也不好,对吧?"子芬在电话里对娇鹂说,生怕她不肯听劝,吐了吐舌头,又加了筹码。"你放心好了,嫂嫂。这里有我。好坏,我还能顶上几天。再说,曼华也可以来帮忙,嗳,她不是护士么?"听子芬说得句句在理,娇鹂就应允了,但保证说,一旦自己退烧了,马上过去。放下电话听筒,子芬感到焦头烂额。祖鸿生生不要娇鹂来陪护,而自己又不能一直这样陪祖鸿——退一万步说,就是抽暇来陪,也绝不可能比娇鹂做得更好。叫曼华来帮忙?笑话!她一向挖苦他是"舍命陪君子",不拦着已经烧高香了,来帮忙万万不能。更何况,上回提起陪护的事,她铁青着脸,语含威胁,等于是发出最后通牒。这一切的一切,可叫他怎么办呢?

传呼电话就在后排新村房子的转角处。闷闷的,他离开了,才走了几步,忽然又踅身回来。从上衣内侧掏出一个咖啡色塑料面的小电话簿,三翻两翻,找到了景萱的电话号码。号码是用蓝色圆珠笔记下的,因渗到了雨水,有点糊,幸好那几个阿拉伯字还认得出,便一只电话挂过去。底楼一间房子,窗台红砖勾缝,上头铺了块一吋厚的水曲柳板,板上横横竖竖,歪歪扭扭,用钢笔、圆珠笔、粉笔记着人们随手留下的电话号。两扇木头窗子,末一块窗玻璃换成了可移动的纤维板,顺着小小的凹槽来回移动,一开一关。窗子里面,并排搁着两张旧写字桌,一边收电话费,一边收水电煤费。窗台上,并排放着三只电木拨盘式电话,两只可以拨打或接听来电,另一只单只能接听。电话铃声此起彼伏,响作一团。方才,子芬拨电话时还很空的,一会儿却变得异常繁忙。此刻,有人煲着电话粥;有人通话虽快,但刚一放下听筒,立马又有电话窜了进来;有的电话来了,电话间阿姨拎着电喇叭跑出去哇啦哇啦喊,楼上久喊不应;应了声,又久久不来回电,听筒就这么撂着……不多时,仿佛又像约好了似的,只只电话都不响了,打电话的人走了,一时间仿佛万籁俱寂。子芬抽了两支香烟,还是没接到景萱的回电。——唔,她刚才来回电话过,但是老占线,就想等等再打,或干脆放弃了回电的念头,也许?总之,子芬不能再等了，拧灭了烟屁股。

"怎么一只电话打了这么久？"祖鸿问。没等子芬解释，祖鸿一根眉毛抬了抬，仿佛有一种鄙夷。又说："惹鬼个！夠理睬，肯定又在那里纠缠不休。这个人太做作了。"显然，祖鸿错怪娇鹂了，子芬便把方才分别给娇鹂和景萱打电话的情形说了说。祖鸿听了，绷着脸，半晌没言语，骤然间仿佛把他给难住了。抑或，他在掂量着请谁来陪护更好：究竟是娇鹂，还是景萱？见他踌躇郁闷的样子，子芬忙请他原谅，因为他越俎代庖擅作主张，未免有几分唐突。接着问祖鸿："那你究竟同不同意？"祖鸿冷冷回答："哼个，同意啥？"子芬被拂了美意，讪讪的，刚一屁股坐在吱嘎响的藤躺椅上，"某号几零几蔡祖鸿电话！"楼下，一只电喇叭在哇啦哇啦喊他的名字了。祖鸿呆了一呆，子芬忙告知，自己又不住在这里，回电叫谁谁都不晓得。于是，就把这儿户主的大名给留下了。子芬自说自话让景萱来驰援，祖鸿就有些不快，再一听回电这样留名，岂不是说打电话给景萱让她过来，是他的意思么？一听，口中不言，心里着实恼火起来。

子芬一溜小跑来到了传呼电话室外，抓起听筒。"喂"了一声，一听是那个熟悉的声音，略略寒暄几句，直奔主题，同景萱说了说祖鸿目前的窘况，还要她答应什么。用的是老同学熟不拘礼戏谑打朋的口吻，末了说："曼华的脾气你也晓得，小肚鸡肠。她这次同我翻面孔了哦。好了，你一来万事大吉。"对方默然了一会，仿佛有点踌躇迟疑。"咦？刚才不是祖鸿打给我的么？"景萱突然问。似乎摸不着头脑，对老同学为什么说了这么一大篇，有点大惑不解。子芬嫌兜兜转转说太麻烦，便自作聪明顺杆爬，接茬说："景萱，派派你也不笨。祖鸿这一向直挺挺躺着不能动，活死尸一个，下楼打电话，你想可能么？"景萱问："那是他叫你打电话的喽？"子芬"嘿嘿"了几声，笑而不答。景萱又问："那他怎么说？侬夠给我吃药哦？"反复盘问着，心里既狐疑又忐忑。因为晓得子芬鬼点子多，又有点毛手毛脚，行事欠周到，老早就吃过他的苦头——那年，就是他出了馊主意："冲喜"。她同未婚夫祖鸿一起喜帖都发出去了，最后，却还负痛分袂，这才落到了如今的下场。

子芬心里发烦，但耐着性子一一作答。不知怎么，拔出萝卜带出泥，把娇鹂前一向公假来这里的事也捅了出来。"啥？嫂嫂公假来照顾祖鸿？"子芬后悔说漏了嘴，敷衍着。景萱十分诧异，断然说："子芬，我要骂侬山门了，既然这样为啥不早说？嫂嫂公假来陪护，蛮好蛮好，还要我轧一脚做啥啦？"接着，愤然将电话听筒一掼，"咔嗒"一声，挂断了。子芬一呆，快要煮熟的鸭子飞了，瞬间急得双脚跳，立马一只电话追过去。但是，对方有一个陌生的老枪喉咙说，方才打电话的女人已经走远了。

无奈，只得亲自去洪福里跑一趟了。略一忖：曼华下班会来给祖鸿打针的，要不叫她屈尊顶个班？

第七章

1. 痊愈

娇鹂觉得已好多了,不再一动就感到天旋地转,不再脑子像被劈开、身上肌肉像给撕裂,不再关节痛、腰酸。只是病毒性感冒初愈,身子还虚飘飘的,脚发软。病了这些天,买菜一直是托宝魁嫂捎上一些;黛琳一家很客气,不声不响,夫妻俩再忙也会帮着把篮子里的蔬菜拿了洗洗烧烧,烧好了再端来;邻居爱珍娘、美雅阿姐不时也会相帮做点什么,不请自来;而煮饭、烧开水、冲热水瓶、洗碗、洗衣裳等杂活,则是娇鹂家的老二家孝、老三家礼两兄弟自己解决——老大家恕,十六岁那年去了黑龙江萝北,一年或两年才探亲回沪一趟。平时虽不照牌头,但很显然,家庭经济上已日渐倚重他了。因为每个月他会如期邮汇十块或十五块钱来,假如短了这笔钱,简直不行。

家孝兄弟俩,半大孩子,说不懂事,有时候蛮懂;说该懂事了,却成天没好没歹、没肝没肺、没大没小的样子。母亲一向对孩子们看管甚严,一担心他们轧坏道,二害怕他们闯穷祸,三怀疑他们将来会不会有出息,就这样怕来怕去。于是乎,千条理、万条理,归结一条道理:寒门出贵子,棒头底下出孝子。但凡他们有个差池的地方,就靠揍一顿来解决问题。不过,母亲总是忙得很,不会把事情的来龙去脉弄得很清楚,多半靠一种直觉来判断是非对错。然后,认定了就不再更改。这样一来,就会有一定比例的误判率。孩子不服帖是正常的。母亲的威权多半不是靠讲大道理——做人的处世准则、家规之类,她一条也不会讲;而是游弋在正确得不容辩驳与声泪俱下之间。它是一种刚性与柔性，倔强与软弱，理性与非理性，甚至是崇高与卑微的奇怪的混合体。这是属于两极的东西，风马牛不相及，如果一头不够用了，她马上就会往另一头靠拢，便又成了金刚不败之身。面对这样一位母亲，孩子哪能弄得过她？

此刻，她从小阁楼上下来。一把紫哈哈、磨得棱角塌陷、表面光溜溜的榆木扶梯搁在了阁楼边缘，顶端微微戳出一点。下梯子需要有一定的技巧，要拱起背脊，微扭髋部，一条大腿往下探一探，脚丫子碰着了横档，脚板类似猿猴般站稳了。随后，换另一条腿。梯子差不多一半高的地方，墙犄角一块小搁板上放着一只双铃闹钟，钟面内圈有个芦花老母鸡，"踢嗒踢嗒"永远在啄着米。老母鸡的脑袋会一掀一掀，身子以及旁边几只小鸡则静止不动。她无数次地看到它们，觉得"老母鸡带小鸡"，在带孩子这一点上跟自己特别像，仿佛能获得某种力量。而且，每回瞧着，似乎每回对它都有新的感触与诠释。殊不料，这回望见，却骤然发现鸡脖子还没够到地上，就戛然而止了。她换了换脚，腾出一只手大吊臂一吊，抓过了闹钟一看，钟停了。在钟背面的发条钮上拧了拧，不起作用。仿佛不相信，又摇了摇钟，放在耳朵旁听了一会，也是寂然。

她不由想起，近一向他们弟兄俩似乎就盯上了这只闹钟，老喜欢偷偷摆弄一下，拆拆装装。仿佛五马分尸，小齿轮啦、游丝啦、螺钉螺母啦，秒针分针和时针啦，散了一桌子。究竟搞啥名堂经？她也不懂。病了，没力气管；加之，病假也用不着看时间，就没怎么理会。莫非钟是这两个小败家精给弄坏了？再往小阁楼下瞅了瞅，人跑得影子也没有。她不禁有点冒火，冲口一声喊："咦，二猢狲、三猢狲呢？快给我死出来！"

门外，靠近娇鹏家有一个阳台，挨窗挨墙，围了半圈簇新的煤气灶。烧饭时间一到，煤气灶前煮饭的煮饭，炒菜的炒菜，一片忙碌景象。可不久前，阳台却还是半敞开式的，做饭烧菜也还用着煤球风炉呢。那一道带有梭镖状尖头的铸铁栅栏,既不遮风也不挡雨,碰到落雨落雪天,没办法,只得打个雨伞。固然,生活环境和设施如今有所改善,可这种原先叫做佣人房的工房毕竟太小,才四个半平方,总不能拿榁头来榁一榁吧?一条内甬道直通到底,两旁,紧挨着排了累累的门扉,很奇怪又大多敞开着;每扇门都有一只铜质球形把手,锃锃亮的。门上长方格子毛玻璃和紫褐色木板,一半对一半。既为玻璃,半透明,私密性就不怎么强,尤其是夜里亮着灯,更显得人影幢幢,有点过去老城隍庙看皮影戏的味道。好在这里廿多个房间,几十来份人家,一抹色都这样,脚碰脚,管他谁看谁?

当下,家孝在二阳台里煮饭,怕饭滚了潽出来,手搭在锅盖一只黑电胶木的提手上。家礼蹲在家门口的水门汀地上,在玩水杯里的蝌蚪,它的尾巴旁刚长出了咪咪小的细腿。听见母亲喊他们,中气十足,就晓得她已经痊愈。娇鹀下了地,收起木扶梯,见弟兄俩进来了,劈面就问:"这只钟前两天走得好好的,怎么突然就坏了?"弟兄俩笑眯眯的,推得一干二净,还唧哝着:"怪吧?它要坏我们有啥办法?人也要生毛病咪。"母亲似乎更来气了,说:"早不坏,晏不坏,哪能我躺倒几日偏偏就坏了?"弟兄俩你看我,我看你,刚欲找个理由分辩。"好咪,我睡在小阁楼上,眼睛拨开听见唧粒骨碌,眼睛闭拢听见窸窸窣窣,当我不晓得?呸,做了勤赖,要赖勤做。"弟兄俩不响了,两人的面色一个涨红,一个发白。母亲缓了缓,柔声说:"我躺倒这几天,差你们做这做那,还要接送妹妹,吃力煞了吧?好了,放你们一天假,想去哪去哪。也勤瞎跑,过马路当心。我呀,也要动一动。"弟兄俩如释重负。一个嘴甜说:姆妈再歇两天好了。一个问:"姆妈到哪里去?我也要去。"

母亲回答:"忘了?你们小外婆不是带了口信来么?说你们舅公家邻居不太平,欺负你舅公不在家里,姨夫又不顶用,成天吵吵吵,苦煞烦煞。"小外婆是指宝魁嫂,母亲的婶娘,她们婶侄两家是经常走动的。接着,母亲自顾自说:"喔唷,昨日子骨头酸痛得来,实在对不起。今早已经爬起来,假使不晓得也算了,眼不见心不烦;晓得了,呆板数要去七层楼跑一趟。对了,吃过中饭,要到上农新村照顾你小伯去。吵相骂、生毛病,不是好事体,有啥好去?"末一句是对家礼讲的,但小家伙不依。母亲摸着孩子有两个涡的头顶心,说:"听话,乖,噢呀? 勿去了。等姆妈回来,给你带好吃的。"但拖鼻涕男孩人小鬼大,讨价还价,掂斤播两地说:"上农新村要坐3路电车,路远就算了。舅公公家近,带我去算咪。"母亲拿手绢替阿三擤了擤鼻子,笑言:"娘东,小猢狲,算侬会缠。"

2. 遇见

一番漱洗,吃过水泡饭,娇鹏到黛琳家、爱珍娘家、美雅阿姐家等一一谢过。那些碗底錾着个姓氏的碗盏一一送回,顺带还在碗里放些鸡蛋、水果硬糖等谢礼。家里经济哪怕再拮据,该有的礼数从来不省。等这一切忙好了,换了件出客衣裳,才领着小儿子离开工房间。顺着甬道口一个窄窄的消防扶梯上楼,来到楼上四通八达的穿堂间。拐个弯,朝位于走廊深处的某个房间走去。半道上,迎头碰上个熟面孔,远远就问:"这么急,哪里去呀?"一看,是以前业余做衣裳的一个老主顾。楼里的缝纫活她早就不碰了,但在这位老主顾望她的眼神里,仿佛还有那种意思呢。"喏,到娘舅家去弯一弯,长远不去。"她笑答,后一句似乎有点露怯。娘舅家在七层楼西片区。大楼房子,C字门电梯一个过道厅,向西向东,各为01至15号和16至32号,很奇怪,东、西片区好像都不搭界的。刚来上海时,有一两年光景,她就在七层楼过日子,三餐饭吃在那里,夜里才回小房间睡觉,所以相当熟稔。以后,虽然自家过了,也没少去七层楼走走。几年前,因深陷"抽盗团伙案",娘舅给收了监,再没回来。娘舅没在,去了没意思，还怪难受的。所以，不如不去。

前面，有一扇房门半开半关，尽管如此，娇鹂还是轻轻地叩了叩门。一个熟悉的京片子在问是谁，她忙喊了声："妗姆，是我呀，阿姣。"用的是绍兴人对舅妈的称呼，亲热些。尤其这位新舅妈是后半截子才跟娘舅过的，因为一向管前任太太叫妗姆，于是，这个称呼更成了一种名分和地位的象征。听到这声喊，窦婉芷趿拉着皮拖鞋，忙快步迎了出来。甫见面，一把拉住外甥媳妇，一面上上下下打量着，一面嘘寒问暖，好不亲热。正说着，眼泡一红，啜泣起来，语不成声。娇鹂非常能体谅这种心情，搀扶住了妗姆。谁知，这位六旬老妇竟然就势一趴，伏在外甥媳妇的肩头呜咽着，哭得一颤一颤，似乎忘记了还在走廊里。泪水沾湿了娇鹂的肩头，倒也不好马上放开。房间里面，见久等不来，表姐心莉遂跟了出来，大约刚才在厨房间剥毛豆，手里还抓着几颗翠绿的豆荚呢。"是你呀？长远不见。"心莉脸色憔悴，神情萎靡，仿佛有好几天没睡觉似的。攀谈几句，她勉强应嘴，忙说，"咦，站外面做啥？快请进来，快请进来。"娇鹂问："姐夫好？"心莉不置可否地苦笑了笑。

相对于舅母的后来居上，娇鹂跟表姊妹们接触的时间长久得多。当年在七层楼，她可是看着表姊妹们长大的。那时，她们衣来伸手、饭来张口，过着云淡风轻的日子。然后，各自毕业、工作、结婚，成家立业。尽管，年龄上表姊妹们相差无几，人家可是尊贵的二小姐、三小姐；而她呢，她们念书时，要去送饭送雨伞；漂亮衣裳换下来，要拿来洗洗熨熨。娘舅家里，她是买汰烧，"一脚踢"。虽如此，总归舅甥亲戚关系，跟帮佣毕竟不同，表姊妹之间一向很亲，彼此从不见外。那年，心莉同瑜荪结婚时，还特为做了一双绣花鞋送给新娘子，大红缎面，绣了两朵蟹爪菊。

当下，心莉给娇鹂解了围。妗姆仿佛觉得自己做长辈的，不该如此失态，便加倍热情地把客人让进屋。此时，家礼早已等得不耐烦，舅婆婆话音未落,小家伙窜条鱼似的撒腿就跑,三个大人哪还拦得住?只追着喊着:"当心喔……当心喔。"打蜡地板已踩得啪嗒啪嗒响。内甬道有没开灯,单靠从几个门洞投下的自然光束,或折射的光斑,不够亮。眨眼工夫,这儿那儿什么地方,立刻响起什么东西打翻的声音,许是痰盂罐,许是废物桶,气味十分难闻。跟着扑通一下,小家伙就给绊倒了。甬道上,一盏顶灯开了,只见周遭一片狼藉:火油箱啦、油漆桶啦、铅桶啦、小水缸啦、破钵斗啦、坏陶罐啦、水果篓子啦、马口铁方或圆听啦、瘸腿凳子啦,以及旧书旧报、卷状席子、油毛毡,甚至鸡笼鸭笼,杂七杂八,应有尽有。乍看见,就像龙卷风刮过,一派凄凉景象,令娇鹂纳罕不已。

"怎么会这样子?"她吃惊地想。不过,又一转念,跟宝魁嫂捎口信的事放在一起,就有几分明白了。地上乱糟糟的,简直无处插脚。把挡住路的杂物略微拨了拨,过去将家礼拉起来,掸掸灰尘。孩子的左眼眶边上给磕破了,流着血。她忙仔细看了看,幸亏只是擦伤点皮,并无大碍。母亲很心疼,但嘴里却一味嗔怪着:"叫你勿跑勿跑,不听。喏,这下闯祸了是吧?以后还皮不皮?"家礼听了,又是痛,又是委屈,又是不服,呜呜哭了起来。母亲威吓说:"你啥岁数了?还好意思哭咪!姆妈顶勿看了,男孩子能不能坚强一点?再要哭,回家去哭!"也许,母亲是想早点结束这种窘境,一招奏效,可偏偏碰上阿三死犟的倔脾气,吃软不吃硬,反而给弄僵了。这突如其来的变化,搞得妗姆、心莉都十分尴尬。瑜苏一直没响动,应该是没在家。显然,此刻主人替男孩护短也不好;怪他母亲过于严苛,冤枉了孩子也不好;而如果把事体揽到自家头上,说是由于甬道里东西堆得太乱所致,更不妥当了。因为如此一来,极有可能再度引燃这里两份人家吵架的火药桶。正左右为难,僵在那里。突然,从不远处传来"砰!砰!"两声,一声更比一声响。原来,隔壁那份人家刚才倒垃圾去了,提着空畚箕回来,跟着,就狠命把两扇半开着的门关了。

顷刻之间,大有"黑云压城城欲摧"的感觉,妗姆、心莉神色慌兮兮,仿佛都担心下一刻会带来难堪的后果。对此,她俩已司空见惯,而对于客人却是可怕和难以接受的。体面人家竟然出现这等要不得的窘事,真是奇耻大辱。因此,最好能掩藏一下。她们俩讪讪的,一个忙把客人让进自己房间里,一个忙着扶扶捡捡,略略拾掇一下。虽然忙着迎客,但她们的面色却似乎告诉客人来得不是时候,主人已自顾不暇。在这种情形下,娇鹂很窘,心想孩子三年级了,该出趟点,怎么就这样丢人现眼呢?怪孩子似乎也不是时候,只觉得万分无味起来,趁早抽身才是上策。主人忙找出红药水和药棉,简单给男孩搽了,果然,一会血就止住了。主客都有点心不在焉,都在敷衍着捱时间。再拖下去更不好了,何况,吃了午饭,还要赶到祖鸿那里去呢。娇鹂说了些不相干的话,就辞出了。"对不住,对不住。"妗姆、心莉一直送到门外,仿佛都很惭愧的样子。此时,家家户户忙着做饭了,长廊上有一股红烧肉的气息。

回到家里,等吃过中饭,母亲像赶鸭子那样,就把家礼赶到小阁楼上。说他头上出了点血,要养一养,不许再野出去。还让家孝看住弟弟,负起当哥哥的责任来。如此这般,安顿好了,娇鹂顾不得喘口气,匆匆忙忙来到离大楼不远的崇明支路。那是3路电车的起点和终点站,搭乘最先一班电车,便直奔上农新村而去。

三刻钟后,娇鹂气喘吁吁,来到了祖鸿的家门口。好多天没见着祖鸿了,想给他一个惊喜,就在水沟旁野地里采撷了一大蓬太阳花,五颜六色的,擎在手里。"咦,房门怎么关了?"她想。往常只要有人,那扇门总是一天到晚敞开。不过,也没什么值得大惊小怪的。或许谁都抽不出空,就只有一个人关门睡大觉了。为了进出方便,祖鸿给娇鹂留了一把房门钥匙。她掏出钥匙,刚往锁眼里一插,虚掩着的门自动就开了。里面,有个中年女子背着身,弯着腰,正在给病人料理着什么。听见响动,一只放在扁马桶边缘的手立马缩了回来。"怎么是她?"娇鹂不觉一怔,更令她恼火的,那本该是自己的分内事。霎时,只感到血液直往头顶上涌,太阳穴仿佛有个小锤子在敲着。定了定神,太阳花随手往桌面上一放。桌上,净是些发卡、大头别针、头箍、雪花膏、蛤蜊油之类杂七杂八的物什。

没等娇鹂开口,那女子已经横一声"嫂嫂",竖一声"嫂嫂",亲亲热热在叫了。她身量不高,鹅蛋脸,深眼窝,奇瘦,似乎有那么一丁点的神经质。许是生活过于颠沛艰辛,风尘碌碌,许是日子过得很不顺心,使她看上去似乎比实际年龄大,但也不老。"景萱,原来是侬呀?辛苦辛苦。"娇鹂脚下微微有点发抖,不温不火地说。显得轻松随意,甚至有点亲热与俏皮。"喔唷,真叫不巧得很,发了几天寒热。子芬说得也对,感冒细菌要过人的,没好透就勥来了——嗳,子芬他人呢?一口一个'勥来勥来',保证会跟曼华一起来替班的。娘东!嘴巴好听,结果拉你来顶包呀。你这么忙,哪能好意思?看样子,来了有几天?这不,越加过意不去了呀。"看样子,不踩刹车,还会一直说下去。景萱似乎有点窘,讷讷作答,说子芬并未食言,曼华也来过了。又说自己确实抽不出工夫,因为孩子没人带,母亲身体也不大好,本来已经推掉了,可实在吃不消子芬、曼华软磨硬泡——她一张嘴,哪能敌得过他们两张嘴?也罢也罢,临时补个缺再讲。估摸着替替班,隔手娇鹂会来接班,谁知左等不来,右等不来,弄得留也不是,走也不是。"嫂嫂,就等您大驾光临,您来了,可太好了。"末了,她似笑非笑似恼非恼,抱怨说,"我呀,巴不得早点交班——发痴了,留在这里做啥?祖鸿,你说是吧?"祖鸿病恹恹的,那副样子既狼狈,又可怜,两眼直瞪瞪地望着天花板,始终不搭腔。景萱咂了口,对娇鹂挤挤眼睛,意意思思的,讥诮地说:"触气!嫂嫂一来,他变成哑巴了。嫂嫂,您不在这里,他呀,饭泡粥,一张嘴巴劈栗扑簌说个没完……"

景萱滔滔说着,可说些什么,娇鹂似乎并不在意。不知怎么,两个女人守在病榻前，出现了片刻的冷场。似乎都不晓得说什么好。这工夫，病人已在解手了。不等娇鹂靠近，景萱已例行公事般地替他料理了一下。随即，戴上口罩，戴上杏黄色的橡皮手套，端起了扁马桶。这一切，都极其自然。一望而知，前一向就这么做的。正欲去倒，娇鹂忙拦住了，大声说："这么脏，怎么好意思叫你弄？快放下，快放下。"说着，一把从她手里夺过了扁马桶，趔转身，就到外面卫生间里的抽水马桶去倒了，"エ咚"一抽。"这两天我没在这里，给你添累，委屈你了。"回进家里，娇鹂说，"真过意不去。好啦，现在没事了。"景萱也不谦虚，只微微一笑说："好呀好呀，那就不客气了。"想起什么，又冲口一句："嫂嫂，您是该早点来才好。"边说，边找来一只广口瓶，盛了水，相帮把掷在一旁的太阳花插上。还在水里加了一小匙盐。

瓶子里的花，紫红、大红、深红、妃红、雪青、淡黄和白色，开得异常娇艳。景萱说："花真好看。苗圃里买的？"娇鹂短促地"哎呦"了声，表示不对，说："哪有这些闲钱？野地里的，不采白不采。"景萱笑着说："住在近郊就这点好。不过，铁路过来，对过那个地方，吃不消。"指水沟旁的化粪池。娇鹂笑了笑说："这算什么？你还怕这个？"景萱似乎感到话里有话，自嘲说："嫂嫂说得对，是个呀，戳那！我们这票人，戈壁滩飞沙滚石见过，地窝子睡过，还管这些？"说着，格格笑了。接着，开始左一样，右一样，拾掇起自家的物什。正乱着，突然想到什么，忙问："忘了问嫂嫂，您自己的身体怎么样？吃得消哦？"娇鹂说："谢谢关心，全好了，吃得消，不碍的。不过，匆忙匆忙，吃过晚饭再走。我去炒几只菜，快来兮的。"景萱听了浅浅一笑，不无揶揄地说："嫂嫂，您是主，我是客，客随主便呀。您的吩咐，哪敢不依？只是，屋里厢也有一大堆事，既然嫂嫂来了，那我也没必要多待一分钟了。"娇鹂敷衍着，脸上佯作不悦，心里欢喜，因为终于可以跟祖鸿独处了，一日如三秋，有多少话要说。另外，上午去望过新妗姆、心莉，那些蹊跷事也提一提。不过，礼数关系，照例还要挽留一番。景萱谢绝了，还说："嫂嫂，作兴这里接不上，倘使需要替个班啥的，我向毛主席保证，随叫随到。"

说完，景萱又继续收拾东西。台子上，漱口杯、牙刷牙膏、头箍、发卡、雪花膏、蛤蜊油、扇牌洗衣皂、扑克牌；折叠好的薄毯、洗脸毛巾、外套、袜子，乃至文胸、三角裤等，摊了一桌。说起来，新疆吃过苦，早已不讲究，随身物品还真不少。于是，各自该用的用上，该放的放好。娇鹂插不上手，也尽量不朝台子那边看，免得像窥探人家那样。没办法，眼睛的余光，还约略扫了扫。索性不晓得算了；见了，几乎克制不住要笑，同时感到一种刺心的嫉妒与烦躁。闲着没事，趁空拿起绒线片子戳几针。"不好意思，嫂嫂，请让一让。"景萱说，并指了指她正坐着的一张小床下。娇鹂起身相让，景萱弯下腰，轻轻一撩，从皱巴巴的床单下面露出一双女式拖鞋，还有雨鞋。东西装了一网兜。娇鹂没吱声。

随后，景萱跟祖鸿、娇鹂道别，拢了拢头发，趔过身，推门欲去。祖鸿盯着个天花板，一直缄默着，这会儿屏不牢了，暴怒似的，突然恨恨地说："哼个，覅走……覅走。"听了这一声，娇鹂心里一凛，脚馒头微微打颤，但又忖了忖，这么个人半瘫在床，动不能动，坐不能坐，大不了动动嘴巴，还能够怎样？便打消了一切的疑虑，笑容灿烂，跟上前向景萱说："喏，看伊急得来，人家留侬吃饭呀。真是的，介急做啥啦？吃了饭再走，也不推板这点辰光，对吧？"景萱只漫应着"嫂嫂留步"，径自三步并作两步，往楼下跑去。见这情形，留客已不可能，娇鹂忙喊了声："景萱，等一下，我送送你。"旋即，稍稍安顿了一下病人，快步下楼。

祖鸿面如死灰。

第八章

1. 桥

绿漆木桥横跨两岸,对岸是一大片农田,成畦成行翠绿青碧,偶尔也镶着几块鹅黄色。河水浑浊,水波涟涟,在桥下静静流过。岸边泊着好几条水泥船,都是些装载蔬果、粮食或大粪的农船。船肚子里空了,才停靠在河旁,一个带铁链子的铁锚深深扎在烂泥里。天气慢慢转热了,沿河,这儿那儿的什么地方,青蛙阁阁,癞蛤蟆呱呱,虫声唧唧。孩子们显然受到初夏的诱惑,开始用自制的纱兜小渔网捕鱼。慢慢,仿佛又受到河上飞来飞去的蜻蜓的吸引,小渔网在空中一掠一掠。这是一种叫做老虎蜻蜓的飞行者,粉绿或嫩黄与黑条纹相间,头圆,个大,灵活异常。总是动不动就来个急转弯,迅速改变飞行路线,要想捉到它连门也没有。这老虎蜻蜓,身后多半还背着另一个,尾巴勾尾巴,原来已经达到激情之巅。它们轻歌曼舞,自由自在,无所顾忌。如此惊世骇俗地把交配当作一种诗意,一种美丽,一种潇洒,让你无可奈何——因为,就算被荷尔蒙冲晕了头,但显然仍保持着高度的警惕性与灵敏度。别看它们飞翔着或停在一根漂浮的树枝上,一小会静止不动,刚要靠近,马上就飞走了。

在桥的护栏旁,景萱和娇鹂闲聊些什么话,从眼前这条臭河浜,说到不算遥远的苏州河。因为它们一样黑臭、一样船来船往、一样岸边停泊着无数的木船、一样有船民们和他们与岸上不一样的饮食起居。而这些,她们再熟悉不过了。景萱住在洪福里,那一小片红瓦的弄堂房子,与河滨大厦只有数尺之隔。由于地缘关系,河浜对她们有一种天然的亲和力。说到它,似乎总不缺少可谈的内容。接着,出现一阵难堪的沉默。"她会不会盘问呀?"景萱忖了忖,反正也没什么,抱着一种横竖横的态度。"盘问就盘问吧,大不了和盘托出,索性捅穿了也好。"她一手搭在方木状的栏杆上,另一只手拎着个满满登登的网兜,红与白菱形的细绳里,一览无余。"嫂嫂,是不是有啥话要讲?爽快点,讲出来吧!"景萱挑战性地问。"是呀,不赏光留下吃饭,不给我面子,老生气的。其他没啥。"娇鹂含笑回答。"不相信,碰到这种事,任何一个女人都会生气的,您竟会……"景萱说着,一时语塞。其实,她真想爆句粗口说:"戳那!竟会不气得发昏,恨得要死。"像许多混迹在社会边缘,并且周围都是男性的女子一样,她早已习惯把"戳那"挂在嘴边,而且说脏字、脏话不脸红。相反,倒是一种豪气,或江湖气。还有打情骂俏、争风吃醋之类。不过,这般粗鄙、野豁豁的话,对别的什么人说都行,但对娇鹂这样一个正宗、善良、纯洁、温柔、宽厚的女人,一个深居简出、恪守妇道的寡妇,如果用这种俗气的字眼,简直就是一种侮辱、亵渎与冒犯。所以,到嘴边,又咽了回去。"真的不想说什么?""是呀。""对不起,假使没什么事,那我回家了。""好呀,再会再会。"

  桥下,污浊的河水汩汩流淌着。行船时不时穿过桥洞,橹声"咕吱",竹篙"咯咯"。桥面上,方木与方木的空隙有点大。以前曾听祖鸿说过,夏天,孩子们在桥上玩耍,一个不小心,海绵拖鞋就会从间隙里掉下去,只能眼睁睁看它漂远了。回家,要吃一顿生活。由这段趣闻,不免牵记起独自睡在床上的病人,他需要照顾,离开久了不行的。娇鹂跫转身,往回走,心里怅怅的。本来她也没多想——有空!但经不住景萱这样一遍遍问,反倒变得没事也有事了。不知不觉,最初那种嫉妒、烦躁又泛上来了。于是,交织着一种既懊悔又气恼的情绪。此外,景萱来陪护,出力这么大,连留饭表示一下都没有,欠下人家这么大一笔人情,也很过意不去。河滩边,有个戴破草帽的青年男子,手里握着一支长长的竹篙甩来甩去,竹篙前面有个鱼叉头。他沿河这边走走,那边走走,时不时往水里扎一下子,"扑通"一声。鱼叉前立刻有样东西扭来扭去,鳞光闪烁。河浜水虽然发臭,但眼下正在涨潮,水质略微好些,变成淡淡的尿黄色。天气闷,河鲫鱼、昂刺鱼、黑鱼、窜条鱼之类,就会优哉游哉地现身水面,或露出个背鳍,或鱼嘴张成个O字唼喋着。这种时候,往往纱布渔网就使不上劲了,而要用带倒刺的鱼叉猛一下戳去,一戳一个准。鱼儿被戳穿了背腹,血淋淋的。青年男子将鱼儿一拔,放进腰间绑着的菱形竹篓子里。"喂,这鱼卖不卖?"娇鹂问。戴草帽的男子应声站住。一番讨价还价,成交了。娇鹂起先想买回家,给祖鸿烧个河鲫鱼串汤,补补身子的。又一想,正没啥可谢景萱,让她带点河鲫鱼回去,不很好么?忙叫住了她。幸好,景萱也没走远,听见叫就返回了。

细草绳穿在"老板鲫鱼"的嘴与腮之间,鱼儿瞪着凸出的眼珠子,扇着腮,还在大口大口呼吸着空气。景萱说:"这鱼真新鲜。"娇鹂把串着的鱼递给景萱,笑着说:"那,给你带回去,烧个'河鲫鱼塞肉'。这样的鱼,想吃也吃不到。"景萱晓得她手头特别紧,竟然肯如此花大血本,定有道理,如何肯收?娇鹂说:"这几天你照顾祖鸿也辛苦了,犒劳犒劳,也是应该的呀。"不料,景萱更不依了,振振有词地说:"嫂嫂,这怎么敢当?嫂嫂陪护他多少天,我陪多少天?这点辛苦,实实抵补不了嫂嫂一小指头呢。"推来挡去,无奈,娇鹂只得又拎回了自己手里。

太阳西斜,一道金色的余晖抹在厚实的布满苔藓的石头桥墩上。"嫂嫂,叫我有什么事?有啥话要讲?"景萱问。心里早预备着娇鹂准会对自己一番盘诘。比如:为什么在他家里过夜啦,为什么明晓得迟早要撞见娇鹂还留宿啦;甚至,为什么像至亲的亲人那样料理他——为他把屎把尿,假如无缘无故,怎么可能这样?她承认,从女人的角度看,或站在娇鹂的位置上,无论作为"叔接嫂"三对六面都说好的一方，还是作为祖鸿的未婚妻，娇鹂的确有这个权利；尽管，祖鸿病成这样，不见得真会怎样，但有些事不好说。她相信，任何女人见这种不明不白的样子，理所当然地把这种行径看作是鸠占鹊巢、趁人之危，至少也是占了人家便宜。缘于此，兴师问罪，甚至大闹一场，也不算太过分。亏得嫂嫂涵养功夫好，没当场翻脸。否则，大家都没落场势。"啥叫'有什么事？有啥话要讲'？"娇鹂眼睛直直地望她，脸一直红到耳朵根。景萱同新疆倒流的弟兄姊妹混久了，他们中，自有一般人少见的豪爽、率真、江湖气、哥们义气、抱团、好打抱不平；更多的，却是不足为外人道的一面，充斥着黄段子、脏话、酗酒、赌博、谎言、欺骗、尔虞我诈、出卖朋友、破罐破摔。有时为一点点芝麻绿豆的小事，撕破脸、打开头。与他们相比，娇鹂尽管没念过书，但通情达理，心胸豁达，大气端庄；加上贫寒却不自卑，历经苦难而又倔强的个性，这都是她顶佩服娇鹂的地方。然而此时，也未免觉得她太装了，装啥糊涂呢？"嫂嫂，您肚里难道还不清爽？再不开口，过了这村没这店了。"娇鹂摇了摇头，截然说："没有，真的没有。"

　　随即，与景萱告辞。趔转身，下桥。不待走远，景萱追上去，拦住娇鹂，由衷地说："嫂嫂，您真好！"四岔马路，人来车往，声音嘈杂，不是说话的地方。她们又回到桥上，这阵子，刚好过往行人一个也没有。河水缓缓流着，流到石头桥墩前，突然朝两边分岔，打着漩，激起乳白色的浪花。"但我要告诉嫂嫂一句话，我没有对不起您。"景萱顿了顿，又说，"晓得吗？祖鸿发疯了，真的疯了。伊、伊、伊戳那要我嫁拨伊！开口闭口，同我求婚。喔唷，昏头了，哪能会有这种事体？吓坏人。自家瘫在床上，无法自理，这、这、这，算哪一出呢？"娇鹂吃了一惊，脑子"吭！"的一响，一片空白，只觉身子半边发热，半边发冷，还有点发麻。少顷，才半恼半嘲地说："开啥玩笑？太滑稽了。"景萱涨红了脸，一会又脸色铁青，颤声说："骗侬做啥？吃饱饭了？千真万确，一点不假。刚开始，我还当耳朵听错了，打死也不信。

戳那,伊吃错药了?碰着赤佬了?吓啥人呀?啊唷喂!人吓人要吓煞人的。"娇鹂听了眼前一黑,跌跌冲冲,像喝醉酒似的。桥下水流滚滚,一头栽下去不得了,景萱赶忙一把扶住她。娇鹂触电一般,推开了她,趴在桥栏杆上,身子微微颤栗。手里的鱼,倒是攥得死紧。那串河鲫鱼,鼓着眼,扇着腮,翕着嘴,摆着尾,似乎盼着回到水里去。

可能是3路电车,或51路公交车靠站,开始陆续有人过桥,把方木条踩得噔噔响,有一种木头才有的温润感和弹性。"那你怎么说?答应了么?"娇鹂问。略微镇定一下,她蓦然发觉,刚才没顾着,竟将关键中的关键忽略了。暗自思忖:"哼,她呀,巴不得咪!"这么一想,强烈地感到自卫的需要。"我?戳那!侬想会哪能回答?"景萱仿佛要炫耀她的胜利——即使是一种惨淡的胜利,卖了个关子。娇鹂脸色惨白,冷笑说:"你同祖鸿本来就是一对,办过喜酒,大红帖子都发出去了,要不是……"景萱哈哈大笑起来。"嫂嫂记性真好呀。"她老实不客气,点点头,又眯缝眼睛飞快瞟了一瞟。接着,曼声说:"戳那,有毛病喔!我同伊讲,'祖鸿,哪一根筋搭牢了?我可不敢当。还未婚妻咪,谁是侬未婚妻?难道忘了?那天侬在邮政总局写了一封长信,信上就是这么称呼嫂嫂的,横一声竖一声,肉麻死了,自己写的,怎么不记得了?'几句话,说得祖鸿一噎一噎的,涨红面孔,话也说不出。我说,'戳那!也不看看,人弄成这副样子。不晓得将来怎样?会不会一直瘫在床上?哦,好的呀,原来,是挖好坑让我跳呀,戳那,想得美!今天晓得向我求情,可那年,拿我一脚踢开,怎么那样冷酷无情?还'冲喜'咪,冲侬个大头昏!就是天下男人死光了,也不会嫁畀侬!我问侬:没这么一冲,我会到石河子去吗?会差点畀独狼咬死吗?会今朝结婚明朝离婚吗?戳那!还有,拖着个小家伙,倒流到上海,没户口、没粮票、没工作、没小家庭、没温暖,成天价撞尸游魂,荡到东荡到西。还求婚咪,求侬个死人骷髅头!帮帮忙喔!上侬一回当,还会第二趟?呸,勿捏鼻子做梦。——侬昏头了,我没昏呢。'"

说完，她突然啜泣起来。

听景萱天上一句，地上一句，一面奚落着祖鸿，一面打边鼓数落起她，弄得娇鹂说也不是，不说也不是。心里乱糟糟的，好似一团浆糊，又像吃一只麻辣火锅。无论是祖鸿的荒唐求婚，还是景萱的辛辣拒绝，都搅合在一起：不晓得此刻该感到不幸，还是幸运；是痛苦，还是高兴；自己应觉得失望、气愤、愤怒，还是庆幸、安慰；对景萱是感激、感念，还是嫉妒、怨尤……一切的一切，归结到一点，就是这个祖鸿，竟给她招来如此大的屈辱与麻烦，叫她颜面丢尽。一时间，无地自容、无比愤懑，恨得牙痒痒的。他为何要这样？有这必要么？气就气在：索性对他冷冰冰，他死乞白赖地追她、求她；而待他好了，骨头犯贱，反倒萝卜不当菜。甚至，向别他女人求婚，这样不要脸的事也做得出。

返回祖鸿家的路上，倏地，她心里蹿起一只大火球。

2. 瑜荪

上回娇鹂到七层楼去，在娘舅家老没见表姐夫瑜荪，心莉也是意意思思的样子，自然不好多问。一家不晓得一家的难处。实际上，娘舅席秉逊关进提篮桥，这好几年里，他女婿也没消停过一天。

瑜荪1949年随父母一起去了香港。那时，香港这个早先的小渔村比不了上海。突然有百万之众的人大举进港，造成畸形膨胀，推高了房价物价，炒热了地价，挤压了生存空间。可想而知，外来者要落脚生根，殊为不易。重新洗牌是痛苦的：有身份、有地位、有面子、有钞票的人家，转眼之间，变得天天只为了温饱而挣扎，更有甚者，只能流落街头了。瑜荪随父母离沪时，因有"江亚轮"惨祸在前，能赶在上海封港之前逃出去，已算万幸。但是，兴冲冲一头栽进香港，世态炎凉，诸事不顺，碰了一鼻子灰。在遭遇一番困顿窘迫之后，于是，对当初抛家舍业的抉择，又有了全新的认知。加之，游子思归，为情所迫。况且，五十年代头几年，上海出现了百业待兴、蒸蒸日上的上冲势头。消息传来，让终日在"回去，还是不回去"之间摇摆不定的郁家父子，不再犹豫彷徨，踏上归途。

母亲罗紫琳是一位基督徒，只担心回到上海，还能不能去景灵堂做礼拜。可这件事，也没有搅扰得她心神不安。因为，作为笃信上帝的人，主每时每刻都在心里，到哪都一样。郁家住在爱多亚路（延安东路），那是带草坪的独幢洋房，外面围了一圈涂了水柏油的黑色墙篱笆，感觉庭院森森、蝉声悠悠的。像大多数殷实人家的女太太一样，她们对于巴黎流行服饰、美国热映大片、包包、香水、高跟鞋、皮草、发型，乃至旗袍领子与下摆的时高时低的敏感度，绝对要高于对时局、前途、未来的预判——那是男人的事，跟她无关。她从麻将桌上得来的灵感，也就是"上海末就是上海"，风水宝地，大地震震不到，七级台风刮不到，即便是战争这样的大灾大难，也奈何不了它。"慌啥啦？就是东洋赤佬来了，还不照样过日子、做生意？百乐门不也照样蓬嚓嚓……"她的口头禅。所以，按照老黄历，1949年巨大的裂变到来之际，她的见识，只是敦促娘姨们给多囤一点大米、咸黄鱼、风鳗鲞、南风肉、腊鸡腊鸭、火腿、火油等，乃至草纸肥皂、火柴、雪花膏、蛤蜊油，等战火一熄，万事皆休，照样过日子。即便依从了岱藩的主张，辗转香港，她也是抱着看一看、等一等的洒脱态度，以为用不了多久，就像明矾放进河水里，马上会沉淀一清。所以，丈夫、儿子闹着回去，她心里却笃定得很。"我说就是嘞。"她报以温婉、宽容的一笑。

跟父亲郁岱藩、母亲罗紫琳不同，儿子心里却还打着一只算盘。瑜苏出身这样的家庭，未来子承父业、后起之秀的实业家，这条路早就异常清晰地标示好了的。他只要不惹出大的麻烦，不出乱子，也没大赌小嫖、抽大烟等恶习，就等念完大学，择一良缘，传宗接代，然后，顺顺当当，在业已老迈的父亲手里接过大宗产业，一展宏图。瑜荪就是这样一个人，他正正派派、和和善善、文文雅雅，标准绅士派的大少爷。一身花哨的粗花呢西装，微冲的头发乌油油的，皮鞋雪亮，舞姿翩翩，风度潇洒。与纨绔子弟不同，他博学多才，懂几门外语，偶尔会在小报的报屁股上登一篇妙文。一开腔，也能来几段著名须生的名段子，虽不怎么练，倒也绝不会荒腔走板。姑娘看上他是很自然的事。他有一大堆的爱慕者或暗恋者，上门介绍、提亲的也不少。由于儿子喜欢"自己认识，知根知底"，而且崇尚"结婚一定要有爱情，是两颗心的碰撞、共鸣与缔结"，这一套东西非常奏效，很快堵住了他父母和许多人的嘴。父母先是不管了，随后也好奇：未来的儿媳妇究竟是怎么样的？其实，瑜荪春风得意，接触的年轻女性也不少，她们各有各的脾性、姿容、家境、喜好，如要分出一块羊脂玉要比翡翠玛瑙好，到底谁更适合他一些，说真的，也非易事。他还年轻，可不想在一棵树上吊死。心莉充其量也就是他交往的女友中的一个，似乎没到那种程度，就是在时间分配上会预留一块而已。

跟随父亲到了香港，最初闹哄哄的，听说实业家某某某、某某某都是沪上"大王"级的，他们将整爿厂的机器都运走，一只螺丝钉都不剩。有的连厂连机器，甚至还包括厂里的工人和家眷等都带上。仿佛给人一个错觉，以为这一步走对了。但很快，希望就破灭。瑜荪虽还不至于露宿街头，不过，到"吊颈岭"一带转了转，那些纷纷沦为难民的上海人，也够倒霉的。到了一片粤语的地方，不知怎么，原先刮辣松脆的沪语，总透着一种辛酸。偏偏这种时候，流寓中，隔壁人家的无线电老是放着评弹、申曲、姚、周、杨、笑滑稽戏。时不时，电台粤语女主持回应着听众点歌，说道："祝贺大家生日快乐、工作顺利！以下请一起收听周璇唱嘅《花样嘅年华》……"歌声传来，恍若隔世，那种今昔之感，闻之欲泣无泪。这种情形之下，他对遥远的从前的女朋友心莉，也就更加地牵挂于心。世界缩小了，与其把"花样的年华,月样的精神,冰雪样的聪明"集于"密斯席"一身,毋宁说,那"美丽的生活,多情的眷属,圆满的家庭",就是幸福在召唤了。随后,便有了来到河滨大厦,捧着圆点透明玻璃纸包着的妃色玫瑰,上门向"密斯席"求婚这一出。

郁家大少爷前脚才摆脱了香港,"这孤岛,笼罩着惨雾愁云",却不料想,后脚更不容易,时乖运蹇,一言难尽。好不容易,一家三口从青海回来,凭着知天乐命、随遇而安的乐观精神,又烧得一手好菜,美馔佳肴伺候,宠得心莉心中抹蜜糖,喜得合不拢嘴。上海男人就是这样:达则建功立业兼善天下;穷则过好小日子,缩进厨房,当围裙丈夫,同样也能成就一番事业。然而,苦恼事似乎接踵而来。礼拜天,他都要叫妻子把孩子郁郁领走。实质是支开他们,去公园、百货公司什么的,因为他要接待那些神秘的人——实际他们就是派出所或区公安分局派来的,蓝衣裳,夹着个人造革皮包。跟站马路的警察夏季搭两只大白袖套以示换季不同,他们的蓝制服一年穿到底。这些人通常带来很厚一叠照片,要他指认照片上的人,以及他们的下落;追问没完没了,问不出便有点愠怒。接着,就出事情了,他被宣布隔离,马上带走,关在新工房的四层楼里。很久以后才知道,他的一个大学念书时顶要好的朋友揭发了他,说他是潜伏特务。依据有三:最主要的,他去了香港又打道回府,还在"吊颈岭"待过,那里是"反攻大陆"基地之一;其二,他的胞兄胞弟均在台湾;其三,妻子心莉有许多亲戚在美国加拿大。隔离审查,就拿他当特务来审。对此,他当然不服,整整顶了一个月,自然没少吃苦头。

很久以后,瑜荪才晓得,原来自己一直就是被监控的对象。涉案的这起案子称为"1720案",子虚乌有,纯粹是一个冤案。但是,当时为案所牵累的牛鬼蛇神们,遍及全国廿八个省市,上面牵涉很多高级干部,下至平头百姓,光是关了的就有数百人之多。查案子不惜血本,涉案的对象一个人就是一个审查组。譬如瑜荪,隔离时就配有四个造反派,加上军宣队、工宣队,看管者就更多了。他们说他是"花岗石头脑",骂骂咧咧,不时在他脑袋上拿"麻栗子"敲一敲,大声呵斥,唾沫四溅。他没什么东西可交代的,他们就轮番跟他磨,挤牙膏。到河滨大厦去抄了几回家,什么都没有抄到。除夕守岁时也抄,但除了几本《毛选》,啥也没有。抓案子的人中有个造反派,也许意识到再榨也榨不出什么,便暗示他编假材料。"真拎勿清,就不会脑子转一转?再这样,马上送你到青海去,信不信?"他唬着说。瑜荪清楚,再这样顶下去,要押解他到青海劳改农场去了。荒凉沙漠,十有九难回。他思想斗争了三天三夜。想着,他一个人死倒无所谓,可他还有家室、孩子。他不能死。于是,编假材料的诱惑,令他脑子里像开了锅的汤圆,九只浮,五只沉,过一会,就全部漂在水面了。

那些悬空八只脚的假材料,尽管缥缈无际得很,但毕竟说了,也算铁树开花。一年前,那时他已经在五四农场劳动了。做的是最苦最脏的活,住的是草棚棚,夜来被子上积了一层霜,早上自来水龙头上冻,要用火烧。初春,天气还寒凛凛的。看到田野旁、小河边柳枝爆芽,想起一句"春风又绿江南岸",未免深有感触。他想着:心莉、郁郁母子俩怎样了?是胖是瘦?隔离期间,端午节,妻子送去粽子,还没尝一口,让造反派给没收了。这天,造反派对他讲:"你不要去田里劳动。"让他拿凳子放在住房前一块空地上,望着来往行人。他们要他辨认里面有没有特务。闹了半晌,也没结果。不久,他就被宣布"解放"了。结论为:"事出有因,查无实据。"

"解放"回来,被派到一个玻璃厂战高温。玻璃厂料房最苦了,粉尘弥漫,吸进肺里;工作十分劳累、笨重。不久,又调到熔炉前加料。热浪滚滚,高温炙烤。每副料,重达一百多斤,两个人扛,一不小心闪了腰。反正什么苦都吃过,再难也要挺住。

他虽然"解放"了,但毕竟是一个有过所谓污点的人。岳父席秉逊还关在牢里;岳母窦婉芷,被叫做资本家、劳改犯的"臭婆娘",而且,本人成分又是工商地主(曾在乡下有若干祖传田产);他妻子心莉还背着个"摘帽右派"的包袱。如此一个问题成堆的家庭,大楼里但凡有个风吹草动,倘若不被盯上,那才叫怪了——不找你找谁?每每劳累了一天,人困马乏,好歹能躺下睡觉了,不料,半夜三更突然敲门声大作。门一开,红袖章、柳条帽的阿文攻,还有造反派、居委会、公安,黑压压一大片,手电筒光直晃眼睛,咋咋呼呼就闯进来,真好像窝藏了一个杀人犯。然后,搜房、盘问、训斥如仪。一夕数惊是常有的事。对此,一家老小只得自认晦气,安之若素。确实,除了默然和忍耐,似乎也没更好的办法。

问题在于:假使仅仅就是半夜敲门倒也罢了,因为在这幢大楼里,也不止瑜荪、心莉一家如此。这么一想,心上还过得去。麻烦就麻烦在,比午夜惊魂更甚的,是一场犹如钝刀子割肉般的无休无止、旷日持久的折磨。对瑜荪来说,就像一脚踩进了烂泥滩,拔不出,甩不掉,越陷越深,不得安生。

而它,已经在七层楼的一个套房里鸣锣登场了。

第九章

1. 箱子间之争

　　事情的起因，要从一家之主的席秉逊几番让房说起。

　　早年，秉逊用三根"大黄鱼"顶下了一个大套房，其中有一间房子自愿交公，做了海运局宿舍。再婚时，考虑到续弦窦婉芷在大楼里已有房子，就住到她那儿去了，戏称"倒插门"。风暴乍起，大楼闹着要收房，秉逊胆子小，给吓着了，忙撺掇妻子，自愿将房子放弃了。出来容易回去难，此时，约定俗成，七层楼房子已给了女儿一家三口住，还有亲家老两口也住着。由于当初是秉逊一根筋弃房，再要回到七层楼就难以启齿了。打落牙齿肚里咽，只得搬到工房去住。不料，婉芷感到气不忿，无论如何不答应。于是，便住进七层楼房子的箱子间里勉强度日，也算聊胜于无。起初几年，海运局宿舍不知怎么没人了，一直空关着（由于主人换着住，宿舍也换过去，有一段时间，成了某单位的造反总部或联络站什么的，俨然是一种保护伞。后来，主人交房，因该屋已交公，不能少了，于是它又被换回了原处）。大套房内，两个房间住三代人、三个家庭，一个房间空关，住户、人口虽多，但毕竟都是亲亲眷眷的自家人，容易相处。可到了某一天，那间空关的房间里突然搬来了一户人家。自然，原先的那种格局就被打破了。

　　从某种逻辑上说，由于是房主自愿交房的，那个权作海运局宿舍的房间的归属，自然就归于大楼房管所。计划经济年代房子没商品属性，住户与住房是一种租赁关系，支配权或使用权可以在某个单位、团体、组织，也可以在各级房管部门。房主与房主之间，根据各自诉求和目的进行调换，各取所需。基层房管部门有双重的职能，它手里握有若干房子，既被赋予了某种分配权，同时，又充当着换房中介的角色，权大得很呢。作为中介，在换房者利益之间，它起着某种协调和信用担保的作用。正是在这种情形之下，那个空关的房间由房管所操作，诚意换房，两处房子换河滨大厦一处，新的一户人家在其诉求得到满足后，便快快活活搬将进来。据说，由于是两换一、大换小，似乎有点吃亏。所以，"中介人"就承诺给他们加一个箱子间，这样就扯平了。

这个新搬来的人家，主人是一对六十出头、七十开外的老夫妻。这个夫妻档，身量一高一矮，体态一胖一瘦，性情一暴一温，恰似滑稽戏或相声之类，看上去一大一小、一肥一瘦、一长一短，对比鲜明。不同处在于夫妻俩把这都倒了倒，并且岁数也倒大。老太姓富，有这么一大把年纪了，但不怎么显老，面若银盘，肤色白皙，人高马大，梳了只老式的髻子，乌发如漆。老头姓巩，名雪樵，瘦小个子，大眼泡，老眼昏花，见风流泪，待人谦恭和善。一块馒头搭一块糕，也算天作之合。坊间说来，他们的婚配倒是既传奇，又俗艳，可谓一段风流佳话。原来，在解放前，巩雪樵供职于英商上海电车公司。往返于静安寺到外滩上海总会之间的1路电车，是电车的老大，而巩雪樵就在车子上当查票员。大盖帽，有双排铜扣的长制服，专捉逃票人，像煞很神气的样子。但此君有个逛四马路堂子的俗癖，好嫖，成了"花雪飞七娘"的恩客。这个七娘，原名叫富筱贞。两情缱绻之际，恩客助七娘一臂之力，好不容易赎了身，从了良。从此两人结为夫妻，一起生活。

斗转星移，英电经过数度变更，解放后并入了上海电车公司。自然，巩雪樵也成了该公司员工一枚，仍然查票。尽管老早衣食无忧，举止风流，花宿柳眠，但划起成分来，倒还是顶呱呱的工人阶级呢。尤其是风暴年代，不知怎么一来，当上了"工宣队"，俨然塑了金身，越加了不得。夫贵妻荣,富筱贞跟着沾光,便有一茬、没一茬地摆出踌躇满志的样儿来了。他们原先住着两处弄堂房子,统厢房、前客堂,面积虽大,可天天拎马桶、户外用自来水、烧煤球风炉,毕竟不太方便。于是,起念要进这名气很响的老公寓开洋荤。在大楼房管所撮合下,老夫妻俩如愿以偿,搬进了七层楼的大套房里。由于这种套房按照原先的格局,一个起坐间、一个大卧、一个厨房、一个卫浴室、几个壁橱、两间箱子间,其公共设施和共享空间只适合一份人家住,冷不丁爆出新的住家,并且新住户还一不罢二不休,要求改变现状,邻里间的一场战争也就在所难免。

矛盾焦点在于:巩雪樵、富筱贞一家认为,有一个箱子间是他们的,因为套房内大家有份,既然对方已占着两个箱子间、几个壁橱,够多了,理应让出一间。何况,这事之前房管所已经答应了的。而瑜荪、心莉一家则认为:他们家原先在大楼有两套房子,一套交公,另一套中又割去一间,已经吃大亏,如何叫他们再让出箱子间?况且,交出的那个套房里的东西已舍弃不少,剩下的物件将箱子间、壁橱塞得潽出来。本来东西已放不下,若交出,如何够放?至于另一个箱子间,丈母娘婉芷在那住着,晚上要睡觉。若让出来,老岳母睡到哪里去?还有,对方口口声声说,换房时就跟房管所谈好的。房管所凭什么擅作主张?不征得同意,就将属于人家的住房给了另一方,这不是太岂有此理了么?双方各执一词,公说公有理,婆说婆有理,谁也说服不了谁。为此,居委会、派出所、房管所出面,几番进行调解、斡旋。但结果,不光收效甚微,两份人家的罅隙反而更大了。

2. 富阿婆斗法

巩雪樵、富筱贞一家如愿以偿,终于住进沪上大名鼎鼎的老公寓。上下楼有两部电梯,烧饭用煤气灶,蜡地钢窗,抽水马桶,还有只一米六长的英国大浴缸——这些摩登、前卫、先进、高档的设施或硬件,在生活条件普遍都不怎么地,基本还都在拎马桶、烧煤炉、爬三层阁的六七十年代,实在是需要仰望的理想之境、幸福之地,既舒适、气派,又很有面子,喜得老头老太合不拢嘴。然而,由于一只箱子间的承诺无法兑现,天天看得见却拿不到手,这种气恼与愤懑郁积于心,就足以毁掉先前那种喜滋滋甜蜜蜜的幸福感。一想到两换一、大换小,他们就感觉自己亏大了,蚀老本。如果换了别人,也还罢了,所谓吃亏就是便宜。但是,他们这两份人家:一个堂堂的工人阶级、工宣队,很吃香的;一个几乎夜夜被敲门盘查、成分不好、问题成堆,况且,有人至今还关在提篮桥,本来就矮半截。后者本该老老实实、服服帖帖,不料非但不服气、不老实、不买账,还歪理十八条,胡搅蛮缠,成什么道理?这口窝囊气如何咽得下?往大里说,这不就变成"不是东风压倒西风,而是西风压倒东风"了么?

富阿婆是个狠角色。脾气火爆,心胸狭隘,睚眦必报,哪是省油的灯?过去住弄堂时,因为胖大身材,圆脸盘上尽是麻子,蜡黄的两指头夹着香烟,有人遂给她起了个"麻姑(献寿)"的雅号。小家伙跟在她背后"麻姑、麻姑"地喊。一转身,佯装要打人的样子,孩子笑着一哄而散。小孩不知,大人们却似乎有点晓得她那种地方出身,曾经也是那里的红人,花名叫"花雪飞七娘"。年轻时,她非但不像如今这般又大又丑,相反,还是个十足的大美人呢。有人偷偷溜进她家,看见方镜梳妆台前,摆着个鸭蛋形泥金相框。里面,她烫着油条卷,轻挽乌云,柳眉杏眼,顾盼生辉。一条碎花旗袍穿着身上,愈显得体态丰腴,玲珑有致。那时候,由于不同于瘦小纤细那一路子,人高马大,百伶百俐,因此,烟花巷里还有一个"大洋马"的别号。巩雪樵就在这时成为她的恩客。为帮她跳出火坑,1路电车查票员节衣缩食,变卖家当;而她也发誓不接客,心心念念等他。从良后,因早就染上的毛病发作,自腿上到脸上都是红斑点,他也不嫌弃。后来,毛病虽治愈了，一张面孔，变得有点坑坑洼洼麻麻癞癞。

早些年，富阿婆有两大嗜好：一个抽烟，一个搓麻将。麻将一搓就八九个钟头。一桌麻将要抽掉一包香烟。那个劲头，就是男爷们也不得不佩服，她却鼻子尖哼了哼，说："耐阿来嘎？老早'打茶围'，奉陪那些有钞票的客人，常常一夜麻将搓到大天亮，白天接着搓。比起来，实概差得远咪！"后来，麻将是不能搓了。香烟虽然要凭票供应，但也没少抽，只是牌子越来越差。除了这两大嗜好，她还烧得一手好菜。另外，会过日子，手特别灵巧，包各式各样的粽子，自制甜酒酿、番茄酱；自腌皮蛋、咸鸭蛋，无不美味可口。咸鸭蛋剥开来，蛋黄又红又亮，`油水直冒。她喜欢弄这些东西，似乎也并不小气。每每粽子煮好，酒酿番茄酱启封，皮蛋咸蛋腌成，喜欢挨家挨户送一些给人家尝鲜。也许是膝下无子女，特别喜欢小孩，见孩子上门，少不得从冠生园饼干听里抓一大把糖果给他们吃。尽管是食品匮乏年代，可是，大白兔奶糖啦、苏打饼干啦、华夫饼干啦、杏仁巧克力啦，应有尽有。对孩子她还特别挑剔，这个漂亮，那个丑。"小赤佬，嘴巴馋痨独想触祭呀！乃末胖得来像猪八戒了哕，难看煞，一眼勿好白相。"她一口地道的苏州腔，是说某孩子贪吃变胖，丑死了，一点也不可爱。

这都是在弄堂石库门里的所作所为。然而，自打住进大楼，富阿婆气就不顺，成天板着个蛮娘面孔。箱子间之争自然是主因，除此之外，弄堂过惯了，刚来大楼，环境、生活习惯上的不适应；加之"四马路的女人"怕人家瞧不起，有天生的自卑感。总之，富阿婆窝火透顶，成天就想找个什么事发泄发泄，成了"雌老虎"。偏偏隔壁人家不跟她一般见识，能躲则躲，躲不开就告到居委会去，让居委会出面解决纠纷。居委会什么态度呢？一句话：再怎么样，反正屁股不能坐到有问题的人家去。摸准了居委会的底牌，富阿婆心中甚是得意。毕竟，"花雪飞七娘"并非浪得虚名。说起来是被损害、被侮辱的一群，但那种地方爬过滚过，已养成了勾栏做派：喊喊嚓嚓、放白鸽、使刁耍赖、放泼撒豪、装腔作势、勾心斗角、弄虚作假、暗箭伤人、缺德使阴功，那一套东西已深入骨髓。不知不觉，沉渣泛起。

富阿婆使出的头一招：不装水表占便宜。原来，这种公寓房子是一个套间里一只水表，由住户分摊水费。看准了这一点，富阿婆一口拒绝装水表。因为没装水表，每个月她家所用的自来水，自然就归有水表的席家来买单了。自搬进来，几年过去，还是赖着不装，连每月来抄自来水表的师傅都看不过去。一次小师傅悄悄对瑜荪说："这个老太婆坏得不得了。自己不肯装水表，每月的用水量还比你们多得多。我吃这碗饭见得多了，但他们这样坏法子，真是见所未见。喂，你们干脆停掉自来水算了。"瑜荪沉吟一下，摇头说："自来水龙头一关，冤枉钱是不用花了，但是烧饭、烧菜、刷牙、洗脸、洗衣裳……哪一样离得开自来水？不行不行。"接着，她使出第二招：黑灯瞎火摆路障。大楼房间除了大门外连着长廊、穿堂，里面还有一条内走廊，隔壁人家进去先要经过富阿婆家。看准这一点，她故意弄坏路灯，就在家门口放一只盛满尿液的痰盂罐，或灌满的水壶、热水瓶之类。瑜荪、心莉下班回来，内走廊黑灯瞎火的，看不清，一脚踢到痰盂罐。尿液、吐痰水溅得裤脚管上都是，热水瓶还有烫伤之虞。富阿婆躲在门后，一听到痰盂、热水瓶打翻，立刻骂出来："撞杀耐㗳娘，眼睛阿戳瞎来㗳！"一张嘴脏得要不得。非但这样，还恶人先告状，报告进驻阿文攻、居委会治保组，反咬一口。瑜荪裤脚管沾了脏水，恶臭刺鼻，还被反诬一通，气得七窍生烟，涨红了脸，找戚大姐评理说："骂人家戳瞎了眼，你们可以分析这情况呀。第一脚就踢到痰盂罐，那你这只痰盂罐摆到了啥地方？这里是不是屙屎撒尿的地方？"幸好，戚大姐蛮公道，对富阿婆说："外婆，是你们不对，还怪别人，痰盂罐哪能好摆在路当中？"无法自圆其说，她只好吃瘪。

富阿婆使出的第三招：龌龊东西够你受。有时，趁人不在，悄悄打开瑜荪放在厨房桌子下的一坛四川泡菜，将小便倒进去，再原封不动盖好，等着看好戏。瑜荪发觉了，一坛泡了好几年的泡菜给糟蹋了，只得扔掉。更多时候，内走廊旁瑜荪家的壁橱、箱子间、铜门球上、门上、板壁上给涂抹了脏东西，或浓痰啦、或鼻涕啦、或尿屎啦，秽迹斑斑，到处都是。后来，背后暗弄送人还嫌不过瘾，干脆当面使坏。瑜荪家煤气灶旁摆了张红木八仙桌子，富阿婆的台子小了些，感到吃亏，就换了张大的；不够高，便在桌脚下垫了几块红砖，非要超出八仙桌一两寸，这样就可抹布一揩，把垃圾灰尘弄过去。在厨房淘米洗菜、烧饭烧菜，瑜荪、心莉只要稍不留神，富阿婆就把齷龊水、脏东西弄进去，竟然到了务必死死看住，不能须臾离开的地步。

有时候，砂锅里黄豆笃肉骨头，锅里滚着，冷不丁电话来了。才接了只电话，神不知、鬼不觉，那富阿婆却已将小便泼进砂锅里了。好好一锅肉骨头汤只好倒掉。烧着白木耳，一掀锅盖，她立马拿扫帚一抖，弄得尘埃四扬。这还不算，瑜荪早上起来刷牙、洗脸，居然在眼皮子底下，一个不注意，就将脏水倒进了他的漱口杯和脸盆里面。即便这样还嫌不够，又祭出了第四招：卫生间里翻花头。夏天，见瑜荪家的儿子郁郁要洗澡了，富阿婆手快脚快，赶紧把痰盂水倒进公共浴缸里。大楼里停水了，在浴缸的出水孔里塞上塞子，等自来水一来，浴缸满了溢出来，涨大水，首先淹到瑜荪家里，因为他家的房间紧挨着卫生间。抽水马桶是两家合用的，富阿婆非但不搞卫生，反而将烂苹果、烂生梨什么的塞下去，造成马桶堵塞。开关一摁，脏水倒灌，流了一地。经过一番疏通，结果发现，竟然是烂苹果塞在里面。瑜荪顿时气得喷火，把烂苹果挖出来，一股脑儿地摆在厨房富阿婆家的台子上。然后，叫居委会来评理。大家一看，证据都在这里了，再抵赖也没用。

见一招不灵，再换一招。老头老太岁数大，且又无儿无女。外人不明就里，如果与老人发生矛盾，年纪略轻的一方，首先在礼节上输三分。正是凭借这方面的优势，富阿婆马上又有了第五招：滚地乱喊

"被人打"。有一回，自来水龙头前，瑜荪正淘着米，冷不丁富阿婆插上来漱口刷牙，还故意把漱口水一泼，泼在了已淘干净的淘米锅里。瑜荪气得一把将漱口杯挡开。谁知，富阿婆一屁股坐在地上，乱叫乱嚷："打人了！打人了！"还有一回，内走廊戤了两块破木板，比人还高，木板晃晃荡荡，一碰掉下来就砸到头上，很不安全。显然，这是邻居故意所为。见提醒几次仍无反应，瑜荪只得把它挪开。富阿婆哪里肯依？两只胳臂死死护着。因为有言在先，再不松手后果自负。瑜荪搬将起来，可刚一使劲，富阿婆就往地上一躺，满地打滚，一把鼻涕一把眼泪，哭着叫着："打人了！打人了！"

自然，她老头子巩雪樵很清楚怎么回事——不少馊点子就是他出的，却闷声不响，充好人。还一趟趟找到居委会。进驻阿文攻、治保干事跑来，一看富阿婆衣衫不整，泪眼婆娑，又哭又嚷，仿佛受了天大冤屈。现场摆在那里，有何话说？于是，不问情由，开口闭口，瑜荪不对。因为道理很简单：瑜荪比富阿婆的岁数小得多，年轻人不应该欺侮老年人。阿文攻头头老屈说得好："戳伊拉娘个逼！老子最恨两桩事：欺负老年人和孩子，管伊啥理由，欺老凌小，猪狗不如。"桂阿姨也说："千道理，万道理，少欺老就没道理。"事情没完，富阿婆又喊身子这儿痛，那儿痛。去医院这儿验验，那儿验验，完了，吵着要到瑜荪单位报销医药费。最后未能如愿。

很快，富阿婆支出了第六招：鼓动不发房票簿。老两口老早吃那碗饭的，通人情、晓世故；而攀附巴结、送礼请客、笼络关系，这些手段更是炉火纯青。进大楼不多时，早把方方面面给"熨"平了。老头老太虽然膝下无子女，但过房儿女、义子义女、徒子徒孙，也有不少。这些人，皆为富阿婆的机动部队，召之即来，一哄而至，大声辱骂。倘使瑜荪家门关着，就一阵踢踹。反正老头老太腰杆子硬，有恃无恐。瑜荪、心莉，以及他们的长辈——岳母窦婉芷，公婆郁岱藩、罗紫琳，除了自认晦气、逆来顺受，还有什么更好的办法？"唉！谁叫我们这么倒霉？秀才遇见兵，有苦没处说。"于是，纷纷叹息着。心莉大小姐一个，哪里吃得消这样？况又胆小怕事，一味退缩。矮子里拔长子，一家之中，也只有瑜荪出面争一下——争气不争财，稍微挽回点面子。否则，席家岂不是太给人踩在脚底下了？

其实，瑜荪心里最清楚，自己"解放"是"解放"了，玻璃厂做着苦工，跟苦役犯也没啥两样。况且，"事出有因，查无实据"，说穿了，"特嫌"的帽子还抓在人家手里呢。就这么一个人，哪里斗得过他们？心中的郁苦，只有自己晓得。某一天，突然想到房票簿自从交上去就再没踪影，怎么回事？大楼房管所设在A字门游泳池隔壁的一个房间内。跑到那里去问了问，回答是他家的房票簿给收了。为什么收了？因为按规定要给人家的一只箱子间，一直赖着不给，违反规定，理应受罚。

凭什么？瑜荪一听火冒三丈。但道理讲不通，进驻阿文攻、居委会、派出所、房管员，都一个鼻孔出气。一晃，半年多过去了，房票簿仍扣压在房管员手里。租赁房依法交房租，如果租金累月不交，后果严重。于是，瑜荪再次找房管员交涉。末了说："不给房票簿，将来一切责任由你来负。信不信？你早晚要乖乖送来。"随后，摊开信纸，写材料如实反映情况。一式四份，两份分别寄给区、市房地局；一份抄报《解放日报》，一份备存。不出几天，房管员急得满头大汗，跑来对瑜荪又递烟，又赔笑。"好商量，好商量。嗳，你在楼下同我讲讲就是了，何必动静这么大？"房管员说。

瑜荪问："跟你这种人，好好说，派用场么？"

第十章

1. 窦婉芷

事情闹僵,惊动四方,房管员跟着吃牌头,气得富阿婆把银牙咬碎。偏不巧,不久一桩惨祸又降落在瑜荪家的煤气灶前。于是,富阿婆赶紧祭出了第七招:害出人命还诬告。煤气灶怎么会夺人性命呢?原来,长时间遭受如此欺凌,让席家所有人苦不堪言,有悲难遭,有冤难诉。由于被死缠不休的主因在箱子间,而岳母窦婉芷恰好借宿于此。因此,首当其冲,在所难免。

面对富阿婆这样凶神恶煞步步紧逼,婉芷的态度,既鄙视她,又可怜她:鄙夷其不愧是那种地方出身,除了下三滥还有什么好事?可怜其老不知羞耻,一把年纪不知活在哪里了。婉芷是什么人?名门出身、累世豪族,一口京片子字正腔圆,就知道她极有来历——她家是某地贵胄,传了几代依旧兴盛不衰。沪上一所著名中学,由她家先辈创办并出任校董;一个著名公园,最先为其家私人所有。也叫造化弄人,她变成如今这个模样。但正如俗语所言:瘦死的骆驼比马大。沪谚也有"穷虽穷,还有三担铜"一说。尽管处在下风,高傲的婉芷却很不屑,心想:"同你四马路的女人有啥好说?"既然命犯小人,便采取超然态度,不与计较。打不还手,骂不还口,打落牙齿只往肚里咽。见箱子间给抹了龌龊东西,即令气得发抖,恶心得要死,表面上却佯装没事,悄没声地就给弄干净。龌龊东西又来了,也不动声色,照做不误。如此日复一日。

婉芷深知,老头子秉逊如果在家里还好些,虽然不见得真会怎样,毕竟能替她遮挡遮挡。如今老头子不在家，境况大不如前——照例，按规定是要到小房间去扫地、扫厕所，又跟一大帮子老头老太一起，天天在大楼电梯间的宝像前，"早请示，晚汇报"。尽管如此，大楼里像她这样的人多了，似乎有点麻木。而现在，孤零零一个人，被逼无奈，忍垢偷生。满眼望去，邻居这样凶恶刁蛮、卑鄙下作，不可理喻；即便是自己家里，她这样一个继母，再说有了以前不上不下的那些事，还指望人家会有好脸？能客客气气就算不错了。继母与席家的儿女们总隔一层，虽谈不上怎样坏，但也不会那样好，相互间若要想推心置腹、以心换心，有个靠傍，却是万万不能。从前还好，婉芷有大套房，手头又宽裕，遇上需要用钱时，从不缩手缩脚，拿去用就是。不看僧面看佛面，就看在钞票的面子上，她暗忖，自己这个当继母的，也差不到哪里去吧？没想到，一个抄家，一个交房，三弄两弄，祖上传下来还算丰厚的家产，转眼就败光。到如今，钱也没了，房间也没了，两手空空，两眼茫茫；寄人篱下，还好景不长，遭此暗算。"唉！我苏三好命苦哇。未曾开言我心内惨……"实在无处发泄时，只好不出声地念个道白，唱上一段，权作浇愁解闷。

　　婉芷歇卧的箱子间紧挨厨房。半夜三更，谁还会上厨房来？反正也睡不着，她便偷偷在这儿练功，活动活动筋骨，练些个扎马步、舞水袖、跑圆场什么的。地方小，不要说身披大靠、蹬厚底靴、起霸开打，就是圆场也只跑几步，意思意思。等折腾累了，再躺下去，准保一挨枕头就睡。厨房长长的，一通到底，有扇窗子，窗外是苏州河。河上有一阵没一阵，会传来拖轮刺耳的马达声，夜半就更响了。两面墙，一边煤气灶和桌子，另一边水槽，地上铺着黑白相间的马赛克。早年，婉芷跟随不出名的戏班跑码头，好坏也是个角儿。就是因为自小迷上京戏，败了门风，为其家庭所不容，才离经叛道，坎坎坷坷。她与秉逊的一段姻缘，就是从戏班子那会开始的。那是"孤岛"期间，狼烟四起，水路不通。等同居下来，才晓得他有家室儿女。后来，原配馥贞过世了，好不容易修成正果，但因年事已高，想有自己的孩子也不可能了。以后，秉逊一意孤行闹着交房，她横竖不同意，可是一旦说出口，覆水难收，已经由不得她了。一步错，步步错。对她来说，一切已经注定，无话可说。最后，栖身在箱子间里，也活该如此。

"想当年我也曾撒娇使性……休恋逝水，苦海回身……"夜阑人静，她不出声地唱着。河上恰好拖轮带着铁驳子船队驶过，"突突突"，趁着震耳的聒噪声，才敢哼唧几句，反正给引擎声压住了，听不见。唱罢，潸然泪下。也是合当有事，有天晚上，她一时起兴，勒头贴片子，插戴头面，像往常那样偷偷溜进厨房间，关上门，练起功来。夜里微寒，她身上披了一条薄毯，舞将起来，也有凤袍或斗篷的风姿。正逢十五、十六，月到此时分外明，窗外月色溶溶，水天交辉。想到丈夫不在身边，家不成家，人不像人，鬼不像鬼，触动了万种愁绪，倍觉凄凉难耐。唱了"夜深沉三更起窗有月影……"，觉得心里太苦，就丢下了。举头望明月，轻声说了一段念白："唉，夜色虽好，只是四野俱是悲叹之声。（叹介）只是秦王无道，兵戈四起……死亡相继，使那些无罪黎民，远别爹娘，抛妻别子，那得教人不怨——"随后，唱出"可怜无定河边骨……"不唱也罢，唱了更觉幽恨难禁，于是一发不可收，索性来了"恨只恨狗朝廷施行苛政，众苍生尽做了这乱世之民"一段，道出心中勃郁之气、不忿之情，才稍稍解气。

球形门把手蓦地"吱嘎"一响。歇了半支烟的工夫，门开着，只听两声干咳，邻居巩雪樵正探头探脑，一双见风流泪的眼睛眯缝着，故意在婉芷身上逗留了半分钟。那股子得意劲，恰似当年英电公司电车里突击查票，捉到逃票者。婉芷吃了一惊，猛然间，想起刚才唱的"恨只恨狗朝廷"那几句，这还了得？霎时，膝盖发软，魂灵吓出，差点尖叫起来。定了定神，旋把薄毯收了收，一边寻思用什么法子掩饰过去——有了，装疯卖傻吧？做演员的，这也并非难事；转念一想，他这是第几回了？那早些时候呢？怎么讲？莫非前几回也是？进而暗问：难道这个人一直在盯梢吗？他想干什么？不禁再度毛骨悚然。

事实上，倘使这一切都是有意所为，倒也不是。富阿婆把老头子拴得死紧，一向不许夜出，免得无事生非。今夜是个例外，一班酒肉朋友，打大怪路子四缺一，给临时抓去，富阿婆想拦也拦不住。打完牌，凌晨巩雪樵才回来。踏进家里，肚子咕噜咕噜叫，便到厨房下碗卷子面吃。甫一推门，忽然传来稔熟的皮黄声，老腔老调，那么正宗，那么入味，那么好听，简直把他的魂都勾了去。他巩某人也是个老戏迷，早年虽流连于四马路，对皮黄、檀板之类另有所好。别看粗坯一个，要说喜欢的戏路子，倒也不是花脸须生之类，尤嗜花旦青衣，梅尚程荀，念唱做打，虽不很精，也会点野路子。至少，哪曲哪调，心中有数。在造反派、工宣队里，只能唱样板戏，逢场作戏，偶尔来几嗓子，都是反串阿庆嫂、江水英和柯湘的。心里也清楚，真正够味的，还是那些骨子老戏。门里面，念白唱腔台步，一搭脉，就知是个内行，有板有眼，无可挑剔。也是久旱逢甘霖，一听就醉了。就这样，他躲在门外听着，沉醉其中，不觉已忘情。一面谛听，一面也不闲着，或轻声屏息，或蹑手蹑脚。嗟叹之，永歌之，手之，舞之，足之，蹈之，不一而足。跟里面一番流利婉转，幽咽顾盼，忽闻"秦王无道""狗朝廷""乱世"等语，警觉起来，跟着背后滚汗。心想：唱唱旧戏也罢了，怎么弄出这些？明显犯冲，真是长了七个脑袋八个胆，不想活了！再不喊停，连自家蹚进浑水，也说不清。于是，老枪喉咙，"啃啃！"咳了几下。随后，径自进了厨房间，乱着下锅煮面，又从碗橱里找些隔夜菜当浇头。面滚了，佯作怕打搅自家老太婆的样子，蹑手蹑脚，拖来一只小凳，捧着大碗，哧溜哧溜吃着。边吃，时不时还瞟她一两眼。好像在说："嘿嘿，死老太婆，这趟不乖乖交出箱子间，恐怕也难了！"

当下，婉芷面色一会白，一会红，一会青，一会紫，脚下微微有些发抖。正发着窘，走也不是，留也不是；说也不是，不说也不是。她又悔又怕，又闷又恼。傲气的她，看来，非得低声下气，向邻居解释解释，帮自家开脱开脱才行。可是，两份人家正闹得不可开交，怎么好开口？皮肤上一阵发热。转而一忖，俗话说：男不与女斗。对过人家，向来女方闹得凶，男方缩在一旁，不声不响的，大概总要知书识礼一点吧？况且，他们夫妻之间吵架也吵得很厉害，那老头哪里说得过老太婆哇啦哇啦一张嘴？嘴皮子不行，就拔拳头。偶尔会看见走廊上，一个骑在一个身上擂拳头，富老太嗷嗷直叫，打滚撒泼，哭爹喊娘。如此看来，兴许巩老头明事理一些。踌躇老半天，讪讪的。还没等婉芷把话说出口，那边，巩老头吸溜完面条，撸撸嘴巴，竟转身走了。

一连几天，尽管什么事也没发生，婉芷却觉得把柄已落在人家手里，成天家如坐针毡，心里"十五个吊桶打水——七上八下"，怕这怕那。"那有什么？不过船马达响了哼唧几声，跑一跑圆场，舞一舞水袖，扎一扎马步，难道也犯法？"她忖度着。隔些天，也什么事没有。不过，邻居家多了个小家伙，整天蹦蹦跳跳，手里拿一把充气锤子，这儿敲敲，那儿敲敲。锤子带着个哨子，砸一下会发出哨音。像是邻居一个过房儿子或徒弟的小孩，苏北来的，寄养在这里。农村孩子不懂规矩，没那么多讲究，加上顽皮，因此，常常招致富阿婆的叱骂。某天，厨房里，富阿婆正在一块砧板上斩肉饼子，不知怎么，又满口粗话詈骂起来。那些污秽不堪的话，如同粪桶打翻，不忍卒闻。亏她这把年纪，说这些龌龊话也不脸红。连巩老头也听不过去，来劝几句，结果，连他也搁头搁脑骂进去。富阿婆拿着菜刀，一斩一声，指着和尚骂贼秃，破口大骂：

"喔唷！阿是拔迭只狐狸精迷牢啦？要侬这样起劲？难过煞了？讲仔两句肉痛了？慨日仔狐狸精屁股上吊了根尾巴立跳板，侬哪能不去相帮伊？跳板浪去救下来，难末我真叫佩服侬！耐阿敢嘎？"是说"进驻河滨大厦一百天"，阿文攻在C字门斗牛鬼立威的事。那时，婉芷被指藏手枪，百般狡辩，成了"狡猾的老狐狸"，因此，挂了狐尾，站在柏油桶上挨斗。骂着骂着，话锋一转，听见富阿婆拍着巴掌说："喔唷！功架蛮好，装得人模狗样，摆啥飙劲？啥人不晓得？实概个人，只配做人家小老婆。陆里晓得做小老婆哪肯呀？难末逼走仔大老婆，千肯万肯着啘，阿要夠面孔嘎？胸口头挨仔一脚不喊痛，拨人家扫地出门末心甘情愿。伲倒搞勿懂了呀，既然两家头介要好，提篮桥吃官司哪能不跟去？当仔缩头乌龟，赖了不走算啥嘎？"然后，左一声"缩头乌龟贼王八"，右一声"小老婆别出大老婆夠面孔"！

听见声声詈骂，尤其是"胸口头挨一脚"等语，婉芷就晓得是冲着自己来的。当初继子冬冬踹踢其父，她飞身一挡，一脚刚好踢在她胸口，遇到犯阴天还阵阵发痛。这些骂声，句句戳心，但人家没指名道姓，再难听，气得她呼哧呼哧，两臂酸麻无力，只好不响。又一天，富阿婆给男孩一个巴掌，男孩子哇哇大哭，老太婆不耐烦，越发指桑骂槐起来。说厨房间出鬼，有人披麻戴孝，掐着喉咙唱戏，含血喷人，满嘴放毒，恶毒攻击。"半夜鬼叫，算啥本事？有本事，鼓对鼓，锣对锣。有种，'白刀子进，红刀子出'，我算佩服哉！"种种毒舌骂人的话，婉芷听了有口难辩，憋在心里，郁闷难耐，唯有默默啜泣。

自此，婉芷就像患了夜游症，迷迷糊糊混混沌沌，成天在大楼里东游西荡。时而，在七层楼长廊窗口徘徊良久；时而，在高层电梯间里荡圈子；时而，趁一个不注意，偷偷摸摸上了顶楼……幸好被人看见了，问："咦，老人家，您一个人在这里做什么？"抑或问她："老人家，您住几号？要不要送您回去呀？"有时，她似也能理会这份善意，浅浅一笑，胡乱编个什么理由，搪塞一下；有时，她却懒得搭理。一次，风暴前偶尔有过接触的曾老师把她请到家里。曾老师是牧师的女儿，曾有几回给她传福音。风声鹤唳，教堂砸的砸，关的关，见了经书就烧，谁还敢沾这些事？她骇怕惹祸上身，因此一直远远躲着曾老师。谁知，曾老师竟悄悄地给了她一本《圣经》！虽然晓得人家是好心，不过这个蓝封皮、小开本的《圣经》太可怕了，吓得她脸色发青，掉头就跑。但是，到哪里去？一想到回家她就浑身发抖——隔壁人家促狭，故意端一盆脏兮兮的水撞她一个趔趄，水泼出来，刚好浇她一头一身。饶是这样，还戳着背脊骨一顿臭骂。"要不，暂时避一避、躲一躲也好。可是，到谁家去呢？"她揣度着。"大楼里住了这么久，能够说说体己话的老姊妹，总不会一个也没有吧？"果然，她想起一个人来。

这个人跟自己住在同一层楼，大楼里都叫她"老婆婆"。虽然跟这位老婆婆交往并不算多，但是她们很投缘。一旦楼里遇上了，似乎总有说不完的话；或者虽不说话，只要一个眼神就全明白了。有一次，老婆婆邀请她去喝咖啡。她去了，万万没想到，女主人竟然准备了精致美味的英式下午茶：奶油小方、焦糖布丁、羊角面包、咖啡或红茶一应俱全，摆了一小圆桌。啜着浓香的咖啡或红茶，有一搭没一搭地聊天，那可绝对是一种难得的高级享受——七十年代初，谁敢奢望这样的口福？也只有她家，仗着是英国侨民才会有呢。不过，喝了一两回下午茶，她便暗暗发誓再也不去了。女主人自是彬彬有礼殷殷好客，可她满肚子的委屈怎么讲出来？狼狈仓皇，羞愧难当，不等人家讨厌，她自己先就没面孔去。老婆婆后来没少请她，但一次次她都推辞了——人家哪晓得她心里有多苦？

不知不觉，已到了老婆婆的家门口，举棋不定要不要进去。穿堂那头，迎面就噔噔噔过来了居委会的桂阿姨，蹬着一双比三寸金莲大、比天足要小些的"半大脚"，步幅不大跑得却很利索，想必有个十分紧要的公干呢。"咦？电梯间开会，侬哪能不去？"桂阿姨老远就问。脸上也还挂着笑，口气很冲，虽然并无责备的意思，但似乎对她到老婆婆这样的涉外家庭串门，有着某种不快。盖因老婆婆是英国侨民之故，领事馆每年派人来例行访问。风暴时期领事馆没了，代办处还在，这样的来访官方允许明里不好拒绝，只好由居委出面，用个什么理由加以婉拒。没料想代办处的人却并不理会这些，趟趟都很搞，未免心中有气。自然，外事工作严格保密，不准外泄，谁还会晓得其中的原委？因之前，每回发生邻里纠纷，但凡上门来调解，明里暗里，桂阿姨总向着富阿婆家。对富阿婆的行径，也许桂阿姨心里未必认同，但"亲不亲，阶级分"，所以，到了桂阿姨嘴里，总是理亏的，变得有理；占理的，反倒变没理了。见桂阿姨问开会之事，她唯唯诺诺，连忙应了一声，并说了"身体不大好，请个假"之类。"甮当'老油条'了，豪燥去呀。"桂阿姨操着北方口音的蹩脚沪语，类似杨华生扮演的旧巡警"三六九"那种，叮嘱一句。公务在身，不待说完，早已迈着伶俐的半大脚，蹒蹒跚跚，分花拂柳跑了。

无奈，再不想回家，还得去。自然，半夜厨房里练功唱戏早停了。练功唱戏虽已停止，但富阿婆恶声恶气的詈骂依然，非但没有停歇的迹象，反倒越骂越起劲。眼见外婆被恶人缠、恶狗咬了，仿佛鬼打墙，终日难得脱身，席家的人——继女心莉、女婿瑜荪、外孙郁郁，亲家郁岱藩、罗紫琳个个心急如焚。尽管心里替她难受、为她抱屈、帮她喊冤，却也晓得邻居这样一不罢二不休地找茬，皆是箱子间之故。心莉秉性孤僻、软弱怕事，遇事能推则推，只图个清静；且她们母女之间本就淡淡的，加之背后也没少跟丈夫抱怨："既然是恶邻，小人之心难防，何苦留下？为什么不早点搬走？爹爹那个工房间空着为何不去住？侬晓得爹爹啥时候回来？苦日子看不到头，犯不着硬捱死磕呀。"如此，要想心莉将继母请到他们住的大卧里避一避，也难。瑜荪寸土必争从不退缩另有一功，可"半夜闹鬼"之类，分辩起来，似乎说不大响。郁岱藩、罗紫琳事出无奈暂住于此，虽迫不得已，可多少也有些反客为主的意思，兀自惶恐愧疚，再要说什么就显得假惺惺了，因此三缄其口。作为基督徒，罗紫琳私下里未免多一些祷告祈福，仅此而已。缘于此，对于婉芷的事，大家似乎不好置喙。这样一来，反倒助长了富阿婆的气焰，变得愈加有恃无恐，得寸进尺。

邻居如此恶缠不休，纵使婉芷内心是极高傲的，可虎落平阳被犬欺，除了含垢忍辱，自认晦气，还有什么法子？但又不服气得很，那种萦绕于心的混杂情绪常介于鄙夷、厌恶和怜悯之间。"姓富的如此作践人,凭什么?让她几回,越发踩到人家头上了!呸,这票货色,早先给我家当老妈子都嫌脏,扫地打蜡、喂狗喂猫还不配呢。不拿镜子照一照,一张麻脸,那是叫脏病害的。脏死了。饶这样,还高兴得要不得,真真别提有多恶心了!"她悻悻想着,恨不得啐一口。于是,无时无刻不处在极度的愤闷之中。但凡忍耐总有个限度,过了,反而平静下来。

2. 煤气灶前

这天夜半,婉芷腋下夹了一条毯子,偷偷进了厨房间。关了门,稍许练了练扎马步、舞水袖、跑圆场。接着默念鼓点,做着起霸动作。练完了,来回踱着步。厨房里,煤气灶旁各自放着桌子,席家是一张红木八仙桌,富阿婆家是一张白木桌。以前,为争这两张桌子摆放地方孰多孰少,两份人家你推过来,我推过去,吵个不休。好不容易定了分界线,白木桌一方却又将桌脚垫高几厘米,这样就占了上风。当下婉芷看见白木桌,鼻子尖嗤地冷笑了两声,嘴里咕哝句什么话。少顷,踱累了,她在自己家的煤气灶前驻足,轻轻一捻,便开了旋钮。从煤气喷头里,立刻发出"嘶嘶"的轻微响声。

翌日天色微明,心莉上厕所时闻到一股淡淡的煤气味,第六感告诉她大事不好,忙一脚踹开厨房间的门。用一条胳膊捂住嘴巴、鼻子冲去,一看,自家的煤气灶前,继母已死得直挺挺的。煤气喷头里还"嘶嘶"有声,一氧化碳的浓度已非常高。给这么一熏,头晕眼花腿发软,快支持不住了,慌得她赶紧打开一扇朝苏州河的窗子,透透气。随后,朝继母的遗体鞠了三个躬,双膝跪地,一面拭泪,一面放声大哭:"姆妈!侬死得好惨!爹爹还没有回来,这样走了,侬叫我们怎么跟爹爹交代啊……"悲声时断时续,凄凄惨惨,不绝如缕。瑜荪、男亲家郁岱藩、罗紫琳闻声,一边穿着衣服或扣着衣扣,一边循声往厨房跑;外孙郁郁被吓得哇哇大哭,罗紫琳忙趑回,到孩子床前安抚一番,让他蒙被子睡了,随后疾步迈出,默诵了一遍经文。

煤气灶旁,死者脑袋枕在红木八仙桌上,面如白纸,嘴唇乌紫,嘴角挂着一绺血丝。头朝北脚朝南,仰面躺着,身上一条羊毛毯子盖得严严实实;臀部、膝盖以下,连同一双脚,都歪在了一张紧挨着的白木桌子上。由于白木桌要比红木八仙桌略高一些的缘故,因此,遗体呈现一种诡异的倾斜状,头低脚高。见此惨状,瑜苏、心莉、郁岱藩、罗紫琳嘴里不言,心中自然明白其中的缘故;或掩泣,或顿足,或哀号,或凝噎,个个伤痛不已——在伤痛之中,却似乎掺杂一丝说不出的轻松。但即便如此,瑜苏的脑子特别清楚,忙关照保护好现场,第一时间去报警最要紧。心莉听了拔脚就跑,三步并做两步,先后跑到居委会和进驻大厦指挥部砰砰敲门。清晨五六点钟光景,偏巧这个时候,早不早迟不迟,办公室里没人。心莉想,与其这样干等着,不如先跟自己单位汇报,有个应急准备,忙拨通了闺蜜的电话,啜泣着说:"不好了,我继母自己开了煤气……"

邻居这边,听见厨房里哭声喧天,老两口子半梦半醒困势懵懂,当明白了怎么回事,未免幸灾乐祸。枕头边,高兴得跟孩子似的,你一来我一去,相互击掌庆贺。等弄够了,才趿着拖鞋慢吞吞出来。猫哭老鼠佯装难受,心里真恨不得放一挂炮仗才好。正兴兴头头来到厨房间,猛见得死者的半个遗体竟留在自家的白木桌上。顿时,像挨了一闷棍,却又奈何不得——人都死了,要骂听不见;要搬,法医没验过尸,没法挪。恨得浑身瘙痒难挠,嘴里叽里咕噜"不作兴""真晦气""撞上丧门星阿要触霉头"等语。富阿婆滚地撒泼是行家,遇上这种情景,就没招了;巩雪樵外面充好人,其实一肚子坏水,鬼点子特别多。果然,眉头一蹙计上心来,忙附在老太婆的耳旁一通说。

一个多钟头后,进驻大厦指挥部、居委会陆续有人上班了。接到报警,常委老屈忙召集了各个楼层的阿文攻,他们个个头戴藤帽、臂缠红布、手执长矛、斜背着小红书；居委会戚大姐、桂阿姨和派出所罗同志等，也立马出动。会同区公安分局派来的干警老崔，一干人乘电梯的乘电梯，爬楼梯的爬楼梯（这是进驻指挥部给阿文攻立下的规矩，当初队伍开进大楼就约法三章了，至今未破过例），登上七层楼，来到婉芷死亡的第一现场。这边，专业人员忙着拍照、勘查、取证、盘问、做笔录；那边，富阿婆早已哇啦哇啦喊出来，指名道姓，一口咬定："我要告他们家谋财害命！害死了窦老太豌！"

分局、进驻大厦指挥部、居委会、派出所干部一听，同一个套房里有群众站出来揭发，再好不过；忙把富阿婆叫到一旁，问："你揭发他们谋财害命，害死窦老太，有啥证据？"并郑重告知：证人证言要做笔录的，马虎不得。不料，富阿婆冷笑几声，大喇喇说："阿有这种事体嘎？难末拔耐一吓吓牢？实打实的谋财害命末陆里怕里咪？"接着，指称他们席家如何一直盯着窦老太的一只牛皮箱子不放；窦老太又如何守着这只箱子千不放心、万不放心；盖因箱子里藏有三十多万元钞票。就为牟取这笔不义之财，起黑心，才做出这种伤天害理没有人伦的事来。

听了这番话，瑜荪勃然大怒，愤然驳斥："说三十几万放在皮箱里，侬哪能晓得？家里给抄家不止一回了，抄的抄，封的封，这些你们进驻指挥部、居委会想必知道，哪能还私藏三十几万？倘使真有这么一大笔钞票漏过，岂不是说，来抄的人都瞎了眼？好得'进驻大厦一百天'的头头老屈同志也在，你们正好问一问：自从'揭盖子'队伍开进来，经过深挖深耕，大楼有问题的人家像箅头发那样箅了好几遍，谁生了七个头八个胆，竟敢违抗到底？有这么一大笔钞票还想蒙混过关？难道文攻武卫战士是吃素的？大家都晓得，不用我说，如今形势一片大好，不是小好。谁故意在否认铁一般的事实？咔，难道想否定就否定得了？而且，当初抄家留有一份《抄家清单》，上面写得一清二楚，究竟有没有这样一笔巨款？你们可以查一查嘞。更何况，工薪阶层怎么可能赇三十几万？哼，这分明在造谣！并且很明显，造谣已不攻自破！"老屈一听，瑜荪说了这么一大篇，头头是道，又软硬不吃，话中带刺。显然，巧妙地置他于两难之境：说不对吧，等于当众给自己抹黑；说对吧，那股子嚣张气焰又让人受不了。如此一来，倒把老屈给难住了。

原来，听说七层楼不法资本家席秉逊的妻子自杀了，老屈就准备来个顺水推舟迎风扯篷，把死因归咎于"心里不服，鸣冤叫屈，抗拒改造，发泄仇恨和疯狂反扑"。于是，死者才狗急跳墙。因为近来大楼的"揭盖子"局面略显沉闷，该抓的抓了，该斗的斗了，该关的关了；甚至，该死的也死了。眼看进驻一百天的时限已过，可是，不光追查"沙逊俱乐部"等至今没查出名堂经，就连追查暗藏的敌台（发报机、无线频率、呼号密码等）、追查潜伏的派遣特务、追查藏匿的枪支弹药、追查"三反五反"投尸在大楼垃圾井道里的杀人案，这早已定好的"四查"，也统统交白卷。如此一张成绩单，怎么向上面交账？"彻底揭开河滨大厦阶级斗争的盖子——进驻河滨大厦一百天"，是市工总司王洪文亲自抓的一个典型，由他亲自点将，调集一批精兵强将，并且他自始至终亲自过问。还指定工总司旗下的《工人造反报》，辟出专版，将斗争进程、辉煌战果公之于世，晓谕全市。王司令数度来到河滨大厦指导工作，说好要亲自主持会议，在河滨大厦开一个现场庆功会，电视台播出。轰轰烈烈一场，如今落得个"龙头须"，怎么好意思鸣金收兵？正愁没米下锅之际，在押犯席秉逊的妻子自己跳出来，泄愤自杀。这件事，刚好拿来做文章。

"为啥不趁火热哒哒滚的势头，把大楼里牛鬼蛇神、乌龟王八蛋全叫来，就在老太婆的遗体前，开一个现场会呢？"老屈捋着胡须暗忖道。他未免带着赌徒翻本那样的迫切心、久攻不下那样的厌恶烦躁和深深的挫败感、被羞辱感，对河滨大厦这座资产阶级的城堡充满了莫名的仇恨与恐惧。"河滨大厦这个藏污纳垢的地方，你们这些大蛇小蛇、毒蛇、美女蛇，都不要高兴得太早了！"接着，他盘算着，这个抬尸现场会的效果如何？会场怎样布置？谁先发言？要不要请上面头头与会指导？是不是通知报馆记者来报道？还没想周全，心底就一阵发凉。想到进驻指挥部里七撬八裂：不买他账的多，冷眼旁观的多，看他一个人猴子出把戏的多，甚至盼他栽跟头的多；而真正肯出力的却很少，令他感到格外孤独。"我屈某拍板了——现在我说话还算数，但将来呢？"一想到将来，不禁打了个冷战。

刚打定主意，却不料半路杀出个程咬金，不光打乱了步骤，还把他的一篇好经给念歪了，岂能不恼怒？于是，老屈便不阴不阳、没头没脑，甚至有点气呼呼地唧哝了声："急啥啦？这个么，分局同志自会有结论的。"富阿婆吃瘪，似乎老屈不待见她，不由脸涨得通红。此刻，纵有一千张嘴也不济了，忙一屁股坐地上，披头散发打滚撒泼，还发狠话："我要是瞎说，立刻就一头碰死！"当着区公安分局、居委会、派出所，这样又哭又嚷实在不像话。老屈皱了皱眉，便吩咐把婆子拉开了。富阿婆回到家里，忽而，记起死者曾有半夜闹鬼一节，趁大家都在，何不拿出来数落数落？她老头子心里万分不服，撺掇老太婆，快到心莉单位去揭发，而闹鬼的事先搁一搁——不是不能说，以后再说不迟。因为照巩雪樵的思路，造反派肯定帮造反派，天下哪有胳膊肘朝外拐之理？只要他们单位领导点头，还怕举报"谋财害命"不成？

3. 老崔

富阿婆衔命而去，急赶慢赶到心莉供职的单位。没想到，就在进驻大厦指挥部、居委会干部上班之前，心莉已辗转托人，向单位领导汇报了其继母寻短见·事。幸亏单位还蛮讲道理，并且，对河滨大厦邻里纠纷的由来并不陌生。因为之前，为解决其职工席心莉家与邻居的矛盾，双方单位、居委会、当事人少不得三对六面坐下来，调解纠纷。对这个事的枝枝节节，单位部门头头心知肚明。何况，这位头头对心莉的印象也不错。在这种情况下，富阿婆恶人先告状，自然就不奏效了。事后，头头跟瑜荪谈起这桩事，透露说："你邻居说你们逼死丈母娘，谋财害命，有几十万，我们分析下来不可信。你放心吧。"并告知，经向在现场处理自杀案的公安分局干警崔同志了解情况，老崔回答得很干脆：老太太的自杀是因邻里纠纷矛盾激化而引起，显属过激行为，并不存在其他原因。

难得碰到一位好警察，这样秉公办事，瑜荪听了十分感动。心想："上苍开眼了！如果听见风就是雨，糊里糊涂相信了死老太婆的话，岂不又要害死我家几条人命了吗？旧冤未雪，又添新冤，想一想真可怕，真可怕呀！"所以，无论如何，也要去虹口分局找老崔当面致谢。见了面，方知老崔就因为讲真话，得罪上面的人，结果惹了麻烦，一直"靠边站"。就在不久前，刚刚才恢复工作呢。老崔穿着旧哈哈的蓝制服，脸上有几颗白麻子。他是那种上海人叫"百搭"或自然熟的人，随性、亲切、和蔼，透过平易亲和的外貌，也有刚性的东西，而且机智警觉，脑子活络。"你岳母窦婉芷受不了折磨，是被逼死的。富阿婆指控你谋财害命，口说无凭，证据不足，不予采信。这个情况我清楚，可以证明。"老崔挠了挠板寸头，不无讥诮地眨了眨眼睛，说。"咦？哪能搞的？好像大楼进驻指挥部、居委会、派出所、房管所都说你们不对，又是强占箱子间啦，又是欺老凌弱啦，又是蛮不讲理啦。朋友，不是我要说你，人家可是堂堂的工宣队、老工人，腰板子石骨铁硬；富阿婆旧社会又吃过不少苦，动不动给人家请去作报告，眼泪一把，鼻涕一把的。你呢，这种人家出身，牛棚里放出来，玻璃厂劳动，还留着一条小尾巴。省省吧！不太太平平、夹紧尾巴做人，倒跟他们死较劲，吃饱饭了？胳臂哪能拧得过大腿？"如此这般，把瑜荪教训一通，听得瑜荪醍醐灌顶，颔首称是。老崔又说："老兄，强龙难斗地头蛇。这事就到此为止吧，你懂的。"

瑜荪也晓得，没不见好就收的道理。当天，给岳母料理了后事。岳父关在提篮桥，自然无法来了。席家子女、亲戚之间偷偷递了个话，除了心莉、瑜荪和心舫一家，大女儿心慈专程赶来，还有刚好在沪出差、曾领养过的大儿子心慰，外甥媳妇娇鹂等，悉数到场。小儿子冬冬在大兴安岭，一份加急电报去报丧，回电只有"节哀"两字，再无声息。小外甥祖鸿卧病在床，想来也来不了。亲家罗紫琳心里万分过意不去，鉴于婉芷死得太惨，特为叫了同住在大楼里的教友曾翠玉姊妹也来一送。由于死者并非受洗的信徒，何况，即便是教徒，也不能做涂油礼等，于是，只默诵了几遍经文。前来送别的，还有老婆婆等几个年长的老姊妹、老邻居，未免伤感落泪。这事就结束了。不料，事情还没完。富阿婆想，既然人死了，箱子间应该归她家了吧？跑到房管所催了几回，房管所的人也上门对席家说了几回。一个礼拜又一个礼拜过去了，仍不见动静，方知空欢喜一场。富阿婆气得拍着巴掌又嚷又骂，末了诅咒说："哼！这个死了，接下去要挨到那个了。"瑜荪听了怒火中烧，肚子里先骂好几声"呸！死老太婆"，旋即回敬说："喂喂！请问侬多大年纪？我多大年纪？死呀活呀，尽说这种话。年纪一把，老不知尊重，觉得很有意思吧？好！既然侬这么说，那么我们就赌一赌：看看究竟谁先死！"一句话，把富阿婆笃瘪了。

　　自此，瑜荪上班经过内走廊时，富阿婆见了就在家里骂；下班回家，踏过内走廊，又在家里骂。早一遍，晚一遍，就像寺庙里的晨钟暮鼓。因为是在屋里，只闻其声不见其人，瑜荪不好搭腔，当她放屁。有时候，实在被骂烦了，于是，循声用嘲讽的口吻对富阿婆说："喂！侬吃饱人参在这里骂，可惜外面人听不到。依我看，不如到外面走廊里去骂；跑到外面走廊里，可惜听到的人还不够多，不如端只小凳子到河南路桥去骂；跑到河南路桥上，可惜听到的人还不够多，侬索性拿个电喇叭到外滩去骂，这样才好！"

第十一章

1. 登门拜访

那天,老婆婆去送婉芷最后一程。自然,本来就提倡移风易俗丧事从简,死者又是这样走的,因此,越加不敢声张。无意间,老婆婆听死者的女亲家提起,出事之前,婉芷曾在她家门首徘徊良久,不知怎么没进去。不由想到:如果让她们老姊妹说说话,开释开释,作兴会打消了坏念头,也未可知。念及此,便万分懊恼。一连几天,悯悯的,心里有说不出的难受。就在这时,有人通知她,英国驻华代办处从北京派人来看望她了。明天下午一时许,预计参赞就将抵达河滨大厦。

参赞登门拜访,虽说例行公事,年年都有,可对于老婆婆来说,毕竟是一件了不得的大事。所以,接到通知后,全家老老少少齐上阵,揩玻璃的揩玻璃,掸灰尘的掸灰尘;扫地打蜡,整理物品。桌子铺上雪白的提花台布,摆好英国谢菲尔德纯银咖啡餐具,换上沙发靠背巾、扶手巾,乃至点缀花卉等,无不精心准备。不过,晾在阳台上的好几摞泥坯砖,可把大家难住了,它既不雅观,又容易积灰,上交没个地方收,扔了却又可惜。正犯愁着,居委会桂阿姨倒自己上门来催了。桂阿姨剪着齐耳短发,白府绸衬衫外,套了一件咸菜色细绒线马甲,一见面,只听她半严肃半开玩笑地说了声:"阿婆,人家都在交泥坯砖了,你们哪能还不交?等着盖房子吗?再不交,砖头要出蛆咪!人家都交了,独剩你们一家,等等弗来,等等又弗来……"时而山东腔,时而上海话,混杂在一起。见桂阿姨仿佛有责备的意思,老婆婆忙反问:"咦?怎么是我们不交?明明是你们不肯收哎。砖头晾在阳台里长远了,问了好几趟,都说'急啥?到时候会收的',还当不要了呢。既然这样,你说个地方,我们马上就送过去。"还嘀咕了一声:"蛆末不会生。不过,堆在阳台里这么久,蟑螂爬来爬去,脏死了。"

桂阿姨随口说了一个交物地点,一面到屋里、阳台上转了转,见里里外外都整饬一新,俨然礼宾的模样,便蹙着眉冷冷一笑,心想:"看见否啦?外国人还没来,就翘尾巴了。哼,啥人晓得他们鬼簇簇在做什么?"这幢大楼里,上上下下,从维持治安、监督四类分子、管制流氓阿飞、捉小偷,到调解邻里纠纷、夫妻矛盾,再到支边知青赖着不走,乃至不许小孩子夏天到苏州河里游泳等事,似乎无不操控在桂阿姨的手掌之内。就好像天上飞的,路上走的,地上爬的,水里游的,均归她管似的,桂阿姨也俨然以大管家自居,而实际上她什么也不是,既非治保主任,也不是调解干事,甚至连专职人员也不算。昨天,市公安局外事处一只电话打进来,告知英国驻华代办处有人要来大厦访问英侨,还说他们外事处会派人负责陪同的,这里没有你们的事。搁下电话,她心里就很不痛快——这么大的事,竟然不用管!意识也太淡漠了,谁晓得这些高鼻子、蓝眼睛的外国人安的什么心?

上次也是这样,外国人偷偷跑到大楼里来,因为"进驻河滨大厦一百天"正开展得如火如荼,何况又在追查"沙逊俱乐部",大楼内也有人在造谣说"英国人老板要回来了",煽阴风点鬼火,而来大楼的恰好又是英国人。几年前,外滩英国领事馆给砸了,英国人也给赶跑了,老外这一来,岂不是国内国际里应外合狗急跳墙妄图反扑吗?自己送上门,刚好斗他一斗煞煞威风。进驻指挥部老屈打定主意,与居委会、桂阿姨一说,大家义愤填膺一拍即合。然而,考虑到外事工作上面有来头,硬来不行,只能软磨。于是,想出了一着妙招:等外国人来了,大楼的总电闸吧嗒一关。由桂阿姨出面,告知对方停电,电梯无法运行,走廊黑灯瞎火的,安全无法保证,那怎么行?谁知,外国人偏是个死心眼的家伙,听罢此言,耸了耸肩,一转身,就吭哧吭哧爬上最高一层去了。这回外事处电话中点明"没有你们的事",很显然,外国人背后告了他们居委会一状。桂阿姨气不过,不放心。另外,也怕泥坯砖泄露什么秘密,被老外照片咔嚓一拍,拿到国际上大做文章,诋毁中国人。故而,为了借机来探视一番,才编派出收砖头这一出——其实,前阵子"深挖洞"、做泥砖,备战工作抓得特别紧,但不知是何原因,这些事大不如前了。泥坯砖上面不收,看来只得各自先摆一向再说。"桂阿姨,站着做啥,不坐一坐、呷口茶?"老婆婆客套地问。桂阿姨冷冷回答:"不了,马上有个外宾接待任务,要过去了。"说罢,甩开一双半大脚就跑。

下午一点,海关大钟的浩荡钟声随风飘来。当听见这个与伦敦大本钟一样的大钟,不是响起原先的"威斯敏斯特",而是《东方红》的报时曲,参赞 T. 爱伦·劳森先生的感觉有点奇特。听说,黄浦江畔海关大钟的钟面上,绕着钟芯,还围了一圈麦黄色的葵花向阳巨型图案呢。劳森先生手捧一束包着纯素色雪梨纸的玫瑰花,他面色红润、蓄络腮胡子、有着一对湛蓝的眼睛,身子微微有点发福。但与外交官身份、魁梧身材形成某种微妙反差的是,似乎显得有些腼腆。他素来向往神秘的东方文化,并且是一个汉学家、中国通,能用一口京片子说话,但履行其职责时,只说英语。作为参赞,他的使命之一,是每年一次拜访旅华的本国侨民,为他们提供必要的生活服务和安全保证。这是他履新后的首个上海之行。出行前,他查阅了在沪侨民的大量卷宗资料。据查,上海本埠以及周边地区,目前英侨的总人数已不到十位了——由于众所周知的原因,人数还在锐减。不管有多么困难,这些身处世界上遥远之地的英国的子民,只要他们还活着,就一定要见见面。在此以前,根本不必舟车劳顿,从位于北京的代办处千里迢迢赶赴各地。可遗憾的是,数年前,外滩英国驻上海总领事馆受到红色风暴冲击,被迫关闭。因此,这项一向由在沪总领事馆承担的工作,自然而然便移交至代办处了。

劳森先生如约来到河滨大厦。甫进大楼，倏地受到一种犹如燃烧般的视觉冲击，红彤彤一片。大红标语、大红语录牌和宝像，顷刻汇成了"红海洋"。尽管如此，无论从老建筑独特的造型、材质、纹饰、细节上，还是从两边 OTIS 手动电梯的铁艺活动栅栏门上，从它上面的半圆形罗马字的楼层显示器上，犹能感到浓浓的三十年代味道。下了电梯，走过长长弯弯、时暗时亮的走廊，除了让人印象深刻的"红海洋"，许多寓所的门扉上或门的两旁，还张贴着大字报和大幅标语。这一切，似乎又像是一种夸张的波普或行为艺术。在一旁陪同劳森先生的外事处人员，并不知道老外是个汉语通。其实，在放缓步履、三瞥两瞥之中，他已粗略晓得这些文字在说什么，和它所传递的凶狠的意味。刚才路过电梯间时，偏偏不巧，遇上一场大楼批斗会刚结束，满头银发或头发斑白的十来个老头老太，麇集在两部电梯之间的一个门框下，正朝头顶上一幅宝像请罪呢。这些场面在北京虽也常有，见怪不怪，但眼前这一切，还是令劳森先生未免有点惴惴的，使他不由得为即将晤面的老太太——前上海电力公司总工程师弗朗西斯先生的遗孀捏了一把汗。

从有关弗朗西斯先生的卷宗里，参赞已悉知他的生平事略，包括太太何时加入英国国籍，丈夫去世后其遗孀的救济金、签证、健康等情况。同时，他的前任历年访问这里，也留下了备忘录，其中特别注了一笔："根据其个人意愿，希望将已故丈夫的一些函件交由她自己保管。酌定"，云云。在这一摞扎着旧缎带的明信片、公函之间，甚至还有一张他们夫妇俩摄于三十年代的合影。"一个美丽贤淑的东方女子！"看着旧照片，他不禁赞叹道。如此俏丽娴静的少妇形象，也许正好契合他对遥远东方的期许与想象。鉴于当事人有此请求，使馆准予，为此，他受命将这些函件、照片作为见面礼之一带了来。

2. 英国老太

参赞来到走廊尽头的一个大套房里，将玫瑰花递给老婆婆，并亲切握手。这是一位英籍黄种人，六十开外，清瘦，略显沉郁，气色欠佳，已早早有了寿斑。一张好看白皙的长圆脸，眉眼疏朗，一头银灰色头发带着余鬈，抹了口红，脖子上戴一串珍珠项链。着装素雅简洁，无论面料、做工，还是颜色搭配都很考究。她的身上脸上，虽说岁月风霜留下的痕迹显而易见，但那种与众不同的气质、韵致，跟旧照片上也还差不多，至少一眼就能认出来。谈笑之间，老婆婆告知以前定期去外白渡桥畔的原英领馆领取救济金的情形。参赞听她这样说，眼前油然而生这样一幅画面：一位英国老太太打扮得粉光脂艳，一身盛装，夹着小皮包，臂弯里挂一柄遮阳伞，袅袅婷婷，出现在原英领馆的林荫道下。这在周遭肃杀的气氛下，不能不说是二十世纪下半叶上海的一个异数，一道迥异的风景。只可惜，当时他在那里办公时却没遇见过她。

"这么说，参赞先生，您以前也在外滩中山东一路33号上班？"老婆婆问。"是的，那儿是原英国总领事馆和领事官邸。"参赞马上笑着指正说，"以前是。"老婆婆能够说英语，完全能听懂，只是不会写。在这之前，当被问到外宾来访要不要派专职的翻译时——这还不清楚？明摆着是拉长了耳朵来的。尽管也没太私密的事，但考虑到安插这么个人，碍手碍脚，老婆婆便婉拒了；可又不好得罪上面，忙说："谢谢，如果需要我自然会有劳你们的大驾。晓得吗？从前我们家里只说英语，跟弗朗西斯一起生活了那么久，哪能还不会讲？再说，我有女儿呀。"的确，女儿芙洁圣约翰大学科班出身，说着一口流利的英语。从前但凡有涉外活动，母女俩只管自顾自参加，不劳动旁人。那时，外国人还是从外滩英领馆过来的，路近得很。每一回，都会带来口红、眉笔、胸针之类，礼物虽小，却格外精巧、别致。也有送一盒杏仁巧克力或太妃糖的。上海根本没有。这似乎已成为老婆婆二十二年的寡居生活中，一种温馨的等待与期盼。记得有一回，他们带来了一只用蜡纸包着的、像橄榄球的东西，闻上去有点轻微的臭烘烘，那是什么？到访问结束，芙洁的大儿子打开一看，原来是一块起司，一种发酵的牛奶制品。

礼节性的会见，是从询问老婆婆"身体好吗？这里冬天冷不冷？夏天热不热？需要什么帮助？"等常规性情况开始的。但跟前任不同，这位参赞有点急性子，是一个有点不谙世事、不识时务的家伙。此外，由于极度尊崇东方文化，让他成为一位历史文化遗产保护志愿者和理想主义者。当他听说颐和园佛香阁的释迦牟尼等塑像被砸毁；洛阳龙门石窟的无数小佛的头被砍了；山东曲阜孔林苍松古柏被伐，坟被扒墓被掘，典籍化纸为灰；以及接触到仅在 1966 年一个月内，红卫兵毁坏文物、烧毁古书字画和珍版书籍、砸毁历代石碑等数以成千上万计的公之于世的情形，顿感锥心之痛。"不管怎么说，也无论用什么'法则'或'逻辑'来描述，在大英博物馆中国馆里收藏的诸多国宝级文物完好无损，世世代代的人们如果想要参观瞻仰的话，至少还能看到。"他不无戏谑而又悲哀地想，"而一旦遭受这种毁灭性的破坏呢？无论它以什么名义，这些稀世珍宝就在世界上永远消失了。"自从踏入河滨大厦，不管是亲眼目击的电梯口老头老太战战兢兢请罪的场面，还是充斥在跟前的大字报、标语，以及周遭所感受到的压抑、窒息的气氛，都让他感到老婆婆一家处在痛苦、不堪甚至危险的环境中，他突然迸发出一种极为迫切、强烈的愿望，想尽可能地为她们做点什么。

"尊敬的李先生，恕我直言，"参赞对陪同的外事处小李说，"我可以请教一个问题吗？从有关备忘录里看到，老太太家里曾先后三次被抄家，财物被拿走，精神受到惊吓，人格受到侮辱，还无时无刻不处在恐惧之中，因为不晓得那些人还会不会再来找麻烦。据我所知，这是不符合贵国对待外国侨民的相关条例的,是吗?条例规定外侨家庭不应该是冲击对象,可在执行中又是另一回事了。我感到很困惑,为什么会这样?您可以向我解释一下吗?"小李怔了一怔,分明觉得参赞的口吻与其说直率,不如说是粗鲁无礼,甚至带着挑衅意味。但他注意礼节,具有灵活性,坚持原则而又巧妙地作了答复。看得出,小李与老婆婆一家相当熟悉,背后英国老太管小李叫"小李子",两者之间的关系也还融洽。老婆婆似乎感觉在背后说异样的话,涨红了脸,忙分辩说:"误会了,不能怪小李子——哦,叫李同志。首先,抄家不是冲着我个人来的。其次,抄家之后,我们去外事处报告,感谢外事处,都是他们出面给解决了,还敲锣打鼓送回来呢。还有,丢失的外国股票债券都已挂失。那位聪明的先生,谅必白忙了,因为肯定拿不到手。"这番没头没脑的话,使参赞大为不解。受了侵害,怎么反而替人家开脱呢?显然,老太太这样说,是出于自我保护和恐惧,甚至是害怕遭到报复的一种戒备心理,这无疑更加大了他的疑惑与忧虑。

"姆妈说得没错。可能是理解上的原因,把两桩事给搅浑了。请允许我来解释一下。"她女儿莞尔一笑,接过话说,"他们来这里抄家,光英国人是不会,原因是小业主成分,而这确实也给他们以口实。事情是这样的……"原来,这个英国人家庭,夫妇俩只有芙洁这么一个宝贝女儿,在圣约翰念了大学。男大当婚,女大当嫁。这时,芙洁跟毕业于辅仁大学的大学生自由恋爱了。他要比她大九岁,弹得一手好吉他,文笔也很好,虽然有会计证书,但解放后失业在家,前途茫茫。母亲靠英国政府的一份救济金生活,已过得相当体面,因此,她希望女儿能找一个门当户对、有身份、有出息的年轻人。不料,女儿不顾一切地要嫁给一个落魄潦倒的人,令她十分不快。由于母亲反对这门婚事,女儿、女婿只得借住到外面去。几年后,等芙洁有身孕了才回家,但即使这样,丈母娘耿耿的,一直不愿意跟女婿说话。尽管丈母娘有钱,但女婿很要强,一心要靠自己的双手养家糊口。于是,申领营业执照，做起了 1949 年后上海最早的个体户。开初，他自己孵了热带鱼、金鱼，出去卖；以后靠独门技术、精湛手艺和良好信誉，包揽了沪上所有大理发店的磨刀业务，每月有人民币一百多块的进项。就这样，一个英国人的家庭里，母亲常跑外滩英领馆，女儿、女婿却成了"小业主"。而旁人看不懂，这份人家怎么回事？一会英国人，一会"削刀磨剪刀"，哪能一笔账？

芙洁在一家制笔设备厂里当油漆工。风暴来临，厂里造反派看中了她母亲是英侨，对这块肥肉馋涎已久，巴不得去咬一口。私下说："外国人屋里有钞票，到伊拉屋里去弄一弄，哪能，豁场否啦？"于是，结了队，雄赳赳三度造访老婆婆家。但人家也不都是草包莽汉，为首的大老李，是厂技工学校的校长，老大学生，懂外文。他东翻翻，西翻翻，果然发现一些有价值的东西。旁人不懂，问主人那是什么，主人回答："哦，这是新西兰森林股票和一些债券。"股票、债券之类金融证券，解放后，许多人见都没见过，这回开眼界了。当时，抄家物资要登记在《抄家清单》上。但那次抄家之后，股票、债券都不见了，《抄家清单》里也没落下一点墨迹。显然，是失窃了。由于解放后封了证券交易所，这些外国股票是通过外滩汇丰银行进进出出做交易的，老婆婆、芙洁便马上跑去挂失。这是位于圆明园路上的一个小小的办事处，门面狭小寒酸，走道昏暗。上了二楼，柜台前伙计们还是清一色蓝布长衫，态度谦恭，低头哈腰，乍看上去就像旧社会的一个个幽灵。原来，自从外滩汇丰银行改为市革会，银行机构就迁到了这儿，还照样受理业务呢。幸亏老婆婆她们反应灵敏，处置得当，赶在那个盗窃者之前挂了失，银行旋即将这只股票的户头予以注销，并另开设了新的账号。有趣的是，她们前脚刚走，老门槛、手法娴熟的大老李竟然后脚就来取钱了。

显然，这桩事触发了参赞的好奇心和幽默感。

"这么说，那个自作聪明的家伙，空欢喜了一场。"他微笑着对老婆婆插话说，"恕我冒昧，请问这些股票、债券，您的先生弗朗西斯先生当年就买下了，是吗？他可考虑得真周到。"老婆婆回答："确实是这样，这些新西兰森林股票至今给我带来收益，不光股票涨了，每年还分到红利呢。因为这都是以外汇结算的，按照英镑与人民币一比十三的牌价，那可是一笔蛮结棍的钞票呢。"眼前，仿佛浮现雪松、圣诞树一样的森林，因为二十二年来，它们始终被印制在精美的印刷品封面上，并且源源不断地寄来。可话锋一转，她又说："倘使我们落手慢一拍，失窃了，不就成为人家的盘中餐了么？"说罢，格格笑了。尽管老婆婆很开心，但在开心的背后，却似乎总有一种难以掩藏的凄苦与辛酸。参赞这样想了想，又问："您刚才提到敲锣打鼓送回来，这是怎么回事？"

芙洁向客人们跟前带碟子的纯银咖啡杯轻轻推了推，说："请喝咖啡呀！"她自己也啜了一口，方道出了原委。原来，一遇到抄家，老婆婆就跑去告知英领馆，英领馆知会外事处，请求对其侨民的财产予以保护。后来，英领馆关了，母女俩就直接跑到位于福州路汉口路、49路公交车终点站附近的市公安局外事处去申诉。接到外侨申诉，外事处便火速赶到芙洁的厂里协调此事。幸亏赶得早，那些被抄去的物资，成箱成箱，封的封，锁的锁，还都在工厂库房里睡觉呢。隔了几年，箱子就分批搬回河滨大厦了。每趟运回来，还张贴红榜、敲锣打鼓，甚至砰砰啪啪放炮仗呢。跟后来的"平反"、退还抄家物资不同，侨眷家里被抄去的东西，均原物归还，黄金也不作价给银行收了。但有一件，倘若清单没写上的，那就不好说了；而老门槛的造反派往往精于此道。况且，主人又被拦在门外，无人知道，查无对证，也是常有的事。老婆婆家大量的银洋钿——"袁大头""孙小头"，就这样莫名其妙地失踪了。

尽管老婆婆恰当地利用自己的身份，像挡箭牌那样，挡住了飞箭，但却无法让射手停止射击。因为，总是防不胜防，三次抄家之后，很可能又有一帮子人破门而入。想到这儿，参赞既无奈，又深为老婆婆惋惜。"那么，您是否相信命运呢？"他的蓝眼睛显得既友善，又桀骜不驯。蓦地冒出这么一句，令老婆婆诧然。"参赞先生，我不晓得您指的是什么。"参赞说："我在卷宗里，读到一则有关您和弗朗西斯先生的记载。那是四九年，你们夫妇已经办妥了出境手续，并且，所有东西都已打包装箱上了船；而一艘开往伦敦的英国轮船就停靠在黄浦江码头，奉命将把英国侨民接走。然而，就在这时，您丈夫却突然去世了，您因为要为他办理后事，也走不了。于是，最后的一班英国轮船开走了。当时，世界各大通讯社纷纷以《最后一个英国人离开中国》或《红色控制下的上海——出埃及记》为题做了报道。据说，您先生是在友人家为他饯行时喝着酒，发生了意外。我想，如果弗朗西斯先生那天不跟朋友喝酒，或者喝得不那么多；如果您家里不是突然响起一串可怕的电话铃；如果你们搭乘那一班英国轮船走了，结果就会完全不同。而那天，刚好是您四十岁生日。这，难道不是命运跟你们开玩笑吗？"猝然间，老婆婆双手蒙住了面孔，身子微微颤抖，尽管已过去了二十多年，但那种锥心之痛似乎还没能真正地被摆脱掉。"对不起，老太太，这个话题可能引起您的不快。但是，考虑到您目前的处境，我不得不这样想。因为，我对您的处境十分关切。"他补充说，并感到一丝不安和愧疚。

"不，参赞先生，我的运气实在是够好了。"老婆婆放下手，突然微微扬了扬头，自傲地争辩说，"至今，我每个月都能享受英国政府的一千多块的生活费。您知道，这笔钱是什么概念？一个年轻人拼死拼活再怎么做，封了顶只有三十多块；一个过去吃定息的老板连薪水加起来，最多才一两百块；而政府一位局级干部，也不过一百出头。比比他们，实在够多了。我心满意足，先生。"

确实，情况就像老婆婆所说。她祖籍广东，二十五岁那年，嫁给了在外商电力公司任职的英国人弗朗西斯。租界时期以及后来，这个电力公司雄踞上海电气行业之首,地位显赫,而弗朗西斯先生就在这家公司里当总工程师,是第二号人物,月薪一千大洋。当时嘉道理爵士公馆(大理石宫,后来的市少年宫)等一些豪华建筑的电器设备均由弗朗西斯负责。他偕同夫人作为贵宾,为大理石宫、大光明电影院落成仪式剪彩;后者还留有指定的 VIP 席位,保证他一家随到随看影片。弗朗西斯伉俪的风光日子由此可窥一斑。电力公司位于南京路江西路口,跟新落成的河滨大厦很近,上班方便,为此弗朗西斯就把新家安在了河滨大厦。此外,他还有虹桥、威海卫路两处不动产,空下来,便到郊外的虹桥别墅去度假。由于弗朗西斯与河滨大厦业主维克多·沙逊爵士颇熟,选房时就由沙逊陪同,并租赁下有三个房间的大套房。每层楼,只有这种房型才有双卫浴、双阳台。起坐间窗子有一排木头百叶窗帘,透过一指宽的空隙,漾着苏州河的波光,邮政总局的绿色巴洛克塔尖在望。

上海沦陷后,一家人被驱逐出去。这个舒适的大套房被一个日本高级军官霸占,弗朗西斯自带着一只钢制行军床,被关进了集中营;他太太、女儿则住进了威海卫路寓所。寓所斜对面,住着"双妹牌"香水、花露水老板一家,你来我往,不光与老板的太太成了好友,"双妹"也离不开身了。抗战胜利前,日本军官预感到末日来临,竟然又把弗朗西斯一家请了回来。1949 年,弗朗西斯先生突发脑溢血殒命朋友家。把丈夫安葬在虹桥公墓,同时,她还要为丈夫留下的虹桥别墅跟人交涉,四处奔走。因为这幢别墅被解放军误认为是"敌产",她甚至不惜为此打了一场官司。好不容易胜诉,别墅归还了,然而,那块地却要造一所军事设施。弗朗西斯身后凄凉,别墅没了,连遗骨也不保。某天,报纸上刊登一则启事,说她丈夫的长眠之地——虹桥公墓要迁址了,请家属速去办理迁葬事宜。风暴年代,风沙茫茫,人心惶惶,迁往哪里去?于是,不了了之。"死无葬身之地",成了她余生的痛事。尽管对她来说,奇幻的命运似乎很不公平,但她却显得很坦然,从不抱怨什么。相反，她觉得很满足，这一生够幸运的了。

怎么不是呢？三年自然灾害时，别人在饿肚子，而她带着外孙，在国际饭店廿四层楼上吃自助餐。她家衣食无忧，天天两篮头菜拎回来，鸡鸭鱼肉、时令蔬菜不断。广东人看重吃。饮早茶，饭前一只"老火汤"打底，光是汤，就有滚、煲、炖、煨之别，汤料涵盖肉、蛋、海鲜、蔬菜、干果、药材，讲究多了；何况照英伦风味，还有英式下午茶，品尝自己烤制的面包、蛋挞、蛋糕等西点。家里雇了娘姨和大菜司务，忙着买小菜、保洁、烹饪、烧饭做菜等事，他们就住在大楼的小房间里。后来，佣人不能用了，老婆婆干脆就自己掌厨，自做香肠、咸肉，中秋节必定烧一只烤鸭。另外，去附近的"广茂香"买烧腊食品也方便。同时，外国人家，养成了做西点、色拉的习惯，做蛋糕有蛋糕模子，打蛋有打蛋器，调制色拉油、鸡尾酒，器具佐料一应俱全。大楼那种"New World"牌带立式烤箱的煤气灶，跟庐山"美庐"宋美龄家里用的煤气灶是同一个款。它有大大小小五个喷嘴，根据需要放上若干锅具，燃火烧煮。自然，外国人家里那种嫩煎锅、煎锅、炖锅、烧锅都不大，但如果所有喷嘴上一起烧东西的话，那场面一定很壮观呢。

即使在风暴年代，老婆婆照样可以从领事馆或代办处按时领到一笔救济金，丝毫不受环境影响。还有，保姆费、取暖费等额外补贴也不会少。此外，对本国侨民还有一项规定：看病的医药费，或凡是从药房里购买的物品均可报销——当年药房里是有售花露水、洗头膏之类日常用品的，凭药房发票全报。还闹出笑话：一次，不留心在一叠发票中夹了买日光灯管的发票，居然也给报了，只是末尾附上一句：灯管不属于看病范围。凭着外侨身份，使老婆婆的日常生活有了一种别人可望不可及的品质：充裕、优雅与精致。即便人们饱受物资短缺、匮乏之苦，可老婆婆家里又是一番风景：买小菜到三角地菜场的"外侨摊头"；买西点、牛奶、奶粉、砂糖等到群众电影院隔壁的"喜临门";买咖啡豆到南京路陕西路转弯角子的"泰康";买白脱油到南京路"第一食品公司";吃掼奶油到和平(已改为"战斗")电影院隔壁;吃饭到陕西南路"美心"。手里的外汇券、兑换券,可以到友谊商店和华侨商店去消费购物,能买到外面没有、让人看着眼睛巴瞪巴瞪的大件小件物品。若干年后,商店门口,还有一群"打桩模子"在"抢、逼、围",紧盯着外汇券、兑换券不放。

日子虽然过得很滋润,但老婆婆也为此付出了代价。每每出门去,或者在楼下小花园里打太极拳,突然,别人"噗!"一口浓痰吐到她脸上,大骂"你这英帝国主义……"老婆婆天性爱美,外出总要淡妆、抹口红、洒香水,但是清清爽爽、香喷喷出去,唾沫就飞来了。每每挨了唾、挨了骂,还不敢说,因为这势必招致更大的一顿羞辱。受到母亲牵累,她女儿也被勒令站在门外方凳子上,胸前挂牌子批斗。那时,她家门口放了一只帆布床,母亲挨斗,孩子们吓得直往帆布床下钻。老婆婆有一套做人的道理,并且身体力行。"省要省自己,对人家一定要大方。就是自己艰苦点、推板点,给别人一定要最好的东西。哪怕我家里吃泡饭,最好的肉一定要省给朋友吃,夠狗屁倒灶的……"她对小辈们说。即使差不多每天要承受这样的侮辱,即使别人的唾骂如此不堪,但她的做人准则却从未动摇过,因为她有信仰——她是一位天主教教徒。耶稣在《马太福音》上说:"不要与恶人作对……有人打你的右脸,连左脸也转过来由他打。"

"知道吗?您的一项请求已经获准了。这将是一个历史性的时刻。"临告辞前,参赞神秘而又喜悦地说。似乎为了渲染某种效果,他特意把这一内容放在了最后。他从皮包里取出一样用档案袋封着的东西,郑重地交到老婆婆手里。一面告知,遵嘱将这些珍贵的东西奉还给原主,并说了这件事的原委;强调出于她本人的请求,才破了例,因为一般卷宗是不允许动的。说这番话时,预感到这一切将给对方带来旋风般的感情冲击,引起老太太激动、颤栗、一连串的甜蜜回忆和泪腺的大量分泌，他甚至有点担心，她会消受不了。面对如此重大的一个托付，不料，老婆婆听了一脸木讷，根本不记得有这回事了。老年人记性差，兴兴头头说过的事，转眼却忘个精光也是常有的事。芙洁忙从她母亲手里接过纸包，一层层打开，里面一小撮东西用旧缎带捆扎着，解开缎带，尽是些明信片、卡片、名片和公函，上面无不留有父亲的亲笔。明信片之间，竟然还有一张父母亲早年的合影。遭受两次洗劫，或被抄走，或自己销毁，家里老照片已所剩无几，这一幅连她也是第一次见到——母亲那时比自己还年轻，这太珍贵了。"姆妈，快看。"她把照片递给母亲。

老婆婆端详了一会合影照，一对眸子里放出光来，仿佛一下子年轻许多。"很抱歉，我把这事忘了。太感谢了，这么一件小事你们记得这样牢，还兴师动众，老老远的送来。"参赞腼腆地笑了笑，表示原物奉还的事不足挂齿。老婆婆话锋一转，指着泛黄银盐合照中的女士，问道："但是，您知道，她是谁吗？"参赞装作不解地问："弗朗西斯先生身旁的这位太太，除了您还会是谁？"老婆婆摇了摇头，又问："您觉得她怎么样？"参赞笑答："很漂亮，不是吗？"老婆婆又把照片端详一番。少顷，才如释重负地叹了口气，说："您说得没错，这个人确实是我。但是，我老了，变得一点也不像了。"

参赞并不这样认为，只温雅地笑了笑。"你们过得很幸福，是吗？"他问。老婆婆脸上闪过姑娘般的羞涩。"是很幸福，但是太短暂了，不是吗？"她说。

第十二章

1. 劝导

那天在屈家桥畔,景萱心里戚戚的,因不忍心伤害娇鹂,便将祖鸿趁其留宿照料之际求婚一事,原原本本说了出来。一刻钟后,娇鹂噙着泪,跌跌撞撞回到了那栋新村房子里。爬楼梯时,手扶住栏杆,脑袋木木的,两脚像灌了铅。在房门口,拿钥匙开锁,插了几下,怎么也对不准锁眼。她趴在门框边,又是一阵无声的啜泣。斜对面一扇门开了,有个小孩蹦蹦跳跳出来,后面跟着他的外婆。她一忖度,让人瞧见了算什么呢?这才稍稍镇定下来,开了门。祖鸿僵卧在铺板床上,她一见他就气得发颤,恨不得啪啪两个耳光掴过去,可又一想,如此闹将起来,他这样的身子怎么受得住?于是,把泪水咽进肚里。

床上,祖鸿蹙眉唧哝了一声:"送送她,怎么就不回来了?"娇鹂害怕自己控制不住,忙拿块手绢捂住了口鼻,装作没事似的,擤了擤。"感冒没好透?"祖鸿问。"好了。"娇鹂说。"买河鲫鱼了?"看见她手上提着鱼,祖鸿又问。"嗯,去小菜场兜了兜,也没啥菜,看见水产摊头有鱼,蛮新鲜的,就买了。嗳,喜欢红烧烧,还是清炖炖?"娇鹂问。"长久没吃葱煸河鲫鱼了。"祖鸿回答。"葱不够。有点肉,斩斩肉饼子。这样吧?正好做个河鲫鱼塞肉。"娇鹂说。"河鲫鱼塞肉也蛮好。"祖鸿破例赞了声。

想起不久前,跟景萱也说过"河鲫鱼塞肉",娇鹂的心仿佛给戳了一下。随后,不声不响,就忙着烧晚饭了。

一个礼拜里,娇鹂照样早出夜归,照样到祖鸿家里烧菜烧饭,照样替他倒尿倒屎,照样闲暇时竹针嗒嗒结着绒线衫。祖鸿怯生生的,很少说话,趁不注意冷不丁眼角睃她一眼,仿佛做了什么亏心事似的。表面上看,她跟先前也差不多,服侍殷勤周到,态度谦和细致,凡事不用提醒就早已想到了,还显得格外有耐心、包容心。但实际上,只有他才晓得,她的微笑是冰冷的,眼神是淡漠的,动作是机械的,与刚来这里陪护时大相径庭。他猜想,景萱一定跟她说过什么了,这会给她带来很大的伤害。对此,除了遗憾和悲哀,他也爱莫能助。

他跟她在一个屋檐下生活了那么久,对她素来的脾性十分了解,发生了这样大的事,不要说能够每天上这里来,哪怕只有一次,那就不是娇鹂了。既然如此,她居然天天来照顾他,可见她对他还一定程度上抱有幻想;也许她执拗地、故意地对一切视而不见听而不闻,单单为了证明她是对的——她总是对的。前几年,当他主动靠近她、追求她、要想与她一起生活时,她或者拒人以千里之外,或者退避三舍,或者揣着明白装糊涂,或者推三挡四,或者阴晴不定时冷时热,或者采取拖延术,总之,畏首缩尾、战战兢兢;一个月前,当他大难不死,侥幸从阎王爷那里捡回一条命,对这么一个坏分子,觉得这时候他需要她,忽而来个一百八十度的大转弯,豁出去了。

知娇鹂者莫如祖鸿。他僵卧一旁偷偷揣度着,而她貌似安之若素,在平静的外表下,脑子里却像"千滚水"般翻滚。"我问你:你究竟为什么要做出这种向人求婚的傻事?究竟为什么突然变卦了?"一会,她心里在对祖鸿说。"哼,这么蹩脚的戏,一看就是假的,究竟想演给谁看?"一会,默默对祖鸿说。"你先前信里头脸皮实厚,横一声'未婚妻',竖一声'未婚妻',说的比唱的还好听。可一转身,又找上了你那个早先的'未婚妻'——是真是假我管不着,真也罢,假也罢,你有你的自由。可既然已经说出口,你这样做,将我放在哪里?"一会,心里又说。"那件事是娘舅、嗯娘、宝魁婶娘三对六面说好的;你这样一来,将娘舅、嗯娘、婶娘放在哪里?还有,这件事我父母亲也都晓得,他们好不容易同意了;你这样做,将父母亲大人放在哪里?你也太欺负人了!不行,你今天无论如何要摆一句话。"

她忿忿不平。假想中,已把那些话说了一遍又一遍。铺板床上,祖鸿盹着了,打鼾。她真恨不得一把将他揪起来,把心里的不痛快一口气说出来才好。她觉得自己快疯了。这天午后,子芬来看望祖鸿,娇鹂正坐在床前结绒线衫,竹针嗒嗒,地上的塑料小篮子里两只比拳头大的绒线团一拽一拽。蝉声阵阵,屋子里格外安静。娇鹂见子芬来了,忙用手背抹了抹脸颊,从绒线衫下抽出一柄芭蕉扇,递了过去。芭蕉扇上烫了个"蔡"字,焦黄,微微有点烧穿了。子芬认得这把老扇子,接过了就豁嗤豁嗤扇起来。娇鹂眼泡红红的,这使她别有一种凄楚的样貌,不由得让子芬生出几分怜惜和感慨来。想起从前,到嫂嫂家去,那是光景好的时候,家里礼数特别周到。去了,少不得倒茶递水,稍晚了留饭。逢年过节,下一碗酒酿圆子或水潽蛋,热气腾腾端出来。此刻,祖鸿睡得正香,怕吵醒了他,他们只略略点头招呼了一下。但这么一直坐着仿佛有点窘,娇鹂便放下手中的活儿,朝子芬努了努嘴,示意有话要说。他们蹑手蹑脚离开了,一起站在公用厨房间外面的朝北小阳台上,关了阳台门。

娇鹂屏了一包眼泪,急不择言,气冲冲就问:把景萱叫来照顾祖鸿是不是你的馊主意?祖鸿向景萱求婚你知不知道?这到底是怎么回事?末了酸酸地说:"景萱倒做了好人,好像卖了个大人情呢。跟没事一样,撩了句话给我听,可让我怎么吃得消?"说着,眼泪就簌簌流下来。子芬刚被叫到这里,大约感到人生地不熟的,一男一女两个人,在人家的地盘关门说事有点不自然,忙点上一支烟抽。接着,娇鹂气哄哄连劈了三板斧,子芬讪讪的,招架不住,慌得他连忙把怎么请景萱来替班,怎么撺掇她在祖鸿家过夜,祖鸿又怎么开口求婚这一档子事的来龙去脉,一一都说了出来。随后,仿佛"啪啪"自扇两个大头巴掌那样,把错处尽往自家身上揽。说千不好,万不好,这事与祖鸿无涉,都是他自作聪明,才弄出个糊涂事来。"嫂嫂,您勿诬赖好人呀。您把这笔账亨朋冷记在我头上好了,该怎么惩罚都行,只是勿怪祖鸿和景萱,他们都是一等一的好人。"他负痛似的告饶说着,不料,光顾说话,烟屁股烫了一手指,跳脚起来。"娘东!你真该打!"她似恨非恨地骂了声。

原来,此事竟是这样发生的:

祖鸿僵卧病榻,幸亏得到娇鹂无微不至的照顾,虽然还无法下床,但身子已明显向好。如此下去,不消数月就可初愈了。娇鹂尽管吃苦受累,尽管手头十分拮据,被经济窘迫压得喘不过气来,不得不节衣缩食,节省下每一分钱和半两粮票;尽管每个月要用卖一次200cc的血来贴补开销(年中偶尔会增加几次);尽管大儿子在黑龙江军垦已有微薄工资好拿,不过其余三个亲生子女和一个养女没出道,负担重,况且,在农村年迈的父母亲也要尽可能赡养,至少,春节全家回乡过年的盘缠等开支要预留好,绝不牵累他们;尽管除了照料病人,家里一百样事情件件没少,此外,立夏煮蛋,端午包粽子,凡是别人家该有的,他们家也照样有。如此心挂两头,就更忙碌、更辛苦了——总之,每一天都那样沉重、劳累、艰辛、琐碎、乏味、漫长,但看上去,她笑靥如花,身轻如燕,疾步如飞,活得有滋有味,似乎比从前更充实、更开心、更有盼头了。因为,她从祖鸿身上看到了新的希望。居丧之后,七年来,她那一向枯索贫瘠的心田,还从未像如今那样一片青翠,百鸟啾鸣,显出勃郁生机。

然而,跟这位陪护者正相反,被护理的病人祖鸿处在极度的焦虑之中。他很清楚,过去娇鹂在情感方面一向非常吝啬,一张脸一天到晚刷了浆糊,脾气古怪。记得,老早喜欢套用天气预报来形容她的脸色:忽而,"阴转多云""多云转晴";忽而,"阴,有时有雨""雨转多云";忽而,"小雨转大雨"甚至"雷阵雨""暴雨"。阴雨雷电总是多于晴。但自从卧病以来，几乎天天都风和日丽、云蒸霞蔚、星汉灿烂，突然之间，变得如此慷慨大方。这真是不虞之喜，岂料却来得不是时候。缘于此，他才莫名恐惧起来。因为按此下去，不出意外，他们之间就一定会到达一个顺理成章、水到渠成的结局：结婚。虽则这是从前一直渴盼的一件事，但境况殊异，现在一想到结婚，他脑袋就像炸开一般。他默默对自己说："不行，如果再不踩刹车，就来不及了。"这天，子芬打了传呼电话回来，见旁边无人，他便把自己的焦虑感和盘托出，恳请老友无论如何帮这个忙。"头上戴一顶坏分子帽子，监督劳动一辈子。我是完了，又何必牵累人家？"缄默了一会，他凄然说。

子芬一言不发，听了这一大篇。其实不用说穿，凭对老朋友的了解，已猜着了几分。"我懂你的意思。你要我带个话给娇鹏：这段时间确实走得很近，但照顾归照顾，感情归感情。感情方面，万万不可能，你这边一扇门已关上。这样说，对不对？"子芬试探着问。祖鸿像触电似的一激灵，忙说了几个"对"。"你一句话容易，可想过吗，嫂嫂怎么办？感情是双方的，你想断就能断吗？还有，那个事（叔接嫂）你准备怎么办？"子芬沉下脸又问。祖鸿打了一个寒颤，咬咬牙说："我顾不了那么多。"方才他们说话时，曼华已悄悄进来，自顾自掇了张凳面有豁缝的小圆凳坐下。她今天医院里早班下班，特为带了注射器、蒸馏水和小药瓶来，给病人打针。打完针辞出，跟男朋友顺道去虹口公园逛逛，可谓一举两得。子芬早就晓得曼华来了，为了不打断说话，才没吱声。

两个赤膊兄弟的谈话陷入僵局，似乎谁要说服谁都很难。曼华坐在一旁，拿一方滴过几滴花露水的手帕扇着，见他们都不言语，嗤了一声笑着插话："咦？你们哪能像庙里头两只烂泥菩萨？刚刚说得起劲，忽而都不响了，是我在这里不方便吧？啥事体啦？对不起，我要打针了。辰光来得及，我们想去虹口公园弯一弯。"说着，从小铝盒里取出注射器，安上针头，用小砂轮片"嗒"一声割了安瓿瓶，注入药粉里甩腕搅了搅,再用酒精棉在病人的打针部位擦一下。子芬原想叫曼华替补一下,自己跑一趟洪福里。既如此,也不好拂了女朋友的意。少顷,注射完毕。仿佛为避免冷场的尴尬,子芬同祖鸿又说些不相干的话。有一搭、没一搭之间,子芬已让祖鸿吃了便餐。"不耽误你们谈朋友,快去吧。再不去,公园要打烊了。"祖鸿催促说,眼神空洞,声音凄凉。

夕阳偏西,趁还不太晚,子芬正准备跟曼华去逛公园,但一想不对,心里凉了半截。下午一通电话,请景萱救场来当陪护的事,本来说得好好的,不料多了句嘴,弄得景萱不乐意了。倘使她不来抵挡一阵,娇鹂患重感冒,想来不能来,而祖鸿病床旁又断乎缺不得人手,如此一来,自己不就套牢了么?何况,曼华已经下了最后通牒,不许他再来照顾祖鸿,已宽限一两回,算很给面子。他们快要办喜宴了,这件事上如果再违拗下去,想不想结婚了?看来,十万火急,今晚非到景萱家里跑一趟不可。告辞祖鸿,子芬、曼华一边走一边说着刚才的事。曼华问:"我真弄不明白,祖鸿苦哀哀的,求你帮忙,你是他赤膊兄弟,为啥连这点事也不肯呢?太不够意思,不就是递句话给嫂嫂么?这有多难?""难,难于上青天。"子芬重重叹了一声说,"晓得吗?祖鸿这是在毁约呀。不是我不肯相帮,问题在于,那个事情(叔接嫂)七年前三对六面说好的,他俩都答应,只是热孝里不便,时间上往后挪。那天他们娘舅在场,还有她的大姑、姑丈、婶娘也在。既然想毁约,头一关,婚约的当事人娇鹂,会同意吗?第二、三关,是他的娘舅和姐姐、姐夫。按常理说,结婚是男女双方的事,跟长辈、亲戚关系不大,但这件事上他们长辈、亲戚跟人家不同。为什么不同?这里面有缘故呢。因为前者,对祖鸿兄弟恩重如山,他们父母早亡,大事小事由舅父做主;况且,又是他一手把外甥从乡下带到上海的。后者,当年他阿哥临终前把那桩事托付给他们,就成了遗嘱的执行人。祖鸿放着顶要紧的三关不过,找我有啥用场?烧香跑错庙门,牛头不对马嘴嘞。"曼华颔首说："这桩事，好像也听你说起过，早忘了，这么一说就明白了。说得对，头一关，娇鹂就绕不过去。就是哦，剃头挑子一头热，人家正火热哒哒滚咪。你没见那种低眉顺眼的样子？祖鸿大难不死，一场大病，把嫂嫂过去的那点傲气一股脑儿都弄没了，居然千也肯、万也肯了。服侍病人没办法，脏一点、苦一点，可哪里有像伊这样道地？把屎把尿，喔唷！亏伊做得出，佩服佩服。"

子芬似乎有点不快，便问："喂，假使碰到我身上，侬肯吗？"曼华蹙眉说："死了远点，好好的，触啥霉头？退一万步说，就是遇到了，我不会，侬也休想。"子芬佯装失望地说："可见嫂嫂对祖鸿有多好！伊是死心塌地的。他身上用的心比你在我身上用的心，要多得多哦。"曼华怫然说："人家比我好，那你找她去好了。对嫂嫂一家的事，侬有点热心过头，我不说你，你倒说我了。"子芬走路踢到了石子，负痛似的，忙赔笑说："小肚鸡肠了是不是？好啦，不说这个了。嗳，你说得有道理，既然嫂嫂正热乎着，热炙普烫的，跟伊说，哪里听得进去？祖鸿瞎操心了，嫂嫂是个聪明绝顶的人，如果轧苗头觉得这事不好，牛不喝水强按头也没用；如果伊铁了心愿意去'滚钉板'，劝伊做啥？罢了罢了。"曼华说："正是。"想起祖鸿对他的一番重托，子芬苦笑了一笑，抱怨说："这位老兄，总叫我做这种轧扁头的事，弄得里外不是人。就为了那次'冲喜'，害得景萱人不像人，鬼不像鬼，直到今天还被'牵头皮'，冤不冤呀？不行，拆散鸳鸯，伤阴骘的，这个忙不能帮。"曼华说："是不犯着呀，免得又吃力不讨好。眼不见为净，管得了那么多？晏景萱肯替班，病人有人照看，不脱档，万事大吉。至于，他们的事，该怎样就怎样吧。"话音刚落，可子芬想了想，叹息着又愁肠百结起来，说："祖鸿真是很惨，这样托我，不做点什么，心里老'嗒嗒动的'。"曼华冷笑说："亏你说得出口，芝麻绿豆点的事倒把你愁成这样？还号称'智多星'咪。"子芬看她眼波闪烁，知道一定有缘故，忙问："我这'智多星'早发霉了。有啥好主意？快说呀。"

曼华紧了紧他的臂弯,朝四周打量一下,方说:"咦?还不容易?景萱是不是老吃祖鸿的?是不是铁了心要想嫁给祖鸿?是不是祖鸿害怕拖累娇鹏,想毁约又难以启口?是不是叫景萱去照顾祖鸿,非但不会拒绝,还巴不得?还有,景萱一个倒流女,还带着'拖油瓶';祖鸿也落到这步境地,是不是他俩半斤八两扯平了?"子芬连说几个"是",但听着越发摸不着头脑了,问:"与那件事有什么相干?"曼华美目流盼,幽幽答道:"哪能不相干?第一步,曼景萱肯踏进祖鸿家的门槛;第二步,曼景萱肯在他家里宿夜——夜里不是也要照看么?第三步,曼景萱肯揽下这么个烂摊子;第四步,曼把生米煮成熟饭,既称了景萱心,又如了祖鸿愿,娇鹏后生家大好前程不耽误,同时,侬也不必轧扁头。四全其美,岂不更好?"子芬觉得甚是在理,但仿佛又缺了点什么。犹豫半天,唧哝了声:"能成吗?"

说着,他们已过了屈家桥、铁路道口,穿过中山北路,来到路旁一个小小的、两头椭圆形的电车月台前。叮叮当当一阵响,3路电车来了,他们上了电车。虹口公园前,有一个环岛,电车顺着环形铁轨荡了大半个圆圈,停下了。下了站,斜对面,虹口公园正门笼罩在一片浓荫下。门旁,有个斜斜尖尖、古色古香的褐色屋顶,屋顶下是个小卖部,上面撑着黑白条纹的活动遮阳篷。靠路一面,放着商标上有两只北极熊的铝皮大冰柜。他们各要了一瓶冰镇橘子露喝,瓶外爬满了水珠。"这个时间早不早、晚不晚也蛮尴尬,不如逛一圈,到沿马路的点心店吃好点心,再去景萱家不迟。"便说定了。去售票处买好门券。这种秋香绿的塑料圆筹子上,有个凹凸形的冷杉图案。"忒啦啦"几声响,筹子蹦蹦跳跳进了V字形、中间有条缝隙的门券箱里。黄昏,公园里非常幽静,蝉声一片。"刚才提到一句'生米煮成熟饭',这话哪能讲?祖鸿连下床都困难呐……"子芬接着刚才的话茬,发窘地笑了笑。"瞎想歪了!"曼华格格笑了,面孔一红,带着些羞赧,忙剪断了话说:"怪哦怪哦?身子不方便,动动嘴巴也不行?金口一开,保险成功。"子芬不解。只听曼华接下去说:"关键在景萱身上,晏伊肯去就好办。去了,我们再同景萱这样说:'夜里祖鸿身边少不了人,要人陪护。你呢,又不是外人。况且,洪福里到上农新村路不近,两头赶来赶去辛苦,索性带铺盖卷去,那几夜就凑合凑合。反正,祖鸿那张棕绷床空在那里呀。照顾病人,有啥要紧?'估计景萱不会拒绝吧?作兴,巴不得咪!剩下的,靠祖鸿开一开金口了。""开金口?讲啥呢?"子芬脑子一时不转弯,问。曼华笑嗔着说:"咦,寿哦寿哦?就讲'肯嫁给我么?'按我说,嗳,杀根一点!一枪搞定!景萱等了祖鸿那么多年,如今一个'倒流',一个坏分子,臭鱼配烂虾,刚好般配呀!"

正说得起劲,不知不觉,大喇叭已在一遍遍播放:"本公园即将关闭,请游客们准备离园,欢迎明天再来……"再不离园就要关门了。末了,他们各自应承:祖鸿一头,子芬费心多劝导劝导;景萱一头,曼华设法多疏通疏通——毕竟,女人的心是相通的。半小时后,在靠近甜爱路口的一爿点心店里,吃了荠菜鲜肉馄饨加锅贴。然后,上了3路车,叮叮当当,电车径往终点站崇明支路开去。景萱家就在终点站的斜对过——洪福里。

2. 访病

两人默不作声。"还开金口咪!不行,他嘴巴里哪能说出来,哪能收回去,没介便当。"少顷,娇鹏才悻悻然说。是指祖鸿"求婚"的那句话,可覆水难收,怎么收得回去?娇鹏忖了一忖,忽然有了个主意,忙对子芬说了说。前几天,乡下大石岙来信说,世骧腿肚子患"流火",金粉要陪他来沪治疗。到了上海,金粉肯定先要看望胞弟祖鸿的。金粉世骧是当年"叔接嫂"遗愿的委托人,并且又是祖鸿唯一的亲人。趁此难得的一个机会,刚好将七年前早已应允、一直延宕下来的事再敲定一下。为郑重起见,将那天同在一桌子上见证此事的亲眷、邻居、好友请来聚一聚，岂不更好？届时，受女主人的委托，子芬还要完成一项神秘使命。子芬闯了祸，正愁无可将功赎罪，嫂嫂这么一说，连声称妙。

说完，回到祖鸿家里，病人仰面躺着，似睡非睡、似醒非醒，只嘟哝了一声"还当是人都走了"，脸色灰白，分明有些惶惧与不安。娇鹂服侍了用尿壶等事后，眼睛不看他，一边替他打着扇，一边板板地说："大石岙来信说，姑父要来治'流火'的老毛病，嗯娘陪得来。过两天他们会一起来看你的。还有，其他亲眷、邻舍早就想来看望，被我拦下。既然嗯娘来了，就让他们一道来好了，对吧？"祖鸿应诺了一声。娇鹂见他答应得爽快，忙关照在一旁的子芬说："人太多不好办，要辛苦您跑一趟，相帮照应照应。还有，您答应的事，不许赖哦。"祖鸿略蹙了蹙眉，问："子芬，你答应了她什么事？"不等回答，娇鹂抢白说："我不是'睁眼瞎'么？有一封信劳驾给念一念。""谁的信？"祖鸿问。"还有谁！"娇鹂笑嗔说。祖鸿向来对家恕从黑龙江寄来的信十分关切，这次大概有十来天没音讯了。"是家恕的信吗？"娇鹂不作声，只囫囵地"喔"了一下。

自卧病以来，凡有信来，大多是娇鹂拆了封皮，在他眼前双手擎着展读的，这回她生他的气，故意撂手不管，情理上似乎也说得过去。"是了，家恕这封信是寄到他母亲那里去的。"他喃喃地说。有时实在太忙了，家恕单独把信寄至母亲或叔叔家里，只在末尾附带提几笔，这也是有的。如果是学习或思想性的汇报、探讨、交流之类，虽然也有不少夹在给母亲的信里，但更多的是直接寄给叔叔。"就是一封信罢了，有必要读么？"祖鸿狐疑地想。欲问娇鹂，但看她成天冷冷忿忿的样子，把话咽了回去。

三天后，到了约定的时间，金粉夫妇、宝魁嫂、心莉夫妇、黛琳夫妇、阎子芬与女友陆续都到齐了。金粉、祖鸿姊弟俩叙了温寒，互相还把祖鸿与姊夫的病况细说一番，娇鹂忙着里外张罗，时而也插个话。有些事不方便说，子芬、曼华在一旁奉茶倒水递递拿拿，未免补白些细枝末节，像替病人端屎端尿乃至抠屎之属，"人家把指甲都铰了喔"，这些都不忘一笔带过——照看这样的瘫床病人并不算稀罕，不在意的自然不在意，可留心的总会很留心。比方，金粉和宝魁嫂听了似乎都十分诧异："娇鹂怎么肯这样？也太不像她了。"金粉有多年没来上海了，人并不见老，但更枯瘦些，黄渣渣的脸，褶了缝的眼皮下一双三角眼，塌鼻梁，泛着一道光。见了胞弟，一半是肉痛，一半是伤感，说着就抽抽噎噎起来，撩着竹布衣角拭泪不止。她丈夫本来精瘦，这回倒有点虚胖，还是仙风道骨长袂飘飘的样子，笑起来比哭还难看。大眼泡，一双见风流泪的眼红兮兮的，倒不是心里难受的缘故。

　　刚出事时，有一阵子，祖鸿是很想叫姊姊出来相帮照顾的。家里仿佛有这个传统，每遇忙不过需要添个把人手，立马喊乡下亲戚出来，说帮佣，分明有着一份亲情，说做客，更多是劳务性质。老早哥哥就喜欢这样，他面子大，手面也大。但如今处境不同，怕病况说重了姊姊要受惊吓；说轻了，又不足以请她来照看。况且，农村事繁，不光畈里活计，就是家里饲养的鸡、鸭、鹅、兔、咩咩羊等，缠住手脚，哪里走得开？犹犹豫豫，就耽搁下了。

　　姊夫世骧早年当过小乡官，有一阵子绸裤绸衫斜背一支驳壳枪，金粉跟着搽脂抹粉风光得很，他们一家也因此被拖累了，境况不好。此番跟老表心莉夫妇碰见，想起娘舅还关在提篮桥，不禁泫然。略叙了叙，又闻知新妗姆没了，而且在煤气灶上暴亡，更是伤心难抑。由于妗姆横死，冤魂难安，世骧马上想到为她超度祭灵等事，怎奈打醮是封建迷信，政府不允许。因此，他这半个道士只得暗暗画了一道符箓，借着抽香烟烧化了去。心莉、瑜荪赶忙作揖谢过。因邻居富阿婆近来又玩新花样，折腾个没完，他们实在不堪忍受，正苦于找不到地方躲一躲，旁的事也不怎么入心，由表姊夫胡乱弄一弄也好。黛琳、鸿照早就想来看望祖鸿了，虽然被娇鹂一再拦住，没能来，但由于娇鹏时常会找小姊妹说一说烦心事，所以，他们对祖鸿近况倒是知道得顶详细，包括找来景萱当替补、祖鸿感情生变这一节。他们自然是娇鹏的铁杆支持者，但"耳闻之不如亲见矣"，见祖鸿伤势沉重，会不会残废？将来不知会怎样？想到弄得不巧，好事不沾边反成大累赘，未免替娇鹏捏了一把汗。

宝魁嫂有事没事总会到娇鹏家走走，侄女凡有顾不过来的事，也是托婶娘照应的居多。唯一例外的是，在与祖鸿感情上，侄女觉得吃不准不愿多讲，几乎从来不提，故而越是很亲的亲人，这方面的消息反倒很闭塞。宝魁嫂犹记得，三年前提起祖鸿，侄女口中横一声"随便哪能不会原谅他"，竖一声"他是死人哪"，一点不留余地，怎么转眼之间，倒变得这样不避嫌了？照顾病人不假，但凡事有个限度，那种事，即令结婚多年的夫妻也很少有，何况他们这种关系？也不怕传出去，被人家笑话？外人不便说，宝魁嫂觉得自己做长辈的，很有必要跟侄女提个醒。房间里人多事杂，轧忙里头，窗口吊着的小篾笼里，一只青翠蝈蝈又叽嘎叽嘎聒噪个没完。娇鹏是这儿半个主人分身乏术，瞅着刚乱过一阵，得了空闲，宝魁嫂忙向大家招呼了一声，一把拽住侄女就往外走。

这边，她们婶侄俩悄悄说着话；而在房间里，子芬依照先前商定的计划，人到齐了，访病问苦也差不多了，抬腕看表，时间正好，便润了润喉咙，向在场所有的人自报家门一番，接着切入正题，拿腔作调说："大家好！难得各位长辈亲友都在这里，嫂嫂看得起我，委托我趁此机会将一封私信念一念，因为三年前，我也是这样念给嫂嫂听的。不过，为什么要念给大家听呢？既然这是一封私人信件，谈的也纯粹是个人的感情问题，那么有何必要向大家公开？关键在于，这是我朋友写的信，事先并没有获得写信人的同意或授权，这不是侵犯写信人的隐私么？"曼华早已不耐烦，用胳臂肘轻轻搡了他一下，说："嫂嫂让你念你就念嘛，啰嗦啥？这么多亲戚朋友面前，没大没小，轮得到你瞎三话四?"子芬愣了一下,想了想,又接着说:"哦,对了,还有一点。所谓此一时彼一时,如果由于不便提及的原因,万一情况发生了变化,再老调重弹,这不是故意为难人、作弄人么?窘不窘呀?上面这些问题的确有点刁钻、古怪,可能跟大家一样,我也被弄得一头雾水,所以勠问我为什么。我只晓得照本宣科……"

说着,两指头从一个航空信封里钳出了折叠的信笺,铺开拿手腕一抖,指尖唇边蘸了蘸,捻开了刚要念。一看,委托他读信的娇鹂却还在门外,忙跑到门口问:"嫂嫂,开场锣已经敲过三遍,正戏开演,要不要等你呀?"娇鹂一忖,把大家晾在一边不好,赶紧回屋招呼一声,说些原委,末了说:"不用等我,那就辛苦子芬先念起来。我同婶娘谈点事,谈完了就来。"

3. 信

金粉、世骧冷不丁听说要念信,好生蹊跷。再一听,原来是胞弟写给娇鹂的信,心里咯噔一下,以为他俩吵架,写绝交信了,但看眼前的情形似乎不大像。自从那年接受了大兄弟临终前的遗托,让小兄弟与大弟媳亲上做亲,金粉夫妇俩不敢有一刻的懈怠。幸亏七层楼娘舅家摆了一桌,长辈秉逊做主,男女双方应允,亲眷在场,三头六面讲好,这事总算是铁板钉钉。考虑到热孝里不便,拖一拖。等等还没动静,世骧又在大舅子坟前打醮,设坛画符忙了一场,祖鸿倒还热心,就是娇鹂左推右挡,搭足架子——也好理解,女人嘛。不料,此事又没下文。自从打醮那回给他们放了鸽子,就不好再催了,大兄弟的遗愿未竟,想起来又很心焦。这趟金粉夫妇来沪,说世骧脚上犯"流火"也不假,不过那病不至于怎样,主要还是想顺道来探一探虚实。七年,一些植种下的树都挂果了。当下,金粉、世骧听着一个陌生小伙子用沪语腔普通话念着信,感觉怪怪的。再瞅一眼卧榻上祖鸿又生气又无奈的样子,时而苦笑,嘴里嗫嚅着什么话,但仿佛做了错事的孩子似的,又不敢忤逆。他旁边,念信小伙子的女朋友(听说是一个护士,常来给病人打针)绷着脸盯住他,动不动说:"麴响麴响。"吓得他胞弟也不作声了。这情形实在有点异样。世骧道士还俗,赤脚种田,但由于政历问题,乡下也没少挨斗。眼前这个读信会,感觉似乎更像是一场"家庭批判会"呢。

在信中,祖鸿说:当年乍听见姊姊说了遗托之事,一下子怎么也转不过弯来。守在哥哥坟头前,头痛欲裂,就是嘴里对亡兄答应了,内心还是万难接受。"有种窒息的感觉,就像我们兄弟俩一起埋在坟里了:哥哥是遗骨,弟弟是一颗还在卜卜跳动的心脏。"但这种可怖的冰冷的感觉,随着他眼中的嫂子变成了另一个女人——谁也不是,就是一个女人,才不知不觉消失了。"我发现我们可以爱,你情我愿,互相吸引,是一种来自心灵和肉体的需要。我把你当未婚妻是很自然的事,而且,事实上的确也是如此。"金粉对胞弟这位大学生那文绉绉的表述半懂不懂,效果自然大打折扣,不过听着听着,心里压着的大石头总算落了一半,眼泪婆娑起来。不由想起,当初她将亡弟遗托的陀飞轮手表戴在祖鸿手上,他却狠狠一甩,跹过身跑了,以及来来回回叮嘱他把嫂子当女人看的种种情景。不觉又欣喜又委屈又辛酸,泪水又涌出眼眶。想到娇鹂那晚拿绷架绣着花,边说"我都认了,生煞个命,钉煞个秤"等语,事到如今,看来他们两人的事应该成了。既如此,为何还要当众念这些呢?过来人谁不晓得,只有弄不成了才会找根据——你自己说过的,难不成想赖账?是不是又变卦了?这么一来,究竟什么路数吃不准了。

老表心莉和她的丈夫瑜荪有过一场情天恨海,知道个中滋味。不过,只有小夫妻或小情人之间才会说的滚烫之语,拿到大庭广众总有些窘,有必要吗?仿佛外滩水门汀矮墙前轧朋友,咫尺之间,耳畔另一对朋友在滔滔说着私情,灌了一耳朵,羞了谁?他们都感觉有点别扭,仿佛错开一扇门,看到了不该看的。但是,子芬手里展读的信一页页似乎总翻不完。既然主人有请,也不好半途拔脚就跑,好像对谁生气,拂袖而去。就听祖鸿在信里接着说:"我不把自己当成牺牲者,好像与你结合,仅仅是为了报恩、为了责任和同情,甚至是出于怜悯心——不,绝不是这样的;同样,你也不要当牺牲者,好像答应与我结合,更多的是考虑把孩子们抚养成人,急于摆脱经济困境,还有孩子们迫切需要在知识上、精神上的指导与引路,而这些正是你目前所缺少的。一言以蔽之,出发点在于务实考虑和功利目的——不,绝不是这样的!这些都是在找借口,都是自我欺骗,因为我们俩都不是。相反,你是真心的,我是真心的,我们都是真心的,是心与心的缔结,是肉体与肉体的结合。我们俩在一起生活,不需要找借口,也不需要理由,更不用躲躲闪闪,完全是清清白白、坦坦荡荡的。既然如此,两个人愿意一起过,还有什么事呢?可偏偏就生出这许多波折和烦恼来。我们为什么要这样?有时候想想,真是感到好心酸……"乖乖,这些热辣辣的话,像吃麻辣火锅,听得老表脸上发烧。两人对了对眼,差点噗嗤一声笑出来,忙止住。

黛琳、鸿照由于是邻居兼知情人,对娇鹂、祖鸿之间时不时闹点小矛盾、有些小罅隙,好好坏坏,相互折磨,自然很清楚。也知道他们迟迟没有结婚的原因。但此时作为清醒的旁观者,从务实考量,显然认为这桩婚姻经过如此多的波折后仍未修成正果,与其说遗憾,不如说是一种庆幸,老天爷实在很眷顾娇鹂。因为照眼前这样坏的情形,真跟祖鸿好了,简直就是一场灾难。黛琳夫妇宁愿他们吵翻天,各归各。却没料,信的末尾,祖鸿在深切呼唤:"我们早点结婚吧!结婚了,两个人一起生活,啥事情都好办了,是不是?"

大家听到这里,仿佛才恍然,原来这是在看一部爱情故事片,病榻上几成半个瘫子的男主人公在雄鸡打鸣般地求偶,情话绵绵,炽热炎炎。照苦苦哀求的情形推断,这番好意似乎遭到了对方冷遇。然而,蹊跷的是，偏偏女主人公又精心安排了这个读信会，当众抛出情书，意欲何为？这里面一定有许多埋伏，无法深究。子芬念罢，收起信笺，装在一只写有"盛娇鹂收内详"字样的航空信封里。早不早，晚不晚，偏巧挑在这当儿原物奉还给信的主人——这时，娇鹂早已悄悄回屋。这么一场，也许太富有喜剧性，显然把大家给逗乐了。娇鹂拿过信件，脸噌地涨红了，怔了半晌方报然说："真不好意思，让大家笑话了，是我不好，叫祖鸿出丑了。因为，没有征得他的同意。因为，我心里有许多苦恼……因为，大家都不是外人……我也不晓得哪能办才好……"说着，她用双手捂住脸，一阵哽咽，一阵痉挛，几乎泣不成声。

　　方才，与娇鹂一番对谈，听说祖鸿做了糊涂事，也太欺负侄女了；又听了半截子念信，信上却又有那许多废话，顿时，把婶娘给气得呼哧呼哧。宝魁嫂想，祖鸿跟人家求婚人家不要他，瘫在床上半生凄凉，弄得无法收场，才嘴里抹蜜糖，骗婚，吊住侄女脖子不肯放——至少有人会照顾他到死，为他送终了，想得倒美！而娇鹂也被迷魂汤迷住了心，不计前嫌，丧廉没耻，不顾颜面，竟然死心塌地服侍他，喜欢他，还真把自己当成未婚妻了。今天拿这封肉麻的信出来糊弄大家，分明是"明修栈道，暗度陈仓"，为他们的叔接嫂找铺保。说祖鸿糊涂，其实娇鹂更糊涂！明明是火坑也愿意跳？不行，今天必须当众戳穿他！婶娘并不晓得那封信是祖鸿出事前写的，也没弄明白他向别人求婚的用心何在，一怒之下，就乒令乓冷斧头砍出来，说："小外甥，你身子不能动嘴巴好动，对吧？你夠当缩头乌龟，一声不响。既然信中讲得花好稻好，做事又脚高脚低，还说啥'我们早点结婚吧'。那么，我来问你：怎么解释向别他女人求婚的事？一头占着不放，一头还想要，满脑子龌龊想法，享'齐人之福'，你也配？瘫了，想捞个'棺材本'？休想吧，你！"此言一出，把在场的所有人都骇异得一愣一愣的，半晌没反应。娇鹂原不肯让婶娘把这层纸捅穿的，关照好不提，没料想宝魁嫂先自乱阵脚，一急，把祖鸿的老底给揭了出来。当下，一句话戳中要害,心里一团酸酸麻麻酥酥涩涩,娇鹂伤心起来,哭得稀里哗啦。

祖鸿见早先给娇鹂的信被公开了,又有曼华压阵,猜想这一定是子芬耍的小花招,因为他俩一手策划了景萱那一揽子事,弄豁边了,急于开脱,才拿信当作挡箭牌。这样一来,刀切豆腐两面光,两头做好人,尽管对这番苦心孤诣,他也谅解。说到底,事情是自己惹出来的。倘使他没打定主意不跟娇鹂好了,不计后果,破碗破摔,也不会走到这一步。既然事已至此,长痛不如短痛,也只有咬紧牙关撑住了。子芬刚开始念信,他感到异常愤怒,要不是僵卧着无法动弹,真想冲过去将信笺扯个粉碎。虽然才隔了三年多,但他的心已变得异常荒败冷漠,再听到信里那些饱含情愫的絮絮叨叨、缠缠绵绵、细细碎碎、黏黏糊糊,浑身起了一层鸡皮疙瘩。如果不是强压住,真会冲口而出:"勿念了,勿念了!有啥好念的!"感觉眼前仿佛有一只盛满福尔马林的透明立式玻璃瓶子,里面浸着一具婴儿尸体。不知怎么,由此又勾起了那天去万国公墓找妗姆遗骨时的回忆,白骨露于野,满目荒凉。他万念俱灰,仿佛自己就是其中一具半散的骨骸,或半只张开大嘴骇笑着的骷髅头——笑什么?笑人间一切可笑之事,包括男女之情,儿女情长。真的,他把它看淡了,就像跟景萱求婚那样的事,也随随便便并不当真,除了对娇鹂略微有点歉意而已。因此,宝魁嫂气咻咻地揭他的老底,当众羞辱他,而他却并不感到怎么难堪,只笑了笑,嗫嚅着说了声:"惹鬼个!"竟然再没下文。或许,是"欲辨已忘言"?

这种满不在乎的态度,显然惹恼了大家。宝魁嫂、金粉夫妇、心莉夫妇无不义愤填膺,对祖鸿一顿说。宝魁嫂杀杀搏搏放了狠话,倘使不收回那些混账话,向她侄女赔罪求得谅解,他们这桩叔接嫂的事,她婶娘第一个就不赞成。要问婶娘算老几?因为娇鹂自从十八岁嫁到上海,进了河滨大厦,远在乡下的父母亲自然顾不着,大事小事,还不都是宝魁嫂在帮着张罗?因此,婶娘的话很有分量。金粉夫妇弄明白,"剃头挑子一头热",风向大转,如今是娇鹂这头热,祖鸿这头冷,女追男有戏,为此,心里委实高兴,嘴里却咋咋呼呼嗔怪着。"做人要凭良心,人家阿姣待你这样好,勥拎不清,不惜福呀。弟弟,你阿哥临时托付给我的一桩事,办成了,姊姊我也心煞眼闭了……"金粉说着又淌眼抹泪了。过去娘舅家,"外甥皇帝"做娘舅的总归护得顶牢,舅甥间这种奇异关系,就连秉逊的亲生子女都有几分妒意。尽管父亲没能来,心莉觉得很有必要代说几句公道话,便以长辈的名义数落了祖鸿几句。话锋一转,说父亲立下的规矩,这桩事做成了皆大欢喜,等父亲回到家里,再补办一桌酒,闹猛闹猛,他一定也很开心的。听着这一句,黛琳鼻子嗤了一声,心里冷冷说:"瞎讲有啥讲头?还办酒咪,娇鹂脑子发昏,假使他一辈子风瘫在床,要服侍他一辈子。自己日脚够苦了,还背一个吃得消么?嫁给他,根本就是一杯苦酒。"于是,接过心莉下半截话对娇鹂说:"老表说得没错,这桩事娘舅顶牵记,索性等娘舅回来再说。刚刚听见信里说'我们早点结婚吧',毕竟结婚事大,急不得。眼下顶要紧的是祖鸿养伤,慢慢身体恢复了,娘舅也回来了。七年也是等,十年也是等。鸡屁股里掏蛋,哪有介快?"

听了众人一大堆的话,祖鸿不表示一下不行了,只得嗡隆了一声:"是我不好。"曼华像得了一件宝贝似的,马上转述给娇鹂听,刚说完,想起什么,随即哑然问:"祖鸿,勥门槛太精,究竟啥不好?是不是指这封写给娇鹂的信?是不是'早点结婚'不好?"趁机揶揄他一句。祖鸿回答了,可曼华又说:"喔唷,这话你要跟娇鹂说才对呀。"宝魁嫂一听正中下怀,不由分说,掣紧侄女的胳臂就把她引到病榻前。娇鹂绯红了脸颊,想躲已经来不及,索性大大方方站在床前,俯下身,狠狠瞪了祖鸿一眼。接着,止不住泪流满面。此刻,祖鸿心里哪怕再枯索荒凉,禁不住一个女人,尤其曾是他苦苦追求的女人这般伤心。他鼻翅翕动着,鼻子酸酸的,不知不觉面颊有点痒嗖嗖,也哭了。娇鹂见了,顾不得自己哭得稀里哗啦,忙用圆嘟嘟、白皙的拇指球替他抹了抹，心里一阵麻麻酸酸涩涩甜甜。祖鸿不知今夕何夕，只感到一时悲喜难诉，涕泗交流着，那句"是我不好"到了嘴边，只换作了一声"阿姣……"。蓦然记起，三年前邮政总局窗外雨声嗒嗒，在斜斜的桌子上拿蘸水笔，信的起首写下"阿姣"两字时的那种忐忑和决绝，顿生一种很深的感触。情侣间未到一定程度，小名仿佛女性肢体延伸的一部分，是个禁地，特别矜贵吃重些，不好随便喊。但是这回娇鹂听了，"嗳"了一声，鼻音齉齉的，听上去竟像等了很久才得到，既委屈又欣喜，又很坦然。

　　娇鹂斜签着身子坐下，顺手剔了剔颊边散开的鬓丝，露出红红的耳轮，当着众人，一时也无话可说。方才念信时她真有点懊悔，心里责怪自己太孟浪了，硬生生把祖鸿的信读给大家听，算什么呢？自己出了一口气，祖鸿有多窘？他一定很生气吧？但开弓没有回头箭，只得硬着头皮让子芬念完。信里那些热烘烘的话，大庭广众听来怪怪的，那滋味不好受。她只晓得他很尴尬，却不懂那些文艺腔的表述、那些字眼，比如"你情我愿，互相吸引，是一种来自心灵和肉体的需要"；再如"我们都是真心的，是心与心的缔结，是肉体与肉体的结合"，其实她也有份，就像刚蒸熟的一屉笼馒头端上来，白雾腾腾，热得要命。作为女性，别提有多窘了，幸好她识不了几字，不懂这些枝枝节节。不久前，黛琳唱反调，劝他们结婚的事别性急，用了"鸡屁股里掏蛋"一个俗语。她听了，戳到什么，仿佛才有些窘意，不过很快就过去了。

　　到了该娇鹂说话的时候，反而没话了，众人都感觉缺了什么。曼华不依，好歹要娇鹂说几句，大家才好散了。金粉颇不屑，心想："到底年轻人，不懂事。我们乡下有句话：'瓦茶壶勿响滚哉，大姑娘勿响肯哉'，难道看不出有戏了？"便呱啦呱啦说了一番不相干的话，替娇鹂和祖鸿打圆场。其实，方才娇鹂正打算跟祖鸿说："勿难过。我晓得你心里苦。再苦，日子总要过下去，天会亮的。"可嗯娘这么一挡，不便开口了。正发怔着,忽见眼前好几只玻璃茶杯里,差不多都喝得只剩一口,突然注意到该续水了,忙噔噔噔跑来跑去,手中提着的一只瓷质铜把大茶壶不断斟着。茶色浅浅的荔枝红,因为人多图方便,特为煮了一大壶决明子茶。大热天的,既清火,又凉快,只是有点淡淡的苦味。正喝着送客茶,有个小家伙蹑手蹑脚地进来了,似乎已在外面探头探脑好一会。这小家伙板刷头,小耳朵,长着一双滴溜圆的大眼睛,翕开厚厚的嘴唇,里面的两颗门牙又大又隙着缝。夏日在野外玩惯了,把皮肤晒得像乌贼鱼,黑而熠熠有光泽,套着件汗马甲。他是阿三头,手里拿着几颗碧翠的毛豆子。

"喏,要喂了呀。"小家伙仿佛晓得大家嫌他碍事,忙找出一条喂"叫蝈蝈"的理由,因为它没吃就会死的。

第十三章

1. 晨昏之间

上北站送走了金粉、世骧，娇鹏因不舍得花冤枉钱，甩开一双腿回家。黄昏了，日头还在曝晒，整一条河南中路像是被蒸馒头的屉笼煮着似的。她躲到遮阳的一边走着，口渴，忽见小弄堂口一爿小店，沿马路放着个正方玻璃罩子，上书"每片一分"，里面摆着一排排切好的西瓜，瓤红籽黑。她瞥了瞥，嗓子眼"咯哚"一咽，脚步没停就走了。

天已擦黑，江西北路一弯，到了河滨大厦。C字门口，门首的吸顶灯下，挨墙放着盛西瓜的篾片大箩筐，这是冬瓜一般胖大、无条纹的平湖西瓜，从苏州河船里拿上岸的。卖瓜人是个瘸子，住在小房间里，唤作"阿跷"。早年，他平时斜背着个木头箱子走楼串户卖棒冰，西瓜上市旺季一到，就卖瓜。由于前一向"割资本主义尾巴"，无证摊贩不让做，这才歇搁。见风声不那样紧了，嫌苦头吃得还不够，手脚发痒，先卖棒冰探了探风，动静不大，便在大门口摆起了西瓜摊。不过，专门要挑楼里阿文攻下班的时候。

他拿着红木杆秤替人称了称，剔了一小指头，平中带点翘——自家大楼里的，短斤少两不作兴吧？一边嘴里说着什么，一边瞅着娇鹏往大箩筐这边跑来，忙笑着讨好地招呼一声："侬回来啦？喏，保险萨辣里甜个来，要不要称一只？"似乎根本就没与她有过节、签联名信那一茬事。娇鹏稍稍收住了脚，见阿跷一挺身弯下腰，捧起旮旯里一只开裂的处理品瓜。仿佛碍着什么趑过身赶紧跑，而里面五级阶梯上，一部电梯也恰好来了。

N楼到了，娇鹂在无数胳臂无数背脊里轧了出来。天热出汗，小小轿厢里的气味不好闻，电梯厅里南北对堂风一吹，明显舒服多了。晚风从向南的苏州河上刮过来，爽利，却带着点刚开过的一长串运粪船的气息。但此刻，娇鹂由于心情大好，顾不得皱一皱眉，反倒有点亲切的意味了。因为念信这招很灵，道理在她这边，多数亲友赞成，连祖鸿也不得不收回错话。道了歉，本来肯定过不去的一道坎跨过了。傍晚送金粉、世骧时，祖鸿至亲的亲人又是一番吉言，说得她心头滚热，眼泪就簌簌下来。她仿佛在死拼一个理，争到如今这一步，就什么也不缺了。"出了衙门真好笑……"她兴兴头头，脑里不由蹦出了这么一段绍兴戏。"春草来在大路上，我越思越想越好笑，心中喜脚步轻，数了红花折柳条……"难得这样高兴。老早光景好的时候，她夫妻俩经常乘三轮车到老闸戏院看戏，不知不觉，九腔十八调装了一肚子。这出戏，接着就应该是侧幕后在声声叫唤"春草"了，跟着唱道"官轿一顶随后跟，喊破喉咙唤春草"。

乔师母低声在喊"娇鹂"，等发觉了停下，已过了走廊上的双弹簧门。娇鹂很不好意思，只见乔师母一路追来，玄色短袖衫的夹肢窝下露出红红的一角，是个十六开红皮宝书。"长远不见，一直想候你，哪有这样容易？那，上回帮我家老乔做衣裳，为了赊你工钿的事，老头子把我狠狠说了一顿。谢天谢地，总算碰头了，该僵该僵！又没带（钞票）呀。"她双下巴牵了牵，微喘着如此这般说了，娇鹂几次想打断她，哪插得进？等对方终于敛口，方告知大楼的缝纫活早歇手了；赊工钿不存在，因为乔老已预付，足够了；还有，自己近一向在外看护病人，作息时间不固定，自然就不容易遇见了。说着，倒也记起来了。几年前，缝制好了一件预先承接的蓝布中山装送去，不久前乔先生残了腿还被箩筐抬去批斗，家里抄的抄，封的封，令她伤心之极。这位素来眼空心大的官太太，竟然趴在娇鹂的肩头大哭，还抽噎着一泣一声："老头子一天不回来，我就在这里等他一天，谁也甭想赶我跑,大不了,就是眼睛一闭两腿一伸。"乔老江阴人,曾一只红机电话帮娇鹂解决了后顾之忧,对于这位老先生的事,自然特别牵记些。听说他已返家,忙问:"乔先生好?没事了吧?腿上的毛病给治好了否?嗳,要替我望望伊喔。"

乔师母漫声应着,似乎总不大由衷,却把小小的一桩补工钿事一再提起。末了拍拍瘪瘪的衣袋,说:"要不,等一下晚汇报结束,大约莫个把钟头,就麻烦你特为上我家跑一趟,肯吧?"见娇鹂沉吟不语,忙怯怯地补一句:"像我们这种人,好意思晃东晃西的?就是你们也没面子。"娇鹂听了这声感到十分震动,谁跟谁没面子?过去,婶娘宝魁嫂曾在这份人家帮佣过一阵,她做侄女的,时不时总有一两回去乔家。那时候,乔师母可站在祥云之上呀,见了面,仰着个脸一声不吭,只看见狮子鼻上两只鼻头洞,圆圆黑黑的。不过,走廊里两人说话已有些时了,娇鹂回家还有事,没心思多扯。正掂量着怎么脱身,没料到对方倒先辞出了,话兜了一圈又回到工钿上,竟有些愠怒地说:"嗳,讲点道理好吧?老头子归老头子,我归我,是我剪了一块卡其布叫你相帮做,哪能好不给钞票呀?"这倒是乔师母一贯的做派。娇鹂退了一步,笑答:"随便随便。"

也许耽误了些时,乔师母一看不妙,忙拿出年轻人短跑赛最后撞线的那种劲头,两只穿粗纱袜、搭襻布鞋的脚一步一歪,跫进了电梯厅。虎瘦威风在,娇鹂想也没想,就跟着送她一送,嘴里一叠声"您慢走、当心喔"。望过去,两部手动式电梯中间的过道旁,早已像从前河滨公园里练太极拳、站桩似的,立好一大帮子人。恭恭敬敬肃颜婢膝,手里无不拿着小红书,封皮烫金。"怎么还这样?"娇鹂想。

暴风骤雨最盛时期,C 字门的门厅里"早请示、晚汇报",过道门框上,原先有一只大电钟的地方,摆了宝像,牛鬼蛇神恭首站立,有时人多得都插不进。红卫兵大声呵斥着,底下人默不作声。挨训的人怎会那样多？原来天雷滚滚之下，不少老者因怯懦怕事，稀里糊涂，即令够不上牛鬼条件也自动来了。后来，变成分散到各楼层电梯厅里做，一分流人就显得少了。再过几年，人群就更稀稀拉拉了。今晚N楼来"晚汇报"的人，为何比往常多得多？原来，牛鬼们定期要交"思想汇报"，交上来的总是老面孔、书面汇报也是老生常谈，局面总打不开。加之本来预期"揭盖子"一百天就够了，结果一拖再拖，也还是除了揪几只死老虎，乏善可陈。老屈又烦躁又郁闷又失望，一光火，就号令今晚来个大集合，把声势做大。经过一番准备，张贴告示、上门通知，这样一来，参加"晚汇报"的人数明显飙升。

大楼里有这样一个灰色人群。一般来说，人数并不固定；露面的也并不总是相同刻板的几张面孔；男女比例并不恒定，两方性别所占多则多矣，少则少矣，并不那样讲究；从年龄上讲，以老迈者居多，或花甲，或古稀，或杖朝，或耄耋，不一而足。其中，就有在《魔都》上卷或前面已见过的人：英国老太、骆老头、庞先生、倪老太、谭家婆婆、"灰兔爷爷"、乔师母、"外国神父"。还有本卷刚出场的一些人：沙逊账房先生老爹、外国领港等。此外，还有些中年偏上或年轻人，他们虽不属于主流人群，但也在其列：曾翠玉、郁瑜荪、成荇农、"鸳鸯头"、鸿禧、唐韵珊、"夜半歌女"之父、广东腔的丈夫、钱李卉容、前坤伶皇后佟颖倩和她丈夫、阿香丈夫、"美女特务""飞刀华""白骨精""田螺姑娘"、棉纺小开、阿二头、小老嘎、"皮鞋油"、阿强等。

所谓"早请示、晚汇报"，是一个比较委婉的说法。因为"请示、汇报"一般是指各家各户早晚两次，供宝像，挥红本本，喊"万寿无疆、永远健康"如仪，他们哪有资格？对他们来说，实际就是请罪。从前教堂里，一排排长椅旁，总有些小祭台或阁栅，能见到深跪着的男男女女，胸前合着掌，或十指扣握，嘴里叽里咕噜，面容苍白哀戚。这是在做告解，主动痛悔罪孽，祈求饶恕。但此刻电梯间麇集的这一大帮子老老少少，既非自愿，也很无辜，更没罪恶可言，却被一种说不出的巨大恐惧驱使着,每天早八点、晚七点钟,必定站在各楼层这个地方认罪。无论谁,都仿佛被一只无形的大手摁住脑袋,腰弯90°,垂手侍立,间或有的人手里,还露出小红书的一角。

这里面似乎也大有讲究:"黑五类"或"黑七类",铁板钉钉,谈也别谈;而一些靠边站、关牛棚的南下干部或其家属,心里委屈,抑或羞于与资本家等站在一块,便不忘带着个红皮烫金的本本,以示不同,比如乔师母、阿香丈夫等。这些垂首肃立者中,如果按退休、无业或在职的区分,则又可以分出两大类。前者偶尔也会招致退休前老单位造反派的纠缠,但总体上还是归街道居委管束,相对比较单一,比如英国老太、沙逊账房先生老爹、曾翠玉、骆老头、庞先生、倪老太、谭家婆婆、钱李卉容、"灰兔爷爷"等;而在职的牛鬼们就不同了,除了本单位,还要在本住宅楼里被踩上一脚。两面夹攻,苦不堪言,比如郁瑜荪、成荇农、"鸳鸯头"、鸿禧、唐韵珊、"夜半歌女"之父、广东腔的丈夫、前坤伶皇后的丈夫、棉纺小开等。像成荇农,一位前沪上名牌产品企业的总工程师,"摘帽右派",又加上被诬"某某集团"抓了现行,那是老账新账一起算。不光在大楼里天天请罪,还要天天拿着个竹丝扫帚,去C字门口扫地、扫小花园,外加到N楼小房间扫甬道——没人指派,这倒是成荇农自给自加的码。实际上,居委干部只指派他扫大楼外面,如果遇上特殊天气,像暴雪天,哪怕再晚,哪怕他劳累一天刚躺下,桂阿姨肯定蹬着半大脚来敲门,天不亮喊他扫雪铲冰去。"侬勥耽误大家,人家上班要紧呀!"她操着一口带胶东口音的沪语,把"人家"变成了"银家"。

其实,他并不总有一副好脾气。这时,铁青着脸闷闷地"嗯"了一声:"搅啥搅啦?刚刚十二点钟困落去。"那神情,仿佛风雪山神庙外的林教头。他妻子钟琼给吓得不行,忙压住。平素倒是妻子脸上挂得住。尽管潦倒得很,成的妻子看上去却成天满不在乎的样子。一张像林徽因那样娟秀白皙的长圆脸,明眸皓齿,高挑匀称,不刻意打扮,衣着素净，但掩藏不住光彩。俨然大楼里一道妖娆风景，即便是小姑娘，也会暗暗盯着她多瞅几眼。

钟琼生于殷富人家，书香门第，喜欢竞技运动。在沪上一所著名大学里，不光有"校花"之誉，还是篮球啦啦队的队长，她与篮球高手成荇农的相恋成婚，一直传为美谈。出嫁时，女方陪嫁是一架Moutrie牌钢琴。她丈夫在法租界拥有独栋英式花园洋房，绿草坪旁有紫藤葡萄架，车库里泊着老牌的美国货别优克。四十年代末，富绅之间流传着这样的顺口溜："嘴里含着乔力克（名烟），眼镜要戴脱力克（名牌眼镜），手里拿着司的克，出门要坐别优克。"洋房汽车，闲暇时到霞飞路上兜兜风，驶往虹桥绝尘而去，绝对又体面又高格调，而这一对新婚夫妇就保持着这样的生活品质。婚后，他们住进了河滨大厦。夫妇俩离开校园，一个在国货名牌产品企业里吃技术饭；一个正赶上"好儿女志向四方"，类似《年青的一代》里的林育生，被分派到遥远的荒地，放弃了，另谋出路。以后，一家子几只筋斗翻下来，就变成眼前这个光景。因为是"摘帽右派"，成荇农显然更郁闷一些，但在外面，心情再糟糕也要忍住，泪水咽到肚里。冬天穿一身旧哈哈、灰噗噗的蓝色中式对襟棉袄，布头八脚钮子，纽扣一直扣到脖颈下。春夏或一身蔽旧泛色的斜纹布中山装，戴同色便帽，向宝像请罪时风纪扣紧扣，勒住稍稍有点下垂的下颌部，让人似乎想到吞鱼鱼鹰的粗脖子。

成荇农边上站着一位老人，一米九的身量，体格魁伟，半圆下垂的将军肚，使他圆领汗衫的下摆微微拱起些，裤腰后插了一柄芭蕉扇。他叫老爹，以前在沙逊财团当账房先生，按时髦叫法，称总会计师或财务总监，月薪六百大洋。即令解放后，维克多·沙逊跑了，到了区房管局也拿高薪。老爹在大楼里是一个家族，好几个女儿一个儿子。女儿女婿们、孙子外孙们或同住一个大套间，或另住在别他楼层，但一家老少吃在一起。由厨子、娘姨管饭，顿顿饭都要开两大桌。一张镶大理石台面黑酸枝圆桌，是老爹和长辈们坐的；姨妈、姨夫和孙辈们则在另一张方桌上吃饭。解放初光景好的时候,杜六房"酱方"三十块一买,封泥黄酒一坛坛拿;要吃点心,打电话到采芝斋,一只什锦大拼盘,叫三轮车端来。邻居时常看到,一部三轮车就停在C字门口,老爹大个子,手拎一只拷克箱下楼。乘三轮车时人家坐两人,他只坐一个,威风凛凛,上车就走。谁知"引蛇出洞",老爹因为资格老、心肠好,替老沙逊下面受了委屈的谁说句公道话,吃了轧头。工资由六百块缩水到四十块。这一瘦身,原本有着两房妻妾的他,一门子可就犯了难。于是,几个女儿、一个儿子分别每月给老父亲贴三十块和十块,至今不辍。

再瘦的骆驼总比马大,过日子虽有点紧绷绷,但生活水准还是好过一般人家。三年困难时期,老爹家里吃饭都要记账了,钞票是不缺,定粮不够。成年人要上班赚钱,记了账,为的是首先保证他们吃饱,其次才是孩子们。国外亲戚寄外汇、寄食品来,晓得猪肉不够吃,寄来了猪油。乳白色、雪花般细腻洁白的猪油,挖一小勺,倒些酱油,拌了饭,颗颗米粒亮晶晶的,特别美味。因为油水不足,这成了老爹的性命宝贝,除了时不时舀些放进碗里,见孙子、外孙眼馋,也会挖一小调羹给他们。小辈们眼里,老爹永远是擎天柱,个头又大,站窗前仿佛光线都遮去了一大块。老爹怀里揣着个猪油罐子是应该的,他的至尊地位和特有的威严也从未改变。对于老人家的严厉,晚辈深有感触。老爹规矩大。饭桌上,小孩子挑食或嘴巴弄出声音,就会一筷子打过去;而在夏天,睡着午觉,小朋友想偷偷溜出去玩,他困势懵懂,猛喝一声:"喂!干什么去?"吓得心里总要突突跳两下。

老爹挨肩膀站着一位老者,原先赫赫有名的资深领港,名叫贝瑞康。也巧,从前他每月的薪水也是六百块。乖乖,老领港的工资,比毛主席还要多!有人说。当下,大楼仅有的两个"六百块",就像从前麻将桌上,两只好牌搭在一起。跟老爹差不多,老领港也连吃了好几只跌停板,跌到水门汀地上一病不起。病成这样,眼看要油干灯枯了,也在此聆训。贝瑞康是我国第一代领港之一,在此之前,港口主权——引水权掌握在外国人手里,中国人不能担任引水员。抗战胜利后,沪甬航线开通,贝瑞康以"江亚"轮船主兼领港的身份,从宁波移师上海。贝氏祖上出过多位进士,官至礼部侍郎、巡抚,家世显赫,从曾祖父母开始,均笃信基督教。他兄弟姊妹十二个,大多很杰出,大姐、六弟均为留洋博士,定居海外。1949年时,贝瑞康打算去荷兰,行李都在托运了,彭真挽留他,不忍拒绝,留了下来。因是宁波望族,人脉广泛,贝瑞康伉俪新婚时,段祺瑞送来一张豹皮褥子,婚书上签名的证婚人是黄金荣,而蒋公子蒋经国则把自己的题赠照片送给了他。贝太是沪上"麻袋大王"的千金,出嫁时,娘家给她四十多件西式老红木家什等作为陪嫁,还带了陪房娘姨。

前十年顺风顺水,不久就交了墓库运。先是任台湾某高校体育系主任的弟弟在香港论文发表了,一激动给上海港监的哥哥挂长途,电话从港监转到河滨大厦。据说是"徐老三"授意转的。之后,港监造反派三次上门抄家,一张蒋经国题签照片坏了事。抄走财物无数。据传在抄家展览会上,被拿去的贝家一只大保险柜子最吃香,观者如堵,纷纷咂嘴说:"啧,人家港监到底有派头呀!"接着,一宗离奇而子虚乌有的"国际特务案"——太平洋战争期间,美国人史密斯发起的对日反战同盟,又惊爆了,港监贝瑞康等三位资深领航人均涉事。这是"徐老三"亲自定下的所谓"通敌案",涉案有百人之多。当时,外滩海关钟楼从上到下悬挂着一个巨幅标语:"打倒国际特务贝瑞康……"随后,在提篮桥蹲了三年。孤愤寂寞,精神苦闷,吃得也很差,为此他曾恨恨地说:"等我出去,慢慢问题解决了,天天要买只鸭子吃吃。"他患有较严重的心力衰竭、高血压,可是不让他吃药。出狱时,心脏已变成靴子形,须眉头发俱白。

两个"六百块"的靠前一排右起第五,是一位四十岁左右、胖胖的、短发齐耳戴深度近视眼镜的女性,姓方。她教过中学语文,后来担任校长。民族资本家家庭和知识分子，让她举手投足一笑一颦之间，生就一种特有的雅致。不过她从前任课时，碰到捣蛋鬼，脾气就不那样好了。这些工农子弟功课差，特别淘气，并且很记仇。到了刚兴抄家时，就纠集一帮子红卫兵，气吼吼冲到方校长家里。四五个人围住她推推搡搡，连打带抽，把她摁倒在一只软绵绵、弹性足的舶来品席梦思床上。她生性高傲倔强，哪肯叫小青年随便摆布？扭打起来，结果被揿住剪去了半边头发，变成"阴阳头"。

方瑞的丈夫是天津人，洋行小开。大学毕业时，外滩怡和洋行当买办的父亲给儿子一笔资金、一间房子，他便开了一爿做电工仪表的小作坊。解放后，这个项目被海军看中，征用为军工单位，小小的资本家变成了解放军中校。后来，还有一项发明专利。这个发明家喜欢收藏手表，藏有罗莱克斯等不少名表，和许多老爷怀表。抄家时，家里的贵重饰品衣物细软、几只樟木箱都抄走，连美国人的克宁奶粉、火油箱也不留下。自然，顶顶肉痛的还是所藏的一批手表、怀表。说来好玩，因为厂小，连一部"小三卡"也没有，最后偌大偌多的抄家物资还是叫来一辆三轮车驮走，多跑几趟，蚂蚁搬家。资本家好欺负，连他儿子的同学——干部子弟，也穿鞋成天在他家的席梦思床上蹦。一天，这个小朋友要买宝像，没钱，就到他家一只有三面可折叠大镜子的柚木梳妆台前，把一张手写的"勒令"一粘，化缘说："大楼红小兵组织请你们出五块钱！拿来呀！"女主人恭敬不如从命。不过，由于丈夫工资从二百二十五元割掉了百分之七十五，她自己也只剩一点点，钱不够用。刚去旧货店将珍爱的一条水獭皮大衣卖了，才值四十元。红木家什当柴爿，肉痛得不行。

"阴阳头"左手边第二，是五楼的土木建筑高级工程师许士祺。妻子长得知性端丽，教师职业又使她善于言辞，怎奈一口半生不熟的粤腔沪语，不大好懂。那年，电梯间过堂时她说了一句："我系反动嘅资产阶级知识分子。"大楼小朋友们竞相模仿，流行一时。许士祺浙大念书时，遇上日寇侵略，国难当头，一路辗转流亡于江西、贵州，毕业后到了重庆。当年，修建中印公路、中缅公路对抗战胜利至关重要，土木专业出身的他义不容辞，以实习生的身份，参加了这两条公路的勘察工作。荒山野外，敌机轰炸，艰苦卓绝。解放后，他在原市长赵祖康先生麾下，搞城市建设，外滩中山东一路就是他设计的。风暴来了，他在供职的城建局首当其冲，成了冲击对象，靠了边，天天修马路、铲石子，还要不断写交代："为什么帮国民党修路，而不是共产党？有没有参加三青团？"心里十分郁苦。他有一回对女儿说："活着真没意思。"工资一割割到十五块，一家六人只有六十块怎么够？不得不变卖衣物，拆东墙补西墙。

许士祺右侧站立的，是他城建局的同行，一个总工程师，名字叫袁宗瀚。据说，袁宗瀚原是国民党的文职少将，鼻梁上架一副金丝边眼镜，留唇髭，叼烟斗，夹着个黄牛皮大公文包。他身材颀长，腰板笔挺，文质彬彬，算得上玉树临风。富裕家庭，有了三个漂亮女儿，更是锦上添花。父母崇尚欧化，分别给她们起名：安娜、海伦、梦露，一听就是吃牛奶面包巧克力长大的。自小请钢琴老师指导，姊妹们弹得一手好钢琴，就数小女儿梦露最有灵气，长得也最标致，被宠得不行。不过，小女儿初中没考好，从此走背运，竟至染上轻度抑郁症，成了父母一桩心病。大楼里出名的人家，要面子。梦露出状况是万万讲不得的，所以没人晓得。国民党少将，很招摇，于是被轮番抄家、毁灭性抄家——红卫兵、造反派手里擎着一把奶子铁榔头，见东西就砸。镜框、落地门窗、台面玻璃、古董精瓷、捷克水晶等，碎片渣子一地，脚都踩不进。父母头几年关牛棚，三姊妹跟着老保姆过了一段时间。她们中，梦露最娇气，还有暗疾，经过这些事受了刺激，抑郁症加剧。生产组上班不去了，漂流在社会上，结交些差不多门第的人。几年下来，竟然在四川中路、横浜桥一带很有名气，私下里被叫作"交际花"。顶匪夷所思，是家里一只钢琴琴盖被劈了两下，居然留下了。夜来人静，大楼里有时会传来琴声，唱外国民歌，或《松花江上》，"九一八、九一八"，听来骇然。阿文攻就驻扎在大楼里，怎么竟有这样的事？据说，有人确实冲梦露喊过几嗓子，有人还把她撵走，但对脑子有点毛病的人，似乎也没办法。万籁俱寂，星汉灿烂，苏州河上摇橹船吱吱扭扭，驶过时，忽闻"夜半歌声"，倒也别有一番风致。

在袁宗瀚右手边第九，他叫吴旺才，靠边老干部，行政十二级。从前，有人看到大楼门口，有一部旧嘎斯吉普车接老吴上班。老吴一身半旧哗叽灰制服，瘦得衣裳空落落的，一边袖子管更是飘飘然，原来打仗时胳臂被打断了。吉普车帆布篷里，隐约还坐着好几个干部，这是拼车，顺风带人，既省事又节约。自打筋斗云里掉下，几年来他始终一面扫厕所，一面算日子何时复出，并且多有立功表现——太积极了，反倒惹人嫌。比他跌得更深的战友，都"结合"进班子了，老吴倒没有。于是，天天吃闷酒。喝土烧，只用糟鸡脚爪、油氽豆瓣、花生米之类过酒。妻子阿香，年龄要比老吴小一圈还多，原先嫁给"大亨郎头"颇自喜，可以卖弄卖弄。不料如今跟掏粪的差不多，恨得无可无不可。夜里，一脚把老男人踹下去，悻悻骂着："老棺材，侬还不知足呀！算我瞎了眼，倒八辈子大血霉……"

阿香最早是从苏州河里漂上岸的。到席秉逊家帮佣，那时还是小大姐。嫁老头子去了香港，遇人不淑。回来了，赶紧又嫁给老吴，风光了好几年。今天，老吴不请自来，这也是被"要好好表现"的心理所驱使。他抖抖豁豁，风也刮得倒，妻子不放心就陪他来了。夫妻俩来得最早，阿香方才远远看见闺蜜娇鹂，想打一声招呼，但一看她喜滋滋的样子，立刻就蔫了。再看乔师母苦哀哀地挼求娇鹂什么——乔师母家的老头子从前比老吴还威风呢，就这么一比，阿香立刻觉得矮了三分。"老乔解放了，老吴呢？"她思量着，心里一酸。正在这时，她一眼望到花白头发的老吴的一位老战友。有一次过年，夫妻俩上老战友家串门，赶上一家人热热闹闹在包饺子吃。据说，有福之人会吃到好东西。端着蓝边大碗，韭菜肉馅饺子热热地往嘴里送，一嚼，"咯嘣"一下，牙齿差点咬碎。取出来一瞅，竟是一枚镍币。"运气运气，算你的了。"女主人笑呵呵地说。阿香不懂老山东的规矩，尽管老吴也是那边的人。"听说北方人吃饺子过年，饺子里面包银角子，真这样啊？唉，脏兮兮的……"感到一阵恐怖。

吴旺才的左边第三是唐韵珊，右边第五是鸿禧。前者，一张狭长、秀气的马脸，农家大妈式的短发，发脚高，显得有点像鸭屁股。她父亲曾是某某大王，昔日上海人家家用的"钢种锅子"都产自他厂。大女儿唐韵珊从香港返沪代父出征，因为乐善好施，接济旧人，有"女孟尝君"之称。不久倒了霉，刚开始市里头头还下令保护她，后来头头自己也倒台了。唐韵珊给头上扣着钢种锅子游街，流着泪，给爹爹手下的工人们下跪。接下来，每天就做着最苦的苦活，起早落夜。因为按规矩，牛鬼们上下班都要提前或延长一两个钟头。厂搬到郊区去了，路远，每天单程要换三部巨龙车。今天发高烧病休在床，被桂阿姨敲门一叫，不能不依。后者，长得尖头、黄牛肩胛，不过他做事有担当，不是上海人说的"黄牛肩胛"。像唐韵珊一样，他也是资字头的第二代，父亲是纺织业大老板，1949年前撇下原配，带最小的姨太太去了东南亚。鸿禧留守在沪，一半也是替亲生母亲打抱不平，谁知原配郁郁不欢，不久就死了。鸿禧一度春风得意，因为新政权亟需发展经济，稳定市场，安抚工商界。鸿禧国内国外两头跑，两面吃香，在父亲的酒桌上，被夸"红色资本家，后起之秀"。没嘚瑟多久，就在为自己的轻率和狂放深悔了。柿子拣软的捏，每次运动，他都得过上一遍，戏称"老运动员"了。鸿禧站在请罪的行列中，无意之间与唐韵珊的视线交碰了一下，两人稍微点了点头，以示"你活着，我也活着"的侥幸或庆幸。"活下去！"他心里呐喊道。

在两个资本家的前排第五，是曾翠玉，一位笃信基督的教徒。父亲是牧师，她九岁时父亲就去世了，但是她家在庐山上的曾公馆，却是当年宋美龄庐山度假小憩时必定要来做礼拜的。由于新政权的感召，正在沪上大学念书的她一度曾放弃了宗教信仰。为此，她后来为自己的动摇和背弃深切忏悔，于是，更信基督了。她没有工作，没有单位，没有收入，像水波间的浮萍那样青翠而又不羁，逍遥自在。光景好的时候，她曾悄悄在大楼私下里向一些可靠的熟人传福音。这些事，当下早停了，谁敢呀？不过，如果有人出卖她，就没法活了。况且，她过去的行踪，文攻武卫指挥部、居委会似乎也在打听、深挖。因为碰上桂阿姨时，她会狠狠地瞪上一眼，充满阶级义愤似的。曾翠玉很谨慎，这里本来她不该来"晚汇报"的，也轧了一脚。

一般而言，河滨大厦受冲击的人群大房间占绝大多数，但普罗大众住的保姆房——小房间，也不是保险箱。此刻人丛里，分别在前排右起第十一，和后排左边第六：阿强和"美女特务"就是小房间里的。养鸽子的阿强曾是造反新贵，因眼睛不长站错了队，一记被打回原形。他妻子阿强嫂，是天潼路转弯角子一爿酱油店的一道风景，人称"酱菜西施"，如今已同丈夫分居了。听说大楼下面烧锅炉的一个肌肉男正在追她，令阿强十分愤慨。而"美女特务"，她就住在六楼小房间。处于那个年龄段，美不美，基本都黄脸婆一个，加上不打扮，"美女"谈不上，不过特务倒是真的。因为她的双胞胎儿子曾拿着母亲的老相册卖样，照片上，她头戴橄榄帽，美式薄呢短夹克，打领带，纤纤指间还夹着香烟。据说，她曾是中美合作所谍报员。不知什么时候搬到大楼来住了，直把小房间当做了避风塘。可照片一露馅，就给揪住了尾巴。不久后的一天，忽然又搬走了，不知所终。

2. 电梯旁

过道旁，"晚汇报"人虽多，但始终静悄悄的，谁也不敢出声，人人低着头。时不时，只听见"哐！哐！"几声脆响，它是从一道铁门和一道铁艺活动栅栏门传来的。从 N 楼左右两部手动式电梯上上下下的乘客，偶尔驻足瞥一眼，感觉眼前就像在搞什么仪式似的，一鞠躬、二鞠躬。开电梯的师傅已换了，阿胡子带出徒弟，自己就坐写字间了。大楼里，数他开电梯资格最老，老沙逊时就在这里上班了。从前，他每天制服都熨过，戴一副白手套，乌油的头发上了金刚钻发蜡，铿铿亮，头势煞清。他管得严，大楼住户或访客假使抽烟，或夏天穿汗背心，是不被允许进电梯的。解放初，看见娘姨杂役或衣冠不整者，远远甩手让他们走开。分不同层次，对有的说："电梯忙，不好乘的。"对有的大叹苦经："对勿住，违反规定我要吃牌头。"对有的则干脆说："去、去、去。"顶层塔楼上，驻扎着一个排的解放军执勤。五十年代，清一色苏联式军服，头上戴着船形帽。夜晚，顶楼上有探照灯、防空机关炮，不时操演。楼层高，坐电梯是很自然的事。一次，战士要乘电梯，阿胡子不认识，居然连解放军也给拦下了，气得战士拔出枪来，大吼一声："你要干什么？"此外，阿胡子还是大楼一只小广播，消息灵通，在轿厢里聊些张家长、李家短，有点炫耀的意思。还喜欢跟熟人开句把玩笑，跟相熟的女客打趣，说话促狭。由于他性格太活跃了，活宝一个，竟让人忘了他操作电梯的技术呱呱叫，绝对是一流的。果不其然，自从换了他的几个徒弟开电梯，其水平高下立判。

原来，这种纯英国式的老爷电梯，轿厢门边有个铜把手，往前面一推，电梯就升；往后一扳，电梯就降。开电梯需要人工控制，是个很精细的技术活。因为电梯停下还有一个惯性，每楼都要停得跟楼面一样平，不太容易。阿胡子基本能做到每个层楼都很平。偶尔也会小豁边，楼面跟轿厢有点差距，这时他就会一脸和蔼地关照一句："当心！停得不太平，大家都注意点喔。"甚至，有时候停得间距大了点，他会重新把门关起来，重新停过，保证乘客出电梯舒舒服服。然而，他的女徒弟们就不这样了。女徒弟铜把手功夫欠佳，一推一扳，每每不是高就是低。高了半截子悬着，脚伸下去差半个台级；低了，要往上蹾小半级。年轻人还可以对付,老人孩子就吓势势了。可尽管如此,从不肯重新停过,嫌烦。说她一声,女徒弟爱理不理的样子,说:"我有啥办法啦?"或者:"喔唷!譬如多走一步好咪。"乘客摇头。于是,开始怀念阿胡子开电梯的日子。传到阿胡子耳朵里,很得意。不过,令阿胡子更加自鸣得意的大手笔还在后面呢。

大楼里不少人家被轰出去,房子空关。红卫兵、造反派,还有奉命进驻的文攻武卫战士,就纷纷占山为王安营扎寨,各楼层旗帜一插,门外牌子一挂,高音喇叭对马路一喊。于是,名目繁多的总部、联络站、办事处、指挥部像清明前后的竹笋毛笋一般冒出来。而大楼里,刚开始一些干部子弟也不甘落后,趁热打铁,找着几间野猫做窝的空房间,成立"七一""红东北"等红卫兵组织,专设办公室。红卫兵也有反张春桥死磕的,插队落户到边外了,还给押送回来,吃几年官司。而更多的是胡闹,外滩、苏州河畔兜一圈,看谁不顺眼,就押来一顿暴打,打得只闻一片猪嚎骡叫。人是看不见,不过哭喊声、哀求声传到了小花园里。大楼平面S形的特殊结构,四处高楼屏障,挖出给小花园的一块空地,形成空气对流,恰似一只巨大的喇叭箱,哭喊声成倍放大。打过之后,或放了,或继续羁押。红卫兵感觉很好,想打谁就打谁。后来,随着自己家也不保了,抑或上山下乡走了一大批,渐渐门庭寥落。同样,一些总部、联络站、办事处也回归沉寂。

由于阿胡子工作的便利,手里还有一串串清铃哐啷响的钥匙板,自然对大楼里的空置房心里有数。不久,找个什么名目"解决解决困难",或临时当个货栈,堆放些个破席子、坏棕绷,烂脚盆面盆火油箱。过了近十年,空屋归于自己名下。就这样,原先一家挤着四个半平方米小房间的阿胡子,不声不响,慢慢做成一篇大文章。像阿胡子这样闷声发迹的人,还有不少。几十年后,当年老沙逊下面一个卑微的电梯工,轻轻松松拥有了大楼里好几套房子。到了老公寓一平米值十四五万块的时候,阿胡子真正成了赢家。当然,这是后话了。

当下，OTIS手动电梯的"哐哐"声响个不停。所谓"只听楼梯响，不见人下来"，一旁几个戴藤帽的阿文攻和居委干部，见"晚汇报"已差不多了，召集人常委老屈却迟迟不露面，心里未免犯嘀咕。有几个借老瘾头上来，纷纷到临河的窗子前抽香烟，互相碰了碰胳臂肘说："嗳，老屈究竟啥名堂经？近一向，路子怪。嘴上挂着个'伤脑筋'，动不动就说。"对方神秘兮兮地回答说："老婆跟他吵得不行，听说离掉了，他要面子，不肯讲。"一个忖了忖说："哪能好夜夜不回去呀？"一个颔首说："要老婆守活寡肯定是不答应的。""啥叫不答应？都活掐在床了。""真有这事？怪不得咪。""依我看，吊在大楼里算啥意思？不如早点收摊，一拍两散，大家跑路。"原来，阿文攻大多数也是来混饭吃的。听了烟友的话，他忙笑答："侬急啥啦？这里混混啥不好啦？回厂开铣床刨床一身油腻，到底苦的。这里上班，衣裳勤换，茶一泡，报纸一拿，肚皮饿了，到隔壁点心店去吃碗阳春面、小馄饨……"更有几个蹩脚货，时不时问资本家借铜钿。即令晓得借了从来不还，人家哪敢不借？

正交头接耳谈得起劲，望电梯那边一觑，一扇铁门、一扇活动铁栅栏门次第移开了，只见老冤家——"小笼馒头"孃孃兴冲冲一脚踏出轿厢。由于电梯与地面差了一截，不防备"咕咚"绊了一跤，跌坐在地。老太从前在洋人家当阿妈，年迈糊涂，嘴里净絮叨些洋人家的旧事。前几年，因为追查"沙逊俱乐部案"，刚好她嘴里老说"英国人老板（沙逊）"，进驻指挥部立马揪住不放。这么一来，素来孤寂惯了的孃孃一下吃香了，被当成一只国宝级的大熊猫，怕她病了，更怕她死了，竟特为派几个阿文攻贴身护理。谁知孃孃不配合，死活不说，甚至要寻死，把阿文攻气得牙根发痒。"老冤家"就这么来的。孃孃见电梯厅里有这么多老邻居，心里十分喜欢。拍了拍屁股爬起来，空心手掌互相叩击着，发出一串"呱、呱、呱"。不过，自从尝过文攻武卫的苦头，学乖了，见了不再把洋人挂在嘴上。偏偏有个贼忒兮兮的后生家,见"小笼馒头"正待离开,忙叫住老太,咦了一声说:"孃孃,这一向怎么不说'英国人老板回来了'?"孃孃也认不出谁是谁,对着这位油嘴滑舌的小年轻就啐了口,骂道:"呸!想钓鱼么?真当我有这么傻?还被你们关进游泳池?"还说:"你额角头上就写着'文攻武卫'!"小年轻坚称自己不是。孃孃想:你明明是阿文攻,还说不是。随即说了一句:"要出大事了!"小年轻忙问:"什么大事?"孃孃笑答:"不好告诉你们的。"忽见"晚汇报"人丛旁,站着阿香,但凡从前做过娘姨的都认识,仿佛大楼里老早有这么一个帮会似的。孃孃拉住阿香的手,拉到墙脚跟头对她附耳说:"揭盖子文攻武卫长不了,要跑了!真的,不骗你!"阿香听了一怔,心里"啊呀"了一声,因为这样的话,老吴是白表现好了。孃孃拍着巴掌走了,长廊里传来"呱、呱"的声音。

此刻,"晚汇报"的人们继续低头肃立,上面不发话也不好停,时间也比往常足足延长一刻钟。几个执勤的阿文攻、居委干部零星站在一旁,好像考场上的监考员似的,踱来踱去。因为谁也不是头头,做不了主,只得白耗,但已明显等得不耐烦。照老规矩,老屈既然召集牛鬼们一起来"汇报",结束后,肯定要有一番新动作的。老屈就是口才好,兴之所至,滔滔不绝。晚上七点半了,平时这些阿文攻早就下班。终于,派人去楼下的进驻指挥部办公室问一问:常委要不要作指示?过一会,一个阿文攻气喘吁吁跑来传话:"老屈同志说,没有指示,散了吧。"

阿文攻说:"散了吧!"居委干部也说:"散了吧!"

于是,"晚汇报"的人们就散了。

第十四章

1. 老屈

五楼指挥部办公室里,老屈正坐在偌大一张桌子前写东西。一盏鹦哥绿扁长玻璃罩的台灯投下匀匀的光,烟雾缭绕,烟灰盘子积了一捉堆的烟屁股。灰盘周围的一小片羊毛毡上,尽是陈旧性烧焦的小黑洞。这份报告很费劲,憋了老半天也没写好,又涂又抹,还少不得誊抄一遍。方才,有人来问常委要不要去作指示,他似乎正处在这种不顺手的焦烦之中,一口回绝。其实,倒是打好一大篇腹稿的。

近一向,也不知怎么犯了丧门星,倒霉事都碰一起。首先,上面一直给他撑腰的一个头头给栽了。大联合之后,各派势力"黄牛角,水牛角,各管各",台上握手,台下踢脚。有人就老是揪住他不放。幸亏,上面有这位头头罩着,不光使他远离了是非之地,进驻大厦如果一炮打响,还有机会往上爬。如今,靠山一倒,便成了无本之木,朝不保夕。其次,分管领导一向和颜悦色的,不料,两天前对他大发脾气,讲到文攻武卫进驻大厦的事,更是横挑鼻子竖挑眼,差不多一笔抹杀,还限期要他交一份"总结报告"。来者不善,让他背脊骨后面一阵发凉,脚骨打颤。再则,妻子对那年胎儿脐带绕颈死了耿耿于怀,加上进驻大厦又不大回家,心生怨艾,竟然同别人有了"外插花"。这口气,如何忍得下?前两桩事,据他揣测,应该是有关联的。倘使真这样,那么,这个常委就做到头了。

不久前,他手下一个阿文攻有请常委作指示,其实是有揶揄奚落意思的。因为现在不光是进驻指挥部里,就连一般人员,都把老屈看成是一个没用的蠢货。拿俗话讲,是所谓"阿污卵冒充金刚钻"。仅举一例,但凡上面来基层开现场会,领导总要发指示;而一个小小的进驻指挥部常委,也够得上?存心"腾腾"他,吃他豆腐,也不晓得?诚然,实际也并非如此。不过,就像打针灸一针扎进去酸胀无比那样,让他更感到吃酸的,是"最后一次"。譬如:作报告、总值班、训斥牛鬼、坐办公室、签批文件、打报告、召集班子开会等都是"最后",仿佛夕阳残照,洋泾浜上海话叫"拉斯克"。甚至,来河滨大厦也是"拉斯克"了。似乎官运到头,都完结了。"我老屈,没有功劳,也有苦劳啊。自从一月风暴里杀出来……"他不禁伤心欲泣。

睡铁路、扒火车进京控告、制造"三停"……上海轰轰烈烈的大事,哪桩没他老屈的份?远的不提,就是奉命进驻河滨大厦,他率队来"揭盖子",在这幢帝国主义阴魂不散的大楼里,"放火烧荒"、穷追猛打、深耕细挖、上挂下联、层层突破、内查外访,可谓栉风沐雨,筚路蓝缕,甘苦自知。数年里,别的不说,就生活起居而言,他带头打铺盖卷、睡水门汀;自备搪瓷碗,吃小食摊没饭贴,值夜或加班无加班费;患高血压仍坚持不乘电梯;三百六十五天基本无休息,发高烧、得痢疾、患急性结膜炎坚持上班;即令老婆生孩子,照样开大会……想不到,辛辛苦苦一场,落得这个下场,未免作"早知今日,何必当初"之想。心像被挖空了,缥缥缈缈,一片惘然。但即便这样,倒不忘记指间拿两枚镍币,揪拔胡茬。涂涂抹抹的报告纸上留下了胡须尸体,每一枚都带着胶质、透明的蒂头,发黏。

边拗胡茬,边寻思什么,走神。至于具体想哪件事,鬼晓得。但想着想着,蓦地一个割头不换的小兄弟眼前晃了晃,阴着脸咕哝一声:"戳那娘!派派阿拉蛮好,我街上游荡快一礼拜了,天天饿饭,也不来看看我,太不上路了吧?"这家伙不是死了吗?他一吓。只见小兄弟一脸血污,浑身焦黑,部分肢体像交春桃枝上的胶质,软沓沓,黏乎乎。"谁认得你?快滚!滚!"他连声叱骂。"老屈,侬哪能翻脸不认人呀?

好兄弟，有福同享有难同当，忘啦？伤心真伤心！"那人哼唧着。他慌忙一抓，是一块黑紫檀书镇，随手掷了过去，接着又把桌角一方洮砚也一扔，砰砰！发出很大的声响。旋即有个戴藤盔、抄长矛的小年轻跑进来，问："老屈，没事吧？"他感觉失态了，咕哝了声"伤脑筋"。小年轻拾起了书镇和砚台递给他，竟都没碎，这种木头拼花地板温润，有弹性。小年轻见的确也没什么，方辞出。"结棍，结棍！太不友好了吧？"灯光斜状切线外，一个暗黢黢的地方，那人又唧哝道。他浑身一颤，鸡皮肤尽竖。"既然如此，恩尽义绝，我就不留了，"那人冷冷地说，"甏怪不讲义气。老屈死！放老实点跟阿拉走，勿老实，把你家房子踏平！打煞侬！"跟着，一缕青烟往苏州河飘去。

老屈颓然坐在一把折了把手的鸡翅木圈手椅上，心咚咚跳，感到孤单极了。那小兄弟，生前因陡然遭遇了一百八十度的大逆转，特别不适应。旋踵之间，就被斥为跳梁小丑、投机分子、野心家。说他"千方百计削尖脑袋，采用孙悟空钻进铁扇公主肚子里的策略，打起旗号，干尽坏事"，是"钻进造反派肝脏的坏蛋"。自然，小兄弟就一个小混混，吊儿郎当惯了，的确也不是什么好鸟。大家尽管一同杀出来，竟无法相容，数年光景，都是"侬搞我，我搞侬"，无非如此。据说，为了搞垮对方，小兄弟使坏栽赃；还两次潜入抄家物资仓库，盗窃抄家物资。受到尖锐批评后，非但拒绝帮助，还密谋制造流血事件，妄图挑起更大规模的武斗；被制止后，愤而放一把火烧了仓库，自己也烧死了。噩耗传来，老屈未免感到难过，甚至寒心。对人搞人，那种"斯巴达克斯式"的惨烈，老屈心里有数。

风里来，雨里去，老屈这批人，把伤害人家当做赏心乐事。并且，他屈某就有不少得意之作。武斗、绑架，设公堂，严刑拷打，家常便饭，小菜一碟。"上手段"，都极其残忍。心里晓得，其实对方屁事没有，只为听不得一句话，或为吃点小亏，泄愤报复，图个痛快。譬如，捉到某常委，拿匕首、小刀一阵乱戳，戳得流血不止，他们却欢呼雀跃；一个打手拿铜管子，打某某某，边打边盘问他，再将其头部用蓝布蒙上，反手捆在凳子上，直到把三厘米长的钉子扎进他的脑壳；女打手对准某某的太阳穴猛击六拳，打得他眼珠凸出，严重失忆，从此无法入睡；将一个行政干部打成休克，冷水喷醒，又毒打一顿，还强迫他躺在台上，嘴塞棉花，用二十多斤到上百斤的铁锭，一块块从脚往上压，直至头颈，重达几百斤以上，饶这样，还不许讲，讲了便遭到报复；用老开皮鞋猛踢一个女头头的乳房，还双手紧紧卡住她咽喉不放，使她当场休克二十分钟之久；设好埋伏，把某某某骗出办公室，毒打三个多钟头，用带钉木棍、铁棍打他，打得休克了，还不罢休，竟然烧头发灼脑颅，剪十指尖，被害人醒了，接着再把他打昏厥；戳了某人十余刀，血肉模糊，还在伤口上撒煤屑灰……

种种虐行，总伴随着某种生理上的快感。"我柴爿行学徒出身，头上没辫子，屁股上没尾巴，怕啥啦？再说，大家又没私仇，这样做，纯粹为了公家……"这话一度挂在老屈的嘴上，但突然之间，从前笃定泰山的一切，似乎变得有点吃不准。想起两个把柄至今还捏在人家手里，不由打了个寒噤。这是他的两桩心病：一次，夺了大印欢天喜地，便组织一批人马到杭州游玩。谁知途中小轿车翻进河里，数人受重伤，损失几万元。再有一次，召集七十多人去外滩市革会控告，车子不慎冲入黄浦江，幸亏抢救及时，但还有三十多人受伤。这就是"四·九"事件。为避人耳目，他来了个金蝉脱壳。这些事，心里清楚，赖是赖不掉的，时间一到，全部报销。"伤脑筋呀伤脑筋！"他兀自叹息说。

此刻，印有喷红某某公司革委会抬头的报告纸上，已写了好几个自然段。另起一行，开首，他写下"继续深挖隐藏在各个角落里的大蛇小蛇、毒蛇、美女蛇……"，手里的铱金笔就停住了。三年来，对这些家伙，可领教够了。乍一看，这些人好像病病歪歪、五痨六肿、抖抖豁豁、弱不禁风；抑或一副服服帖帖、低眉顺耳、识相知趣、点头哈腰的样子，倘使以为文攻武卫战士的大头翻毛皮鞋，一脚把他们踩在脚底，那可就大错特错了。刚开始，一番"杀威棒"之后，进驻大厦的阿文攻们，包括指挥部头头，私下都觉得，这栋帝国主义阴魂不散、资本主义十分猖獗的大楼里，大蛇小蛇、毒蛇、美女蛇是"泡在汤里的油条，硬不起来了"。有的阿文攻甚至乐观地说："坏家伙是'鱼摊里的咸鱼——腌死了'。"果真如此吗？非也。经过一番较量，如今看来，实在显得轻率、幼稚、可笑。真要深挖深耕挖出成效，看来相当困难。

一抬头，一个女子款步进来了。她中等个子，肤色细白，齐肩短发带点微鬈，戴着秀琅架半框深度近视眼镜，虽已年届六旬，且神情黯然，但一举手一投足，依然掩藏不住其气质雍容、风度潇洒。她是这个大套房的女主人。由于原先的起居间兼画室被占，从此便不往里边瞅一眼，面前一派萧疏，倒有一种"大漠孤烟直，长河落日圆"的况味了。

2. 女画家的房间

女主人踅转身，顺内走廊往里走着，并排还有两间屋，笃底是狭长的厨房间，南面朝苏州河。厨房有一扇边门通外面的太平门，平时不开。这个大套房的位置似乎有点尴尬，因为正门刚好对着这层楼西侧的垃圾房，特别是一只泔脚缸不敢恭维，雨天有股子异味。冬、秋、春还不碍，夏暑天空气流通，关不了门，可就有点吃不消了。

所以从前，女主人一向喜欢在画室里焚香品香，"炉瓶三事"，炉、瓶、盒样样不缺，配以疏枝瓶花。折枝花讲究主副有致，清疏简淡为宜。冬天，却是水仙、腊梅、香橼、佛手这些清雅之物当主角了，天然幽香淡淡的，不绝于鼻。女主人是沪上一位知名画家。浅色丝质窗帘旁，一张六尺乘五尺的花梨木桌子，大如半个乒乓台。桌边一个荣宝斋鸡翅木笔挂，挂着羊毫大白云、中白云、小白云、提笔，和狼毫叶筋、衣纹、钩线、衣纹等笔。瓷质镂花四方调墨盘旁边，间或放着粉青或青花瓷笔洗、水滴、水盂、水碗、墨碟，还有豆青汝窑冰裂开片釉五指山笔搁，黑梓木荷花笔筒，黑紫檀木镇尺，镂空梅瓶，以及砚台、石章、印泥等。其中，一只鲤鱼造型的铁梨木书镇特别惹眼，见了未免会心一笑，因为这位丹青妙手，她正是以擅画鲤鱼驰名的。

听说，早年她曾养了一缸鲤鱼，师法自然，潜心观摩，画来格外传神。海内"一绝"，素有"江南鲤鱼王"之称。除了鲤鱼，她喜欢的鱼类还有鳜鱼等。作品题款，有一类为《鱼耀龙门万仞高》《腾飞万里》《鱼跃图》《鱼乐图》《春江鱼肥》《莲塘清趣》《九鲤图》《九余图》《双鲤图》《年年有余》《季季有余》等，映射出内心或性格中的蓬勃向上、乐观、豁达、开朗、欢快、好胜、倔强、自得、喜感的一面；有一类为《美鲜》《季季有鲜》《厨房鲜味山狸也垂涎》《桃花春水鳜鱼肥》，她身上特有的随性、机趣、俏皮、粗犷、冷滑稽、幽默、实惠、美食家的一面，跃然纸上。而两者相加，就可以看出她的性情和为人了。

的确，作为才女型的画家，她既兰质蕙心，又豪爽随性，并且多才多艺，琴棋书画皆通。

四十五岁那年，一次联谊会上才邂逅了她的真命天子。她先生是民国赫赫有名的体育专家，著作等身。同时，还是一位绘画好手，办过个展，收藏徐悲鸿等名家字画及古董。这一对伉俪丹青做媒，书画结缘，真可谓才子佳人，神仙眷侣。闲来，夫妇唱和，诗酒风流。邻居们长廊里来来去去，打太平门旁经过，隔墙不时传来皮黄、昆曲，宛若天籁之声。夏日，电梯厅一侧的一扇边门打开了，只见里面夫妻俩一个弦子，一个琵琶，你弹我唱，你唱我随。弦索叮叮咚咚，一曲评弹开篇，婉转飘来，叫人忍不住驻足观看；或兴之所至，夫妇俩伴着留声机袅袅，来一段《坐宫》《游龙戏凤》对手戏，抑或妻子独唱几曲，"苏三离了洪洞县""海岛冰轮初转腾"等，无不有板有眼，字正腔圆,信手拈来。同楼层的一个小朋友,天天早上要去电梯口拿牛奶。广口牛奶瓶放在有小格子的蓝色塑料筐里,半磅或一磅,一瓶高一排,层层摞起,取完撤了空筐再来一筐。小朋友每每能在这里遇上女画家,偷偷一觑,她一身丝绸曳地睡袍,宛若婚纱拖地,优雅之极,惊艳得不得了。

那时,大套房三间房子只有夫妻俩住。直通到底的内走廊两旁,墙上挂着许多女主人的得意之作,立轴、中堂或镶着细红木框子,或裱着绸绫。画的主角,自然是鲤鱼,芦雁也是她喜欢的题材;另外还有仕女、花鸟、走兽等。大楼房子楼层很高,宽敞透亮,给人的印象,竟像是来到朵云轩的一个副厅里了。展品中,还有一幅徐悲鸿名作《负伤之狮》的摹本。它与原作一模一样,不看摹本上的题词,还真不晓得竟是女画家临摹的。原来,适逢新婚大喜,这一年,北京"徐悲鸿纪念馆"也落成了。由于女画家的先生与徐悲鸿交往极深,既为民国时中央大学同事(一个是艺术系主任,一个是体育系主任),又是挚友。同时,作为收藏家,他还将徐氏名作《愚公移山》《田横八百壮士》《负伤之狮》收入囊中,它们皆为传世之宝。其中,《负伤之狮》还是他们寓居陪都重庆时,由于日寇入侵山河破碎,而产生的感时伤怀之作。在这幅画的题识上,徐悲鸿写有"……国难孔亟,时与R先生同客重庆,相顾不怿,写此聊抒忧怀",R先生就是女画家的丈夫。此画后来徐悲鸿赠予他了。

两年前,徐悲鸿不幸离世。在北京"徐悲鸿纪念馆"建立之初,徐悲鸿的妻子廖静文女士致函到河滨大厦,向她丈夫的挚友征集遗墨。挚友践行诺言,将所藏《愚公移山》《田横八百壮士》等悉数捐赠北京。由于其中的《负伤之狮》意义特殊,又恰逢女画家与丈夫喜结良缘,新婚志喜,且妻子也是丹青妙手,于是,天时地人和,促成了摹本《负伤之狮》。她先生躬逢其盛,还亲笔题词曰:忆自1937年日本侵略我国时,余与悲鸿老友随校先后至渝。斯时大江南北俱遭铁蹄蹂蹰，每言及悲愤溢于颜面，特为《负伤之狮》之寓意。不幸一代大师竟于一九五三年作古。一九五五年成立悲鸿纪念馆，其夫人廖静文征求遗墨，割爱奉贻。并由爱人临摹一帧，形神俱得，以作纪念。

谁知十多年后，女画家的寓所冲来一帮子粗鄙之徒，他们哪里知道谁是谁，一看，大套房的内走廊、屋子里挂满了"封资修"，以为查到了大黑窝，大喜过望。他们手撕脚踩，乱了半天，随即打扫战场，将鲤鱼、芦雁、仕女、花鸟、走兽，包括摹品《负伤之狮》，统统当做垃圾扫出门去，等待有便车时再装走。一只粉彩瓜棱落地大卷缸孤零零地在垃圾房前"立壁角"。大卷缸里外，珍宝样的立轴、中堂、册页、扇面等，破烂般散了一地。有很长时间，大头翻毛皮鞋踢，搭襻布鞋踩，苍蝇叮，蟑螂爬，老鼠咬。大楼里人心惶惶，再说也不识珍宝。所以，长廊里来来往往的过路人或扫一眼，或跨一脚，人人熟视无睹，个个弃如破盆烂碗坏套鞋。整栋大楼几百户人家，竟无一人留意女画家的画作。到了新世纪，北京某拍卖行将一幅《鱼跃》竞拍，以二百二十万元人民币落槌。当然，这是后话了。

画作被逐，更麻烦的是，几年后文攻武卫战士奉命进驻大楼。来到太平门前一看，这个大套房偌大的三间屋，两个箱子间，一个内廊式长阳台，煤卫独用，居然只住着两个人，也太享福了！再里里外外打量一番，太平门，电梯厅（解放后就封了），面朝苏州河，东面外滩一溜大房子，每天清晨一轮红日从黄浦江粼粼水波间升起，何等庄严，何等景仰——好了！把进驻指挥部办公室设在这里再合适不过。于是，搬的搬，抬的抬，扫的扫，贴宝像的贴宝像，挂指挥部牌子的挂牌子，不消一包烟的工夫，常委老屈、班子成员老顾、老黄等，以及后勤黑皮小杨（没有女秘书一说）等纷纷入住，进驻指挥部的心脏就在这里跳动起来。每天每年，老屈他们就在这里上班。女画家一张六尺乘五尺的花梨木桌子前，指挥部这个中枢神经每时每刻把兴奋点传递出去。有半个乒乓台大的红木桌子上，抄大字报、堆放收缴物资、累了趴着眯一觉,都非常受用。自然,主人那些坛坛罐罐、笔墨纸砚等,有的下岗,有的抛进门口垃圾桶,有的废物利用,各取所需。譬如,黑紫檀木镇尺、老红木鲤鱼、毛笔砚台等,就听从老屈使唤着,一拿也很伏手。没事时,摸来摸去,把红木鲤鱼摸得更光滑了。红木桌子前,完成了一个又一个完美战役的策划和向下布置:400号C字门口,两只旧柏油桶搭起船用木跳板,牛鬼蛇神站在上面示众;还有"沙逊俱乐部案""反抽盗团伙案"等一连串的揭盖子大行动。

自从指挥部驻扎在大套房里,女画家两口子就乖乖躲到旁边的卧室里,饮食起居过日子。平时,与指挥部老屈等基本上不照面,因为夫妻俩各自单位里也有挠头的事。两人都是"三名三高""反动学术权威":一个是上海中国画院的女画师,一个是上海体育学院的院长。后者,苦头吃得更多。体育学院的学生哥学生妹个个十分精壮,十分彪悍,"上体司"让人闻风丧胆。他们中,有的成了海上镖局里的镖师,头头的跟班或保驾护航的保镖——自然,这种称谓是不会用的。试问:女画家的丈夫如何吃得消这班准专业打手的厮打和"甩大背包"?身染重疴,于是,过早离世。可怜一对神仙眷侣,一双才子佳人,就生生被拆散了。天上人间,离魂悠悠,别梦依依。

在指挥部占着房子的几年间,女画家焚琴煮鹤,再也不画了。到了阿文攻撤走,房子空置,花梨木桌子还是天天素面朝天。直到粉碎"四人帮",不久丈夫憾然离世,天人永隔之后,女画家才作了一幅题为"鱼水情深"的鲤鱼图。两条鲤鱼,一黑一红,宛如梁山伯墓碑前飞出的翩翩凤蝶。自然,这也是后话了。

第十五章

1. 田野

　　金粉夫妇回到大石岙，农忙时节没得闲，等到一封家书寄至上农新村，已是一个多月后了。这天，娇鹂一进号门，开了绿漆小信箱，发现里面躺着三封信。因为小信箱不常开，也不知它们是不是同时寄到的。尽管识字不多，她也晓得其中一封信来自大石岙，一封是家恕从黑龙江寄给叔叔的；另外一封信的右下角有两个什么字。锁上小永固锁，就上楼了。早上有点赶，顾不得采撷一些野生花卉——反正，说好今天要到田野里去兜兜风。

　　九时许，一辆轮椅车在乡村小道上缓缓移动着。车上坐着祖鸿，娇鹂在推轮椅，两手握着把手，食指和无名指搭在车闸把上，以便随时刹车。小径曲曲弯弯，一旁是大片田畴，一旁有条小水沟，对面农田深处竖着已缩得很小的架空电线。长条大块的云堆积着，云都圆鼓鼓地凸出来，白中带灰。抽水泵浦在看不见的地方汪汪嚎着。"啾啾！"突然两只燕子互相叫着掠过，仿佛射出枪膛的子弹。两人独处，想说又不知怎样开口，反倒缄默良久。娇鹂"咦"了一声，用愉快的口吻说："唷，燕子！老家堂前就有一只燕子窝，燕子飞进飞出。""管溪家里也有夯。"祖鸿带着浓重的绍兴腔，应了声。见她问燕子年年举家南迁，路这么远，怎么认得窝在谁家，忙回答："这个呀，有点讲究。小家伙脑子里都有一只原生的指南针，能辨别方位，再则记忆力超好，所以，飞回老窝容易得很。"听他说得头头是道，娇鹂打心里佩服，不过像老师教学生那样，似乎不大情愿，便问："话是不假。那，有时候它们一去不回,怎么解释呢?难道罗盘坏了,迷了路?"祖鸿语塞,想说燕子弃窝多半是嫌有人毁窝,或环境邋遢,又觉这样说会自讨没趣。忖了忖方笑说:"也许吧?不过,更大的一种可能性,是它不想要了。"娇鹂嗤了一声:"对对,就像有的人一样。"说着,乜斜一眼。

祖鸿晓得在激他,也不搭理,只慢条斯理地说:"燕窝营养价值很高,不过真正能产优质燕窝的,不是你家或我家那种农家燕。一般房梁柱下的燕子窝,是衔泥拿稻草搭的。"娇鹂似乎兴致上来,吐了吐舌头问:"燕窝真是用燕子的唾液做么?有点腻腥巴拉。"祖鸿回答:"对呀,是用它第一次的馋唾水,像只碗碟,雪白透明。有一种叫'金丝燕'的燕子能出产。更好的一种是'血燕',岩洞里的,属于极品。它的颜色发红,因为岩壁滴水,水里有铁元素等矿物质,慢慢就把燕窝染红了。"娇鹂很钦佩他肚子里有墨水,但红色的血对她来说,仿佛一种禁忌,忙止住了。刚巧,有一双燕子"啾啾"交语着,往他们头上一个俯冲,旋即贴着庄稼地飞掠而去。

娇鹂换了一个话头,说:"乡下燕子的谚语倒有不少。小时候说的,差不多忘了,只记得'燕子不进愁家门',还有'燕知寒门,狗知新婿',是不是?嘴里念,啥意思不懂。"在他们老家,祖鸿与娇鹂虽然隔了十几里山路,但是一条管溪(另一端叫夏溪,也许更远的一个地方叫剡溪),把两处连接起来,可谓共饮一溪水。当地那些谚语哪有不晓得的?但是,"狗知新婿"分明有点撩人的意思,不好回嘴。于是,他装糊涂说:"'燕知寒门'嘛,是说家穷连燕子也不肯来,嫌贫爱富呢。至于后一句,算了,我也不大懂。走吧,走吧。"娇鹂边推着轮椅车,边吃吃笑着说:"原来你也有不晓得的。嗳,万宝全书缺只角呀。"心里却想:"还不好意思呢!"又掩饰说:"刚才说金丝燕窝,倒想起来了,老早娘舅家里常常吃的——妗姆讲究这些喔。"祖鸿说:"妗姆叫馥贞,脾气大,凶哦!"那些过节娇鹂早放下了,只笑吟吟说:"我刚到河滨大厦,才十八岁,啥都不懂。妗姆规矩大,不过也没坏心,怪不得长辈们。"祖鸿噗嗤一笑,但是瞥了她一眼,欲说不说。娇鹂笑嗔着非要让他讲,不许赖,还佯装生气了。于是,祖鸿方说:"嗳,'娇鹂若再要到娘舅家来,我就当她贼骨头——打出去!'这桩事,有没有?"娇鹂脸上顿时绯红,快人快语说:"哪能没有?娘冬采!当时是不懂事,现在想想也真该打!还有'就打你!怎么样?你母亲如果还在,照样要打你! ——养弗家的白脚花狸猫!打不死你!'"是说公私合营那年,因忘恩负义,娘舅怒打大外甥的事。

然而,娇鹂与祖鸿之间,祖堃仿佛也是一个禁区。不小心一碰着,他俩的关系就不那么舒服了,需要撇干净。片刻之间,他们都缄默了。不知什么时候,一只纤纤白皙的手搭在了他肩胛上,他顺势拿一只手轻轻交握住,湿湿的,也不知谁的汗。她感到自己手指尖在被轻轻摩挲着,很惬意,像早上慵懒不想起来似的。前面是一个圆圆的池塘,有半个篮球场大。塘边杨柳依依,水上游着麻鸭,不时脑袋往水里一钻,露出个鸭屁股,两只脚蹼划着水。池边,有一块木跳板伸向水里,农人靠它来汲水、淘米、洗菜,或挑水灌溉。不远处岸边有只泵浦在抽水,一楞一楞螺纹粗管子里的水呈小弧形状,哗哗涌向垄沟。刚才听到的噪声就是这儿发出的。沿池塘,略有些白墙黛瓦或草篷篷顶的农舍,转角一块牌子写有"火油弄",屋前杂乱放着的挑水木桶、铁皮喷药唧筒、农具等上面,也有类似的字样,只不过多了"生产中队"或"某小队"。显然,它便是这儿的地名了。轮椅车一前一后两个人,仿佛都有些哑然,但笑意却是通过交握着的一只手的手底心传递的:谁的指头轻轻在对方手里挠了挠,谁便会意地搔了搔。他们从小在乡下长大,对农活、农舍、农人等都再熟悉不过,但过了屈家桥、铁道和中山北路,拐了几拐,立马就这个样貌,倒十分意外。再则,"火油弄",为什么不是麻油弄、酱油弄呢?或许没电灯时,家家用着美孚灯。难道就是乡下那种玻璃罩里有根细帆布芯子,拿手拧转的洋油灯?总之,冒出许多奇想。这儿后来就是赤峰路、玉田路和曲阳新村一带。

绿油油的农田在眼前伸展着。田里作物，既有绿叶菜，如青菜、鸡毛菜、蕹菜、芹菜、杭白菜、米苋、莴苣等；也有非绿叶菜，如土豆、番茄、黄瓜、冬瓜等；椒类有青椒、尖椒；还有长豇豆、扁豆、刀豆、毛豆等豆类。上海郊农大多种植蔬果等经济作物，以满足每天"菜篮子"的需要。清晨，天没亮，鸡头遍啼，菜农就推着人力车，或骑着黄鱼车进城了。赶在开秤前，把一筐筐蔬菜送往对口的小菜场，抑或副食品公司仓库、批发站。在河南路、四川路、乍浦路三座横跨苏州河的桥上，娇鹂经常看见满载着蔬果筐的人力车、黄鱼车艰难上桥，"嗨哟！嗨哟！"声不绝。小朋友帮着"推桥头"；更多时候，是一辆重车到了桥埂停下，农夫先帮另一辆重车推上桥，然后再一起推原先一辆。菜农进城的人力车，通常结队而行，仿佛沙漠上的骆驼货队。重车俯冲下桥有惯性加速度，似乎更危险。只见运菜人的后跟一脚脚死死撑着，嘴里还大喊"让开让开"。沉默片刻，他们也许都感到了一种压力，闷闷的。于是，把菜农早上送菜进城说了一大篇，实际跟他没啥关系；她则把装菜的黄鱼车如何上桥下桥说了，聊作谈资。谈着谈着，勾连起他在区银行分理处上班的情形来。因通常副食品公司、菜场之类单位是银行的客户之一，有业务往来，发工资提款、借贷等。离开分理处三年了，每每想起，他便感到一种沉痛，虽然一点呆工资，也很有限。觉察出一讲起银行他凄然不乐，她马上跳开了。

"嗳，家恕信上讲啥？近一向好不好？"早上拿了三封信交给他，似乎不大好提，应该避免让他觉得她箍头管脚。但她心里，早就按捺不住。相比之下，大儿子从黑龙江寄给叔叔的信则不妨，关切一下，十分自然熨帖。见问起家恕在黑龙江的情形，他回答说，这封信正好带着。出门前匆匆忙忙未及细阅，刚好再仔细读一遍——反正有的是时间。随即，掏出那封信，展读起来。

像以前任何寄给叔叔的家书一样，套红头"沈阳军区生产建设兵团某师某团某连"的信笺，厚厚一沓。纸张大小不一不算，经常拿钢笔揭几笔，圆珠笔揭几笔，又用铅笔揭几笔；上几页写的时候还早春二月，接着搁下，仿佛被遗忘了，但突然又续信，落笔已清明时节；然后，时令到了夏日炎炎似火烧。然而，最大的问题还不在这里。也许，写信人有个十分清晰精准的定位：直把叔叔当作精神指导、百科全书，解答任何在思想、学习、前途、命运等方面遇到的难题。对一个孤身天涯、年龄才十九岁、说大不大说小不小的孩子来说，诚然，这些纷至沓来的难题简直把他压垮了。所以，这种像滔滔洪流滚滚巨浪，大漩涡套小漩涡式的字里行间，通常充满焦虑、焦灼之感。但凡有关衣食住行、平安健康方面的信息，差不多一字未提。显然，这样一种类似半学术研讨、半硕士论文式的家书，对老大学生的叔叔是可以接受的；而对他母亲来说，则是一种浪费时间或梦呓。

2. 给叔叔的信

轮椅车停在了一棵遮阳的大枫杨树下，蝉声一片。透过梳子般对称的卵形叶子空隙，淡了许多的阳光扫着信笺。祖鸿时常浏览数行或数段，将那些枯燥乏味、过于沉闷的内容跳过了，因为这不是孩子的母亲想了解的，何况也过于艰涩。所以，信的内容一点也不连贯。下面，就是念出声的一部分：

"矢志不渝发奋读书，用了极大的毅力，克服了重重困难，初步理解了马列主义。凌晨三点到地里干活，下午五六点下班。下了班，还学习。怎样才能使流逝的韶华不至于空悲白发、碌碌无为、平庸一生呢？久困丧志。繁重的体力劳动、寂寥的业余生活、远离家园的精神压力，看着按需分配、各尽其能的大旗迎风招展，可眼下，缩小城乡、工农、脑体差别的对自然界、所有制的斗争，是需要付出多少精力来投入这股洪流啊。晨出晚归，大会小会，如何使出百分之一百二十的精力投入攻读呢？人们不得不成为工分的奴隶。分工的局限，使人不能发挥更大的能力。千头万绪心乱如麻。外公又身患重病，不知怎样？"念到这里，祖鸿抬头瞥了娇鹂一眼，似乎在问：你父亲重病了，怎么也不跟我说一声？娇鹂回答他的，只有在他肩胛上捏了捏，这是什么意思呢？是病已经痊愈了，还是这件事他不用过问？如果这样见外，那我算什么呢？冷冰冰的，正没意绪，"喔，那是半年前的事了。我回家过一趟，父亲的病已好了。没事，你接着念吧。"娇鹂说。

"规章制度涉及到无、资的制度斗争。金钱物质刺激。劳动积极性、劳动生产率的提高，靠什么？如果不查领导身上的官僚主义、脱离群众、工作水平，而单方面在群众身上找毛病，评工分，对不对？""清明节到了，这里却地不黄、天不蓝、水不流，寒鸦数声。我又精神百倍，以完全新姿态投入战斗——夜读马恩全集了。用精神力量来战胜物质条件的限制。加速让绝大多数劳动者摆脱贫困的境地。劳动不是为了单纯的生存，而是人生的乐事、新世界的强烈愿望，这一切在猛烈地冲击胸怀。（如果能够）为人类的幸福、为子孙的快乐、为世界的新生（而劳作），我（个人）还有什么（私利）需要保留的呢？为达到（这个）崇高的目标，（我）可以抛弃一切。""（发生）干部与群众打架（的恶劣事件）。如果我已经确定自己奋斗的目标，而不能按照自己的意志执行诺言，那么我算什么呢？今天，我违背自己的意志，表现出不符合自己所要求的道德志向，显出庸俗、对不起自己、背叛自己的意志，成了我的意志的罪人。""近来花钱开销大了，要节俭，（这里有）母亲的心血，我感到心愧。早上五点就长跑开始了。可午夜十二点还在读书呢。读了《哥达纲领批判》，写下了对社会主义分配的认识。啊，为了人类摆脱绝大多数人的贫困，为了使人能够成为人，而不是被压迫剥削（值得为此奋斗），我虽然（只是）沧海一粟，也要贡献于人类解放。关于评工分，争论异常激烈。（城乡、工农、脑体的）差别要靠我们去缩小。可是，（日复一日）繁重的体力劳动，一天下来身困体乏、灰心丧气，这样的肉体锻炼真是难以忍受。（难道）就这样一天又一天？唉，久困丧志。请不要忘记，我是一个工人的后代，只有解放全人类，最后才能解放自己。眼睛合上又睁开，（眼前）还是一本书，掐人中，又埋头在经济学（的书）中。休息天，（难道）还要去场院晒粮、去水利沟公路爆破吗？夜已深，这么困，眼睁不开，用针灸，来打赢肉体（上的极度困乏）。"

"麦收九个小时劳动（下来），（已是）体乏无力，（靠）冰水刺激皮肤，自学至午夜。可刚睡下，清晨五点钟（又要练）长跑了，（只有）五六个小时的睡眠。劳动加三顿饭共花去十二小时，还要连队学习一小时，剩下的，自学、睡眠时间还有多少？我感觉，青年纯粹被作为牲口或劳动力（在）使用，讲得（好听）是屯垦戍边，（但）真正对待青年，又是冷漠、官架子。（所以，会导致）劳动生产率总上不去，群众积极性提不高，劳动者对生产漠不关心。我想的是为人类作出最大的贡献，（然而每天）碰到这样（长时间）的劳动，累得眼冒金星，几乎丧失理智，又怎样坚持啊？又脱了一天大坯。痛苦算得了什么？坚持吧！坚持！（然而，看到的是）连队一帮青年们只知道嬉笑打闹，打牌、喝酒、轧女朋友、玩乐；竟然有人怀了孕，却不知孩子的父亲是谁。还有，生下孩子的某某淹死在深井里，而孩子的父亲却不肯站出来……（略）总之，混混沌沌稀里糊涂。我多么孤独啊。这两天，怎么显得那样累？（一天劳动下来）断骨裂肢、筋疲腱松。晚上十一点半睡，凌晨四点十分又在跑步了。中午还加一小时看书，（每天经过）十小时的劳动，眼睛发涩，（书）看着眼皮就合上了。今天，我参加了《双抢简报》报道组。"

"最后，亲爱的叔叔，让我抄录一首亚历山大·普希金的《我曾经爱过你》，作为长信的结束语吧。"

　　爱情，也许 / 在我的心灵里还没有完全消亡 / 但愿它不会再打扰你／我也不想再使你难过悲伤／我曾经默默无语、毫无指望地爱过你／我既忍受着羞怯／又忍受着嫉妒的折磨／我曾经那样真诚、那样温柔地爱过你／但愿上帝保佑你／另一个人也会像我爱你一样

祖鸿断断续续念着信。娇鹂听他读着，大儿子的焦虑、勤奋、纠结、烦恼、呼号、颤栗、忧伤、苦闷、孤独、愤世、怀疑、挣扎，所有这些她都无感，听见儿子居然在如此折磨自己，到了自虐程度，才诧然说："有毛病喔！大猢狲到底想做啥啦？要死快了，忙了一整天，夜里只睡四个多钟头，哪能吃得消？祖鸿，快点告诉他：不许瞎来，身体弄坍怎么办？就说是我讲的。觉一定要睡足，身体垮了自己倒霉。"祖鸿忙应承下来。方才念信到末尾，一页纸笺碰巧翻过去，见侄儿说抄录一首普希金的诗，似乎强烈地预感到，这首诗会是《假如生活欺骗了你》。因为，一个半大孩子面对理想与现实之间如此巨大的落差，迷茫困惑，飘飘无所依，从而产生某种怀疑。显然，再没有比这首《假如生活欺骗了你》更贴切了。没料到，这个十八岁的小家伙，竟然偏偏与《我曾经爱过你》产生共鸣。难道暗恋谁了？

这么一忖，心里好笑，又惴惴的。再一瞅，娇鹂的神情有点羞怯、讶异。蓦地，她脸颊上泛起了一片绯红。

第十六章

1. 灼热之夏

　　一个礼拜后,推着轮椅车来到了田间,白云暧䀠,骄阳如火。眼前是三岔路,一条路通往远处一小片波光粼粼的哑铃状湖,湖畔有茅舍,间或有人在钓鱼;一条路穿过绿茵,远远与另一条林荫路交叉,此路(东体育会路)的一端从开林油漆厂的后门经过,而另一端远处有个奶牛棚;一条煤屑路远远绕过树林,树林深处有几幢红砖楼房,更远些的地方传来隐隐的喧闹声,它是一个露天游泳池。三岔路的路口来过多回,也没特定的目标,想上哪上哪。"要不要去奶牛棚看看?"他问。后来她嗔怪他是故意的,其实也未必。"嗳,牛有啥好看的?早年我家旁边一间茅草棚里就养了黄牡牛,是地主家分来的,后来归合作社,没牵走。小时候,我还放过牛呢。"她回忆说。"不会吧?你几岁?"他吃银行饭的,习惯在数字上特别精准,一算明显"碰"不拢。她一想,确实弄混了,因为土改那年,她已经嫁到河滨大厦了。不过,婚嫁之类仿佛一个禁忌,马上噤口了。

　　奶牛牧场外有一排木栅栏。露天场子很大,牛很多,个头健硕高大,它们身上黑白花片的毛色各不相同,但肚子下面都有一只圆桶状的乳房,结实丰满。表面凸起着粗壮而弯曲的静脉管,四只乳头呈粉红色,很长。奶牛有的低头嚼着饲料,有的反刍着,有的撒蹄走动,间或发出低沉浑厚的哞声。他很暧昧地笑着。"笑什么?"她问。"没,没笑什么。"他回答,显然,似乎有一句话不便启齿,又咧嘴噗嗤一笑。"孬坏。"她威吓说,因为不知为何的羞耻感与愤怒,脸涨得通红。

显然，刚来到牧场外，她立刻后悔了。虽知道他也不是轻嘴薄舌之人，如果说出什么话，窘不窘？但又一想，觉得很不值，奶牛也是牛，瞎操什么心呀？

绍兴人酒余饭后，多半会讲一些数百年口耳相传的罗隐或徐文长的戏谑故事，不稀罕。过去，祖垫就喜欢专拿这些陈芝麻烂谷子逗乐，开腔就说"徐文长这人下作是下作个"，好像打好招呼，下面讲些不雅事就顺理成章。听者无论男女都哈哈一笑了之，不当回事。她就常听祖垫肆无忌惮地讲不雅事。比方，有一次饭桌上当着弟弟、孩子，说某人的生殖器特别长，像大刀片似的扛在肩胛上，等等。说这些特别起劲。弟弟跟哥哥是两种性格，不像哥哥那样豪放不羁、豁达、粗线条、乐天、喜欢逗乐，花钱没计算，"脱底棺材"手面大，还有点"花嚓嚓"，颇得女人缘；他则比较斯文、胆小、忸怩、内向、孤僻、坚忍、"闷鸽子"脾气，怎么也这样口无遮拦？可见，兄弟俩总是一样爷娘生的。"阿姣，记不记得我们乡下有个罗隐与牛的故事？"他兴兴头头地问。预感他会像他哥哥那样说出没廉耻的话。早年也惯了，更孟浪、更狂野的也有，被丈夫的脏嘴带"坏"了？总之，没所谓——不过，相同的话，兄弟俩说来毕竟不同：一个虽豁边些不算什么，而在另一个嘴里，分明有些占便宜、"吃豆腐"，甚至不轨的意思。她留心别吃亏了，却没想到，故事倒一本正经。上虞民间故事中，关于罗隐的笑话段子颇多。相传，唐末余杭人罗隐才高八斗，无奈运气欠佳，十举均不第。罗隐是"讨饭骨头圣旨口"，说了会应验。"罗隐与牛"讲的是，罗与一帮放牛娃把财主的牛宰杀后吃了，财主来讨要，只说牛卡在洞里。财主一看，果然山洞口露出牛头与牛尾，哞叫摆尾。原来是罗隐一句"圣旨口"，使牛头牛尾变活了。财主去拉牛尾，不料坠崖摔死。

故事讲完了，罗隐与牛的传说把他俩逗得直乐。其实，这个关于牛的传说她早晓得，听他再绘声绘色说一遍，兴味不减。"罗隐这个小赤佬，真是'乞丐身、皇帝嘴'呀！"她赞了声，笑着乜斜他一眼。讲罗隐一向是他哥哥的专利，渐渐也成禁脔不许碰，一忘情，连这个也不顾了。同样，祖鸿是明白人，懂得分际，不会僭越。不过自从落了难，生活困顿，际遇潦倒，未免感触殊深。如此一来，就没许多顾忌了。正说在兴头上，猛可里只见牧场上，一头体格壮硕、黑多白少的黑白花奶牛一跃身，爬跨在另一头奶牛身上，两条前肢夹紧，频频作突击状。而受到攻击的奶牛站立着，叉开后肢，举着尾，发出哞声，似乎在作配合状。这对情人牛身旁，有的牛也显得异常兴奋，吼叫频仍，迅速追赶上前面的一头牛，爬跨上去；而另外一些牛则兴趣淡薄，或站或躺，躲树荫里嚼着草料。显然，奶牛在打栏呢。冷不防，牧场外，站着一个花痴样的邋遢老头，一看就是这儿的常客。花老头趴在木栅栏旁，一面兴奋地瞅着，摇晃身子踢着脚，一面使劲吼叫着："看喏，蹶上去了！蹶上去了！"喊着，不时扭头朝轮椅这边望一望，似乎想搭讪。

但轮椅车已推远了。很远，犹闻"看喏，蹶上去了"的狂喊声。刚才，突如其来的一幕始料未及，一时间，都不知作何反应，窘得什么似的。她深悔迟了一步，见到他脸上似乎带着一丝觉察不出的笑意，不由嗤了一声，想责骂他却又无从开口。"阿姣，你小时候放过牛，这个没见过吧？"他问。"你夠坏！"她恨恨地说。"嗳，这、这、这，跟坏不坏，有什么相干？"他苦笑着，期期艾艾地说。她不做声。接着，他说了一通"冤枉真冤枉呀。牛要打栏有啥办法"之类的辩护词，脸上表情既无辜，似乎又有点阴司促揸，皮笑肉不笑。总之，难以归咎有何不当。他明显占着理——得理不让人就不对了，仿佛是一种欠缺。"嗳，饭泡粥，你有完没完？"她大声吼着。"人家不响，你倒一直说下去。"他默然了。"你夠太坏，刚刚看着就不想走了。很好看是吧？很有劲是吧？"她占了上风，趁势奚落他几句，不料，退居失当，留下破绽。果然，他立马咦了一声，反唇说："奇怪了，你不走，我能走吗？"

她想了想，霎时脸上涨得通红，气得抡起胳臂，"啪"地一响，在他背后落下了几个手印子。他也贱，挨了打反而十分快意，笑嚷着："要文斗不要武斗，怎么打人？"她手掌上火辣辣的，自己尚且如此，一定打痛他了，不过嘴上依然不肯饶人，只说："娘东，轻嘴薄舌的，就该打！"

本来就是上蒸下煮的溽暑天气，这么一闹，越发热了。脸上身上，绿豆大的汗水滚落下来，衣裳湿了好几块，绞得出水。眼前，奶牛棚房屋里，倒是一个清凉的所在。旁边有条小河，牛只要愿意可下河去泡澡。周边橡皮管子喷着水，墙角上还有脚盆大的立式鼓风机嗡嗡吹着。据说，这里每头奶牛大约要日产三十多公斤的鲜奶，自然要享受如此舒适的待遇。水门汀路旁，放着许多有半个身子高的不锈钢奶桶。不远处，停着一辆奶罐车，车上一只通体锃锃亮的扁圆形不锈钢大奶罐，上面醒目四个字"鲜奶急运"。奶牛棚里，女挤奶员足蹬长靴，戴着橡皮饭单和口罩，正在忙碌着。他们的轮椅车到里面转了一圈，看够了才告辞出来。

谁知，车子刚推到了奶牛棚大门口，她突然大叫："啊唷！不好！"喊着，连忙用另一只手捂住了胳臂。原来，冷不丁飞来一只大黄蜂，在她白藕似的左臂上重重一蜇。一蜇之后，这个不知有什么三世宿怨的复仇者，也死了。被蜇的地方起了个大包，又红又肿，灼痒难捱。"看吧，报应也快。"他原先想开句把玩笑的，是说方才她拍了他一记。可一觑，竟被蜇得这么厉害，顾不得了，赶紧掣住她的一条胳膊，捏紧肿块，将蜂针拔了出来。跟着，把嘴唇贴了上去。她还没反应过来，他已用嘴在反复吸吮了——据说，这样才能吸出毒素来。尽管灼痒还在继续，但吸吮时那种有力的收缩感，令她感到一阵心悸，又慌乱，又舒畅。一瞬间，欲泣欲泪。

她有两天没去了。他一直在记挂她被蜇得又红又肿的手，因为如果不是他主张去看奶牛棚，就不会挨蜇。她说：一只大黄蜂跟她是三世宿怨，找她复仇来了，同时它也死了，相逢一蜇泯恩仇，与他又有什么关系？说得凛然，他猜想，这一定是从哪一部绍兴戏里搬来的。不管怎样，说出这种文绉绉的话来，令他吃惊。外面在下雷阵雨，她撑着一把杏黄油布伞来了。问起蜇伤怎样了。她擎起一条胳臂伸过来，一边满不在乎地说："喏，我拿牛黄解毒片碾碎了，放调羹里用水泡，涂一涂，消消炎。"他凑近了一看，手臂上搽一抹土黄色，有股子冰片香气，又辛又甘。伤口比原来更红肿了，似有溃烂的趋势，惊得他跳脚说："胡来！牛黄片是祛火药，治热疖、丹毒、痤疮和通便等，哪里就治蜂叮虫咬呢？"忙拉过她的白胳臂，一边看一边说："黄蜂是有毒的，蜇了身体发热乏力，如毒性发作，更严重些甚至会休克抽搐，非得做人工呼吸、心脏按摩等急救处理不行。"她微微吃了一惊，诧然说："真的？"伤处被他拿手掐掐弄弄，又灼痛又火辣辣的。多年来，她一向只知道关心、呵护着别人，这是她的命。没料到，自己也被如此肉痛着，虽有些大惊小怪，但那样的细心周到却体味到了——久旱逢甘霖，一点点的好意都有些禁不住，便咦了一声说："喂！你哪能样样都懂？"他反问："有没有听说'久病成良医'？"她格格一笑说："瞎讲！你腰受伤又不是其他毛病呀。""我喜欢翻翻医药书。"他的实心她领教过，比方早先学裁缝，真还找了不少裁剪书。"勿动，我看看。"他抓着她的胳臂瞅着，说，"如果红肿不退，说明上次的毒刺没弄干净，兴许一小半截断里面了。——唔，好像也没有。"眼睛一溜，就溜到了她胳臂上的牛痘疤痕，像一只小小浅浅的肉嘴巴。她发觉了，仿佛身上有什么被偷看了似的，脸一红，赶紧抽回了胳臂。"弄痛你了么？"他愕然问。"你不会弄痛我的。"她回答，马上又觉得脸上发烧。接着，他按照医学书上正确的方法，将生姜捣烂了，敷在伤口上，消毒。"想不到你还很会关心人呢。"她说，眼神里有一种恍惚，或异样的东西。"是吗？"他反问。突然，她拉过他的手放在自己胸脯上。他仿佛吃了一惊，手掌被她的纤瘦的手压着，明显感到一颗心咚咚跳。怯生生的，一动不动。很久，谁都没有说话，只听见窗子把手上吊着的蝈蝈笼子里，发出"叫蝈蝈"一连串粗嘎的声音。而在窗外，高过窗户、几乎被笼盖住了的杨树上，蝉声像轰炸机一般回荡在耳际。

不知什么时候，外面哗啦哗啦下起了雨。窗子有两扇，朝西和朝北。雨滂进来了，她跳起来，赶紧去把窗子上半卷的竹帘子放下。"欻拉！""欻拉！"麻花帘绳是缚在窗户下面的铁把手上的，绳结一松，一脱手，篾片细条自由落体，瀑布般倾泻而下。随即，从细篾片之间的空隙里透出莹莹的光来，一道一道，遮光的和不透光的，组成一种匀匀的极细的斑马纹。雷阵雨后，开太阳了，阳光从北面窗子透析进来，将匀匀细细的斑马纹刷油漆一般，刷在了他们各自的皮肤上。竹帘子外，晾着的衣裳像日本鲤鱼旗似的翻飞不止。风吹帘动，于是，细细的斑马纹轻轻地在光洁的皮肤上拂来拂去。蝉声交织着蝈蝈声，一个是一种永无休止的连续长音，没休止符；而另一个则时不时停顿一下，仿佛嗓子叫喊累了，需要润润喉，喝口水。天实在太热，知了都热昏了，分不清昼与夜，半夜三更叫声不断。尽管说"无蝉不成夏"，但细细回味，大合唱中，实质有三位歌手，最多的一种叫熊蝉，通体漆黑并布满金黄细毛，大个头，翅脉上有红脉，雄性叫声有金属音质，雄壮而又略显呆板，高低不变，说是知了，其音调却只有"知……"而没"了"；一种为薄翅蝉，身子青翠有黑条纹，小而清秀，与熊蝉叫声相比，它婉转华丽纤细悠扬，似乎女性化一些，发出"热死了，热死了"的悲号，听起来像"也是他"，用上海话说它叫"叶师太"，仿佛某个尼姑或三姨太转世；还有一种叫蟪蛄，也称斑蝉，沪语称"麻叽叽"，个头较小，双翼及周身带着褐斑，哼哼着高低不变的"叽——"，听了心烦，但它却是所有知了中，《庄子·逍遥游》里"朝菌不知晦朔，蟪蛄不知春秋"，唯一提到其大名蟪蛄的一种，与有荣焉。蝉声如歌。

一张旧藤皮躺椅上，吱吱嘎嘎发出响声。他坐在铺着席子的水门汀地上，她坐在椅子沿口，不很深，深了就缩进去了。脚馒头上，被另一只手轻揉的感觉非常舒服。他非常细致有耐心，仿佛紫砂壶做泥坯，轻轻揉搓着，把她脚肚子、脚腕螺蛳骨和从膝盖后到内侧的每个地方都揉到了，她酥酥麻麻的，每一个地方都非常惬意。仿佛从未有过这种触感，需要闭着眼睛消受一下。每一次深入，蹭到更深的地方，她的心就突突地跳，说不出来有怎样的愉悦感。她的嘴唇被翕开了一道小裂缝，仿佛客人等在那里有些犹豫不决，她接住了，随后交互着吮吸起来。也不呼吸，屏着，仿佛在深水里比谁屏息时间更长一些。少顷，他们都开始喘息起来，微笑着，既陶醉又带着羞意，有点发僵，奇窘。"唔，这下你尝到燕窝滋味了？"他笑着问。"忘了？'燕窝真是用燕子的唾液做么？有点腻腥巴拉'，是你说的吧？"是指第一次到田野里，他们从家燕说到金丝燕子和金丝燕窝的事。她怎么不记得？但这样的比喻很滑稽，很新奇，倒也贴切。不由笑着恨恨说："你勢坏！"受到鼓励，他试图托举起她来，亲她。她被举到一半，"不行！"她断然说，"腰才好了点，轻骨头了，又闪腰哪能办？"作为妥协与拒绝的折衷，她一小半屁股搭在了藤躺椅扶手上。他借了力，托举着亲她，啧啧有声。少顷，仿佛突然记起什么似的，问："你爹爹病了？怎么没跟我说？"她莞尔一笑，扮个鬼脸说："那时，还没你份呢。接到电报我赶紧去了趟乡下。"他怏怏说："气不气人？怎么叫没份？哼，该罚该罚。"说着狠狠吧唧了一下嘴。她娇憨地瞪了他一眼，说："嗳。你自己去想。真恨死你了。"缄默，仿佛这也是一个禁忌。过一会，他问："你爹会同意么？"她漠然说："我没有问那事。也不会这么想，你做的那些事。"一想起那些，未免有气。举抱她亲了良久，她不作声，微微颤栗着。他把手往她脸上一探，类似发烧试探一下体温，诧然说："喔唷，烫得来，你脸很红，很烫。阿姣，哪能你的脸、胳膊、大腿都这样红？"说着，拿手在她面孔、胳膊、大腿上来回摩挲，感觉到在他的抚摸下，她周身都在颤抖、抽搐。身体发热发汗，湿湿的，软软的。

丝滑似缎，柔软如棉。

一种巨大的惊骇，忘了这其实是她十八岁就已稔熟的。她极力安慰自己这是允许的，难道不可以吗？然而，她早已习惯不去想它，习惯抗拒，习惯排斥，守身如玉。任何一种对她肉体的觊觎或冒犯，都视为大逆不道，视为不端。开始他是强行让她做，尽管她几乎可以说是主动诱惑他的，她也一样感到深深的委屈感。他微微吃惊了。她眸子上盖着一层稀薄的泪水，分明在饮泣，试图作某种深挚的抗拒。她喜欢祖鸿，但毕竟与他哥哥生活了那样久。此情此景，都是对他的记忆，这个镌刻至深的记忆在进行着强烈的抵抗。都想象不到，抵抗力的强度有多厉害。尽管她需要他的柔情蜜意，但是突然降临，又非常陌生。显然，她把它看作是对方一种蓄谋和计算，如今让他得逞了，得意了。像久攻不下的攻城战一样，骤然破城而入，一瞬间，无论如何也是一种痛苦，一种告别，一种纠缠，一种留恋。幸好只一瞬，否则，她就被自己的枷锁锁住了，挣脱不得。他成功了，不过有些粗暴。随着柔情的回归，她发现，这正是她渴盼已久的感情的和肉体的双重之礼，而这份礼物还非得他不行呢。

以前她身体很敏感，一不小心稍稍触碰，三角地带反应会很尖锐。怎么现在一点都感觉不到？是否跟之前一向禁欲有关？他抚摸着她羊脂白玉一般的体肤，一边喁喁倾诉着，说着什么话，都是对她的倾慕、宝贝、崇拜。她躺在他怀里，闭眼静静听着，喟叹了一声。方才紧蹙的眉头松了，喉咙里发出一种低吟声，眼神迷离恍惚。然后，他俯下头去亲她的眼睛，眸子上稀薄的泪水干了。她咬住嘴唇不吭声。每一次，感觉把肉撕开了，翻江倒海般地翻腾着。怎么会这样？不是十八岁的女孩子了。尽管她已经生过好多胎，但还是紧紧的，一下子从四周紧紧地围住了他。"我很难受。""还疼吗？""·阵一阵的。""你去蹲一下马桶，好吗？"她是疼的，真的火辣辣疼，不知为什么。喉咙里低吟着，发出啜泣。他开始后悔，不该勉强她。他每回搂紧她，每回她都下意识地,略微用力朝反方向挣扎一下。眼睛里又全是屈辱的泪水。也许,也是疼痛引起的。不消十分钟,觉得好受些,开始有了舒服的感觉。热热的,胀胀的。猛可里,有一阵旋风般的收缩感袭来。这时,黄昏已悄悄地像潮水般淹进屋来,屋子里晦暗朦胧,影影绰绰。很久才突然想起要烧晚饭了。"好了。"他咕哝说。"什么好了?"她笑问,仿佛又恨恨的。

又一个闷热的下午,蝉声依旧。一个坐在藤皮躺椅里,一个跪在地上,抚着膝头。很快,把她托举过头,亲她。"小心你的腰哦。"她带点愠怒,但其实一点没有不开心的。他搂举着她,不停地亲她,亲她的头发、眼睛、脸颊、嘴唇、鼻子、下巴、耳后、颈窝,和她的胸窝、腋窝、肩峰、锁骨线、腰身、肚脐、髋部、臀折线、大腿、脚馒头、小腿肚、足腕部上的螺蛳骨,还有脚趾缝。少顷,她略微用力朝反方向挣扎了一下,但被他一用力,也就顺从地让他想怎么摆布,就怎么摆布。她已没有早先屈辱的泪水了。笑得很甜,很舒心。接着盘好了腿,似乎也没穿什么,就笑吟吟地跟他说了一个奇异的遭遇。是说鬼压身。但说着说着,与他又好合了一回,仿佛是一味医治鬼压身的良药。肚子里一热,欲哭欲泣,欲泣欲泪。泪水、汗水稀里哗啦。

又一天,滂沱大雨下着,落水管里水声潺潺。她开始接着讲鬼压身的故事。"你遇到过吗?不许骗人。"她问。"好像也有吧?不大记得了。嘿嘿。"他含糊地回答。"嘿嘿什么?"他记得乱梦颠倒,被美女鬼压了身,会禁不住的样子,很狼狈,很凄凉。不敢说这个女性的眉眼特别像她,削削窄窄的肩,宁波小年糕般糯白的脸、身子,一颗牙有点龅,但所谓"美人三分龅",何况唇上血色很好,掩盖了缺陷。很骇异,怎么可以做这种很下作的梦?但是梦总是不由自主,羞愧没用。她喃喃说着,记得丈夫刚死的时候,鬼压身特别凶。"要死快了,尽做这种不要脸的梦。你觉得正常吗?"她既无邪,又担心地问。"很正常啊。日有所思夜有所梦嚜。"他心不在焉地说。因为冷不丁把他哥哥扯了进来，仿佛被第三方的眼睛盯着一举一动，徒令他尴尬不快。虽然他俩之间都这样了，有什么禁忌可言？"那时候，他刚走，夜夜都来找我要。我又恐惧，又需要，没法拒绝。你信不信？不骗你，真的。"她的眼睛像眼科医生拿着仪器那样盯着他，究竟会引起他什么反应？"一夜夫妻百夜恩，跟他感情这样好，没红过一次脸，他特别宠我，不是小他十三岁么？事事依我。哪想到，热突突的就死了，扔下我一个人，心里难过得要不得。丢了魂似的，整天茶饭不思，身体一天天瘦下去。嗳，祖鸿，你都看见的。对吗？"她烦躁地问，"心情坏极了，哭得不行。就在快要崩溃的时候，他来了。梦里看见，通常是看不大清爽的，黑乎乎的，脸好像被挡住了，气息还是他的气息，但不说话。这个模模糊糊的东西压到我身上，动弹不得，有时快来兮，有时要费些时，然后，就触电似的身子强烈收缩。是不是被鬼缠住了呀？我想。一睡觉他就来了，压在身上很沉很沉，非常害怕。这是头一次鬼压床。被鬼压床的时候，僵僵麻麻的，身子不能动，眼睛睁不开，除非是第一次，刚才我说过了——你在听吗？"她担心他走神或不想听了。"你真好，你让我把这种吓人的事说出来，心里就一轻松。你真好——你真是这样好吗？"她盘问他一遍，他嘻着嘴讷讷的。她接着说："我挣扎，想甩开他纠缠，但没用，他穿墙而入，无所不能。给鬼压床了，压惨了，早晚会给他榨干掏空，明明也晓得，但摆脱不了。身体僵僵的，发麻，喜欢得不要不要的。可这样不行，又想脱身，挣扎，好像不挣扎就会死掉。哎唷，真把我害得好苦哦。"那样子非常瘆人。阴森森凄惨惨的。"嗳，那，我这个算不算鬼压身呀？"他出噱头说，是想调节一下气氛。她愕然。"死鬼！冤家！你孬坏！"随即，畅快无比，拍了他一下说。

  竹帘外哗啦哗啦响，大热天竟然下了小冰雹呢。肚子上一道宽宽的横刀疤，疙里疙瘩的。"你觉得很难看，是吧？"她吃吃笑着问。他答了一声什么。"我不信！你麴骗我！恶心死了。"她说。并且告诉他，喏，这都是医生坏，给她产床安排在靠窗一边，紫外线照进来，刀疤色素下沉，就不好看了。剖腹产，仿佛是一个极神秘、极脆弱的地方，是一个禁忌不能言说。但她居然很坦然的样子，不禁让他感到诧异，又有些哑然。"我不想再吃一刀了，你同意吗？"突然她试探地问。他感到极窘，似乎不好回答，说好说歹都不是。"冤家，你为什么这么好？你真是这么好吗？死鬼冤家。"她喃喃地说着。少顷，开始颤抖并感到一种翻江倒海般的收缩感，全身瘫软。奇怪，这次完了之后，乳头一直硬硬的，过了一个钟头才慢慢变软。他俯下去，闻到她身子有一股冷幽幽的香气，便将鼻子尖留在那里，好香呀！"嗳，是蜂花檀香皂的气味。"她笑着忙纠正说。他仿佛想起吃过的血蚶。一种瓣鳃类软体动物，它外壳心脏形，厚而隆起，大约有三四十条瓦屋棱状的细小垄沟，里面紫赤色的肉柱，带血。异样鲜美，妙不可言。

第十七章

1. 铁路

天气还很热,但比大暑凉爽些。腰伤奇迹般地好了,既然好了,病假单开不出来,护理也就好没道理。也不知谁说了风凉话,也不知谁,四分邮票一封密信往胖唧唧的马路边绿色邮筒里一掷。总之,有些传闻刮到了老章耳朵里。老章尽管粗坯一枚,但慈悲为怀善解人意,把流言统统压下了。说真的,这样的代价,早超过了帮他结一条四平针、鸡心领的绒线衫。老章人好,有些方面特别"懂经"。所以,闹到几乎天下没人不知的程度,连曼华有次都笑着对子芬说:"喔唷!难是'天雷勾地火,挡也挡不住'。"但局中人似乎仍木知木觉。

没事,她会闷闷的一天不说话,就坐在藤躺椅一角,两个腿踝绞着,地上放只摆了各色绒线球的塑料小篮,竹针嗒嗒结绒线衫。只有在偶尔飞快朝他的一瞥间,才知她心里是满足的。白森森的纤手飞快动着,粉色指甲上露出个浅浅的月牙——血色很好,还体现在嘴唇、脸颊上。人家都说,她三十七岁,但看上去起码要减去十岁不止。尽管仍为生活压力、手头拮据、家务繁冗、未来担忧所困,似乎也为某些闲言碎语所恼,但照样活得很自在自得,再苦再难也奈何不了她。水门汀地上还是铺着一张席子,宁波的"白麻筋",旧旧的,反而更舒滑。天热,家家都在地上摊个草席,不奇怪,也没什么突兀感。但在这里,显然还有另外一种意味。凉席与床有两种不同的意蕴:堂而皇之在床上算什么?可是盘腿坐席子上就无伤大雅。门开着,就是让人家睃一眼也不怎么样——虽然离开了河滨大厦那种奇异的注视,但好奇心、好事者到处都有。她觉得没啥，一个未嫁，一个未娶，碍着谁了？

不过，她一向用心极其周到细密，忖度着，这一段结束了，往后得有个说法才踏实。这样，就堵住长舌妇的嘴巴了。从长计议，最好是还把家礼过继给祖鸿。有了这层关系，你来我往，也更笃定了。阿三皮，老早就脚骨痒，喜欢往叔叔家跑，乡间田野、知了鱼虫、蟋蟀油葫芦，都喜欢得不得了。早先上叔叔家还要借口辅导功课，如今连虚晃一枪也不用了，哪有不高兴的？但不知怎么，叔叔却闷闷的，口上不反对，心里似乎不太乐胃——不乐意什么？倒也不说。"不急的，慢慢来好了。"她大度地说。一副不催不赶不慌不忙的样子，仿佛风轻云淡，越这样越把他催逼得一惊一乍，甚至有点狼狈。但有时，她也会莫名地喟叹一声："嗳，我不像王宝钏等十八年，那就太老，变老太婆了。哎呀，真是三十一过，退如潮水。"又一次，半真半假地说："想想，我们的事也真难呀。我对子芬说，放弃了可惜，拿到手很难。太难了，不要了吧？"还说："我们这样总有点偷偷摸摸的感觉，对吗？这种环境，邻居会坐在你门前，一面剥毛豆、拣小菜、结绒线、搓洗衣裳板，一面谈山海经，嘎讪胡，唠家常。好像有小太阳（碘钨灯）照着你，想想都浑身不舒服。"说罢，露出一种恐怖的神情，像只小野兽般呲呲牙，一笑。

两天前，身子不舒服，刮痧、拔火罐。白皙脖子上，添了几道紫红痧痕，很俏皮。他想看看她身上的火罐印。衣服褪开了，牛奶般的皮肤上，自肩而下，并排对称，有一串深红带褐的火罐球。她说："嗯，说明身上湿气重，排排湿，很惬意的。"他玩味着印痕，小母豹似的，也觉煞是有趣。少顷，她用很小的声音说："触气！是不是不喜欢呀？"他说："我怎么会不喜欢呢？"她眼里漾着一种粼粼的波光，绯红着脸说："女的说这个不好。""说什么不好？""唔，我发现你对我的乳房兴趣不大。""怎么会？"他十分诧异。"你从来不碰它。"他笑了。

仿佛是一个禁忌、一种酣梦,永远无法企及。记得刚到河滨大厦时,嫂子襟前总有几朵奶渍子,抑或是一小摊,因为正在一个接一个生孩子,喂奶。尽管目不斜视,难免也觉奇窘,嫂子倒是无所谓的样子。一个屋檐下,也无法避开。更有一些时,嫂子手里忙着什么,会将怀中的小毛头往小叔子那边一捐,说:"哪,你帮我抱一抱,我豪燥去弄夜饭给你们吃。"这个印象刻得像木板画一样深,成了更深更悠长的禁忌,如孙悟空金箍棒画出的金圈圈,进不去。如此一说,她倒骇笑了,骂骂咧咧说:"娘冬采!你勥坏!原来你在偷看呀!"他口吃起来,为自己辩护着。"还难为情呢!"她嗤了一声,仿佛看穿了他似的。不过,难道就忘了?那时万象照相馆的橱窗里,摆着他的镶镜框大照片,都说长得像《南征北战》里的高营长,她忍不住也会瞅一眼。

乳房浑圆如梨,但稍微下垂些,生过孩子之故,软软的,不够挺拔。乳晕和乳头浅浅的,跟皮肤颜色差不多,不像那种年龄的女人常有的巧克力色。她仿佛有些吃惊,又有些骄傲,笑盈盈瞅着他。他愣然说:"你老早是不是有一件白地黑圆点子的衣裳?像一种奶糖的糖纸头。""你勥坏。"她抗议,但接着也颇得意地说,"嗳,曼华就羡慕我这点。她平平的。""是吗?""她没结婚,身段又好。夸奖我,倒是我想不到的呀。""有人说好,总是一件好事。""除了你。"她锐利地望了望他,说。他笑着说:"嗳,你腰肢和髋骨臀部之间的弧线很好,摸摸挺舒服,有弧度,有肉头,还挺光润的。你的臀部很好。""骗人!唔,你真这样好吗?这样的状态一直能够持续吗?你告诉我。发痴了。"后一句,显然是指她自己说的,有点不满和伤感。一会,坏心情过去了。"嗳,老话说'没结婚是金奶,结了婚是银奶,生了孩子是狗奶'。你喜欢金奶么?"她笑问。他嗫嚅句什么话。"喂,你跟景萱有没有?"她突然问,省了后面两个字"睡过"。他分辩着。"我不信,勥骗我,我不相信你这样好。"又说,"睡过也蛮正常。哼,以后不许。"半晌,身子抽搐发抖,忽问:"嗳,门你关好了么?要死快了,好像有人在看我们。"一阵惶惧。

"今天天气不错,我们去铁路上散一会步,好吗?"吃过中饭,小憩后她问。已经不用轮椅了,甩开步子。腰伤竟然奇迹般地好了,真不可思议。他们一前一后走着,不能太招摇。过了屈家桥,三分钟不到路程,到铁路闸道口左手边一弯,弯到了绵延到地平线的铁路上。上海其他道砟早已换上水泥的了,但这儿还铺着黑木头,它们之间堆垒着碎石,枕木上照例布满细裂纹和节疤眼,异常沧桑。

这是老淞沪铁路,前身为1876年英商擅筑的吴淞铁路。铁路是这样一种东西,枕木与枕木间等距离,规定了步幅。渐渐地,只能用这种宽度走了,加之萦绕着的前尘旧梦,走着走着,恍惚起来。于是,有一种不知今夕何夕的迷离感。说起铁马路,娇鹏再熟悉不过,她第一次跟妗姆乘三轮车去铁马路小菜场,尽管只是帮着提篮,但走出了河滨大厦,似乎她的世界扩展了。后来,自然灾害年代,过年买配给品要赶早,祖鸿大雪天陪嫂子去小菜场,肚饥,她还买一副大饼油条给他吃呢。那会儿,三轮车夫兜揽生意不成,苏北腔骂了声:"嘿呦!也没见过这样勒杀吊死的,落雪天,连给家主婆坐车也不肯!这只男人!"她只当没听见,脸却微微红起来。真想不到,这儿竟然跟铁马路也搭界。说起最早通火车的情形,观者云集,据说上海到江湾沿路大多是棉花地,喷白烟大铁龙来了,农人无不停下农活,有的还牵着牛,惊诧莫名;而迷信者则竟然说火车会惊鬼神破风水,好玩得不得了。还有,江湾站是一个客货两用站,原先吴淞、高境、江湾等地人们进城到上海去,就这么走的。过去,郊区人去市中心,就叫"到上海去",习惯了。江湾火车站太闹猛了,还轧死了人。以后,再造铁路,窄轨变普轨了。这一切,都新鲜有趣。他侃侃而谈,她真有"听君一席话,胜读十年书"之感,既兴奋,又羡慕,又感佩,心里鼓荡着一种奇异的欢乐。她望着他,内心禁不住一阵阵泛起涟漪。"这么有学问、这么温雅有君子风的一个人,真是我的吗?没做梦吗?可能吗?勠发痴了!"她暗想。

她十六岁有人做媒出嫁,十八岁跟着祖堃到了上海,由于年龄相差悬殊,脾性志趣不同,尤其缺少交流,跟前任确实是"先结婚后恋爱"。假如可以这样说的话,那么,跟祖鸿确立关系已有七年了,两人之间不管有多少坎坎坷坷、坷坷坎坎,也不管缘起如何,反正各自都是应承下来的,也就是说你情我愿了。如此说来,难道还不是"先恋爱后结婚"吗?这么一忖,她抑制不住,一颗心猛跳起来,周身血流加速,觉得自己很充实、很安详。因为在恋爱,因为被需要着;而她也需要他,一个女人难道还有比这更开心、更陶醉的么?她十分喜欢这种感觉。

只有他们两人,走在铁路上,两道锈锈的但铁轮碾过旋即锃亮的铁轨一直向前延伸,消失在远处的地平线上。两旁种植着行道树,绿意浓浓,苍穹如盖,白云低垂,太阳穿过云彩投射,眼前,更有一种阳光照在雪上的明艳感。不知何时起,她已开始尝试踮着脚,走在窄窄的钢轨上了。走不了多久,身子出现摇晃,她轻轻推开了他的手,他试图帮她站稳,没这个必要。但为了保持平衡,她向左右两边舒展开了双臂,一种近于平平的,不久就略微朝上的臂展,呈现一个很缓的V字。同时,由于新奇与雀跃,嘴里发出叫喊声。这一切,无不在宣示着一个恋爱中的女人所特有的喜悦和放松。

道旁亮起红灯,并伴有打钟的铛铛声,预警着火车就要来了。他们赶紧逃下路基,不一会工夫,火车就隆隆驶来。这是古老的蒸汽机火车头,烟囱冒着粗壮烟柱,白中带灰;两侧分别喷射着类似扇形的水蒸气云雾。汽笛发出一百条牛那样的吼声。很奇怪,这个怒吼转瞬又变声了,化为一种尖锐凄迷的呜咽。云雾渐渐散开,方见原来这是一列货运车,并不时夹杂着几节油罐车。而且,货运棚车有不少还只半截子,敞篷装运。他俩都半背着身,尽可能离火车远一点,因为听说太近了容易被吸进轮子。头发猎猎飞起,他用两条胳臂揽着她的腰际,她很享受这种被保护着的感觉。只可惜,火车很快就轰隆过去了,留下一片空白。

不知不觉,已来到了老江湾火车站区域。并排有六七股铁道,或直或弯,拐弯的钢轨呈现一种漂亮的弧线,路旁有不少铁制手动转辙器和信号灯,都只一腿高左右。信号灯红黄蓝绿白,或亮或闭,闪闪烁烁。一下看见这么多并排的铁道,也能感到一种气势,一种气魄,尽管当年的繁盛喧闹已不复存在。那些铁道上,这儿或那儿,前方或后方,近旁或远处,稀稀拉拉零零落落停着一些绿皮火车的车厢,有的是长列,有的是好几节,有的是一节,孤孤单单。看上去,绿皮车有的尚在服役之中,有的临时拆散待运,而有的则差不多报废了。因为这个缘故,它们停在某条轨道上的一个僻静所在,仿佛已被历史遗忘,被抛弃了,梦一样恍惚凄迷。

手动转辙器似乎在完成某种预定动作,进行转换道岔、锁闭道岔,这样,火车头或一列火车就换道而行了。前面,有一栋高大、敞亮、两侧均是大玻璃钢窗的房子。奇怪的是,好些铁轨就通向里面,而整个火车头或还拖着数节车厢,居然直接就往里面开。原来,这儿是"火车医院"。在由一轨道转至另一轨道的移位之后,便进入这个地方"看病"。这儿并不设防,一般人想看个究竟的话,可以随意进入现场。他们觉得给火车"看病"很好玩,于是,溜了进去。置身偌大的修车场,前后左右,都停着或跑动着蒸汽机车火车头,人一下子小了起来。但是,敲铁榔头声、拧螺丝声、加煤水管声、谈话声却有一种响汪汪的回音,仿佛放大了若干倍,震耳。

他似乎兴奋起来,滔滔地说这说那,好像一个勤奋尽职的中学老师,遇上一个勤奋好学的学生,恨不能把所有知识都掏出来。真不知道一个大学里学经济类,以前吃银行饭的,怎么会有这么多"冷知识"?反正,他对蒸汽机车也如数家珍,什么美国式的"大男孩号"啦,日本式的"胜利"啦,苏联式的"和平"啦,反苏之后叫"反修"

啦,以及它们的国产改进型蒸汽机车"人民""胜利""前进""建设",等等等等,说个没完。甚至,站在一台巨大的火车头前,还讲到蒸汽机车的原理,包括锅炉啦、冷凝器啦、气缸啦、活塞啦、连杆啦、离心式调速器啦、节气阀啦,还有涂红色大半实心的驱动轮等,都扯上点。显然,一束遥远的文明、科学、理性之光,正把他照得暖洋洋、醉醺醺的,忘了自己屈辱的身份——不过是戴罪之身,一个未被囚禁的囚徒而已。

2. 绿皮车厢

  豪雨骤然而至。修车场不是久留之地,等雨刚停,赶紧往回走。走到手动转辙器的地方,雨又开始淅淅沥沥下了,渐而变成瓢泼大雨。眼前一片白茫茫,天色如墨,唯有成排的铁轨在水雾中载沉载浮。急不择路,他们不得不爬上了一辆绿皮车。长长的车厢里空无一人,有硬席、硬卧、餐饮车等,每节车的连接处,那里的一扇扇车门都洞开着。绿皮火车,大热天虽没空调,但在微微有些拱形的车厢顶部,却有一排摇头扇。怀着侥幸心开一下旋钮,竟然风扇都"嗡嗡"地转了起来!这种风扇,扇芯嵌着个无处不在的列车徽号,而且各自顺向或逆向摇着头,自顾自。见了这个样子,他们不禁喜逐颜开。印象中,火车都是人轧人,气味特别重,座位旁插满了洋蜡烛,走道人墙打得密不透风,连厕所门外都席地坐人,哪有这样子的?

  他们手牵着手,徜徉在车厢的长廊里,也知道火车原本就不开,但走着看着,倒也有一种白乘白赚的快感。受好奇心驱使,也是老早轧火车给轧怕了,仿佛想加倍补偿一下,所以,快活得像两个就将远行的孩子。一会,硬席对着一个短短的案板坐坐;一会,硬卧下铺面对面地坐坐。一时兴起,抓住双层大窗子旁的铁制扳手,两侧有齿轮条,两头一摁,想打开窗。但这种手动车窗仿佛是个犟脾气,偏拗着性子,往往想开开不了;不想开了,沉沉的窗子却砰然落下,没准给轧了手指头呢。玻璃窗外,水雾迷蒙,只听雨点子像放屁豆那样爆着,周遭阒静极了——静到能感觉到心在跳、血在涌、气在喘。寂静像一只野兽在看不见的地方蹲着。他们都需要讲点什么,忽而,觉得享受宁静才是最好的;可闭上嘴巴,静下来,忽而,觉得又有一种说不出的惶惶不安。雨毫无收敛的迹象,外面"大珠小珠落玉盘",里面玻璃上也蓄着亮晶晶的水滴,冰糖葫芦似的一串串,冷不丁骨碌碌滚落下来。

"彭浦车站欢送上山下乡,那是人山人海呀。火车一开,上面下面都抓紧了手,月台上跟着火车跑、跑、跑,喔唷哭得来!"她缓缓地说着,一边拿指头抹了抹雾气。是说三年前送别大儿子的情景。彭浦车站是一种模糊的说法,实际是在江湾火车站的东北面,一个叫何家湾的支线货运站。那时"老三届"上海知青奔赴北大荒,分别有水路和陆路。水路秦皇岛码头坐船;陆路就是"彭浦车站"。汽笛一响,那个惨,轰天动地的哭声、喊叫声,海啸般涌来,仿佛出丧。大热天,送儿送女的家人们不时中暑晕倒。祖鸿那会儿还被管制呢,送侄儿自然没他份。不过,不知怎么传了话。他倒是主张家恕回乡下投亲插队,毕竟同宗同族的,亲戚总好些吧?但她却一口拒绝了。或许,她也有算计。儿子去军垦既光荣,又有工资,这不很好?或许,啥也不为,就为赌气——恨死了他。"那个样子我再也忘不了。"她又说。语出微微有些迟疑起来,因为发现他阴着脸,不搭话。仿佛是一个禁忌,不是不能说——是怕冲淡了这种气氛。一时僵掉。

滴里嗒啦,雨声一片。蓦地,他想起了那天在邮政总局大楼给她写信的情景。那时,对他们的事能不能成毫无把握,甚至觉得走到头了。这才有了这样直白的表述:"我们俩在一起生活,不需要找借口,也不需要理由,更不用躲躲闪闪,完全是清清白白、坦坦荡荡的……可偏偏就生出这许多波折和烦恼来……真是感到好心酸……"甚至说了"我们都是真心的,是心与心的缔结,是肉体与肉体的结合",还怕人家不懂?此情此景,在登高望远、打成一片之后,再体味"肉体与肉体的结合"等语,未免会心一笑。"怎么不说话?在想什么?你笑了,笑什么?死鬼冤家!"她盯着问他,佯装生气,几分娇嗔,几分狡黠,完全不像有很多孩子的母亲。"雨越下越大了哦。"他笑着说。"骗人!你骗不了我。说,想什么了?""好吧。"他刚想说,又缩回去了。见他如此藏着掖着,吞吞吐吐,她大为不快,仿佛愠怒起来,索性一甩头不理他了。他哑然,忙招呼她坐到自己一边的硬卧座上。

她倚着他坐下,一条腿压着他的腿上,他从背后爱抚着她,并习惯地拿一小指头绕呀绕的,把她一绺发丝缠在指间。"真要我说?""嗳。""勥怪我瞎讲。""娘东,啰嗦啥!"他啵地亲了她一下,感觉脸颊很烫,顿了顿,方把在邮政总局大楼给她写信,包括"肉体与肉体的结合"等,跟她说了。"不信不信,你勥坏!"她害羞地说。"真是这样,我总不能剖开了,拿出心来吧?"他发急说,但似乎也为说出这些热昏的话,有点羞惭。"咦,啥叫'心与心的缔结'?"半晌她笑着问。他费力解释一番,概念套概念,似乎总不得要领,因为她反而更听不懂了。又啵唧了两下,他突然顿悟了,嗤了一声说:"喏,就是这个样子嘞。"说着,松开了她衣裳上面的两个纽扣,一种贝壳扣,菱形排着四个扣眼。"哪能又……"她蹙了蹙眉,习惯地避远些,叹了一声,但是陷入一种奇异的无力感之中。诧然说:"发痴了,就这种地方?"

隐隐的一阵电闪雷鸣,雨声如泣如诉如怨如慕。最初坍方惨祸发生,他伤得很重,她是抱着"他残了我养他"的心,来做护理的。谁知病好了,感情上的事却变得益发不可收拾。虽然,有时冷静下来想想觉得太过了。因为有太多太多的事缠身,也有太多太多的困难在碾压;而自己,一个已经不再年轻的女人、一个带着好多孩子的母亲,竟然在恋爱了。而且,心心念念脑子里只有一个人。这是真的?不是做梦吧?一半真实,一半虚幻,让她觉得既感动又害怕,既好气又好笑。在一个又一个禁区被突破之后，甚至在肉体有节律的感觉之后，依然有一种恍惚和迷糊，不真实得很。后来，欢愉之中，又添上一种负疚感，一种挥之不去的抱歉或愧意。因为，她从来就把责任感当做第一需要，将孩子们养大、有出息，成为上等人，是她至高的信念；此生她只愿膺服这个使命，愿意它来驱使她、驾驭她，甚至折磨她，对此心甘情愿。这种使命感需要专注和克制，需要吃苦与坚忍，它跟欢愉是相悖、排斥的。后者的获得，很难说不是一种侵占或背弃。因此，使她感到某种轻微的矛盾和痛苦。在欢愉面前，心里一凛。但是，在热恋中，实在太需要他，感情与理智的天平，自然而然轻轻松松地向前者倾斜了——毕竟还不老，未来还很长。况且，与把子女养大也不矛盾。所以，她不光接受了，还很享受。何况，此番跟往常又有不同。因为陪护马上就要结束了，她要回缝纫组上班，他也要挖防空洞去了。至少，不能天天、时时刻刻与他在一起。别意徊徨，更添了一种愁绪，一种情致，使她没了抵抗力。

像任何热恋中的女人一样，她恨不得一天十几个电话，问他在做什么，有没有想她，恨不得要他马上开口说："我们结婚好吗？"尽管这是顶渴望的一桩事，顶热盼听到的一句话，也是此刻她最想对他诉说的衷肠，但一个女人的矜持与庄重，让她语到嘴边又咽回。"你知道这几天我在想啥？"她欣欣然问。"我想为你做一件骆驼绒中装棉袄，涤纶面子的，藏青色。我喜欢男人穿对襟衫、老派，这会引起我的好感。骆驼毛又轻又软又暖和。热天一过，要做衣裳了。穿着它可以抵风寒，对吗？"他眼睛里淌出了热泪，报之以磅礴热情的回应。"你对我好的时候，我感到像在梦里一样。你真是那么好吗？"她又重复着说过一百遍的话。突然有一阵很舒服的收缩感。一种奇异的飞翔感觉，仿佛敦煌飞天，反弹琵琶。好像听见旷野里云雀在叫，凤凰在鸣，富贵花开，百鸟朝凤；又仿佛骑着白象清溪前行，水漫过脚踝。收缩变成一种抽搐或痉挛。耳旁一片低低密密的嗡嗡声，摇头风扇左右摇摆，不停地哼哼着。外面雨早已不下了，玻璃上爬满了亮晶晶的雨滴子，仿佛溜冰场里溜冰一样，划出一道道带弯曲或倾斜的线。强烈的光束从云层的隙缝里穿射而出。

冷不丁，车窗玻璃外有一样帽子般的东西晃了晃，传来粗嘎的本地口音交谈："雨弗落啦，开太阳了，再到浜里去弄一点。""小猫鱼没啥花头经。""夜里请过来吃老酒吧？""啥好酒？""绿豆烧。""好的呀。"原来是一只捉鱼的纱网兜，横拖了个帽子似的，还有一把三戟鱼叉，用黄鱼车钢丝辐条做的，很尖，带倒勾。一个脚上穿了夹脚海绵拖鞋。一个咖啡色镂空塑料凉鞋。两个客串的渔夫站在路基下聊着，兴许也车辆里躲过雨。见渔夫擎着渔网、鱼叉，露出两只头顶心，他们不觉倒抽一口凉气，想："难道车厢里还有人？"不过，也不像，作兴渔夫们方才上了停在对过的一节车厢。这么一忖，他们不禁互相吐了吐舌头，拿一根指头往对方脸颊上划一下，扮鬼脸，笑了。"唔，去看一场电影，好吗？"他问，仿佛意犹未尽的样子。"发痴了，不让我回家了？"她噗嗤一笑说，"再说，荒山野地的哪有电影院呀？"他瞥了一下腕上的手表。"这个不难。"他回答，是说电影院。"唔，下午第三场还来得及，不过要快。"发现是一只她熟悉的陀飞轮表。

暴雨之后，碧空如洗。他们原路退回，顺铁路不消十分钟，就来到了一个闸道口，拦路有个人工操纵的栅门，旁边两间闸道工住的矮平房。四周，围了一圈报废朽坏的枕木，木头根根直竖，上面布满小眼、裂纹和节疤，围栏里鸡冠花和大芭蕉掩映，鲜红油绿。也许旧枕木刚刷过一层水柏油，一种稀一点的沥青，气味刺鼻，辣辣的，眼睛都睁不开。他们肩膀挨着肩膀，打矮平房前走过。沥青刺激眼睛，她连忙蒙着眼，但还是泪水直淌。他也感到异样，可她流泪之状煞是有趣，便佯装诧异地问："阿姣，怎么哭了？没欺负你呀？"她拧着眼睛，咬咬嘴唇，臂肘一捅说："敢喏！欺负我？哼，除非你生了七个头八个胆。"说着，格格笑了。

他一手揽住她的腰,一手拿手帕替她拭了拭泪水,温雅地说:"怎么舍得呢?"她脉脉地望他一眼,方说:"你不会不睬我吧?如果不睬我,我会杀了你。真的。"他心里一凛,蔼然说:"行了行了,再不抓紧点,第三场电影要赶不上了。""你把我害得——"她恨恨然,但脸上依然笑靥如花,一对浅酒窝。他怕难缠起来,看电影就要迟了,所以无心接这茬。"你终于戴那个手表了。"是指祖堃遗赠的陀飞轮手表,之前是娘舅给大外甥结婚的贺礼、祖堃临终前将它遗赠与弟弟,便成了定情之物。"怪不怪?我们的事,是他成全的。你真要谢谢你阿哥呢。"她忖了忖,涨红脸,又强调说。"那是应当的。"他讪讪的,答了一声。这种话怎么可以说?竟然连这个禁忌也没了。在他,仿佛有点羞愧似的——惭愧什么?因为是黄泉之下的胞兄一手安排的。

说话之间,他们已跨下铁路,越过羊肠小道,顺着一条浓荫蔽天曲曲弯弯的窄路前行。这条冷僻小径旁,围着一排铁丝栏杆,与小径几乎平行。栏杆内,荒草漫漫,只见到处都是断碑残壁,砸碎敲坏的黑、白或咖啡色的大理石、雕像,一片狼藉。这儿一只陷在烂泥里的小天使断翅,那儿半截雕花十字架残片,更有外国死人的金色长发一大绺、一小绺,就在锈铅丝、树丛乱枝和蒿草、牛蒡、狗尾巴草上曼舞着。抄近路,他领着她正从一个公墓旁穿过。转眼来到这样一个煞气很重的地方,显然令她不快,但也晓得是为了节省时间。"拿伊有啥办法?这个书呆子就是心实。"她又好气又好笑。

第十八章

1. 沸腾的墓场

公墓里,匝地都是中学生们,也许还有部分小学高年级的同学,大家正抢镐的抢镐,挥锹的挥锹,搬的搬,抬的抬,扛的扛,喊的喊,叫的叫;呼口号的呼口号,列队的列队,踏步的踏步。乍一眼,大会战的气势扑面而来。同学们似乎正奋力挖土探宝,并将什么东西通过手传手,一传十,十传百,快速向某个地方运输着;挖掘声、砸石声、笑语声、打闹声、隐隐的锣鼓声交织一起。

这是江湾一个以西式墓为主的外侨公墓,原先靠沙泾河有个门廊,入内,由宽宽的主路和四通八达的辅道通往各墓区。掩映在侧柏、龙柏、塔柏、冷杉、山毛榉、枫杨等乔木浓荫里的,是成排成列的方尖碑、十字架、微缩型希腊式或哥特式建筑物、雕像、贴地长方形大理石墓和镌刻有西文的墓碑等,它们高低错落,大小不一。显然,墓及墓前饰物材质不同,大多为大理石,也有紫铜、黄铜、铸铁、水晶的;雕像大多为展翅天使,也有书卷、竖琴、花瓶状的。尽管异态纷呈,倒也显得十分和谐统一,精致玲珑。一种舶来的奇异的洋味,仿佛向人喁喁细述着这些天涯漂泊者的尘世的悲欢苦乐,和天国的静穆美好。因为外侨公墓前沿河有一条小径,是去江湾电影院观影的必经之路,所以,许多人受好奇心的驱使,会到里面去弯一弯;春天了,来此地春游一番;热恋中的情侣,甚至将此地作为僻静的幽会之地;而在白露前后,喜欢斗蟋蟀、捉蟋蟀的人,则把这儿当成一年一度围猎的绝佳好去处。然而,"破四旧"一来,一切就给毁了。

祖鸿和娇鹂,因为那时他俩曾受娘舅之托,专程拜谒万国公墓,看一看他的原配太太馥贞之墓还在没在,那里"白骨露于野"的毁墓惨状,令其惊骇不已。但自从有了前番经历,打了预防针,对江湾N公墓之毁容后的样貌,似乎就不那么吃惊了——掩埋老外的地方,见了即令难过,也远没舅妈墓没了来得痛彻肝肠,恐怕也是常情吧?那天,他们嫂叔俩一起去,悄悄带了些元宝锡箔、蜡烛、羹饭等祭奠之物,虽然天冷得呵气冒烟,手节头像被猫咬似的,但是,两个人严守分际,并无过多嘘寒问暖之举。今非昔比,同样的场景,让娇鹂有了些许感触,一时心里甜甜的,暖暖的。"咦,阿姣你快看,那里一个挖土的小伙子,像不像家孝?"冷不丁,祖鸿唧哝了声,一边抬了抬下巴颏。

娇鹂顺着那个方向手搭凉棚望了望。果然,有一个中学生浑似她家的阿二头。小伙子圆滚滚的脑袋,窄肩细膀的,挥锹铲土特别卖力,身穿旧淡黄卡其军装、草绿色军裤,这身衣裤还是昨天换洗的呢。不过,由于人多,距离远,加上他背着身,有一半身体陷在土坑内,究竟也吃不大准。"怎么会呢?不可能,不可能。"母亲说。一边暗忖,家孝在市中心的学堂念书,远开八只脚,哪能会跑到这种幺二角落来?上课好好的,又哪能会来掘坟墓?似乎都不可想象。于是,摇了摇头。这里与墓场内的乱坟堆靠得更近。好多墓穴都被扒了,一个个赛过开膛破肚,骸骨、骷髅、金色鬈发、衣裳或披肩、棺木残片等撒了一地,惨不忍睹。尤其是风向一转,空气中飘来一股很难闻的气息,一种类似氨气的尸臭味,令人作呕。但看上去,所有中学生却满不在乎,他们正干劲冲天,那情景就像一个偌大的节日团体操表演方队,风雨不动。

娇鹂有一种想呕吐的感觉。管他是不是阿二头,反正,多待一秒钟都吃不消,她一手捂着鼻子,只催促祖鸿快离开。就在这时,远处,那个圆脑袋的小伙子仿佛注意到什么似的,忙把锹一插,两个胳膊肘一撑,一翻身,踩上了平地。随后,撒开两腿,脚下生风。一会工夫,便飞也似的冲到母亲、叔叔面前。一面收住脚,一面还在喘着粗气,啃吃啃吃。满头油汗,泥迹斑斑,汗与泥干一块、湿一块的,结结巴巴说着什么。什么挖壕沟啦、需要砖头垫脚啦、劳动竞赛啦、很光荣啦,怕被打断似的,抢先一股脑儿说完。说罢,咧嘴笑了,仿佛就等母亲、叔叔表扬他。母亲怔了怔,瞥了祖鸿一眼,忖度着是否刚才他们亲热的样子,被孩子看到了?假使这样的话,似觉首先有解释一下的必要:为何家长、叔叔一起来到这里?没缘没故的,两人为何上外国坟场来?指不定,压下葫芦浮起瓢,堵了这个漏,那个漏又难以补全。说谎,尤其是家长在孩子面前撒谎,令母亲慌分分的。至于向孩子解释一番,更是尴尬事,仿佛有点屈尊,甚至有一种轻微的恼怒——难道大人的事还要孩子同意么?倏地,母亲脸涨得通红。很快,感到难以自圆其说,奇窘起来。这样一种说不出的愠怒,加上先前对毁坟大不敬的野蛮行径的愤慨,叠加起来,突然蹿成一股怒火。于是,指着家孝的鼻子厉声说:"好个二猢狲!你做的好事!这还了得?听着:给我马上滚回去!滚回去!"

家孝仿佛挨了当头一棒,诧然"咦"了一声,问:"姆妈,您说什么?为啥要回去呀?"母亲忿忿说:"要死快了,老祖宗的坟可以挖吗?伤阴鸷,要倒大霉的。现在你不晓得,将来你就晓得了,豪燥呀!"家孝狐疑地瞪了母亲一眼,明显占了上风,鄙夷地说:"嘿哟,老祖宗?姆妈,怎么越说越糊涂了?啥老祖宗?大部分都是外国死人呀。何况,再怎么说,都是老黄历了。"母亲理屈,悻悻地呵斥着:"哼,这我不管。反正,老坟不能给糟蹋了。你难道没听说要'敬妖敬怪敬神灵'?我问你,二小鬼,要是这里埋着你的父亲、你的舅婆大人,难道你也挖?挖你个大头鬼!胆子忒大了你呀!"家孝一向孝顺母亲,顺从得有点近于逢迎和谄媚;理所当然地,母亲也把阿二头当作得意之作。喜欢阿二头,还有一个不用点穿的原因:因为他习性、脾气、做派都酷似乃父。从某些方面来说,家庭所有子女中,他的确也最出色,外面兜得转、跑得赢,俨然是家里顶拿得出的一张牌。不过,孝顺儿子今天却一反常态,头颈石骨铁硬,说:"反正,集体活动我不能离开,这是态度问题。何况,这里也没埋着母亲所说的人。再说么,我——我,不好意思,我是红团头头,领头的人,怎么可以逃跑?为啥呢?为了封建迷信,只为'敬妖敬怪敬神灵',就离开大家?不行呀姆妈。再说——"母亲愤愤然剪断了儿子的话,咆哮说:"好啦好啦,算你会犟嘴,娘冬采!哪来这么多的'再说'?勿放狗屁!我是你姆妈!难道还要朝你拜?""不好意思,姆妈。再说……"家孝不接母亲的话茬,执拗但却平静地把话说完,"再说,再说,最最主要的,是伟大领袖号召'深挖洞、广积粮、不称霸'的。"

说罢,他骄傲地扫了一眼。这种毫不掩饰的目光,母亲完全可以理解为一种蔑视,但它来头实在太大,不得不软化了。"二猢狲,娘东算你嘴巴会翻!"她悻悻然说。口气犹硬,但明显中气不足。"好呀!随你去,将来侬曼勿哭!哭,也来不及。我不管了。"她又强调说。这时,一直缄默的祖鸿终于发声了。"没事没事,你去吧。"叔叔抚摸着侄儿的头顶心,这个"蒸笼头",湿漉漉的,沾着泥星子。"去吧,家孝。"叔叔一字一顿地说,"回到挖坟队伍去。呃,对了,只是千万勿提起你母亲说过什么。记牢了?呃,不响最狠。"后一句,声音低下去,仿佛是对自己说的。家孝离开了,但小伙子的一句话,却留下了震撼弹,久久在他母亲、叔叔的脑子里回荡。说得太好了——"深挖洞",祖鸿不是因为这差点没给压死?不是也因为这,与娇鹂走到一起吗?很快,还是因为这,祖鸿就将返回假山工地去,又要终日挥镐抡铲了。在离地面八尺深的地下,活得像一只小鼹鼠似的。这是他的命。

做母亲的余怒未消。一种奇怪的想呕吐的感觉,令她倍加不痛快,闷闷的,掉头就走,祖鸿快步尾随。她走得更快,他跟得也更快,两人都默然。她的脸已经没刚才红了,但还是红红的,微微发烫。祖鸿有点像闯祸的孩子，怯怯的，不声不响。见他蔫头耷脑的样子，就是盛怒之中，她也有点好笑。愠怒的结果是有的，但其原因却泛泛的，茫然起来。难道要怪祖鸿不该带她抄小路？要怪自己不够决断，予以拒绝？或者，要怪一向最孝顺的阿二头造反了？还是要怪那种异样的想要呕吐的感觉，又烦躁又气恼？抑或要怪自己不该陷得这样深，误了事？或许，还要怪做母亲的往外面跑得多了，顾家少了，致使子女们疏于管教？总之，心里乱蓬蓬，脸上气咻咻的，时而眯缝着眼睛，近于鄙视。心里对自己说：喏！看呀，看呀，你竟然是这样一个女人。

从田间小径的尽头转弯，他们已来到了河边小路上。这是一个自然村，黑瓦屋顶或草棚棚的房舍之间，一条烂泥路穿过，与小河差不多平行。乡间路旁或路中央有许多从外侨墓园里搬来的大理石石碑，当作垫脚石。它们兼有白、黑、咖啡、芝麻等各种颜色；镜面或磨砂亚光的面子上无不錾着洋文，英、法、德、日、西班牙、希腊、葡萄牙文均有。此刻，无论伟大或渺小，崇高或卑下，都埋于污淖中，被一脚踏去。再往前，有一座古朴的青石板桥，连通两岸。他们一前一后走着，都默不作声。

诚然，沉浸在这种坏情绪里，还好意思提电影么？看一场电影的计划只好泡汤了。

至于刚才家孝振振有词说的挖坟取砖，那倒不是一时的托词。他的家长不看报，哪晓得，近年来这桩事有多重要？说起来吓坏人。在首都北京，打洞绝对是数一数二的国家大事。深挖洞，没有用砖头来砌墙铺路可不行。砖头一时短缺，成了卡脖子的一道坎。首都人民难不倒，脑袋一拍，你想呀，北京城不是有数不尽的城门、城楼与带雉堞的城墙吗？城门、城楼、城墙不是用成千上万的砖头摞起砌成的吗？据估算，北京城里的城墙拆除后的砖块、泥土，约莫有十一二个景山大小，总量约为一千一百万吨。

上海哪有那么多城墙？但是上海人脑子灵，一忖，不是有许多公墓吗？有公墓就有墓穴、墓道和墓园建筑；有墓穴墓道、墓园建筑，就会有砖头。那是一定的。于是，人们纷纷把热切的目光投向沪北城乡接合部，因为那里1949年后留有不少颇具规模、尚未毁坏殆尽的墓园——联义山庄、广肇山庄、江湾N公墓等。由于联义山庄、广肇山庄是除了万国公墓，排名最靠前的，自然成为挖坟取砖者的首选。无数学校、工厂、街道、里弄，成千上万的人，每天从四面八方而来，都聚集在若干公顷的土地上劳作。即便联义山庄、广肇山庄这两个"后花园"再大，也经不起日夜三班倒轮番作业。很快，砖块量便告罄了。新的一天，还是有数以万计的掘墓人来找砖头，但每每兴冲冲而来，怏怏而返。那个郁闷，上海人叫"澳门痛"，真是难以言喻。既然坟场有限，砖块难以为继，那么寻找新的目标，就成了大家的共识。不久，嗅觉灵敏、消息灵通的人士，就盯上了位于江湾的外侨公墓。相对于联义山庄、广肇山庄，它比较小型化，只占地十多亩，殡葬对象又大多为外侨。因此，似乎不大为人所熟知，比较隐蔽。何况，由于地偏人稀，N公墓虽经"扫四旧"首轮冲击，但基本上还处于原初状态。

后来，不知谁终于瞄上它了。一些掘墓人欣欣然抚掌而歌，很快，捷足先登者纷至沓来。说来也巧，K校学生蹬着黄鱼车、脚踏车或徒步，往来于联义山庄、广肇山庄挖呀搬呀，近于砖源枯竭时，有一个学生头头耳朵尖，而且生了个心，抢先获得江湾N公墓的情报。K中学兴奋不已，因为终于逮着一个可以扬名立万的机会了。翱翔蓝天的白鸽拉颗屎，天晓得，会掉在谁头上呢？偏偏，好运气给K校担任红团头头的家孝碰上了。

其时，K中学经过日夜三班倒，风雨操场、足球场、篮球场上，已经布满了蚯蚓般曲曲弯弯的战壕，空中鸟瞰，倒像一个晶体管电路板。但是，拿石灰粉画好战壕线，开挖或刚挖好，不久就渗水泥泞起来，根本无法再挖。在壕壁和壕底砌垫砖块是唯一的办法，但遗憾的是砖块奇缺。冷不丁，听说有一块准处女墓地，学生们便倾巢出动。奔赴 N 公墓，仿佛人人都有一种攀登上珠峰的无限喜悦和神圣感。好在学校本来就以军队的方式编组，分成团（校级）、营或连（年级）、排（班级），因此，K 中学绝对可以说，是整建制地由上学转向挖掘坟墓。一时间，外侨公墓到处铁锹、洋镐、钢钎、榔头闪烁，遍地开花，锤声雷动。毕竟挖掘是个力气活，非力量型的男生莫属；加之作业的面积有限，你挤我搡，反而手脚放不开；更何况，捣墓是为了取砖，取砖是为了修筑战壕或防空洞。所以，一个前方挖掘，后方运输线跟上的作战方案得以确立，一切都井然有序。

这条运输线何等壮观，何等豪迈。它是由全校学生，大部分女同学或部分男同学用手与手、胳膊与胳膊打造的。无数双手、胳膊所组成的长龙，自墓区到墓园外，沿着烂泥路、河浜、桥、柏油马路、有轨电车和无轨电车轨道、一个又一个四岔马路前的红绿灯等，一直顽强挺近，直至离 K 中学最近的地方，再用黄鱼车、老虎榻车、小推车接驳。从墓坑里，泥淖里，臭水洼里，挖掘出每一块散发着腐酸气或尸体臭的砖头，均通过这条运输线，被日日夜夜传送着。据说，有的女同学胆小，被砖上形迹可疑的东西吓坏了。它们有时是一绺金发；有时是一些包尸布纤维；有时是一块带毛发的皮肤；有时是腐肉或脂肪；有时是一小摊脑浆或破碎的眼球。此外，还有蜈蚣、椿象、鼠妇、红蜘蛛、壁虱、鼻涕虫等爬着，都是女生望之要尖叫的虫子。而此时，某些男生恶作剧的欲望却得到了满足。毋宁说，那种颤栗的尖叫声，格外刺激。

的确，在墓园中，调皮男生特别喜欢拿死人骨殖或骷髅头来吓唬女生。一半逞能炫耀，一半为情窦初开挑逗异性，动不动从背后像变戏法那样，倏地拎出几根白森森的肋骨或半个头盖骨，黑洞洞的眼窝深不可测，冷气直冒。而这时，从枫树上掉落一片叶子，刚好飘进谁后脖与衣领子之间的空隙里，"哇"一声喊出来。不过，人多好壮胆，虽然处在坟窟与死人为伍，除非故意使坏，但好像也没人怎么感到恐惧。相反，人人开心得都像过年。属于运输线的男生，作兴还能捉捉"蟋绩"（蟋蟀）呢。墓场这种地方，蟋绩大多会发出"志、志、志、志、志"的叫声，而且无休无止。它的身子、双腿双须、油亮有花纹的薄翅并无不同，但是蟋绩头却像被猛砍了一刀似的，平而下端后缩，玫红或橘黄，十分诡异。此君叫"棺材板"，据说它专吃死人的肉。不会斗，只有在坟墓里才有。如果将此等不雅之虫当做蟋绩来养，那是要让人笑掉大牙的。如果它一旦出现在斗蟋绩盆里，肯定当场摔死——但这种种，生长在市区的男生哪里晓得？

其间，家孝作为红团头头之一，仿佛天降大任，俨然是一个骁勇善战、足智多谋的指挥官，虽然才十六七岁。跟所有同学一样，他圆滚滚的脑瓜里装的，也不外乎电影《地道战》《地雷战》或《平原游击队》，有着英雄情结。挖坟、打洞成了某部战争片的现实版。他这儿走走，那儿走走，有时说几句鼓劲的话；有时，将各处上报的开挖数、砖头数或土方量记下并略作统计；有时，也加入某些劲爆的说笑中，以显示他的急智、风趣和亲和力；有时，霍地跳进墓旁的深坑里一阵猛挖，或洋镐砸出了火星，虎口起了泡；有时，墓坑里的土和砖块还算干燥，他干脆直接用手扒，递递拿拿，指甲缝黑乎乎的；有时，一场豪雨痛快淋漓，谁都没雨具，跟大家一样，他也被淋得精湿，牙齿格格响；雨过天晴，有时，眼前会飞来或蹦过一只星天牛、金龟子、"油葫芦"或蟋绩，他也一定不放过乐一乐的野趣；有时，墓坑里积有或鲜红或深褐色的水，漂着残肢与蛆群，有股子异味，要装作没事；有时，特别尴尬的是，冷不丁会见到白乎乎的尸体，或赫然暴露的某个隐秘部位，尽管十分恶心或诧异，还得目不斜视。对中学生来说，西式墓，那种露出地面仅有两三吋高、玻璃黑板一般大的石板实在太重了，哪里搬得动？所以，但凡碰到，就抬来大石块猛一砸，"咔哧"

一声，大理石崩成几截。

再则，挖墓是个力气活，拼上了吃奶的劲头。体力消耗大，胃口奇大，竟然一口气能吃下七大碗的白米饭。母亲见了骇异，又心疼又好气又好笑。手里握着木饭勺，蹙眉说："二猢狲，胃撑得这么大了？以后，可怎么办？这点户口定粮，不够你一个人吃呀。"母亲似乎有点鄙夷，有点忐忑。"听话，千万勿再挖了，败风水的。假使实在没办法，就是去你也勿挖，袖手看看，总不见得'牛不喝水强按头'吧？哼，让野小鬼去犯贱吧。会遭报应的，信不信由你。"忖了忖，又悄声说。

母亲再三叮嘱，不知是否巧合，反正，有些是应验了。有一个男生功课一塌糊涂，抡镐挥铲特别卖力。以后他失去了一条腿。而一些带队的红团干部，也大多这个灾、那个殃的。有的红团干部，成了夫妻，还是职场赢家。他们买商品房，买在了水电路桥畔曾毁墓的地方，不当回事。结果，男的才六十几就中风瘫了；女的患乳腺癌，后转移到脑部，过早走了。当然，这是后话。

2. 信徒曾翠玉

那天，"晚汇报"迟迟不结束，把一个十三岁的男孩急得了不得。急中生智，孩子拿整版的报纸横过来，上书"外婆病了，急、急、急！"几个稚拙的黑蜡笔字，放胸口在肃立者面前晃悠，意图是禀告母亲。但是，此举显然无效。首先，母亲曾翠玉颔首敛目，哪会留意这些？其次，蜡笔写在铅字版面上不够醒目，匆匆一瞥哪里看得清？况且，她一向的做派是，每逢这种时候，看上去跟大家一样，也在向宝像请罪，而实际上，却另有一番作为——肉身躯壳尚在尘世，心灵已飞向天国。"主啊！神的慈爱，我的失败。"她心里默默说着。她受了洗，离开过神，所以才痛心悔过。曾经年轻无知、背弃天父的伤痛，让她感到无地自容，深深自责，故而忏悔是她必修的功课之一。

曾翠玉，四十七岁，到了这般年纪，仍依稀可辨江西老表靓女的一些特征：巴掌脸，深眼窝，眸子亮，五官精致，皮肤不很白，反倒更滋润些。个子不高，瘦瘦的，灵活精干。尤其，缘于长年的信仰、精神生活和似有神恩护佑般的幸福，使她身上有一种少见的圣洁、贞静、幽雅与谦卑。仅从外表，也许根本看不出她的日子过得有多惨淡。她身世飘零、一生漂泊、内心挣扎，并且经常受到某种东西的威胁或困扰，有时是心理危机，有时是人际关系，有时是在经济方面。方才从儿子那里获知，她老母亲病得不轻，听了忧心如煎。因为她除了担心妈妈身体之外，还担心囊中羞涩。没钱，可怎么入院治病呀？生活霍地像被撕开了一个大口子。

翠玉生于庐山，长于庐山，那是一个基督教家庭，虽然做牧师的父亲早逝，但家境殷实。她家里有一所可观的基督教礼拜堂，罗马式立柱，彩窗斑斓炫目。七岁时，罹患大病，让她留下了可怕的后遗症：右眼角膜上长了一个白翳，不久失明。就靠另一只左眼，她在庐山上的匡卢中学毕业，继而在沪念了大学。因为所学的原因，她从事幼教。解放后，没多久该单位被中福会接管，并被派往位于苏州阊门外的华东革大学习。之后，她有十年时间背弃了信仰，令笃信宗教的她母亲、姐姐难过之极。由于生活波折、婚姻不幸，已在烟台某大学工作三年的她，离婚后，毅然带着两个孩子回到上海。在外四处奔波，她跟正常人没啥两样，谁都不晓得她仅有"一只眼"，应算残障人士。多年后，念及丧失视力的右眼，她感慨系之，却释然说："（像）身上的一根刺，因为它抑制了我许多的狂傲、自负、追求世上名利等神所不喜悦的性格。"

回到河滨大厦，一想到自己离开神已有十年，霎时又悔又愧。等母亲、孩子们进入梦乡，翠玉便来到面朝苏州河的阳台上抚栏仰望，浩瀚星空灿烂闪烁，一片静谧。像浪子回头，她跪倒在神的面前说："主啊！我对不起您，对不起母亲，也对不起所有爱我的弟兄姐妹们。

主啊！我在这里，请您随意责罚我吧！"她受过洗，晓得离弃后果的严重。因为根据《希伯来书》经文所述，是该被废弃、被焚烧的。然而，出乎意料，耳畔仿佛飘来一个声音，温柔微小，却异常清晰、明白地说着："我已将你的罪，抛得很远、很远，我像从前一样爱你。"突然间，一股热流传遍身上每一个细胞，她不禁浑身战栗，感动地说："主啊！慈爱的主，饶恕了我这一只羝羊。您没有抛弃我，仍是如鹰将我背在翅膀上，带我归回到您的爱里。"随着不断祷告，加添信心，她的信念更足了，再次体会到神的怀抱的慈爱无比。

刚退职回来，没户口、没口粮、没单位肯接收、没有钱赚，一家老小四张嘴，怎么办？后来虽然户口报上了，但市劳动局叫她去当中学代课老师，教历史与语文。其时，报纸上正在整版批判范文澜，而尴尬的是，偏偏这些历史教材是范文澜所撰。犹豫了一阵，索性待家里，躲进小楼成一统。没进项，怎么过日子？蓦地翻开《马太福音》，这一页上说："天上的飞鸟，也不种，也不收，也不积蓄在仓里，你们的天父尚且养活它，你们不比飞鸟贵重得多么？"风暴来了，看到一些中学历史、语文教师或被整死，或被扣着铅丝字纸篓游街批斗，生不如死，她便庆幸自己逃过一劫。其时，笃信宗教的姐姐一家在狮城，姐姐用教钢琴挣来的收入，每月寄来一百元人民币。这一百元钞票，足以让翠玉一家的生活温饱有余，并且还颇有品质。

电梯口的"晚汇报"散了，牛鬼蛇神们如遇大赦，长长舒了一口气。然后，各自回家。翠玉听儿子说外婆病急，顿时心提到了喉咙口。不久，病母就被送往离大楼最近的旧称"公济医院"——市一医院急诊室。也真巧，此番姐姐的生活费刚收到，并且还特为多寄了四十元，是说给老妈买水果吃。这四十块"水果费"救了燃眉急。殊不料，医生检查下来说是急性胆囊炎，马上要住院。不久，由于医院陪夜者的管理不当所致，病情突然恶化，母亲连话都不能说了。医生来查房时，发现她母亲的瞳孔已经放大。不一会，护士撤走了病床旁所有的葡萄糖、盐水、挂瓶支架等。翠玉想，生命在神的手中，便默默地恳求主的怜悯。恍惚间，耳畔传来一个温柔微小的声音。翠玉听了，连忙从外面药房带回一包葡萄糖来，用开水融化了，拿调羹喂给母亲。开始，喂进嘴里多少，流出来多少。翠玉流着泪一面祈祷，一面喂着。先一小口。接着，每隔十五分钟喂一次。一个月后，母亲康复如初。

  出院一结账，要二百多元。如果是前两天出院，如此高昂的费用一定把翠玉急昏——到哪里去调头寸呢？在沪的亲眷朋友中，有钱人家也不是没有。但风暴之中，谁家不是风雨飘摇自顾不暇，哪来的余裕？偏巧，出院那天正好收到姐姐一笔三百元的大款——自然，她写信告知了母亲的病况。这三百元除了付住院、医疗费用，连之后打针吃药的费用也准备好了。"主啊！您给预备的，不仅给到好处，而且时间也非常及时。感谢主、赞美主的隆恩。"喜得她热泪纵横，祷告说。

第十九章

1. 灵歌

　　风暴席卷上海，席卷河滨大厦。很快，翠玉家也被盯上了。在抄家中，她失去了衣物细软，它们原来准备用来变卖度日；一笔退职金被冻结；大套间两间房，其中的一间也被占。但所幸的是，她的皈依和从前偶尔传福音的事，并未被当作一个污点揪住不放。尔后，文攻武卫战士进驻大楼，开头第一炮，是挨家挨户查有没有挂宝像？是不是人手一册红宝书？翠玉的隔壁邻居由于没这些，因此挨了斗，吓得跪地哀求。这时，翠玉忙跑去解围说："哎唷，李大姐你忘了？不是叫我替你买么？有、有、有，只不过还没挂上呀！"

　　说罢，就径自拿了一张宝像去帮她挂上。阿文攻气咻咻地走了，临走却撂下一句话："哼，你们不准关大门。你们这些臭资产阶级，就是怕劳动人民偷你们的东西，把大门关得死死的。从今天起不准关门，我们随时都要来。"翠玉气不过，偏要关门。阿文攻见了，一阵乱敲乱嚷。翠玉开了门，皱眉说："喔唷！难是门也不许关了。"她想说陌生人窜来窜去，人多手杂，天晓得会怎样？一忖，把人家当贼还了得？忙改口说："嗯，是这样，请师傅原谅。我们这儿老的老，小的小；何况，家母又刚害过大病。给穿堂风一吹，病了，你们送我们上医院么？"

　　阿文攻碰了软钉子，一怒之下，忙去居委会盘查底细。不一会，来了三条汉子，个个藤帽长矛，故意神秘兮兮地说："曾翠玉，你是学生出身，我们对你本人没意见，但你海外关系太复杂了噻。喂，你的狗兄、狗弟、狗姐、狗妹都在海外，对不对？"翠玉蹙了蹙眉回答说："是的，脚长在他们身上，他们要往海外跑，也拦不住呀。我唯一能做到的，就是与他们割断关系，没有通信往来就是。只有一个例外，那是我在新加坡的姐姐，我不能割断关系。"阿文攻问为什么。翠玉说："我目前无工作，无生活来源，家中一老二小和我自己都要吃饭，全靠我姐姐寄钱来维持我们的生活。"阿文攻似乎捉到了一个把柄，忙问："你们通信，说些什么？"翠玉淡然说："唔，也没啥，谈家常、保平安。"阿文攻不信。翠玉便顺手从抽屉里拿了两封姐姐寄来的邮简，往他们眼前一摊，说："那，你们自己好好看看，信上究竟谈些什么。"

这是一种国际航空邮简，封面上通常标注着一行英文字：封内不准夹信及开口处。阿文攻中文水平有限，何况外语？但此番，却似乎找到了一个可以挖坑的机会，忙吩咐她把洋文念一念。翠玉暗暗留了一个心，思量道：造反派不是将懂英文的人都当洋奴么？我才不上当呢。便说："对不起，我不懂，也读不出呀。"阿文攻一听，板着脸一顿训斥："哼，大学生不懂英文，在骗谁？这上面的英文，明明是帝国主义对我们的反动宣传，对不对？你这个臭老保，不肯揭发就是了，还推三挡四。你同他们是一路货色！"其中也有个略微读过些书的，似乎想小小地卖弄一下，尖着嗓子说："对呀！她跟帝国主义'抗酒一气'。"翠玉顿了顿，一想差点没笑出声。秀才念半边，"瀣"不是嵌着一个"韭"吗？原来是把沆瀣一气，念成"抗酒一气"了。她强忍住笑。"喔唷！我几十年不看英文了，几乎全忘了呀。噢，想起来了，海关大楼不是就在我们大楼旁边么？劳驾你们将信拿去，请他们翻译出来，好不好？如果是反动宣传，那太岂有此理，不用你们提醒，我立马写信去向他们提抗议。可以吗？"她问。

阿文攻木头脑袋，竟然真的跑到海关去了，结果被海关人员骂出来。他们恼羞成怒，决计要治一治曾翠玉。说来也巧，这帮文攻武卫战士来自一家煤球厂，翠玉有个闺蜜刚好就在这爿厂里，碰见这帮人聚在一起正在开"诸葛亮会"呢。果然，想出了一条毒计。这位闺蜜胆子小，怕沾上什么事，虽为翠玉捏了一把汗，却三缄其口。等到文攻武卫撤离大楼后，她又来邀功了。当下，阿文攻们气哄哄跑来，戳着鼻子，对翠玉高声数落说："听着，你这臭婆娘！既然你同你姐姐通信，为什么不宣传我们这里的大好形势？"翠玉冷笑说："嗳，你们讲点道理好吧？难道'莫谈国事'也不懂？姊妹通信，就谈吃喝拉睡等俗事，哪敢涉及双方的政治？"这时，一个头上有癞痢疤的小个子说："要谈要谈，形势大好，史无前例，你应该写信去宣传宣传。呃，写完了，给我们看看，你究竟宣传得好不好？听见没有？"

翌日一早，这帮阿文攻就跑来问翠玉要信看。翠玉说没写，对方火了，面孔一板，呵斥说："喂喂！你狗胆太大了！我们叫你写，为啥不写？"翠玉蔼然说："咦，怪吧？我跟我姐姐生活的国度不同，社会制度也不同；写了，她不光不能理解，恐怕还会发生误会。万一有个什么，我哪能吃得消呀？嗳，你们勥坏我的事好吧？"阿文攻们拿腔作势说了一番大道理，末了留话："关键中的关键，就要看你怎么写了。你豪燥写，我们明天来拿。"次日，他们兴冲冲来了，看上去个个眉花眼笑。见他们纠缠不放没完没了，翠玉便索性说："这封信嘛，老实讲我是不会写的。假使你们一定要写，那就劳驾你们自己来写，我负责替你们寄好了。"阿文攻一愣，没料想反被将了一军，怫然而去。回到煤球厂，那几个人骂骂咧咧，苦笑说："戳那！算数算数。看不出哦，这个曾翠玉是个老举三、老屁眼，门槛精贼哦。横弄竖弄，就是不上钩——戳那！"

忽一日，阿文攻叫翠玉去N楼电梯间开会。翠玉去了，只见那里黑压压一大片，个个自带小板凳、小竹椅、小折叠凳和马扎坐好。原来，是进驻指挥部组织了一批人。他们中，有的是芳邻；有的是亲朋故旧；也有大楼里从前与翠玉有些交往或交集的人，比如英国老太、汪琪芳、罗紫琳、许家姆妈、贝家姆妈、钟琼、倪老太、谭家婆婆以及"鲤鱼王"女画家等;还有随机被叫来凑数、没什么关联性的群众。自然,人群中安插了不少揭发者,貌似不搭界,实际早已成竹在胸。看这架势,翠玉委实呆了一呆,便硬着头皮坐下。开始,阿文攻要她讲自八岁起至今的历史,试图挑毛病、找破绽。但翻来覆去,都是鸡毛蒜皮的事,没一件能上纲上线。一个酒糟鼻的阿文攻冷冷地说:"曾翠玉,你勿太狡猾,滑来滑去的滑,以为我们就抓不住你的尾巴了。"翠玉嗤了一声说:"尾巴?啥尾巴?喔唷!有尾巴就抓,没尾巴你——"刚要说"抓个屁",一想马上刹住,得罪这帮爷叔还了得?于是改口说:"也没有办法,对吧?"小板凳间,传来低低的咳嗽声、擤鼻涕声;间或从苏州河上,传来拖轮的"突突突"声、汽笛的嘟嘟声。

"刚才你隐瞒了巨大的政历问题,很不老实嘞!"突然,响起一个愤怒的声音。翠玉一怔,拿一只左眼的余光瞥了瞥,见是进驻指挥部的头头,荷包蛋那样的光脑门上,阳春面浇头似的,搭了几绺油腻、老长的发丝。他是常委老屈。"嗯,该说的都说了,年纪大了,忘记的事也是有的,可'巨大'谈不上。"她嗫嚅说。"人家都告诉我们了,你还赖什么?快讲!现在讲出来还有宽大的机会;现在不讲,勿怪我们不客气了。"老屈一字一顿地说。照理,像他这样一级的进驻领导,尽可以让手下来提问,自己不必亲躬。或许,老屈真的急了。自从向上面交出一份类似述职报告那样的书面材料后,一个多月石沉大海,情况不妙。这回,他像是抓到了救命稻草,突然间打了鸡血,一改往日蔫蔫的样子。"喂,庐山上的教堂怎么回事?谁经常光顾那里做礼拜?你家里跟这些人是什么关系?你还要我说得更明白一点吗?"稍稍等了几分钟后,他连珠炮般发问了。翠玉听了一阵痉挛般的恐惧,膝盖打颤,面无血色。但她撑住了,定了定神,装糊涂地说:"对不起,我不明白你指的是啥?前阵子,我母亲病危,差点过世,我给吓得六神无主……""你不是六神无主,你是吓得终于露出尾巴了。喏,你自己摸一摸呀。"一个声音笑着奚落她说。"好!好一个六神无主!"老屈一声吼叫,声震屋瓦。"蒋该死、蒋该死的臭婆娘有没有去过你家的教堂?你家好大的面子,接待人民公敌蒋光头,什么性质?说实话,铁证就捏在我手里,根本不用在这里浪费唾沫星子,铐子'叭嗒'一铐,就可以直接把你送进提篮桥!信不信?"他喝问说。

霎时,电梯间前静得能听见一根缝衣针的落地声。翠玉感觉大地在颤抖,迅速闭起眼睛,暗暗祷告神说:"主啊!你不是说保守我的脚,不陷入网罗吗?"因为今天晨更时,她读《箴言》第三章,读到25~26节有云:"忽然来的惊恐,不要害怕,恶人遭毁灭,也不要恐惧,因为耶和华是你所倚靠的,他必保守你的脚不陷入罗网。"感谢主,翠玉的心立刻平静下来。"啥教堂?庐山上教堂多了去,我哪里晓得谁谁谁去过?对不起,那时我年龄小,少不更事,晓得什么?"她用舒缓、礼貌的语调说。"但既然师傅说,有人提到那些事,就让那人自己说好了。能不能请老师傅告诉我,他(她)是谁吗?"老屈被这种平缓、轻松的语气激怒了,但是他按下怒火,也平缓地,带着讽刺的口吻说了什么。翠玉或一味佯装,或探对方的底,或干脆推干净。很快,老屈就憋不住火了,怒喝道:"谁啊?就是你的狗娘!你狗娘哇啦哇啦说了一脚盆的破事!嘿嘿,你们母女难道就没说过这些?谁信?戳那!"连脏话也骂出口了。翠玉皱了皱眉,但听对方提到她母亲,反倒大大松了口气。暗忖她母亲刚大病初愈,身子虚弱,怎么可能哇啦哇啦说了"一脚盆"?再说,她一口江西土话,外省人连半句也听不懂,怎会晓得?毫无疑问,这是在瞎诈——所谓"掼烂山芋"。于是,翠玉浅笑着说:"那好,就请老师傅将我母亲说的事,发生在哪年、哪月、哪日、哪时;又说过什么反动历史,都拎出来当众揭发好了,我不怕的。"

老屈鼻子尖一哼,笑了笑,似乎看透了欺他们听不懂老表土语;突然把胸脯一拍,大拇指跷了跷,大声说:"没想到吧?你狗娘是江西人,我屈某生在赣州,土生土长,后来才跑到上海学生意,难道连家乡话也听不懂了?可能吗?勠讲土话,你姆妈连一声咳嗽是什么意思,我都一清二楚。"翠玉心里一凛,但听到"咳嗽"等,也太夸张了,旋又心里一宽;接口说:"好呀!那请老师傅开一开尊口,说句江西土话试一试,好吗?"老屈面孔涨红了,啐了口,暴粗说:"戳那娘!侬太嚣张!"随后,盘问一些枝枝节节的问题,翠玉听了缄口不语。另一个阿文攻说:"哪能你一下子做哑巴了?"翠玉说:"我没哑巴,只是遵命不嚣张罢了。"旁边,指挥部另一个叫老顾的副手插话说:"跟她缠什么?绕来绕去,烦透了。老屈,不如发句条头,直接送她去提篮桥算了!"蹩脚的沪语腔普通话,把缠绕的绕念成"尿",变"尿来尿去"。立马有阿文攻应声附和:"对对对,一枪头最爽气。"但是,老屈只是一边揪扪着胡茬,默不作声。在场所有的文攻武卫战士,包括进驻指挥部其他小头目,谁都猜不透,常委的心思究竟如何。其实,老屈肚子里另有一只算盘。

原来,自从奉命进驻河滨大厦,最初他匡算需要一百天,后来时间上大大突破,却仍然无法收兵。怎么会这样?因为,既然口口声声说河滨大厦是"封资修最大的堡垒",帝国主义阴魂不散、资本主义十分猖獗,藏了许多大案要案,有数不尽潜伏很深的敌特分子、电台枪支弹药等等。确实,也追查了"沙逊俱乐部案""反抽盗团伙案",包括追查谣传"英国人要回来"等。尤其"沙逊案"在游泳池私设公堂,可疑对象或坏分子人人过堂,个个自危。由于吃不住惊吓,"蜻蜓咬尾巴自吃自",亲朋师尊、同事同学、故旧发小等,都给咬上。一时间,"沙逊案"涉案的人数越来越多,断送好几条人命。最吓人的是,七层楼一对老夫妻双双跳楼,把小碗口粗的铁栏杆也撞弯。但是,搞来搞去,还是"事出有因,查无实据"。而真正的"大老虎",却迟迟未见。文攻武卫队伍浩浩荡荡开进河滨大厦,声势雄壮,怎可虎头蛇尾,落得个"龙头须"?就在这时,"庐山教堂事件"来了,眼前仿佛出现一座金矿，令他大喜过望，不穷追猛打，更待何时？

可惜，揭发会开了整整一天，没问出啥名堂，草草收场，心犹不甘。翌日，继续开群众批斗大会，勒令翠玉的母亲一起参加，来个母女过堂。但其母刚大病一场，身体羸弱，无法起床；医生也证明，病人不适合参加，否则性命难保。无奈，只好叫曾翠玉一人参加。批斗会照例有陪斗，批了几个牛鬼后，阿文攻喝令曾翠玉站起来，赫然宣布：曾翠玉的父亲在旧社会是大资本家、大官僚，并且在国民党政府中做大官，还是伪国大代表、参事之类。所以，才会有蒋该死、蒋该死的臭婆娘去他家教堂做礼拜之事。其父身为狗官是一宗罪；巴结蒋该死、蒋该死的臭婆娘，罪加一等，十恶不赦。此言一出，揭发会陡然升温。由于上回老屈亲自出马出师不利，此番就没出场，由副手老顾唱主场。老顾是个"笑面虎"，说话软软糯糯；文绉绉的，喜欢引经据典；沪剧锡剧也会来两嗓子。而且，通情达理。虽然是响当当的领导阶级，但比较谦虚随和；由于恪守传统道德，注重伦常，这方面容易被打动，有人情味，好说话，有时甚至网开一面。因此，一改往常工人老师傅给人的"大老粗"印象。当下，他慢条斯理，笃悠悠、韧吊吊的，说了一大篇开场白，然后，话锋一转，向曾翠玉发问："令尊做什么官？文官还是武将？有没有回忆录之类？有没有与蒋该死、蒋该死的臭婆娘的合影照？合影照上有没有蒋该死的签名惠存？据说，蒋该死有喜欢给下属送刀送什么的癖好，你家里见没见过？"诸如此类，等等等等。翠玉的回答只有一声"不晓得"。老顾颇有耐心，不慌不忙地问："不见得吧？你父亲死后把官让给你做，你做了没有？"

这时，翠玉抬头望着天花板，高高扬起右手，做了一个9字的手势。众人愕然，老顾似乎也感到有点困惑与茫然。只听翠玉曼声说："爸爸死的时候，我才九岁。"当她将举起的右手放下时，群众席上，有人交头接耳，有人眉目传话，还有人假装咳嗽捂住嘴巴，笑了。台上主持会议的老顾勃然大怒，但仍克制而从容地提醒说："有啥好笑的？严肃点好不好？慢点，把她那一张滥污泥底牌亮出来，哭也来不及咪！"会场安静下来。接着，老顾拎出翠玉的海外关系，宣布曾翠玉一家同美国、英国、法国、日本都有关系，背景十分复杂，但兜了一大圈，就是没把新加坡说出口——没听说过，吃不大准，怕出洋相；而这，偏巧是他捏牢的一个把柄。"嘿，恐怕他脑子里，连亚洲有一个新加坡还不晓得呢！"翠玉不无讽刺地想。接着，含笑自辩说："对不起，你们所说的国家中，我一个亲戚也没有。我只有一个姐姐在狮城新加坡。喏，就是有鱼尾狮的地方。"老顾、阿文攻们一听都懵了，搞不懂究竟是个什么国家，稀里糊涂，自乱阵脚，不敢再问，只咕哝了声："好！你等着瞧吧！"便草草收摊。事后，大楼里有人私底下议论纷纷："老师傅连新加坡都不晓得哦。""嗳，这些人哪里是曾翠玉的对手？""苦哇苦哇，一头碰在软钉子上。""是呀！批批、斗斗、搞搞，总想讨便宜，结果都是他们自己出足洋相。"翠玉颔首微笑，因为开会之前，她曾祷告"求主快快显灵"。果然，神叫这些恶人既恶又蠢，尽说蠢话。神让她知道他们的诡诈，戳穿险恶的阴谋。

事后，阿文攻依然死缠住曾翠玉不放，对所谓"蒋该死、蒋该死的臭婆娘去她家教堂做礼拜"的事，发起一阵又一阵的猛攻。但攻势虽凌厉，不知为何，却似乎忽略了最起码的逻辑关系：比如，既然翠玉家在庐山上有一座教堂，那么她家是否就是笃信基督教的家庭？她本人有没有信教？有没有从事过传教活动？都给哪些人传过福音？这些人有没有从事传教活动？对这些，自以为聪明的阿文攻们却置若罔闻，视而不见，让翠玉窃喜不已。自然，她把所有这一切，都解释为："主啊！您的亮光，一直在帮助我脱离他们的虎口。"

某天晚上，翠玉像往常那样坐在阳台上，向外观看，只见河滨大厦C字门对面，路灯下，苏州河畔的防汛水门汀墙上，依然是触目的一长排黑漆横幅标语，每个字足足有斗一般大："彻底揭开河滨大厦阶级斗争的盖子"。三年了，闹得一会风一会雨，没完没了，真使她厌烦之极。于是，她默默对主说："主啊！这种暗无天日的日子要拖到几时呢？我心烦透了。"蓦地，她胸中涌出了一首歌，曲调和旋律格外熟悉亲切，它来自做礼拜时伴有管风琴和大合唱的某一首《赞美诗》。歌词是这样的："黑云密布，不久要散，天父引路，满有慈爱，信靠天父，永不更改。"她不禁在心中唱了起来，一遍又一遍，唱到东方既白。直到她心胸舒畅了，方回房躺下睡了。

翌日，两个孩子放午学回家，在母亲面前排着队，踏着步，嘴里还喊着："一二一！一二一！"母亲从没见孩子这样出操，也不晓得搞什么名堂。忙问："咦，这是做什么呀？"孩子一起朗声回答："喏！文攻武卫就是这样排队喊着口号，撤离出了河滨大厦。"说着，两个孩子挺胸甩臂抬脚，又"一二一！一二一！"起来，从左到右，从右到左，时而拐弯，时而转身。母亲含笑瞅着弟兄俩表演，旋即想起昨晚神给予她的安慰，黑云真的散去了！她抚掌感动之极，不禁由衷地感谢赞美主。至于那晚所唱的歌，后来她曾唱给很多人听过。但蹊跷的是，大家都说不曾听过这首歌，也不知它出自哪本《赞美诗》里。于是，有人笑称："嘿嘿，曾翠玉姊妹，那一定是神赐给你的灵歌呢！"

2. 苏州河之波

阿文攻撤走了。防汛墙上，那条挂了三年的横幅标语，悄悄给涂上了白石灰。防汛墙外，是孩子们的天堂。

夏天，半大孩子、年轻人喜欢在苏州河里游泳、"跳桥头"。河滨大厦也许是本市唯一配有室内游泳池的住宅，既然有泳池，为什么还到河里戏水呢？有个缘故。游泳池设在大楼 A、B 字门门厅之间的零层，从小花园看去，就四扇窗子。也许，为了兼顾采光和私密性的需要吧？玻璃窗高高的，突兀而又神秘。泳池不大，才 15.5×9 米。游泳池对外售票，也有学校或某单位包场的。这是一个温水游泳池，四季开放,由大楼后面的锅炉房供热。因为池子小,时常人多得就像下饺子;像会游的人,嫌横渡不过瘾,干脆来回直渡。由于要买票入场,而一般孩子零花钱又不多,故而每礼拜能游两次算是奢侈的。有些干部子弟也没钱,为了能多游一次,会去帮锅炉房的司炉工铲煤半天,才换得一张游泳券。也有夜里爬进游泳池偷游的,游泳池里墨黢乌黑,没有灯瞎游。这都是以前的情形。到了风暴年代,游泳池索性关了。

自然,大热天一到,苏州河这天然的游泳池就成了孩子们难以抵挡的诱惑。早些年,楼上人们看惯了摇着橹的舢舨船来来往往,半夜里橹声"咕嗞咕嗞",传得很远,直入酣睡者的梦乡。河上,晨昏波光潋滟,闪金亮银,烁烁的一片。轮拖——过去习惯上称作"小火轮",一种燃煤的火轮船,有着一根粗壮的烟囱管,喷着乌黑的烟。很奇怪,小火轮穿过乍浦路、四川路、河南路等桥的桥洞时,烟囱高,过不去,每每要把烟囱管放倒。等过了桥,再竖起来。后来,改用汽油引擎,真正意义上的小火轮已变成港驳公司的拖轮,可老年人依然还叫它的旧名"小火轮"。河上的船只来回穿梭。它们有西瓜船、大米船、棉花船、蔬果船、鸡蛋船等,也有黄沙船、石子船、砖瓦船等,自然也少不了垃圾船、粪船;时而,也会有少数几条木帆船,梦一般漂来。它桅杆高擎,迎风鼓帆,帆布上通常缀着补丁,东一块西一块,颜色不一。很快,河上唱主角的拖轮便登场了。船头高高翘起,犁开人字形、白濛濛的水花,舢舷裹有半圈旧轮胎皮,防撞减震;船艉拖着长长一列驳子。过桥前,拖轮鸣响汽笛,笛声嘟嘟。

七十年代初,苏州河已发黑发臭,像块黑地毯。但所幸天天有潮汛。时间一到,涨潮了,从黄浦江涌来了大片大片泥黄色的水,水位高了,水也相对干净了些。这时,苏州河里时常就会出现戏水者的身影。看见河里有人在游泳,桥头有人在跳水,大楼亲水阳台上的孩子,看着看着就心痒起来,痒到一定程度就憋不住了;憋不住,就悄悄下水去了。可是,谁也休想逃过桂阿姨的眼睛。她眼很尖,一旦看见了,晚上就会"噔噔噔"蹬着半大脚，上谁家说："某大姐，你们家孩子到苏州河去游泳，老危险的呀。"被告了状，孩子回家难免一顿打。挨了打，不恨桂阿姨也难，虽也晓得这是为他们好。除了桂阿姨，大楼阳台或窗户里，让小姑娘看见了，也会告诉某人的家长说："喏，你家某某某在游泳！"去河里游泳还得防半空中。好在河岸边总停着许多舢舨船，藏在船后面，贴牢船舷，便可躲过来自楼上的视线。

苏州河黑黢黢、脏兮兮的，谁都晓得，但是涨潮时它的湍急和狂野，这一点只有下了河才知道。河水表面似乎像块偌大的灰褐或土黄色旧绸子，柔柔的，不惊不乍，而在水下却波诡浪谲，暗流窜动，大漩涡套着小漩涡，而且凉飕飕的。水急，忽而就从下游几座桥的桥洞下一漂而过。在浅尝"千里江陵一日还"的快意时，它凶险和狞厉的一面，常常被忽略。家礼常听兄长们吹嘘说，自己水性如何了得，有时，他们也会提到"吓人"的历险记，跟着脸一沉，嘴角挂着笑，嘴唇却在微微颤栗。

家礼是娇鹏家的老三，刚读四年级，晓得下河游泳自己没份，只跟在邻家兄长们的屁股后面玩。他们或"跳桥头"，或下河游泳，阿三就替他们当义务保管员，兜着一大堆衣裳、拖鞋在岸上跟着跑。间或，也望望风。附近下河的人通常有好几拨：除了大楼里的，还有洪福里、桃源坊、顺和里、德安里等；外白渡桥以西的三座桥为界，又有乍浦路、四川路、河南路以及山西路、天潼路等。离河远一些，还有圆明园路、塘沽路或东大名路的人。他们大多为初中生，或小学五六年级。游泳池要买票，去不起，便成群结队来到苏州河里。游泳以"老三届"插队前为盛。等插兄大呼隆一走，高潮戏似乎就过了。早些年，他家的大哥、二哥也下河游泳，随着他俩或去黑龙江，或上中学，便自行退出。阿三人小鬼大，自从游泳池里学会了踏水、仰泳、狗爬式等，便渐渐不服起来。既然游泳池里游得，难道到河里就不行？于是，偶尔也会下水游一游，闷个水，或手搭船帮，踩水什么的。尽管曾吹嘘说,"跳桥头"如何惊险,实际他一次也没跳过。

鼎盛时期,潮水高涨,四川路、河南路、乍浦路三座桥都是"跳桥头"者喜欢光顾的地方,因为桥身高,桥洞宽,拱桥曲线好。而且,前两座桥的桥栏上有灯柱台,或护栏外下方有个窄窄的折沿,便于站在上面纵身一跃。一般跳桥前,大伙先小坐一会,这时需要欣赏欣赏水景,或聊聊天、逗个趣、定定神;更关键的,要确认桥下有没有船只经过。因为船——巡逻快艇、拖轮、水泥或铁驳子、木质舢舨船等如果迎面驶来,入桥洞,船头欲出未出时,会非常危险。等探子报来"无船",跳水者便衣裳一脱一掼,预备起跳。上肢展平或合拢,选择正面或背面,头部向下或向上,接着大腿一蹬,"嗖"的就下去了。

他们中,水性好的,会玩花样,如"燕子式""镰刀式""背越式""后空翻"等;初跳者一般都是"插蜡烛",排好队,一个接一个跳。"燕子式",是一种近于自由体操的高难度动作,较具艺术化和观赏性。它要求先腾空跃起,瞬间双臂打开,十指抿拢并微微上翘,随后头朝下,双臂收紧,两脚夹紧,宛如一根棍子般插入水里。最吸睛的一着,是看在半空中停留时间的长短。谁时间长,谁就能获得更多的欢呼声、喝彩声和鼓掌声。每座桥,跳水跳得好的人,是有名气、摆大王的。比如乍浦路桥,有个人绰号叫"小外国",此君不光"跳桥头"功夫了得,而且帅哥一枚,皮肤很白,乌发带鬈。每当他一出现,一个漂亮的"燕子式",定会倾倒无数观众。还有个小姑娘,白裤白背心白帽子,也出足风头。许多人就为看他们的表演,或等上老半天,或远路赶来。

一个猛子扎下去,浪花几朵。旋即,开始游了。其实,涨潮时无所谓游泳,因为水流急、浮力足,顺水而下,四川路桥跳水下去,没几分钟就到浙江路桥了。河水湍急,特别要注意避开桥墩。欧式桥都有一种流线型、梭子样的桥墩,快得简直像利刃,仰泳时后面看不见,弄得不巧,脑袋就给撞一记。同样,河里船来船往,也要格外小心。

拖轮拉着长长一列铁驳或水泥驳子，行驶中的船会有一股吸力。如果靠得太近，或搭船想借一借力，一不留神，就给吃进去。停靠岸边累累的舢舨船虽不会吸，可急流会倏地把人带到船下。船底一层青苔光溜溜、滑唧唧的，顿时寒意袭来。拖轮或挂桨机船更不用说，船尾有飞旋着的螺旋桨，吓煞人。即令不碰螺旋桨，就是不知哪条船挂着的铁锚上给挨一下，也够了。

顺流而下，到了"老垃圾桥"——浙江路桥。此时，还有一桩头疼事。因为属于本地帮的势力范围，外人进入要被欺负。一帮小流氓早已候好，见了从乍浦路、四川路、河南路桥游过来的人，就来拖脚，不准靠岸。旁边是个粪码头，停着无数粪船，所以，再臭也得爬上去。

尽管如此，对"跳桥头"或游苏州河的人来说，能顺顺当当游到老垃圾桥，运气算好的。假使给水上警察捉住，要坐在快艇上晒太阳。甲板上火火烫，都可以煎荷包蛋了。快艇一开开到长寿路桥，或"钞票桥"——江宁路造币厂桥。被放的人，对不起，只得赤膊、赤脚走回去。地上热得简直踩不下去。也有门槛精的，泅水时腰里插着木拖板或塑料拖鞋，穿上了，至少免受烫脚之苦。

除了以上种种，阿三还听兄长们吹嘘说，苏州河里游泳，还有外快捞呢。因为河里时常有乡下人的西瓜船，或鸡蛋船。这种摇橹的货运船开不快，而且装得多，吃水深，游泳者一伸手就可以碰到。要是西瓜，先把它拨下水，氽在水里，等船过了，笃定去拿；要是鸡蛋，抓一把，就掖在自己叠几叠的裤腰里，放五六只不稀奇。

第二十章

1. 过继

早就听母亲说过，有件事要跟阿三说。阿三吃了一惊，肯定哪桩事被捏牢了，说不定又要一顿"竹笋爆肉"。他条件反射似的，下意识地把胳膊肘擎起，护着头。至于什么事坏了，倒不去深究，反正不外乎上课开小差啦，测验或考试不及格啦，跟流里流气的人在一起啦，拿弹皮弓打路灯啦，把借人家的连环画偷偷撕一页啦，将小闹钟拆了装不起来散架啦，鸡毛掸子上拔鸡毛做毽子啦，翻墙到某活动室打乒乓啦，盾牌或连环牌乒乓球踩瘪了滚水里泡一泡想瞒过人家啦，坐3路电车逃票啦，把马桶吸锯了做个"贱骨头"啦，爬到屋顶上放纸鹞啦，还有就是下苏州河玩水啦，如此等等。上课喜欢闷头在教科书上涂鸦，见借来的连环画某页画得特别漂亮，忍不住扯了藏起来，是他的两个痼疾，改也难。

至于玩弹皮弓之类，他倒只限于打麻雀或电灯泡。大楼比他高几年级的半大孩子，喜欢躲在自家阳台上射击路人，尤其是盯着女孩子、大姑娘的胸或臀部打，美其名曰：她们看上去不正经，或穿衣裳过于显眼，或河边谈恋爱举止轻浮。因此，有必要"以革命的名义"对其实施惩戒性的袭击。弹弓自然是自制的，用粗铅丝拗个Y字，穿上空心牛筋细管子或双股橡皮筋；用烂泥搓小丸子晾干了当子弹，被击中了会散开几瓣，挨了泥丸弹虽痛，倒也没石块那样的杀伤力。北苏州路河边，四川路与河南路两桥之间，每天总是人来人往，路人进入射击范围却浑然不知，让居高临下的弹皮弓手欣喜不已。"打中了，打中了!"楼上暗暗喝彩,随即脑袋一缩,躲藏于窗帘后面。"十三!麴面孔!""下作坯!有种乌龟头伸出来呀!"楼下挨了泥弹的女性怒吼着,但抬头一看,密密麻麻层层叠叠的窗户和阳台,看也看晕了。啐骂了几声,只好悻悻离去。楼上欣赏过这一幕后,再等下一个。弹皮弓没准星,像这样当狙击手的话是很危险的,万一打在眼睛上怎么办?所以,阿三一次也没玩过。自然,高他几年级大男孩身上那种汹涌的荷尔蒙,对他来说,还早呢。

阿三预感到母亲会狠狠揍他一顿。他不像二哥家孝,会做人。而且,人家是红团头头,母亲脸上有光,即使有错,哪有打他之理?阿三却命犯愚痴顽劣,并且有个打不服的臭脾气——越不服帖越欠打,越打就越不服帖,成恶性循环。"小猢狲,你过来。嗳,你不是老欢喜到上农新村去么?"一天,悬着的靴子落地了,母亲开腔说。脸上漾开微笑,奇怪的是她竟然羞赧起来,脸颊一红。阿三微微诧异,母亲怎么了?嗫嚅着,照样回答几句,一边百思不得其解,讪讪的,很愚蠢地笑了笑。"那,小狗掉在污坑里,这趟给候着了。我们家里孩子多,你小伯一个人,太冷清,对不对?"母亲又补充说。阿三脑子飞转,但还是猜不透这两者究竟有啥关系。"挑明子说,小猢狲,想叫你过继给小伯呀,愿不愿意?""过继?啥叫过继?""喏,给你小伯当养子。""啊?姆妈夯我了?我犯啥错,闯啥祸了?"家礼恐慌起来,跌脚说。"为啥家里介许多人,偏偏找我?妹妹头为啥不去?我——我垃圾桶里拾来的?""那你是不愿意了?"母亲顿了顿,失望甚至有点悲凉地问。"不是……是……不是——"孩子语无伦次,结结巴巴,牛眼本来就大,瞪圆了,更是有一种说不出的愤怒、迷惘、无助的感觉,以为被撵走,但求饶又不肯。母亲噗嗤一声笑了,轻轻戳了他额角一下,说:"侬呀!一世聪明,一时糊涂。"

几天后,母亲就让家礼一起上了赵叔叔家。一种正经八百的仪规,说什么话记不全了,只记得去广中路照相店拍了张合影。从此,叔叔家的台子玻璃下多了一张与阿三的合照。相片上，阿三戆头戆脑，两颗门牙特别大，有隙缝。为何拍成这样？另外，叔叔好像也并没想象中那样的兴奋、热情、如获至宝；他闷闷的，倒是母亲唧唧呱呱笑语不断。额外添了几只菜。阿三强忍没笑，克制着，尽量不显得很开心。席间，母亲似乎突然感到某种程度的失算，因为儿子胡天野地皮，没了管束，还不像脱缰的野马？"三猢狲，你覅高兴得太早。"母亲脸上笑嘻嘻，口气很硬，旋即把脸踅过去，对祖鸿说："你呀，覅吓，也覅打不落手。胆子曼大点，管得紧一点好哎。三猢狲要不听话，侬曼杀杀搏搏打好哎，我只有谢你，不会怪你。贱骨头不抽不行。嗳，老话不是说：棒头底下出孝子？"叔叔仿佛很窘，挤出一点笑意，好像又有点责备或不快。瞪了她一眼，操着绍语说："惹鬼个！"

自此，阿三每个礼拜天固定要去叔叔家。平时则不一定，多则几天，少则半天，抑或不去，要看学堂里放不放课。每趟去，周围总是冷冰冰的，目光斜睨，态度古怪，似乎含有某种不屑、讥嘲或厌憎。邻里之间，仿佛有一种异样气氛。早几年，家礼曾听说，二哥带了一帮子很要好的朋友到上农新村玩。铁路附近，有大片的棉花田，还有油菜、卷心菜、茄子、蚕豆或毛豆田，依水旁河。路基旁，水沟里长满茭白，水面蒙一层青翠细密的浮萍，青蛙阁阁。细绳竹竿，鞋底线头，用环形的青蚯蚓作诱饵，于茭白叶丛空隙的水面上，一纵一纵拎着。青蛙、田鸡见了蚯蚓，探出尖脑袋跳着一口吞。这时，拿准备好的大布网兜轻轻一抄，青蛙、田鸡便掉进了口袋里。

怕青蛙跑了，一剪刀剪了头，绿色或褐色的蛙皮轻轻一剥，便露出精白的整个小身子，腿还在蹬呢。田垄里跑着追扑蝴蝶、蜻蜓。架空电线上憩着一长溜麻雀或燕子，偷偷靠近了，拉开弹皮弓一仰射，密集起飞的小家伙中总有挨弹丸的，"扑落"一声，不知掉什么地方了。随即，好一番寻觅。这天，河滨大楼里的朋友们正玩得扎劲。弹皮弓斩获多多，益发忘情起来。P君只顾一边后退，一边点射，挪着挪着，蓦地"哎唷"了一声，跟着连人带弹皮弓，掉进大粪坑里。这是农田里一种沤肥类的粪坑，有机肥、发酵物、泡沫、稻草混杂一起，将圆坑表面盖严实了，略微还拱出点，乍一眼简直发现不了。P君如何在粪坑里拼命挣扎，如何爬上岸，如何狼狈不堪乱作一团，已不知其详。只听说，他沾了一身粪污，跌跌撞撞，一口气跑回到叔叔家隔壁的公用厨房里，趴在水槽前，脑袋忙伸进水龙头下，好一阵冲。显然，要不得的气味，立刻招来所有邻居的怒怼和抗议。

从此，叔叔家似乎就跟邻居们结下了死疙瘩。阿三每趟上叔叔家去，邻居们大多不待见。阿三想，恐怕就是给臭气熏的吧？

2. 靶子山

到叔叔家去多了，阿三渐渐领教了邻居都是些什么人。邱阿姨是个年轻寡妇，后来带着一个女孩"拖油瓶"再嫁，她丈夫是外地汉子，婚后又添了四个儿子。她丈夫枣核脸，油亮的招风耳，五短身材，生着肝、肺或腰子之类的慢性病，养病在家。闲来无事，喜欢摆弄些大大小小的渔具，要不就全副装备，去附近河浜里钓鱼。满嘴的合肥话听不懂，除了老酒灌饱，脸红得像煮熟的竹节虾，神完气足地叫一声："嘀嘀，干大鱼！"是说小鱼不理会，要钓就钓巴掌宽以上的大鱼。后来，小朋友偷偷给他起了个外号"干大鱼"。鱼多吃不了，派送给邻家。吃了嘴软，少不得巴结几句。于是，厨房里一见面，"干大鱼"就大谈钓鱼经，忽然声音一低，仿佛怕泄露秘密似的，说："鲢鳙喜酸臭、鲫鱼爱奶香、鲤鱼爱甜食、草鱼爱玉米、青鱼爱螺蛳、昂刺爱蚯蚓……"鱼儿的习性各不相同，钓哪喂哪。正得劲，叔叔差家礼去公用厨房烧个水，或看煮的饭滚没滚，冷不丁见了家礼，"干大鱼"变得特别烦躁，甚至金刚怒目，像偷听他的秘传似的。

邱阿姨更夸张。因为她家煤气灶挨近水槽，每回叔叔家洗东西后，就直起嗓门嚷嚷被溅到了脏水。为了一丁点的小事，也会指东说西骂个不休。夏天傍晚，谁家都少不了冲凉、洗澡。见叔叔家要来洗，赶紧公共卫生间一钻，门关上。她家五个孩子、两个家长，鱼贯而入连轴转，叫人无法可想。家门口扫地，故意往叔叔家门前抢几扫帚，灰尘纸屑一股脑儿弄过去。见孩子有时跟家礼玩在一起——孩子一起玩游戏，容易"自然熟"，刮刮片啦，"别铁板"啦，"抽菱角"（陀螺）啦，放鹞子啦，"丢砖头"啦，斗鸡撑骆驼啦，打玻璃弹子啦。但是被邱阿姨看到了，从楼上骂骂咧咧直冲下来，朝她儿子"啪啪"两个耳刮子。然后，仿佛有了资本，瞪起三角眼冲着家礼，"贼拉儿子、野种、野蛮小鬼"一顿骂，嘴脏得要不得。家礼挨了骂，万般不服，暗忖："哼，老欺小，算啥名堂经！"不过，仿佛也晓得自己吃哑巴亏，万不能去跟叔叔或母亲说。似乎是只一点就着的火药桶。

邱阿姨家的老三跟家礼倒很投缘。小时候，他把桌子上的热水瓶打翻，沸水浇了一脖子，差点没烫死，好不容易才痊愈。不过，头颈上疤疤癞癞一大摊，还有一只绛红色的肉枣疤，遂被起了个绰号："红疤"——当年绰号是不落褒贬的，并没羞辱谁的意思。家礼与"红疤"既然是玩伴，好东西每每一起分享。"红疤"的宝贝既多又好，而且很大方。譬如玩具有子弹壳啦、子弹头啦、砂轮片啦、圆铁板啦；小动物有麻雀啦、知了啦、星天牛啦、金龟子银龟子啦、蚕宝宝啦。但由于邱家父母绝对不允许之故，两个小朋友轧道，很有点像电影里的"地下党"。阿三虽然皮大王一个，可是在市区长大，除了苏州河里踏水还可夸耀夸耀，其他就没了。而"红疤"就不同了，各色自逮的小动物不消说，单就是锃锃亮的子弹壳、子弹头，哪里亲手摸过？黄铜弹壳底部有个紫铜的小圆心，是撞针的击发点。况且，有的子弹头还拿焊锡焊成一把小刀，正面一插，是一发完整的子弹；将弹头反过来，嚯，就是漂亮的利刃了。男孩子大多有尚武精神，见了宝贝心痒得不得了，简直饭食不思。向"红疤"一打听，原来这个宝贝藏在一个叫靶子山的地方。于是，连忙央求带他去觅宝。一回生，二回熟，不久，阿三上靶子山就独来独往了。

靶子山在广粤路，距离叔叔家住的新村不太近，步行单程要三刻钟。对一个孩子来说，往返两趟，路程更是非常遥远，每趟回来腿肚子酸得不行，睡觉时还抽筋了。靶子山之路，可谓"溯洄从之，道阻且长"，因为那里水网交错，中间有大片大片农田，农田里又有好几处养猪、养鸡、养鸭的饲养场。"猪猡棚"矮矮破破，一长排红砖茅草斜屋顶房子，烟囱冒着浓烟，粉碎机噐声不绝，老远就能听见。因为有这些猪舍、鸡舍、鸭舍，故而断头路不少，小路跟小路不通，需要绕来绕去。好些地方被河浜拦住去路，野舟横陈，不得不攀船跨河。河里长满了"水葫芦"——猪猡棚前，粉碎机永远在打的就是这些从河里撩上来的"水葫芦"，它煮熟了可以喂猪。"水葫芦"善于伪装，初看一马平川，如果被连片的碧青骗过，误踩一脚，"扑通"一声就掉河里了。周围水网密布，也有一个比较大的河浜，当地人叫它"东洋浜"。

除了"东洋浜"，居然还有一座"东洋庙"——麒麟塔，日本侵略军在沪供奉鬼子亡灵的神社，门外有好几个"鸟居"。阿三年纪小，不懂这些，有时也会上"东洋庙"里荡一圈。其时，它虽已破败不堪，只剩空壳，竟然还能拾级而上，各层楼逛逛。祭奠之物没了，偌大的楼阁空空如也，倒有光顾于此的内急者留下的一堆堆大屎，臭不可闻。实际上，"东洋浜""东洋庙"与广中路水电路转角的解放军东海舰队司令部也有关联，因为它的前身是侵华日军第三舰队司令部。自然，小朋友也不懂这些，只晓得管"海司"（东海舰队司令部）后面的一条河浜叫"海司浜"。海司浜旁有条小径，沿路有一棵大洋梧桐树，树身很长的一段贴水面生长，宛如一座桥。如果胆子够大，可以踩着树干径自走到河上，把双腿浸于河里，玩水捉鱼。而这棵老龄洋梧桐树旁的小路，正是阿三靶子山之行的起点。

靶子山附近一带那时叫"广中苗圃"，早先是墓园。围了一块地，作为战士打靶的练靶场,近旁还有兵营。靶场面积似乎三四个足球场还不止。四周空旷平坦,地下修筑的坑道壕沟四通八达,配有装胸靶的机械装置,上下升降,便于人工读数和报出几环,或更换靶纸。坑道约三米深,有四五人宽,两侧的铁制导轨锈迹斑斑,卷扬机钢缆牵拉靶架,马达嘎嘎响。靶场后面的土丘上,横卧着一道高高的水泥墙拦截子弹,顶上还加了一层电网。高墙后面,却是一座由丢弃的工业废料堆积而成的垃圾山。每天,废料车从四面八方开来,源源不断。方头方脑、墨绿色的交通牌载重汽车,或十轮卡、翻斗车等,在一条与广粤路平行的上山坡道奔驰着。上行车都冒着浓烟,卷着尘土;尤其是从炼钢厂开来的,车上驮着通红炙人的钢渣,火光冲天,分外壮观。除了钢渣,更多的是各厂家所需处理掉的工业废料。其中,就有孩子们最渴望得到的玻璃弹子(打弹子)、刚玉砂轮(磨弹子)、挖孔圆铁片(别铁板)、空芯细牛筋管(做弹皮弓)和单极管、三极管、电阻电容、电位器(装矿石机)以及有余电的电池、蓄电池等——天然的玩具,或制作玩具的原材料。同时,靶场还可以放心去捡弹壳,有"三八大盖",它的弹壳长长的,特别像只打针管;有一种朝鲜战场用的圆转盘式机枪,或半自动步枪、冲锋枪、卡宾枪,它们的弹壳属于中等身量,铁制的;有五四式手枪,子弹壳较小,但铜质好,跟"三八大盖"一样,闪闪发亮。打完靶,飞奔到靶场后面的土丘上,寻觅一番,肯定会收获不少发热的子弹头,有的炸成"兰花豆";而更多的,则毫发无损,锃亮光滑,纯纯的一颗"花生米"。试想,有这么多宝贝,靶子山怎不成为孩子心中的麦加?

　　阿三完全不晓得,世界上还有迪士尼乐园那样的地方。但如果说,假如童年有一个游乐天堂的话,那一定就在靶子山,尽管它的一半是垃圾。在那里,亲历战士打靶,第一次感受到打枪那种震耳的响声,急促、粗嘎、凄厉、阴郁,绝无美感。在那里,一边在射击一边坑道里溜达,耳听射击指挥官吹着铜哨子,或坑道上空子弹飞过的"嗖嗖"

声,或电喇叭传来"几环几环"的报数声。坑道很长很宽很空旷,笔笔直,其中也有许多弯道。也许没人管,里面脏兮兮的,冷不丁路中央还有一坨大屎,金绿色苍蝇嗡嗡成群,异味呛鼻。在那里,枪声停歇后,以百米冲刺的速度跑到一堵高墙下,山腰土丘野草漫漫,灌木丛里蛇虫八脚出没,虫声唧唧,眼镜蛇、响尾蛇、黑蝮蛇或草蛇蜕了壳,蜕衣就留在那里,白花花半透明的,满眼飘摇。在那里,高高的墙上挡住不少"打飞了"的子弹并弹孔累累,但还有少许几颗子弹飞掠而过,发出拖长的"嘘嘘"声。在那里,上山坡道新开来一辆废料车,孩子们掺杂在真正的拾荒部落中,立刻围住或追上卡车,打量着有什么货。笨重的车子冒着烟、卷着尘土、发出刺鼻气味,它的周围始终有大帮人跟着一路疾跑,笑语喧哗,个个都像马上要发大财的淘金者。

自然,靶子山并不全是欢乐。在靶场不演练射击的时候,面孔一变,成了本市死刑犯的行刑之地。

第二十一章

1. 礼拜六

阿三白天胆大，晚上胆小，是一种奇异的混合。有一回，到江湾N公墓捉了大半天的蠊绩。清亮爽脆的虫声把他引到幽深处，忽而抬头，一双鞋的白鞋底并排悬着，几乎蹭到头顶心。再猛一看，竟是一个挂在刺槐树上的女自缢者。回家天色已晚，走廊悠长，经常亮一段黑一段，黑黢黢的走廊把他吓坏了，不得不捎口信去叫二哥陪他进楼去，还谎称要给家孝看一只"老大老大"的蠊绩。嘀嘀，总算把恐怖躲了过去。可白昼一到，一切都见鬼去吧，立马胆大如斗。他就这个德性，因此混在行刑队处决犯人的地方，非但不退缩，简直像一只嗜血的花脚蚊子。

靶子山既然是大开杀戒的行刑之地，一批又一批生命在此终结，就是再稀松平常不过的事。说难听点，差不多就跟杀牛公司——从前的屠宰场一样的性质。加上当年又不乏"教育群众、震慑敌人"的功能，行刑时非但不清场，特为还组织各色人等、男女老幼去观摩，把处决当作一场集体狂欢。围观者成千上万，浩浩汤汤，或呼朋唤友，或眉飞色舞，或窜东窜西，或不苟言笑施施而行，不一而足，宛如夏日游泳海滩那样的一派欢快景象。直到许多年之后，阿三才感到有一种说不出的悲悯和痛楚。但眼前却并不在意，甚至有点幸灾乐祸。

因为看得多了，很快就变得"老吃老做"。他晓得，只要"刮台风"了，就会在这里枪毙许多犯人。人民大道、文化广场或虹口体育场开宣判大会，被宣布处决的死刑犯就会被押送到这儿，实施枪决。

他晓得，小旗帜一挥，枪声一响，死刑犯的脑袋前旋即血流喷溅，扬起红雾，身体一歪，像只麻袋一般倒地，戴铁镣的腿抽搐几下。然后，行刑者戴着白手套，用捅条在一个个开花的脑袋上搅几搅，补一刀。他晓得，枪毙鬼中，但凡搞腐化、投机倒把、小偷等刑事犯最差劲，裤头早尿湿，不是被架住，连站都不会站了；而"现反"与台湾派遣特务是"模子"，弹头倔脑的，仿佛有一股傲气。这些人中，有些人，他们的脖子、嘴会拿细尼龙绳子勒住，或者，索性将下巴给弄脱臼了。他还晓得，有一种很厉害的"开花弹"，枪一崩死者脑袋像西瓜般开裂。据说，做"开花弹"也容易，只消把子弹头尖上的铜皮锉几锉，留几道刻痕就行。

甚至还有奇噱好笑的一幕。有一回，围观的人实在太多了，阿三人小，轧不过人家，自然被拦在了警戒线外。行刑开始了，传来三声闷闷的枪响。猜想一定处决了三个人。不料，在靶子场入口处的布告栏里，却发现布告上明明只有两个死刑犯。其中一个年龄不到六十，罪名是"吃精犯"。阿三不懂，啥叫"吃精犯"？就像有时布告栏上写有"鸡奸犯"的字样，也百思不解，但这种事既羞耻又神秘，似乎不大好问。旁边自然有不少成年男女，哇啦哇啦议论着，不时哄堂大笑。女子捂嘴偷笑。大家仿佛都很诧异，聪明人便在一旁开导说："喏，这老家伙专门找中学生，让伊射精，老头统统吃进去，大补哦！"另一个马上接口说："对喔对喔！死鬼吃得多，身体结棍，别人一枪就撂倒了，伊呢，一枪不行，再补一枪。乃末伊拉屋里要多付三角五咪！"旁边的女子没回过神来。"这也不懂？一粒'花生米'三角五分，这个钞票，是要他们家出的。"那人补充说。众人哄然大笑。刚要散了，早不早，迟不迟，忽见几个孩子轧在里面，忙笑斥说："去去去！赤膊鸡毛还没长齐，不许听！"

叔叔家经常没人，阿三乐得自由自在，无拘无束，甚至无法无天。

所以，隔三差五去靶子山玩。尽管母亲关照祖鸿要对家礼管紧点，淘气的话施以体罚，但叔叔哪里肯依？嘴里不说，可那个开心的劲儿，就像天上掉下个宝贝，喜欢得不得了。到了叔叔这般年纪，没有子嗣，孤独冷清，要说话也只能跟墙壁说，有个小家伙闹一闹，说说话，甚至将来有人为他送终，哪有不乐意的？但他是向来个腼腆内向的人，拙于表达情感，尽管有满肚子的学问，亲热些的话却似乎难以出口。一高兴，至多摊平手掌心，在家礼头顶上摸一摸就完了。小家伙头上有三个发旋，常常叫剃头师傅大伤脑筋。

"你有三个涡喔！"有一回他挖防空洞回来，身心俱疲，但是抚摸着侄儿的小脑瓜子，微笑着发出一声惊叹。"嗬嗬，常言道：'一旋刁、二旋滕，三旋打架不要命，四旋敢跟金刚碰，五旋当个总司令，六旋敢从天上蹦。'晓得啥意思么？"阿三因小时候生过热疖头，或磕磕碰碰，留下疤痕，最讨厌被仔细打量头顶。如此被叔叔笑眯眯地撸头并品评着，顿时感到一种很大的屈辱和不幸，但也晓得这是欢喜他。讪讪的，只大声说一句："不，我从不跟人家打相打。""嗬嗬，对对对，你呀，只是闷皮。"叔叔含笑嗫嚅说。"小时候，给一块橡皮泥就能玩一天，做啥像啥。还到朵云轩画画，一画就是一天。你的画少年宫老师都说好哎。"他又说，仿佛惹小家伙不高兴了，要撸一撸顺毛。

阿三懂叔叔的褒奖，礼尚往来，仿佛得喊养父一声，作为回报。母亲一向叮嘱阿三管叔叔叫"小阿爸"。但是，孩子家要么从小喊到大，要么就不喊，中间冷不丁插进来"爸爸"之类，嘴唇皮有万斤重。挣扎一番，终于败下阵来，脸涨红了。叔叔笑呵呵嘴里喃喃着，像鼓励又像宽慰。实际上，侄儿之所以难以启口，还有另一种抱怨，因为"小阿爸"在宁波人那里有一层嗔怪、无奈的含义。"好咪！谢天谢地，我要叫侬'小阿爸'了！"为阿三所不喜。"唔唔，跟你打听一个地方，喏，靶子山。到靶子山去路怎么走？"叔叔突然问，脸色一沉，气哄哄的，但仿佛又有些讥嘲和不屑的样子。家礼一吓，以为叔叔这是捏到了把柄,跟他算总账来了。随即自恼自艾,怪不够谨慎,竟然把铜子弹头、子弹壳、弧状弹夹,甚至用子弹自制的刀具,随随便便就往叔叔家夜壶箱抽屉里一塞。这些铜家伙大多空心的,只要抽屉一拉,立刻金属之声响成一片。唉,逃不掉了,但略感安慰的是,叔叔不会打他。不过告诉他母亲,难免要一顿"竹笋焯肉"。悲剧就在这里。随后,阿三用一种颤抖、嘲弄的声音回答了叔叔。"难道就不能坐车去?至少,骑脚踏车行不行?"叔叔遗憾地问。"是,没公交车。农田小路,走走就断了,还要过河,好多的小河浜。"阿三忽然莫名地自豪起来,语气中有一种得意洋洋或自暴自弃的味道。"是这样啊,是这样啊。"叔叔狐疑地自言自语,仿佛很难下决定似的。终于,两只手指头拧在一处,"得!"打了个响榧子。

"唔,礼拜六,对,礼拜六上午九点半。你带我去靶子山,行不行?"叔叔央求说。刚刚变得轻松些的阿三乍一听,心里立刻发毛起来。原来要查他呀,如此一来,向他母亲告状时更加了一条罪名:不光路远,而且蹚水过河还相当危险。"哪天都行,就是礼拜六不来事,因为学堂里要上课。"阿三不软不硬地说,心里着实发慌,谁不晓得礼拜六劳动课不用去?之前,他曾拿这条理由打马虎眼。"算了算了。"叔叔说。随后颔首背手,来回踱起步,嘴里嘟嘟囔囔。

2. 景萱

礼拜六上午,阴天,下过雨,空气湿漉漉的。观摩行刑的人们一早就等候在靶子山入口处,这里靠近广粤路。路不宽,像其他郊区公路一样,马路一直通向地平线。交谈声、打哈哈声、嬉闹声、嗑瓜子声、吐痰擤鼻涕声、喂奶吮吸声、农家鸡鸭叫声、不时夹杂着养猪场里的猪嚎声、还有远处隐隐传来的锣鼓声,一片嘈杂熙攘。人们的心情,可以用大剧场演出前,大幕欲开未开那种焦躁、烦闷或欣喜来形容。但是，此刻有一个人心境迥异，仿佛被一个焦雷击中了，浑身颤栗，心如死灰，脑子里一片空白。他，就是被原单位指派来刑场受教育的祖鸿。

因为外借去挖防空洞，他同两个单位的关系相对都比较松散些；加上防空洞坍塌时他给遇上了，仿佛沾了点苦劳的光，因此，组织上破例允许他自己去现场，而不必随牛鬼蛇神的队伍走。家礼指给叔叔一条去靶子山的捷径，祖鸿抄了小路，竟比牛鬼队所有的人都到得早。既然还早，他便笃定周围逛上一圈。如果眼力够好，往高墙后面的山峰驰目，没准就会瞧见他的养子正在一辆翻斗车旁呢。翻斗车上的双千斤顶一拱，斗车竖直，废料哗啦啦倾泻而下，阿三会眼睛直勾勾地盯着他的宝贝——玻璃弹子、砂轮等。但山上山下隔得很远，事实上，要发现家礼是不可能的。祖鸿从靶场外的坑道旁折返，往回走。一抬腕，袖子管故意遮住的一块手表告诉他，时间还早。看着陀飞轮表，眼前仿佛掠过一张亲切温婉的面容。"这个时候，她已经坐在缝纫机前了吧？皮带轮的马达'嗡嗡嗡'，吵得耳朵都听不见。"他想。但是如果能够，陪伴着她，那"嗡嗡嗡"就是世界上最美妙的音乐了。陪护的那段时间两个人天天腻在一起，拆开了，一日如隔三秋，那滋味真不好受。他不禁扳扳手指，算了算，下趟见面还有几天几小时几分钟几秒钟？盼望着与她缠绵。气压低时，屈家桥下面，蜻蜓在河浜上贴水飞掠，快如闪电，有时可以看见老虎蜻蜓背着另一只老虎蜻蜓，翩翩翱翔，像华尔兹舞那样轻盈曼妙。他久久望着它们飞来飞去，羡慕得不得了。

"祖鸿你怎么也在这里？"老朋友子芬诧然问，脸色光青。实际上，这个疑问反过来也一样。子芬这回是单位文攻武卫组织派来执勤的。他头一次来，新鲜，趁出去小便的机会到处瞎逛。问了祖鸿身体痊愈等事，还告知他跟曼华快要结婚了，并且盛邀祖鸿与娇鹂一起参加婚礼。但是，尽管子芬极力掩饰，一种古怪、慌张的不祥感觉，还是暴露无遗。祖鸿问子芬何故这样惊惶。接着,在老兄弟肩窝边轻轻揎了一拳。"老兄,你真的不晓得?入口处那个布告栏没看?还是装一本正经?"子芬陡然发问。祖鸿一愣,倏地似乎有种不祥的预感,惘惘的。作了否定回答后,子芬说:"老兄,记住,你要挺得住,发生天塌的事也要扛下来。哦,来不及跟你细说了。"说着,他就跑了。"惹鬼个!这家伙就是鬼,说一半留一半。"祖鸿轻轻骂了一声。旋即,快步去布告栏看个究竟。

入口处,探着脖子夹路迎候的人们似乎有点不耐烦了,聒噪着,抱怨着,提不起劲,正没开交,不知谁猛然喊了声:"来了来了!"只见地平线那端,仿佛有一长串玩具车那样小的汽车蠕蠕爬着。不一会儿,一辆军用卡车架着两挺机关枪,威赫赫地朝靶子山方向驶来,紧跟在后面的,是一辆两边绑着高音喇叭的"大解放",一路用太不标准的普通话广播着《判决书》"……验明正身,绑赴刑场,执行枪决"等语,并连呼口号,男女同声。接下去是一辆辆刑车,每辆车都敞着篷,由全副武装的军人押解着死刑犯。这些死刑犯面色青白,耷拉着脑袋,身上五花大绑,脖子前挂着大牌子,上面都打了大红叉。背上插着名字上圈红圈的令箭状斩头标。一些政治犯的脖颈上拴着细尼龙绳或细铁丝,绳子另一头抓在背着枪、戴白手套的军人手里,不时像马缰绳那样一提溜。男男女女一张张脸被勒得面色黑紫,眼睛暴凸,大喘气呼哧着。刑车由一辆辆押送车押送,车里满载着军人和文攻武卫战士。

马路两旁刚才还吵得像刚开秤的小菜场,车队驶近,仿佛被一种奇异的气氛镇住了,霎时鸦雀无声。大家紧张得连唾沫也忘了咽,目光淡漠,表情呆滞。抱在母亲怀里吃奶的婴儿却不管这些,叼着奶头嗦噜嗦噜吮吸,冷不丁咬一口,母亲含泪疼得不行,却没吱声。哺乳女人旁边,似乎也有偷偷淌眼抹泪啜泣的,也不敢出大声。唯其这样,变得益发痛彻骨髓。因为,是一个开放的场子,之前又是到处贴判决布告,又是大会宣判——处于一级备战,需要这种高压态势,晓谕全市。可这样一来，死刑犯的家属闻知了，有些未免也会来此"送最后一程"。这其中，就有一个在本书第一、二卷中，谅必读者已经详知的老太太。她，就是河滨大厦贴隔壁的一小片石库门——洪福里一户三层楼原小康之家的女主人：景萱娘。自从沿河南北路、南天潼路那里的老虎灶、饮食店旁边墙上，分别张榜《判决通告》后，这片犄角里的石库门立刻炸开了锅。景萱娘一辈子要强、要面子、嘴巴不饶人，曾经与胞姐较劲，结果从她那里夺走了准姐夫，连带一套三层楼的私房，还有一堂西式老红木家什，气得胞姐从此跟她断绝关系。孰料六十年风水流转，今番自家也遇上丧门星了。

车到靶子山入口的地方，有个90度的大转弯，由于每天上下山废料车的碾压，薄薄一层水门汀的地面早已凹塘处处，辙痕累累，泥浆翻卷。开道车、宣传车、刑车、三轮摩托车和押送车再厉害，到了大转弯处也不得不缓行慎驶，车速减到了龟爬。这么一来，观潮大军便趁势挤压过来，片刻有失控的危险。宣传车大喇叭及时喝住大家，车队得以有序通过。就在文攻武卫战士手拉手组成一道人墙，让沾着泥巴的轮子"噗嗤噗嗤"驶过时，子芬一眼望见，某一辆刑车上有一张熟稔的面孔，此人奇瘦，脸就像楼兰骷髅，年纪不算老却已灰发萧然，穿着件龌龊巴拉的春秋两用衫，绑得像只粽子似的。她，就是祖鸿曾经的未婚妻韦景萱。

脖子上，套着的大木牌上书有红叉"教唆犯、破坏支边"等语。她一直转动着抠得很深、但很好看的，满含天真、好奇与轻蔑的大眼睛，一脸不屑，似乎人人都是傻子，唯有她最聪明。与其他政治犯一样，她嘴里塞了一块木头，嘴角磨破了，血已干涸发黑，类似夏日金毛犬那样唾涎淋漓。脖颈因为细铅丝紧紧勒住了，呼哧着，微微颤抖。围观者中，有个女人小声嘀咕："咦，这不是阿拉弄堂里韦家的？伊不是神经病么？怎么也押来了呀？喏，伊是个单身女人，有一个孩子，刚五六岁哦。""作孽作孽。"有人轻声回应着。车上的女死刑犯似乎听见了,飞快地睇了一眼,目光像孩子一般清澈、无邪,跟着神经质地一笑,但走形得厉害,竟是哭相。

在这样的一瞥之中,尽管漫无目的,有个人身上却起了一阵痉挛般的颤栗,咽喉发紧。他是祖鸿。他听了子芬吞吞吐吐一番话,顿生疑窦。等看见前未婚妻景萱的名字上了死刑犯布告,轰一下,脑袋似乎爆炸了,顷刻间,尝到了一颗热乎乎飞转的"花生米"的滋味。残存的一点意识,驱使他挤到入口处,哪怕是再看她一眼也好。在焦灼的守望中,外界的一切,仿佛已被一只滚筒抽干了,只有一颗心脏在突突跳着。视线模糊,恍恍惚惚,迷离中,一些记忆的碎片尽浮现在眼前:忽而,是在洪福里一扇老虎窗前,有个女孩凭窗梳着辫子,后来她成了他的女朋友。他们常在晒台上吹口琴唱歌。忽而,是在他哥哥暴病去世时,他负痛打算放弃婚恋,她听了骇异地说:开啥玩笑!喜帖都发出去了,你叫我怎么做人?忽而,是在西郊公园,她边淌泪边嚷嚷:当初你一心想当义士,有一颗金子般的心,多高尚呀!我以为你在为他们牺牲幸福,我在为你作牺牲,心理上也就没啥不平衡了。然而,我大错特错了。这只是一场彻头彻尾的骗局。知道吗?你杀死了我在心里的最最美好、最最纯真的东西。忽而,是他半瘫在床,她被叫来当替补,日夜陪护着。他一时糊涂,竟然要她答应嫁给他。她却正色说:今天你晓得向我求情,可是,那天你拿我一脚踢开,怎么那样冷酷无情?对不起,上过你一回当,还会上第二次?

回忆如滔滔洪水滚滚而来,淹过头顶。祖鸿心里的剧痛和悲怆难以形容。尽管还不了解景萱为何会走到这步田地,但有一点再清楚不过,因果在自己拒婚之后又求婚,那一刻就已经种下了。也就是说,不管什么原因,他都难辞其咎。想到这里,不禁怆然泣下。一辆辆刑车在面前行驶着,"噗嗤噗嗤"滚着泥浆,不料,有一只轮子空转起来。很快,车旁拦起了一道警戒线,人们纷纷往前涌着看死刑犯,被三令五申喝止。景萱刚好就在这辆车上。宣判大会前,死刑犯早已被押解到体育场，在梯形看台下面过了一夜，再用筷子戳了淡馒头给他们吃上最后一餐——怕有的犯人会像鳖那样死死咬手指，用筷子递上比较保险吧。跟所有在押犯人死灰着脸不同，景萱竟然像在南京路看橱窗那样，满不在乎，嘴里喃喃着什么话，仿佛被自己的话逗乐了，竟噗嗤一笑。但是嘴里塞着块木头，笑得很不自然。接着，脖子被重重勒了几下，勒得她满脸紫胀，上气不接下气。脑袋像拨浪鼓一般甩来甩去，憋着一口，差不多就要魂归西天了。也许，背着枪、戴白手套的军人有所察觉这会使她咽气的，便松了松手，她好不容易才稍微回过点神。

祖鸿与被摁在车栏板前的景萱隔了不远，她带着精神病人的谵妄状态，尤其被卡脖子那种憋着气几乎翻白眼的样子，好似有一把锤子，在一下一下锤击他的脑门。心里滴血，实在受不了这样的惨状；似乎也怕万一认出他怎么办？于是，双手蒙住了面孔。"请你原谅，我这辈子欠你太多。"他心里喃喃说着，欲哭无泪。"你能饶恕我么？景萱，亲，你是好人，你从来没为难过我。饶恕？不，我不配。这我知道。"撕裂的痛楚沁入骨髓，他这样思量着，但却怯懦到不敢瞅她最后一眼。倏地只觉肩胛一晃，他的一双手就给扒开了。拉扯他手腕的，是一双虬结、苍白、孱弱、皮肤上满是皱纹和褐色斑点的老太太的手。那双手瑟瑟颤抖着，然而，由于狂怒和报复的渴望，瞬间迸发出一种鹰爪般的爆发力，狠狠往下一拽。跟着，老太太嘴里压低声吼着："小外甥，哪能不敢看了？好好看一看！她被你弄得这样惨法子！"不是冤家不碰头，这个老太，正是差点当了他岳母的景萱娘。

景萱娘刚才挤在夹路人群中，生怕被认出，用一把椭圆竹骨纸面扇子遮着颜，心里伤惨，有冤难诉，禁不住一次次泪流满面。她原本炮仗脾气，藏不住话，但周围喧闹而又肃杀的气氛显然把她镇住了。因为担心被阿文攻撵走，连与女儿的最后一面也见不到，所以，忍气吞声。刑车驶来，老眼昏花，急着辨认哪一个是景萱，也没旁顾什么。

老天有眼，恰巧一辆刑车的轱辘陷在泥滩子里，而要找的人正在车上。她噙着泪瞅着女儿，不出声地叫着她的乳名。母亲不知女儿犯了何罪竟至丧命，但她晓得，女儿害精神病，好一阵坏一阵，发作起来疯疯癫癫，痴痴傻傻，然而叫她花痴又不像。这样一个人会有啥事？也太冤了！此刻，女儿痴笑着毫无顾忌，旁若无人，很显然正犯着病，这一点，母亲再清楚不过了。母女俩近在咫尺，却无法相认，不禁令母亲涕泗交流，痛彻心腑。

就在这当儿，意外发现她女儿的前未婚夫就在身边，别提有多来气了，恨不能像上回那样，举起马桶甩笼乒乒乓乓一顿打。蓦地记起，上回在河滨大楼Ａ字门，一面打，一面将满腹郁积的愤恨倾泻而出，末了对女儿说了一句："不是娘嘴巴毒——你不听娘劝，再滑下去，枪毙鬼吃子弹的日子还在后面咪。"哪知竟一语成谶。不觉万箭攒心，恨得牙根咬得格格响。再一瞥，见祖鸿这会儿正两只手挡着遮羞，气不打一处来。心想这种时候不好骂开，叫他狗眼乌珠张开又何妨？于是，狠狠扯了一把。祖鸿松开手，定睛一看竟是景萱娘，怕她口无遮拦，连忙点头鞠躬，轻轻喊了一声："姆妈，你好！"原想叫"景萱姆妈"的，因为这曾是叫顺口了的，可此情此景，"景萱"两字无论如何叫不出口，遂成了这样一声"姆妈"。可这一声，不啻在景萱娘创口上撒盐。景萱娘愣了一愣，随即一张脸涨紫了，狠狠啐了口，不出声地骂了声："谁是你姆妈？！你还有脸？宗生！不知羞耻的活畜生！恨不得把你剁成肉饼子！"

车轱辘"吱吱"打着转，等搬来石块砖头填下，轮子有了抓地力，刑车又缓缓开动。尾随的一辆刑车立马跟上，接着又是一辆接一辆的刑车、三轮摩托车、押送车。旁观者除了被溅一身的泥星子，已没什么事了。人似潮水哗哗往前涌，但稍许有一咪咪的空隙，顷刻也被灌满了。于是，堵在后面的人只能听枪声响起。这会儿，因为"老吃老做"，来得晚不如来得巧，阿三抄过垃圾山山腰上的一条秘密小道，笃悠悠吹着口哨,已早等候在了一个空无一人的行刑方阵旁。果然,车队开开停停,荡了个圈子,但最后不偏不倚,正停在不远处。随即,一阵"哐啷哐啷"的声响。这是在架短金属扶梯,或放车木栏板呢。

死囚们一个个被架着下了刑车,脚上的铁镣哗啦哗啦响。挨近了,可以闻到从死囚身上散发的一股子死牢中才有的"猪猡臭",难闻之极。很快,死刑犯被押着、架着进入指定位置,十来个一排,用清一色的标准姿势,一个个按跪在那里。天放晴了,雨后天穹如洗,瓦蓝瓦蓝的,白云像絮棉袄那样轻轻薄薄扯开了,<u>丝丝缕缕</u>,挂在天上。第一批枪声响起。一瞬之后,枪下之鬼注定看不到蓝天和白云了。一批死刑犯倒地,跟着再上一批。流水操作,井然有序。哨音过三遍,第一声预备,第二声瞄准,第三声扣动扳机。五四式手枪,或带长梭子的冲锋枪隔开几厘米点射,干干净净,一枪一个。一颗子弹三角五分。

靶子场这一幕虽然不断上演,但每一次都格外新鲜,而且扣人心弦。观摩者大多怀着看体育大赛的心情,开心有余,哀戚不足。至于生与死的沉重思考、罪与非罪的苦涩诘问,除非是死者关切之人,一般轧闹猛或找刺激的平常人是不会有的。而对像阿三一般的毛孩子来说,竟然只盯着子弹壳,更是难以想象的。阿三既不晓得叔叔在靶子山,也不晓得他养父的前未婚妻景萱是谁。仍像上回那样,为口袋里将有不少铜弹壳而兴奋——弹壳放兜里鼓鼓的,沉甸甸、热乎乎,隔着裤袋也能感觉到。

行刑在继续着,枪声在耳。猛然间,从离开方阵比较远的地方传来了"苍天啊——苍天啊——苍天啊——",格外清晰的三声叫喊。这是从景萱娘苍老的喉咙里发出的,似乎立刻就引起小小的骚动,有人呵斥,有人威吓,有人讶异。景萱娘识相,很快就不作声了,流着泪,默默对女儿说:"放心去吧。孩子,我会帮你带大的。"听着凄楚的三声"苍天",好似"乞嚓"一刀,祖鸿的胸膛被剜开,抓出一个突突跳着的心脏。膝盖一软,就跪在地上了。子芬乘执勤之便,一面替景萱娘打马虎眼,以便蒙混过关,大事化小;一面又稍许看顾了祖鸿一下,防止他再有失态之举——戴罪之身,底牌本就不硬,万一再犯傻,怎么收场?

实际上,祖鸿脑子是清醒的,只是太痛苦、太内疚了,加上沉重的悲哀。在枪响的那一刻,尽管分不清究竟哪一枪是给前未婚妻的,转瞬之间,仿佛意识到对死者的遗孤,他负有一份责任。往者不可谏,如果能承担起这个责任,对于景萱,冥冥中也是一种慰藉吧?就是说,他应该出一笔钱,用来帮着赡养她们一家老小。但是,自从落难开始,工资就给割了,眼泪水那样的一点点钱,自顾自还不够,哪能再匀出一点周济人家呀。双膝跪倒时,腿的外侧,不知怎么被硬东西磕了下。一看,是一块陀飞轮表。这块瑞士表很值钱,如果拿到旧物调剂店寄卖,准能换上一笔钞票。"有了!就这样办吧。"他想。不过,景萱娘会怎么样?凭她的暴脾气,上门去,一定会被她踢出来。"你做什么?难道害得还不够?滚!滚吧,你这绝子绝孙的!"仿佛耳畔已在这样怒吼着。

半小时后,地上汪了一层血。围观的人都散了。小家伙捡铜弹壳时,球鞋底抬起来,感觉黏黏的。

下 部

第一章

1. 秉逊归来

离家越近，他越发踌躇起来。苏州河又黑又脏流水依旧，河滨大厦C字门前还是人来人往，手动电梯的活动铁栅栏照样发出"哐哐"声，但是一别竟有六年了。电梯升到了七层楼。下了轿厢，穿过长廊，他驻足在一扇门前。门的上端，暗黄色冰裂纹玻璃泛着冷冷的幽光。"爹爹，您回来啦？"心莉开了门，猛然间见到父亲，又惊又喜，一问一答之间，于欣喜之中又生出一种悲哀，鼻子酸酸的。光顾着说话，忘了父亲手里还提溜着行李卷呢，忙上前接过了。内走廊里光线昏暗，地上放着东一堆、西一堆的东西，差不多成了货栈。父亲觉得脚都没法踩，刚想问一句什么话，只听隔壁人家"砰"的一声，把房门重重地闩上了。

另一间房，家门外装了腰门。"郁郁，你外公回家了，豪燥叫外公呀！"心莉进屋就冲着儿子喊。眼前站着一个苍老、邋遢的小老头。他头发胡须皆白、面容黧黑瘦削、下巴颏往里一缩似有若无，牙也掉了，嘴也瘪了，脸上却漾着一丝狡黠的微笑，仿佛是对六年铁窗生涯的嘲弄似的。自然，这样一个老人很难与从前的外公联系起来，外孙子只木木地叫了声："外公。"秉逊欢喜得什么似的，"哎唷，郁郁都长这么高了！"说着，就要去抚摸小家伙的头，但郁郁怕痛一般往后缩了缩。他母亲笑着说："外公老早欢喜用胡子扎你脸蛋，记不记得？"郁郁立马显出恐惧的神情，仿佛老人真要亲他似的——就这样邋邋遢遢的样子？

说话之间，亲家郁岱藩、罗紫琳已插进来打招呼了。他俩一个在看报，一个绞着腿在结姜黄色开司米绒线。自打男亲家进屋的一刻起就停下，等着互相照应一下，因为实在隔了太久，况且，情形又这样殊异。岱藩同秉逊过去都是生意浪的人，很熟络作揖打哈哈这一套寒暄功夫。但是，对吃了多年官司刚放出来这件事，显然毫无准备，一时不知作何感想，但不表示一下似乎也不行。在尴尬矛盾的心绪中，说话期期艾艾起来。"没什么，没什么，这不是牢底没坐穿嚒。"秉逊苦笑着说。是借了样板戏里李玉和"要把牢底坐穿"那句唱词，仿佛反过来想安慰他们似的。"真是的，亲家，你吃了不少苦。"紫琳叹息说。但话一出口就后悔了，因为既然提到女亲家，似乎就把丈母娘带了出来——这不多事么，万一他问"我老太婆在哪里"，怎么回答？俗话说"亲家上门，不值半分"，但他们一对老夫妻非但寄居在这里，而且一住多年，大有反客为主的意思，后来偏巧又惨祸降临，变得没事也有事了。"一言难尽，咳，就不提了。"秉逊笑着露出凄然的神情。随后，双方略述温寒，一杯茶的工夫，女儿已烧好点心送上来了，碗盏里酒酿水潽蛋冒着热气。"爹爹，趁热吃，您一定饿坏了。吃了点心，洗个热水澡，舒舒服服睡一觉，睡到自然醒。我几只菜也炒好了。酒也烫好了，然后末，好饭好酒，让爹爹美美喝上几盅，大家好为您接风呀。"心莉笑盈盈地说，但笑得有点不自然。"哎，家里多少好，阿囡多少好啊。"她父亲听了眉花眼笑，不由十分感慨。"不过慢些，让我先揩把热水面，上个厕所。"

自从踏进门槛起，秉逊就在渴盼他老太婆在第一时刻迎出来。熬了多少年，盼了多少年，就为了这重逢的日子。无论白昼还是夜梦里，他一趟趟思量着见面时的情形。仿佛婉芷在不同场景总说着差不多的话，京腔京韵的，时而说"老头子，回来啦"；时而说"来啦？你瘦了"；时而说"终于来了，我一直等，一直盼，嗳，真苦死我了"；时而是念白之类："我好命苦啊！"他带着一股子热乎劲，心突突直跳，可毕竟年纪一大把，进门就满屋找妻子，未免惹人笑话。于是，好不容易忍住了。回到曾经生活了数十年的老家，该见的人一个没少，独独缺了婉芷。但也好解释，因为六年前，她也总是待不住，往外跑；要不就去楼下或小房间扫地，戴着饭单和粗布袖套，雨天蹬着元宝套鞋。"对了，我这么快放出来，伊哪能会晓得呢？"他思忖道。按刑期，要比原先早了整整一年。"就是托梦给老太婆，也没这么灵验哦。"

趁上洗漱间的当儿，他故意往紧靠洗漱间旁的箱子间望了望。箱子间门开着，高高的屋顶中央垂下一根长长的花电线，吊着个白瓷葫芦，下面一盏罩着水波纹白玻璃灯罩的白炽灯，廿五支光；一张小床上铺着浅色蓝白格子的被单。老太婆就睡在这么小的地方。她脾气犟，气不忿，就是吃亏也死撑，故而只好受点委屈了。墙上挂着一张带镜框的大照片，是她五十岁那年照的。神情怡然，虽很朴素，连耳垂上的耳钉都没有，可明显是精心打扮过的。"她是蛮要好看的，到老也没变。"他思量着，不禁咧嘴一笑。但是，床上的被子怎么没叠好？似不像她一向的做派。还有，枕边怎么有一小摞的书？他犯疑着进了洗漱间。

女儿已将洗脸用的热水瓶放在了洗漱间的门口。她父亲嘴里咕哝一声，心想：对了，伊总要想个什么法子消磨时间呀。"爹，弟弟回来一趟，这一向就住在这里，养病。不过，这会儿他上图书馆去了。"女儿忙说，仿佛迟了就来不及似的。"冬冬回来了？好好。养伤？他怎么了？要紧么？"父亲诧然。"弟弟在北边林场，出了工伤，伤得可真不轻——哦，这都过去了，现在好了，没事。详细情况我也不太清楚，您可以自己问他。毕竟，他是您儿子嚜。"心莉曼声说。他就这么一个儿子，而且老来得子，照理说应该喜欢得了不得，但由于种种缘故，关系很僵，竟至翻脸从此不说话，怎么说也是做父亲的心头之痛。不过，此刻他却顾不得这一层。"冬冬住这儿，那老太婆住哪里呢？难道她想通了，愿意去小房间住了？不对，这不像她的脾气。"他暗忖，感到蹊跷，但也没在意。随后，又回到箱子间里，在以前妻子一直用的一只宁式镶螺钿橱子里翻找着什么，把抽屉弄得沙啦沙啦响。

"爹爹，您找什么？"女儿慌张地问。"唔，也没啥。"父亲笑了笑。他不好意思说，坐抽水马桶时想抽香烟，而抽烟的话，既然回家了，何不抽一口老烟斗呢？六年了，那只蔗红色的银圈石楠根烟斗曾一次次地梦到过。烟斗圆坨坨的，刚好握住，很伏手。装上金帆船烟丝，大拇指摁实了，拿洋火一鐾，那种香喷喷、甜丝丝的滋味，别提有多美。"离开家那天，我把烟斗交到老太婆手里，千关照、万关照她收好。看她放进小抽屉里的，哪能找不到呢？阿囡，你看见过吗？"女儿摇了摇头，笑言："爹爹，不打紧，慢慢找好了。您再不吃，点心可要凉了。"父亲也笑自己太心急。说话声小外孙都听见了，冷不丁，他插话说："外公，我晓得大烟斗藏在哪里，我去拿来。"

吃了酒酿水潽蛋，抽烟斗也过了瘾，秉逊倚在阳台栏杆上望了望，说不定能看到老太婆。俯瞰下面，苏州河像铺着一块黑地毯，河上船来船往，马达突突，依旧那么忙碌、嘈杂。水门汀防波堤上，原先刺眼的大标语不见了。路旁，停了好几辆绿色、尖嘴的邮政卡车。邮政总局一排大廊柱中间的一个门洞里，"铛啷啷"铃声一响，驶出又一辆邮政车。这些卡车，尾部都封着绳网，一抹色是美式大道奇军用卡车，只是涂了一层绿油漆。这时，有个挑水老汉朝大楼走来，一副竹扁担，两只木桶，依着某种韵律似的，一摇一摆。

不多时，挑担老汉搭乘电梯，来到了席家门前。随后，把两桶哒哒滚的开水倒进了铸铁搪瓷浴缸里。老汉是楼下老虎灶里的伙计，这爿老虎灶就开在大楼后面的洪福里，店面朝河南中路。河滨大厦锅炉房虽然有一只锅炉还烧着，但这是给温水游泳池供热用的，大楼热水管子里早已流不出一滴热水。洗热水澡靠自己想办法。老虎灶正好补了这个缺，每每有叫热水的，伙计便灌上两桶开水，盖了木盖子，挑担送货上门。当下，浴缸里两桶开水倒下去，立刻热雾腾腾起来。开了铜水龙头，冷水哗哗直响。冷热水兑了兑，到了热到流汗，几乎下不了脚，但还能承受的程度，就可以泡澡了。"哟……"一声，秉逊齿缝间响着，整个光身子就坐进浴缸里了。"多轻松，多惬意啊！家里多好！嘿，刚才在阳台上望老太婆，老太婆没等到，倒把开水担子等来了。"他愉快地想。

下午三时许，门敲响了。

来人是居委戚大姐、桂阿姨和一张新面孔。"侬是席秉逊吧？老户头了。回来了？蛮好。不是我说，这里可是老大难呀，一趟趟跑过来调解。"一个山东腔的沪语说。"今朝末，是陪新来的干部大楼里走访走访，正好路过。"桂阿姨打了个过门，便往旁边一指说，"喏，这位是居委会新来的潘幼娴。我末跑跑腿，潘同志是正式的。"秉逊深深鞠了一躬。这是个清瘦干瘪、面孔狭长、肤色黧黑的女子，齐耳短发，约莫三十来岁。秉逊老习惯没改，见了领导就磕头虫似的哈腰鞠躬——劳改时，愣是见了管教干部，不管什么职务，一律都叫"队长"，或喊一声"报告队长"。他仿佛拜见了不起的大领导，极力作出谦卑顺从的样子，眼睛余光一溜，发觉女干部很眼熟。过一会，才记起来，曾在过街楼前见过好几回。那时，她是个大龄的社会青年，在弄堂里拉老虎榻车。刚巧他有个朋友住在那里，从前经常去喝老酒，低头不见抬头见。他也没往深处想，只谄笑着说："是您呀？见过的，见过的。"她最怕被人家知道拉劳动车，仿佛怕痛偏偏触到了，一听很不是滋味。

潘幼娴近郊乡土口音较浓，没好气地说："我刚来，大楼情况不太熟，但你们这份人家是晓得的。桂阿姨讲过。这些事跟你不太搭界，跟你们家人是搭界的。为一点点小事争来争去，值得吗？闹得邻里之间不和睦，传出去，影响不好。再说，你们又是这种人家。"显然留口德，没说"你们要识相点"。尽管听得他云里雾里，但还是俯首帖耳，卑微地应承下来。她想起了什么，缓了缓又说："你临时户口报了没有？手续要抓紧办一下，否则，就领不到粮票、油票、棉花票，对否啦？另外，通知你，以后逢周二、五下午要来参加政治学习。虽然你劳动改造过了，但学习不能停，晓得否啦？"他忙一叠声说"是"，或"承蒙关照"。显然，令新来的女干部满意了。

女干部绷紧的脸漾开了，觉得对这种满意，甚至不失为一种精神享受，有必要表示一下。于是，带着高人一等的微笑或同情心，说："听说你在劳改农场表现好，揭发别人，多次立功，所以获得政府宽大，提前一年就出狱了。这是很不容易的。你这种问题，要换别人，肯定刑期只会延长，不会缩短，对否啦？"秉逊苦着脸，带着一种要哭出来的声调说："对呀对呀。没有话讲，我一百廿个感激政府宽大，洪恩浩荡，让我刑期足足减少一年。我知足了，知足了。"尽管他对那年小外甥"抽盗国家财产案"一无所知，仍被裁定为幕后指使教唆犯，判刑七年。入狱一年后，被押解到苏北劳改农场。劳改农场的生活异常艰苦、孤独、绝望，许多劳改犯受不了，纷纷选择自杀。有的把牙刷柄磨尖了猛刺喉咙；有的把图钉啦、回形针啦、洋钉啦吞进胃里；还有的，把被子或床单撕成一条条结绳自缢，虽然除了后者鲜有成功的。跟这些悲观主义者相反，秉逊倒是个彻底的乐观主义者。他抱定决心，要回家与妻子团圆。"对呀对呀！感激政府，让我早一年回来跟老太婆见面，为了这一天，我等得好苦好累哦。"他噙着泪，絮絮地说。"家里多好呀！又温暖，又干净，又舒服。阿囡、亲家为我接风，喝老酒，拿老烟斗抽烟，还泡了澡。嘀嘀，搓了一身的老泥，浴缸里漂了厚嘟嘟一层。是的，邪气好！不巧老太婆刚出门，不过也快回家了。晓得哦？听见有人敲门，我快活得心都要从喉咙跳出来！嘿咦，哪晓得不是老太婆，是你们来了。"

他滔滔说着，潘幼娴脸上的笑容消失了。她们互相交换了眼色，显得又惊异又尴尬又气恼，一时僵在那里。潘幼娴显然已被愤怒所左右，另外还有一种受到戏弄、羞辱或挑衅的感觉，面孔一板。桂阿姨露出一种鄙夷、轻蔑的神情,冷冷地说:"嗳,是真不晓得,还是装糊涂?怎么?女儿还想瞒你?这种事瞒得住吗?"秉逊还沉浸在刚才那种亢奋、心满意足的情绪中,冷不丁急转直下,心里七上八下,一种不祥之感,凉飕飕、虚飘飘的,慌得噤了口。瞒什么?他怔了怔。桂阿姨却以为已印证了她的猜测,生气地说:"嗳,侬覅耍滑头。人都死了,想把这笔账推到人家身上,这是办不到的。"一种痉挛穿过秉逊的身体,他失声问:"死了?老太婆死了?怎么可能?"默然了一会,蹲下身,拳头敲着自己的太阳穴,边哭边喊:"天啊!天啊!"

潘幼娴克制着,正色说:"你要端正态度。但也不得不说,你老婆以这种不好的方式死,影响很坏。"秉逊双手抱住脑袋,喉咙里发出低低的呜咽声,不住啜泣着。桂阿姨插进来说:"晓得吗?当时空气中都是煤气,假使不小心一拉电灯,就会出大乱子。大楼里有多少户人家,多少人住?假使轰隆一声,后果有多可怕?谁承担得了?"听了这话,秉逊又一凛,急忙问:"煤气?啥煤气不煤气?能不能告诉我,老太婆她、她是怎么死的?"桂阿姨回答:"这个呀,你去问你女儿,是她第一个发现的。"

居委干部刚走,秉逊立刻变得像一头愤怒的公牛,跌跌撞撞就往家里跑,但还没跨进门槛,突然踅过身,一头冲进箱子间。旋把门一关,在墙头挂着的遗像下双膝跪倒,不住磕头,一边哭着嚷着:"老太婆!侬食言,食言了喔!'要活一起活,要死一起死',不说好的?怎么先走了?"呜呜哭了很久。哭声传到屋子里。刚才这一切,屋里都听见了,因为居委干部在,何况又在内走廊上,也不便轧一脚。其实,心莉很揪心,后悔不该瞒着父亲,哪怕早点告诉也好;郁岱藩、罗紫琳有一种老年人才有的深深的伤怀;伤痛之中,还夹杂着歉疚和不安。公公、婆婆和媳妇你看看我,我看看你,似乎都不知如何是好。

听见箱子间里的哭泣声,婆媳便一起出来了。铜门球一旋,推开半扇门,只见秉逊还双膝跪在妻子的照片前,哭得泪眼婆娑。地方小,两亲家战战兢兢立在门外,心莉带一块湿毛巾进去,揩脸,抚背,一面拉父亲起来,再搀扶他到床边坐下。秉逊变得疯狂凶暴,劈面就问:"心莉,你继母是怎么死的?"默然片刻,心莉抽泣着回答:"开煤气……"秉逊缩紧身子,仿佛挨了一刀似的。接着问:"为啥要开煤气?"心莉听了,忙机械地往外面看看,打了个寒噤。这时,从隔壁人家传来打孩子的声音。孩子哭着,紧接着"豁啷"一响,一只碗盏砸了。吓得她不敢说话,只往隔壁那扇门的方向努了努嘴,也不知父亲弄明白了没有。反正,他胸中有一种受骗的燃烧般的狂怒,像熔岩翻滚,再也抑制不住。"我晓得你跟继母合不来,你不喜欢继母,你们人人都讨厌她……可,这么大的事,不该瞒我呀!就是吃了六年官司,总是你爹吧?"他恨恨地说,"俗话说'宁要讨饭娘,不要做官爹',一个爹是劳改犯,一个娘是继母,也难怪统统都不要!哼,白养了你们!"

这当儿,儿子冬冬、女婿瑜荪刚好一起回来,他们是在电梯里碰到的。郎舅俩来到箱子间前,一见这架势,就晓得事情穿帮了——原来,不久前,从一封寄自劳改农场的信上得知,秉逊就要获释回家了,但具体日期尚未定。接信后,大家可犯了难。商量来商量去,结果一致同意:考虑到他心脏不好,肯定受不了,还是暂且不告知为好。拖一拖,然后听其自然。当下,受到父亲如此重责,心莉十分委屈,尤其是公公婆婆也在,被一顿骂,棒打一大片,竟将亲家公、亲家母也兜揽进去。这种时候,心莉不能不申辩一下,便眼泪汪汪地说:"爹爹,您刚才的话冤枉死我了。继母没了,您难过,难道我们心情就好受?不是不想告诉您,实在是怕您刚回来,吃不消——不是心脏不好么?再出什么乱子,我们如何当得起?这就算不孝顺爹爹么?再说,大家都晓得您是无辜的。即便坐了牢,这跟劳改不劳改,又有什么关系?我们心里始终就您一个爹。"说着,眼泪又簌簌流下。

父亲还在怨天怨地,仿佛所有的冤苦都是孩子造成似的。冬冬、瑜荪互相递了一眼，好像掂量着由谁先说才好。照理，当儿子的应该站出来摆平这事。但是，冬冬与父亲见的最后一面，竟是狂怒之下朝老爷子的心窝踹一脚，不料被继母挡了，落在她胸口上；而吃了这一脚的继母，又死了。这种种情形，未免尴尬。冬冬身上带着一股风霜味，看上去已沉稳、老练、壮实了不少。他把肩上的黄军包一会换到左，一会换到右，似乎很窘。瑜荪明白自己应该出面了——在席家，瑜荪这上门女婿等于半个儿子。于是，他赧然说："爹爹，是我们小辈不孝，没保护好妈妈，我们对不起您，我们有罪啊！"末了，挨近了压低嗓子，对岳父附耳说："唶，那些人也太狠太促狭了！但这里不是说话的地方，爸爸。我们到房间里细说。"

说着，他们一起往屋里走去。

2. 安东尼奥尼

周二下午，席秉逊来到了213室。居委会在此办公。这是一个套房，大楼的北屋都没阳台。内走廊里有两个房间，一个进门一长溜面对面的写字台，墙头有好些大批判专栏、图片栏、进度表，和带流苏的锦旗，朝北两扇大窗子，挨墙戢着一摞收起的折椅；一个靠窗一张实木长桌，围着一圈折椅，如不够，旁边还有备用的。电镀折叠椅的好处是收放自如，一收，偌大的空间就让出来了，因为时不时还要彩排——最高指示一发表，大楼腰鼓队就得上街表演。两个屋中间有一门相通。以前，屋主从起居室到卧室去便往返于此。

秉逊抖抖豁豁进了第一间，穿过中间的门，来到第二间。他晓得自己是什么货，进了会议室，就想找个最不起眼的地方，却不料来晚了，连叨陪末座都不行，只得乖乖坐到桌边去。桌前，桂阿姨已威风凛凛端坐好了。鼻尖上架着个玳瑁老花镜，从老花镜的框子上面睐细着一双直瞪瞪的眼睛，眼镜脚拴着细细弯弯的绳子，挂在脖子上。尽管还是老早大楼扫盲班摘的"帽子",勉勉强强识得一些,要够上读报程度,可就难为了她。固然,那些大批判文章一般都通俗易懂,冷不防也会引经据典,弄出些深奥、古怪的字、词、句,甚至冷僻字,见所未见,吓得冷汗一身。譬如,早几年"批林批孔""尊法反儒",摊上些经、史、子、集,连大学生不一定都懂,何况是她?但在众人面前,又怕嫌她没文化,压不住。所以,不知何时起,类似上朝挂朝珠似的,脖子上便吊着个老花镜,时而摘下,时而戴上。会上,她只主持会议、训人或通知个什么事。戴老花镜,拿着报纸杂志,却不读点什么,未免讲不过去。但是,她也有办法——让下面的人轮流来读,理由是:只有人人参与,读了社论,才会真正入脑入心。当下,见秉逊这个刚从山上下来的,没大没小,竟然一屁股在主座对面坐下了,她不禁蹙了蹙眉,仿佛阳春面里飞进来一只虫子。"不等了,读报开始吧!"她咕哝了一声,像跟谁发火似的。

秉逊羞愧难当。如果是一只过街老鼠的话,应该躲躲藏藏,如今却招摇于大庭广众,难道嫌丢脸还丢不够?虽然能够参加小组学习是一种资格,甚至是一种莫大的荣誉,至少给了一个政治身份,但也很清楚,叫他来这里,与其说是参会,不如说当活靶子更合适。对面桂阿姨冷冷一瞥,使他想起了不久前她捅破那层窗户纸——他老太婆之死,显得那么冷淡,那么轻蔑,那么残忍,那么倨傲,就像喷壶喷了杀虫剂,在说死掉一只苍蝇或蟑螂那样。他给深深刺痛了。喉咙发紧,鼻子呼哧起来,忙装作想咳嗽的样子,轻轻咳了几下。来参加学习的人很多,包括大房间的汪琪芳、孟婉婷、女画家、老庞、"灰兔爷爷"、鸿禧、唐韵珊、成荇农、袁宗瀚、许士祺、方瑞、钟琼、项炳其、棉纺小开等;工房间的缪独伊、骆老头、爱珍娘、田黛琳、好婆、邝曼丽、姬燕飞、殷明珠、华嫣晨、美雅阿姐、阿强等。有的面熟陌生,有的不认识。但是,佟颖倩、老婆婆、曾翠玉、谭家婆婆、倪老太、乔师母这些老邻居,她们虽大多不在一个楼层住,但还谋面过。尤其是，英国老太、曾翠玉等跟婉芷还过从甚密。听心莉说，有人看见，她继母曾久久徘徊于老婆婆家门外，约好了喝下午茶也没去。后来她就没了。英国老太很重感情，不管人家怎么说，特为来送一送。曾翠玉以基督教的方式，给死者作了告别式。这些他都晓得。如今，看见她们，暗忖："如果老太婆没死，说不定就坐在老姐妹旁边，谁知道呢？"未免又伤感起来。

在另一边的一张折叠椅上，佟颖倩显得迟钝而又落落寡合。当年红极一时的黄金大戏院头牌花旦、坤伶皇后，只剩下一张枯槁、晦暗的脸，高颧骨，凹眼窝，皮肤粗糙。剪着齐鬓短发，寒毛又醒，神情木讷，衣着朴素到有几分寒碜，跟劳动妇女毫无区别。显然，戏早不演了，铅华洗净，光环褪尽。不知怎么，一看见佟颖倩，秉逊又想起婉芷来。婉芷喜欢演戏，仰慕这位头牌，虽同在一幢楼里，却苦于没面缘。那年，在大楼收房办门外碰上了。只可惜年景不对，兴味寡淡，不要说登门求教了，就是谈谈戏都不能，所以引为恨事。"如果有幸同台演出，哪怕跑跑龙套也好啊。"婉芷常说。人不在了，浮想旧事，秉逊兀自惨然。

今天读报的内容，是一篇刊登在刚出版的《解放日报》上的评论员文章：《恶毒的用心，卑劣的手法——批判安东尼奥尼拍摄的题为〈中国〉的反华影片》，四大版，又黑又粗的魏碑体通栏标题。留洋、退职教授夏臻合奉读第一版，由凌之轲续读第二版。然后呢？再说吧，反正大楼里臭老九有的是，而居委会阿姨妈妈末尾只消喊喊口号，"万岁"或"打倒"，老一套。夏臻合照例把自带的茶水呷一口，润润嗓，便吐字清晰、抑扬顿挫地念开了。但显然，因两个老太在咬耳朵——她们似有一件大事非说不可，想说又不好意思，推来推去，使读报声始终伴随着杂音。桂阿姨几番要求安静些，似乎并不奏效，忙喊停，干脆让其摊到桌子上来。"真不好意思呀！事情末说大不大，说小也不小。"汪琪芳应声说。"既然桂阿姨问，那我们就不客气了。喏，为的是土坯砖，到底收不收了？居委摆一句话吧。"老婆婆也说："喔唷！今年拖明年，蟑螂爬来爬去，脏死了！"孟婉婷马上应和说："是呀是呀，我们家也是。那年急煞鬼一样，一百块非完成不可，弄得模具也没处借。好了，晾在阳台里，难末没人要了。"项炳其说："就是嘞。"田黛琳轧一脚笑言："对喔，干脆掼了算数。"大家七嘴八舌，纷纷说出留不能留、丢不能丢的烦恼来。可是，任务是进驻一百天指挥部下达的，指挥部一撤，居委会也没办法。前阵子备战备荒，战备需要，抓得很紧，后来不怎么说了。"大家意见也不是没道理，慢点问一声潘主任。读报要紧，嗳，足足有四大版呢。"桂阿姨捻着老花镜一只腿，说，"侬豪燥念下去，念下去。"

夏臻合埋头念报，心里在嗔怪妻子汪琪芳多事。"阳台里放砖坯的人家多了，她桂阿姨不也这样么？皇帝不急急太监，管到居委头上去了。省点吧，人家搞事，正愁没机会呢。"他暗自数落着，倒也不影响照本宣科——一边读下去，一边走神、生闷气，因为报上义正辞严说的那些都腻烦透了。突然发觉，往日有个脸上长菜花样血管瘤的干部，怎么好久没见？从前，他就坐在桂阿姨斜对面的位置，而且从来不变。早几年，有天在学习快结束时，他蓦地放了一炮："你们大家注意到没有？这里坐着一位姓夏的，自从'叛徒、内奸、工贼'被打倒后，他就一言不发。我很想问问他啥原因，并查查他同刘贼是啥关系。"又说："我总觉得这个姓夏的人肯定有问题。"长着紫色大瘤子的他，由于抱病工作，帮有困难的家庭排忧解难，深受老百姓拥戴，威信很高，每回换届选举时都高票当选。夏臻合跟血管瘤患者浑身不搭界，素昧平生，怎么被一口咬定了呢？他惶惶然，赶忙撇清与前国家主席的关系。（说实在，大楼里真还住着从前刘少奇的警卫员李子野，老新四军，但也倒霉了。）凌之轲、袁宗瀚、许士祺等几个高级知识分子忙打圆场，把话岔开了，但长瘤子的人却盯着不放。"这是怎么说的？"夏臻合一脸苦笑，只好保持沉默。末了，临散会前，他还要求夏臻合"想想清爽",还说:"同情刘少奇他就是我们的敌人。"

吃了惊吓,夏臻合大病一场。足足有一个月没去参加学习,后来每次去,总惶恐之极,感觉有许多刀子飞来。仿佛已经有问题,甚至是敌人了。幸好,"批林批孔""评法反儒"来了,居委阿姨妈妈们一个个"睁眼瞎",儒家、法家、孔子、荀子,《三字经》《千字文》《神童诗》,弄得她们晕头转向。还有,辽沈、平津战役的地理概念,和"围城打援""三点一线"等军事术语,稀里糊涂,便跑来央求他给解释解释。上面布置的大批判文章也让他操刀。文章到了区里,名声大噪。随后,演讲啦,辅导啦,编小册子啦,他成了大忙人。可惜好景不长,到了年初,"反法权",两篇反对老干部的檄文报上发表了。他看了很生气,很郁闷,又变得闷闷的,孵豆芽起来。"奇怪,那脸上长大瘤子的人哪里去了?"他想。一面朗声读着,一面脑子里继续跑野马。从紫色大瘤子,倏地,思绪跳到了草绿色军大衣上。那是他家斜对面的一个军官家庭,复姓令狐。有一回,军官的女儿半夜敲门,盘查来盘查去,还闹出了找"棺材"的笑话。后来,一夜之间,军官全家都不见了。据说,女孩的父亲是驻沪空军某部的,官运亨通,连升几级,房子换好几回,越换越好。"九一三"惊爆之后,全家就被隔离审查了,她父亲至今被关押着。自然,房子没收了。"如今,令狐一家门在哪里呢?"他又想。

报纸上,官样文章翻到了第二版,凌之轲接着念。他也留过洋,担任高级工程师,不过,现已下放到车间开铣床、刨床。毕竟不是吃开口饭的,朗读不在行,加上眼睛花了,一紧张有些口吃,尽吃"螺蛳",光额头上沁出了汗珠。况且,一口带土腔的鲁南话,卷舌头,咕噜咕噜,也不好懂。"影片拍摄者……先是向观众介绍十三陵地下宫殿陈列馆中……反映明朝劳动人民受压迫和进行反抗的泥塑群像,讲述……当时农民的生活是如何的悲惨,然后镜头一转,就、就、就出现一队青年学生……扛着铁锹下乡参加劳动的情景……"他朗读道。

接着，又读到这几行："他在影片中……没、没有拍过我国一个革命样板戏的镜头，却拿样板戏的一些……一些唱段肆意嘲弄。当响起《龙江颂》中江水英唱'抬起头，挺胸膛'时，画、画、画面上出现……的竟是猪摇头的动作……"上一段，提到农民生活和青年学生时，不知怎么，他马上想到了两个宝贝儿子，一个在内蒙古、一个在黑龙江修地球；想到由于儿子们都走了，房子空虚，被人家趁虚而入；想到凌姓本家拍胸脯说，入住者脾气好、挺斯文、守规矩，这且不谈，原先套房独门独户，卫浴、厨房间、阳台舒舒服服，轧进一户人家，碍手碍脚，真是一百个不方便。最近听说，上面有红头文件，说如果子女都上山下乡，可以照顾一个回到父母身边，这叫"独留"。房子让出去了，"独留"儿子要回来了；儿子回家，占房者却不走了。真让人哭笑不得。

跟着，文章提到样板戏、"猪摇头"，凌之轲读了愕然。表面不露声色，心里却未免好笑。尽管他奉父之命，留洋学理工科，但工作余暇，倒是十足的文艺范儿。留声机，黑胶唱片，时代曲，都喜欢。什么周璇啦、白光啦、李香兰啦、龚秋霞啦、吴莺音啦、姚莉啦，那些脍炙人口的歌，无不熟极而流。自然，像老派的知识分子那样，京戏皮黄，也是心头喜，而且口味纯正。唱片一摞一摞的，可惜都砸了。正因为这样，对电台里成天价唱啊唱的样板戏，听了就烦。私下里不待见，却绝不讲——说样板戏坏话，那还了得？现在，大批判文章里读到这些，歪打正着，不由产生共鸣。"这个安东尼奥尼太幽默了！"他想。尽管到目前为止，他对这位倒霉的意大利大导演，仍一无所知。读这一节时，桂阿姨座位空了。趁着呷口茶的当儿，他小心翼翼地朝四周瞥了瞥。目光所及，妻子孟婉婷不消说，就是她邻座的谭家婆婆、倪老太，还有躲得远远的骆老头、钟琼等，也面带微笑，仿佛灵犀相通似的。像这样的笑容，宛如琼花难得一见。

"安东尼奥尼却把中国人民描绘成愚昧无知，与世隔绝，愁眉苦脸，无精打采，不讲卫生，爱好吃喝，浑浑噩噩的人群。"他继续念下去，读着读着就顺了，也不打格楞。"为了丑化中国人民，他挖空心思地拍摄坐茶楼、上饭馆、拉板车、逛大街的人们的各种表情，连小脚女人走路也不放过……"刚念到这儿，桂阿姨方才被叫到隔壁去谈个什么事，谈完了，正穿过中间一扇门，一双半大脚踩着像舞蹈似的小碎步，噔噔噔进来。读报声略停了停，接着，又从原先那句读起："……连小脚女人走路也不放过，甚至于穷极无聊地把擤鼻涕、上厕所也摄入镜头。"起初，恐怕谁也不会作某种联想，可由于桂阿姨心急，冷不防一脚踢到了报架上（先前也是她从报夹上抽一份新报纸，报架移位，忘了搁回去），"豁啦啦"一响，就跌倒了——这清水水曲柳木架只有两个支点，本就欠稳当，何况又插满报夹子，这报那报，头重脚轻。报纸散了一地，好意思让女干部捡么？慌得大家忙过去拾。俯身，低着脑袋，恰好就望见了一双半大脚——平时，真还没这么多人打量过。它说小不小，说大不大，鞋尖里分明还垫了些什么，鼓鼓的，虚虚的，踢了不觉得疼。

"好奇怪喔，这双脚！"项炳其噗嗤一笑，忙捂住了嘴。他喜欢玩16毫米小电影机，那些被抄走的片子里，就见过一些旧时妇女，大黑棉裤，裤脚管一扎，白袜下面一对纤纤小脚。小得不成比例，但据说很美。这种美丽，恰是一种野蛮遗留。"也难怪呀！"他咕哝了声。"难怪什么？"棉纺小开笑着问，分明是晓得的。"难怪她家老韩差点麴伊了。"项炳其装个鬼脸，附耳道。是说当年部队打进上海，开了眼，有些干部意志薄弱，就不要乡下的原配了。大楼里真还有一些南下干部休了糟糠妻，换了出身资产阶级家庭的小娇妻的。也是你情我愿，一块馒头搭一块糕。一个有权势、没文化；一个有教养、有学历，并且年轻娇美，却没靠傍。何况，有的老干部本就单身，英雄美人，结婚顺理成章。据说，桂阿姨算幸运的，因为在乡下她侍奉公婆很好，还是响当当的拥军模范。这时候，公公婆婆就站出来帮媳妇说话，还催促媳妇赶紧去上海。幸好，她丈夫也不是那样的人。没多久，桂阿姨就怀上了孕。头胎倒是个龙凤胎，可惜接生婆没弄好，受了风，男婴死了。以后，她又给老韩添好几个孩子，却只有闺女了。棉纺小开接着刚才的话，说："对呀。幸亏公婆不依，否则，只怕哭上一缸眼泪也没用。"话刚出口，项炳其忙笑着把指头竖在嘴上，说："嘘……小心人家听见了喔。"

当下，读报人略微停了停，等收拾好报纸，接着读。显然忘了到哪，不得不又回到老地方，刚念"连小脚女人……"凌之轲又打格楞起来。惴惴的，忙朝桌子那边睃了睃，桂阿姨倒一点没什么，只把老花镜从胸前移到鼻尖上，或从鼻尖移到胸口上，一副轻蔑、神定气足的样子。接下去，念到"在林县，安东尼奥尼突然闯入一个山村，把摄影机对准那里的群众，当群众反对他这种手段时，他就诬蔑群众的反应是'有的恐惧，有的害怕'，'经常是麻木不仁和毫无表情'。"桂阿姨听了拍案而起，气哄哄地大吼道："这是污蔑！污蔑！无耻！一派胡言！"但显然，与其说针对导演对林县的那些诽谤，还不如说影片专门拍"小脚女人"，更引起不快，因为这与她多少有些关联。听居委干部一喊，仿佛群情的义愤霎时被点燃，三三两两跟着喊起了口号。零零星星，有几声"打倒……"或"不许他污蔑……"。项炳其虽跟着喊，心里很佩服安东尼奥尼很会抓拍，只苦于没得看《中国》。否则，也可以跟大师学两手。也有一些人木知木觉，或闭目养神，或睡眼惺忪；或抽着烟，或呷着茶，或竹针发出轻轻的嗒嗒声，飞快地结绒线，或拿钩针钩着一小片网眼台布。秉逊两排牙齿中间衔着个烟斗，吧嗒吧嗒吸着。桂阿姨扫了一眼，方想起什么，忙说："侬会后留一留，有事要谈。"

凌之轲已读完了，心里"嗒嗒动"，因为从桂阿姨那一声怒吼中，分明听出她有些怒意和不满。"糟糕糟糕，得罪桂阿姨了。"不禁打了个哆嗦，想，"但我真不是有意的。假使给我小鞋穿，也没法子。"又是"小鞋",不禁泛起一丝苦笑。之后,佟颖倩和一个不认识的胖小老头分别念了第三、四版。她声音木木的,像参了禅那样无欲无求,要她怎样就怎样。

文章读罢,就到了交流发言的环节。看没看过毒草影片《中国》没关系,反正,依样画葫芦,照批判文章上的基调狠批就行,调门一个比一个高。喊了一通口号。末了,桂阿姨指节敲着桌面提醒大家,告知大楼卫生检查和领地板蜡两桩事。后者是一年三次,逢过节,到居委会去领几勺子地板蜡,回家自己打蜡。有少量蜡耙出借。到时要挨家挨户上门检查的。散会了,屋里响起一片放折叠椅的砰砰声。秉逊像个挂科的学生,心中惶惑。这时,桂阿姨递过一张带居委会红戳子的纸片。"喏,拿好,明天上午到那里去,到了就晓得。侬好走了。"她烦躁地说。

第二章

1. 桥头

"算啥意思呢?"但不久,秉逊就清楚了,原来让他去里弄生产组上班,一块钱一天,还有半瓶牛奶喝,真是美差。"可为什么好事偏落到我头上呢?会不会跟老太婆有关?对了对了,有可能就是封口费喔!"他猜想。如此说来,是居委会给了他一只大白包。

加工组专门承接红旗箱包厂的业务,从塑料几厂拿来箱包的零部件——人造革,进行丝网印刷,套了色,旅行包上就会赫然印有上海大厦、外白渡桥和行书"上海"两字的图案,这款包包曾风行一时。车间就在洪福里石库门房子里,打通了天井跟前客堂,屋中间放一张长桌,白昼始终亮着一排嗡嗡作响的日光灯。好像麻雀那样大的地方,却聚着一大帮阿姨妈妈,她们当年因"解放妇女劳动力"而纷纷走出家庭。这是一群又快乐又好奇的精灵,被无沿工作帽、橡皮饭单、粗布袖套、橡皮或纱手套、套鞋或半统雨靴层层包裹着,不管快活或愁闷,伶俐或呆笨;脸红扑扑或白皤皤,长得或胖或瘦,身量或高或矮,但毫无例外,总是精力充沛,气血旺盛,喉咙很响,三五成群。凡有她们的地方,总是一片春天鸟雀般的唧唧喳喳声。自然,也容易起纷争,私下里喊喊促促。

其实,阿姨妈妈的工钿才七角钱一天,但顺口溜却说得很豪迈:"七角八角,胸怀世界各国。"她们一面忙着手中的套色板套色,一面絮叨着张家长李家短。自从女人堆里来了个男人,虽则小老头一个,也激起了不小的波澜。小弄堂就在河滨大厦背后,那年老太开煤气自杀的事传到生产组，这个自杀者就是秉逊的老婆，加上他刚刑释归来，这些事凑在一起，自然成了悄悄的热点谈资。她们好奇地问秉逊一个又一个问题，查户口似的，虽然令秉逊不胜其烦，也不得不礼貌作答。幸好，组长不愿错过好劳力，让他踏黄鱼车，专门负责运送颜料桶和加工好的工件，方才耳根清净起来。

红旗箱包厂在四川中路北京东路口，厂里生产任务特别重，两班制，作为外发加工的生产组也早晚两班，连轴转。秉逊要从厂里装上一桶桶颜料，送到生产组；又要将生产组印好的一捆捆人造革工件送到厂家，每天数趟，风雨无阻。黄鱼车沿着北苏州路，打河滨大厦Ｃ字门前经过，越过邮电总局大楼前的一排大廊柱，然后拐弯，上四川路桥。上了桥，顺着桥一路冲下去，不久就到了红旗厂。满载车子上桥，哼哧哼哧，特别费劲。大白天，路过Ｃ字门，大楼里的孩子们一见黄鱼车来了，快活得不得了，远远地高呼："喏，冬冬拉爸爸来了！"特为顺着秉逊末拖儿子的名字，叫骑车人"冬冬的爸爸"，亲近、热络些，容易博得好感，拉近距离，再三三两两跳上去乘车兜风，也就顺理成章。黄鱼车踏来，时而空车，时而满载，孩子们不管三七廿一，见了就青蛙似的跳跳纵纵，腾身跃起，一屁股坐在黄鱼车上，或两边的铁架子上，发出胜利的欢呼声。

秉逊贼忒兮兮、傻乎乎的，似乎很快活，喜脸相迎，因为谁也不吃亏——等到上桥，自然会像当年小三毛推桥头那样，一个个使出吃奶的劲头。桥身很高，哼哧哼哧上了桥，车闸"嘎吱——咕"一声刹住，孩子们纷纷上车，侧着身，荡开两脚，笑眯眯、笃悠悠，只等绿灯一翻，重力加速度，享受高坡滑雪那种无与伦比的快感。快乐的心就要爆炸了似的，车毂辘稍稍动了，可是且慢，不知怎么车身剧烈地一晃荡，险些把人甩出去。细心人会发现，前面那双把车龙头的手筛糠般一抖，横向暗暗使劲，黄鱼车立刻就抽风似的颤栗起来。桥上虽然公交车、卡车并不多，但轮子一碾，老虎口不是闹着玩的。席老头为什么要这样？谁也搞不懂。这种套路不断上演，趟数多了，孩子非但不害怕，反而盼着再被惊吓，因为太刺激了。每当由南京路方向冲下桥，或者，天潼路方向下桥，到邮电总局门前猛一拐，左转弯冲下坡，进入北苏州路，孩子们就会发出销魂的叫喊声。

踏黄鱼车老头与蹭车孩子们，上年纪的或未成年人，仿佛奇异地达成了某种默契，谁也不说"要"或"不要"，谁也不想"好"或"坏"，谁也不关心这多危险，或不危险。作为神秘契约的另一方，孩子们自然也不会向家长说出秘密。因为既然秘密，就有某种神秘、危险、恐惧的东西，这正是快乐所在。于是，在C字门前，每当看见装满颜料桶或人造革工件的黄鱼车驶过，孩子们远远地喊一声："冬冬拉爸爸！"然后，纷纷爬上欢乐的大篷车。他们既不能遏制蹭车的冲动，也不把似乎有点恶作剧的危险给捅破了，但仿佛对席老头的促狭或不太厚道，也有某种不满，遂给他起了一个绰号——"大蟑螂"。

"大蟑螂"的绰号起得可有点古怪。难道是指他日晒雨淋皮肤粗糙黑黢黢？是指他一张下巴收缩的面孔？抑或指他夹在吵吵闹闹的阿姨妈妈中间哭笑不得？还是说他终日蹬着腿、甩着手，在苏州河边营营碌碌，就像一开电灯，有只酱油色虫子沙沙地爬来爬去？总之，滑稽可笑，毫无道理。但绰号也许是某种宿命的东西，无缘无故就给沾上了，而且一辈子逃脱不了。不管自己承不承认，满大街就管你这样叫了。孩子们明里亲热地喊"冬冬拉爸爸"，一转身却左一声"大蟑螂"，右一声"大蟑螂"，听得他心烦。白昼，或夜阑人静，黄昏，或晨曦中天际露出一抹鱼肚白，过四川路桥，过热闹街区，黄鱼车松垮垮、锈迹斑斑的铁链子紧绷了，发出"叽嘎—叽嘎"声。他想起自己的一生，想起年轻时的雄心壮志，想起死不服输的牛脾气，想起吃辛吃苦终于在上海滩站稳脚跟，想起好坏也有自己小小的一爿天地的得意，想起跟东亚饭店塔尖那个"信谊"霓虹老过不去，想起一心要"钱生钱"的戆念头，想起生意浪也曾被赞誉为"豁得开"精明善算，想起所有一切结果都打了水漂,想起像苏州河水一样流啊流的年华,还想起往日曾经追逐过的小小的欢娱……厂家,没了;钞票,没了;房子,没了;女人(两任妻子),没了;儿子,有,也等于没有。"哎呀呀!真像乱梦一场,哪能搞的?怎么回事?"他又无奈又泄气又气恼,不禁泫然。如今孑然一身,差不多流落街头。白天黑夜,风里雨里,桥上桥下,三九寒六月热,就这样蹬着黄鱼车满街跑。"喂!'大蟑螂、大蟑螂'!"还被人这样叫着。"哎呀呀!'大蟑螂'!我他妈真是一只大蟑螂喔。"他徒自叹息,心里涌起一种辛酸,一种说不清是自怜自惜,还是自怨自艾的复杂情绪来。

他遇到过太多的事,开心的,不开心的。"五反打老虎"时,差点从大楼顶上跳下来。吃官司时,却一心想活下去。同老太婆临别前,一个说:"我走了,你自己身体当心喔!"一个含泪说:"穿上鸭绒背心,监狱里冷。"又说:"他们说的那些事,你根本都没有呀。"劳改农场那五年里,他每天冷水擦身,如能够洗澡,就一定洗冷水澡,数九寒天也不停。他抓住一切能自由支配的时间锻炼筋骨。或者,一早围着巴掌大的空地发疯练跑;或者酷暑午间,难得有片刻的午休,他光脚踩在滚烫的地上跑步,脚底起了层厚茧。唯一的心愿,就是早日结束刑期,出去与老太婆团聚。他晓得她体质较弱且多愁善感,这不是好事。"假使能在老太婆还活着的时候出去,我一定好好服侍她,因为她为我受了太多委屈,吃了太多的苦头。"跟她萌发这段情,要追溯到很久很久以前。可是,他照样与前妻馥贞过了几十年。她等了他十八年。好不容易在一起了,又那样动荡,那样狼狈。然后,进了监狱,一关数年。算起来,夫妇俩在一起的日子实在屈指可数。"哎呀,婉芷等我的日子,真比我俩在一起的日子还多得多啊。"他想。返家,噩耗骤至。女儿、女婿把邻居欺凌的事全说了,但他心里却十分疑惑。"她的一辈子,好像一直在等、等、等。再难再苦都过去了,可为什么,突然就等不下去了呢?"他暗忖。

这个念头老在他心里打转，冒着凉气。也许，就在加工组阿姨妈妈叽叽喳喳打打闹闹之间，在孩子们乘黄鱼车开开心心吵吵闹闹之间；甚至，在他嬉皮塌脸嘻嘻哈哈打朋取乐之间，还有他花生米过老酒的杯盏谈笑之间，他更孤独了。仿佛水上漂着的油花，这个"为什么等不下去"的念头始终无法摆脱，如蛆附骨，时时折磨、啃咬着他的心。他落拓不羁，乐观旷达，表面上装得越开心，内心深处却越难受、越空虚。思来想去，终于明白，这辈子他只顾惜、专注于自己鼻子底下的那些事："钱生钱"啦，财富啦，名誉啦，利益啦，体面啦，家庭啦，儿女啦，包括外甥啦，等等等等，而她的事，却不当回事，至少认为不那么重要。尽管睡在枕边，尽管她陪嫁多得很，可对她的尊重、关心和体恤，实在少之又少——说来有点寒心，也许来得太容易，在他的世界里，似乎她根本无足轻重，随意丢丢掼掼。而她呢？却一直给他避风遮雨。当年儿子朝父亲狠狠踹了一脚，这一脚对于心脏虚弱的他是致命的，她想也没想，胸脯一挡，挨了踢，吐了血。抄家时，让他快去苏州河对岸躲藏，她独自留下，与恶人周旋。还有，尽管舍不得，她还是将大套房让出来，以便息事宁人。实际上，她一直是在为他挡子弹啊。"太亏欠她了，太亏欠她了！"他痛心地想，禁不住喉咙哽噎，欲泣欲泪。

有时，踏着空黄鱼车过桥，他会刹住车，抽上一口烟斗。四川路桥这一段河床较宽，两边停靠的舢舨成行。水上人家，横倒的桅杆、收起的木橹，或竖起的竹竿上晾着衣裳、裤衩、尿布、手帕之类，被风吹得噗啦噗啦响。梭子形桥墩旁，黑黑的河水流淌着。残阳宛如片片金箔，在水波间跳跃着，蹿闪明灭。后面是陷在昏暗中的河滨大厦。塔楼下面，是无数个敞开式的大阳台，都没封，阳台上一排球状柱头的铁栏杆。七层楼的那个阳台后面，曾是他跟原配馥贞住过的家，同婉芷结婚后，也住这里。自从把婉芷的套房让了，就不好赖在这里了——如今，小房间才是他栖身之所。当下，望着黄昏里暗黢黢的阳台，那个失去的家，感到怅惘、郁闷、懊恼。只怪瞎了眼，竟然没好好珍惜，好日子给白白糟蹋了。"哎呀呀，错过了，错过了！"他的眼睛感到一阵刺痛，泪水顺着脸颊簌簌流下。"看喏，'大蟑螂'也在这里！"刚好一群大楼孩子放学，不知哪个小孩大叫一声。"快上车，快上车啊！"他们开开心心地跑来蹭车。有时，到了六月里骄阳似火，涨潮了，桥栏上，方尖碑那样的灯柱上和桥外侧窄窄的边沿上，都站满了高台跳水健儿。一个个赤着膊光着大腿，短裤衩、三角裤，或弯腰，或抱膝，或舒腿，或展开胳膊，旋即凌空一跃。桥面上，观者如堵，简直连公交车、卡车、三轮车都无法通行。自然，装载着一桶桶颜料或人造革工件的黄鱼车，抑或空黄鱼车也动不了。不知谁，发现席老头竟然也在一旁看跳桥头，仿佛很意外。"喏，'大蟑螂'也在看！"仿佛黄鱼车夫比跳桥头更值一看似的。

有时，踏车到了桥上，他什么也不看，只抽烟斗，两颊一瘪一瘪，烟锅里忽闪着小火星，挺悠闲。但是，心里啮咬着的虫子可没闲着。他变得离不开酒了，经常喝得醉醺醺的，两眼发直。酒，是在大楼背后天潼路对面的大丰食品商店里买的，才七角一斤。喝了酒，乱说一气，发牢骚，时不时骂声："滚侬娘个蛋！"生产组阿姨妈妈只顾笑，也不管那些疯疯癫癫的话。至多，咕哝一句："啧啧啧，'大蟑螂'又灌饱了，只赤佬！"喝得多，废话也多，大家都不理他了。今朝有酒今朝醉，他变得越来越洒脱旷达，心却越来越空虚寂寞。有一天，他踏着黄鱼车来到桥上，突然，胸口感到一阵刀剜似的疼痛，背脊后一阵抽搐。手赶紧伸进口袋里乱摸一气，摸来摸去都没有——药忘了带来。如果他老太婆在，这样的疏忽一定不会有，因为她总是把药盯得最牢。夜阑人静，桥上没人。他感到胸口疼得不行。桥对面就是第一医院急诊室，亮着灯，看得见，却过不去。他摇摇晃晃，一个趔趄，扑通一声跌倒在地，断了气。

"'大蟑螂'死了！"第二天，生产组里的阿姨妈妈围在一起，叽叽喳喳。"桥上没人,喊救命也没用呀。"一个叹息说。"死鬼'大蟑螂',成天价那样快活,嬉皮笑脸、嘻嘻哈哈的,有时不大正经,说些荤段子。活突突的一个人,怎么说死就死?"一个惋惜地说。"这么不当心,心脏病只有自己晓得,别人是不晓得的。嗳,他女儿怎么也不管管?"一个仿佛有点嗔怪的意思,说。"对呀!年纪大了,心脏不好,还拼命灌黄汤,'大蟑螂'也太不顾惜自己了。"一个附和说。

西宝兴路殡仪馆遗体告别那天,死者家属、亲友、老邻居、生产组里的老同事代表,纷纷都来了。家属包括:女儿心舫、心莉,女婿瑜苏及外孙郁郁、亲家郁岱藩罗紫琳等。亲眷故旧中,有外甥祖鸿,外甥媳妇娇鹂及她家的家孝、家礼、家惠,还有她那边的亲戚——婶娘宝魁嫂、弟弟阿淦(代表其父母);有乡下的外甥女、外甥女婿金粉、鲍世骧;有前妻馥贞那边的大舅棣棠等;有已故过房女儿单苏的女儿、目前寄养在娇鹂家的妹妹头;有曾在老东家做过娘姨的杏花大嬷、阿香、周妈等。旧日市、区工商联的老朋友来了好几个,唐韵珊、鸿禧等,有一个是老对手信谊药厂的同行,还有小荣的父亲。崇信药厂公私合营之前一班念旧的老人马来了;药厂合营后的公方代表、靠边的厂长老鞠不知怎么也来了;绍班票友、曾聚在一起吹吹唱唱喊几嗓子的老朋友,来了几个;老邻居,有大楼几个原先的民族资本家,和七层楼有些来往的人家。死者的独养儿子冬冬路远迢迢,人不来了,但是从大兴安岭拍来了加急电报。唁电称:"惊悉家父噩耗,沉痛致哀。又:如可能,请将已故继母的后事一起办理为妥。"遵嘱,冬冬的姐姐们特为带来了继母遗像及骨灰盒,一并置于灵堂内。不明内情的人来凭吊,乍见并排挂着两幅遗像,均诧然了。安放遗体的小推车推来了,只见死者一身灰色毛哔叽中山装,头戴灰色制帽,盖着白布。身旁,还放了一只石楠根老烟斗。尽管没有挽幛、不放哀乐、场地逼仄,但不管怎么说,对于一个刑释者、一个后半生抬不起头的前药厂老板来说,这葬礼总算当得起四个字:备极哀荣。对于死者在天之灵,对于死者的亲属们，好歹是一种安慰。

告别遗体时，娇鹂哭成泪人。祖鸿扶着栏，噙着泪，久久挪不开步子。想到至今还戴帽子挖防空洞，想到不白之冤，尤其是牵累无辜，害苦了娘舅，益发心痛。"娘舅大人呀，亲舅舅呀！您恩重如山，这份情可怎么报得了？这辈子，无论您顺境也好，逆境也好，都待我们兄弟俩这么好，都这么偏心！在您家里，我们开开心心做着'外甥皇帝'……"陡然间，又感到惭愧之极，无地自容。因为舅父虽然宠爱着两个外甥，可不管有意无意，他们却都在伤他，害他吃苦。"哎哟哟，真是罪过呀，罪过呀……"

本来，说好由女儿心舫代表全家致词的，但是写好的悼词通不过，被拿掉了。她父亲是在四川路桥上走的。仿佛被奇怪的命运或一种宿命的东西绊住了似的，时隔近四十年，不幸竟然再次降临——等到了老迈时，心舫罹患上了阿尔兹海默病。某天，她在桥上来来回回走着。随后，一头栽进苏州河里。等打捞上来，呼吸没了，身子发僵，皮肤上布满尸斑。自然，这也是后话了。

2. 忧喜参半

娘舅的死，对娇鹂、祖鸿震动很大，心里又懊恼又遗憾。懊恼的是，娘舅回来已有不少日子了，却一次没拜望过。他呢，想到害他吃官司，想到自己还在挖防空洞，抬不起头，见了怕只会都不舒服，始终没勇气去；她呢，每天上下班都要横穿四川路桥，娘舅天天踏黄鱼车上下桥，哪会不碰面？见了也只招呼一声："娘舅，您早！"或"娘舅，还没下班？"其他不啰嗦。马路上不方便。再说，还存着私心，怕娘舅问起他们的事，更担心往深里说。至于遗憾，那太多太多了。对于他们，恐怕最大的憾事，莫过于这位长辈没能等到外甥成婚的那一天，因为他向来顶关心，并且看好这桩婚事。可惜，缺憾已无法弥补了。

自从当陪护感情骤然升温,至今已三年半过去了。这三年半里,离多会少。作为多个未出道孩子的母亲,要上班,要操持家务,管吃管喝,已够忙的;经济又拮据,时不时要靠献血来贴补。如此被生活压得喘不过气来,自然会分心,似乎不那么专注于与祖鸿的恋情。然而,这并非真正的原因。对于一位坚守名节的寡妇,一个将要跨入四十岁门槛的女人,尤其她那么独立而又自尊,似乎眼下重要、紧迫、巍乎其大的当务之急,首先是把关系给摆正了。她无法忍受某种暧昧的、朦胧的、豁进豁出的东西,而需要挑明了,确定了,并堂堂正正端到桌子上来。但是,明里暗里,跟他提过几回,似乎都没结果。至少,不像她所期待的那种。

一年年过去,迅速光阴容易逝,却还在原地踏步。于是,她便像贝壳类生物那样,把软体缩回壳里了——尽管如此,仍然钟情他、欢喜他,乐意帮他做这做那。譬如,百忙里,还要抽空为他结绒线衫啦、结半指绒线手套啦;轮到换洗被子,去纾一纾棉被啦;棉花胎紧实,拆了去弹棉花的地方弹弹松,去缝被头啦;或剪几尺布,用缝纫机做几件外套或衬裤啦——那次在绿皮车厢里躲雨时,曾许诺给他做一件骆驼绒中装棉袄,纯手工,也做好了,适时季节就穿在他身上。而更多时候,舍不得他吃得过于单调,会买好了带去,烧几样可口的菜,改善改善。她总是有事才到上农新村去,没事不去;他编出各式各样的理由邀她去,也是能推则推,实在推托不了,就去一下。去了,尽说一些不温不寒、不淡不咸的话——进一步,退两步。他像梅雨天终于盼到太阳似的,总是兴兴头头意趣盎然,平时不太爱说却变成个话篓子,说啊说啊。时不时还撩拨她一下。她总是恭而敬之,爱理不理,或语含微讽,时不时刺刺他。渐渐,他就有些意兴阑珊。但也不忘依偎在怀里,就像小孩子贪吃甜食那样,时不时啵唧一下。

明显缺乏那种亢奋,那种炽热如火,都感到某种不满足、不舒服。

烈火焚身那样的湿吻肯定消受不了，因为造物主已悄悄安排好了下一环节，好比一环套一环。既然，小心避免后者，前者也不能不这样。长时间不说话很别扭，好像彼此间吵过嘴、闹情绪，可天晓得，他们又没不开心。所以，通常会有一搭没一搭地说些什么。说着说着，总也绕不过感情问题。而感情问题，与要命的身份问题密切相关——在单位里，他被当做贱民，低人一等。这种时候，感觉结婚的事相当遥远。显然，最好的办法，是等到恢复自由之身。她却既不理解，更不认同，一再催促，去跟组织上谈一谈。还一口咬定，他们的事在前，银行的事在后，硬扯一起好没道理。被催得实在没办法，犟不过她，只说已打了申请结婚报告，组织上还没有批复。过上一段时间，又催问批复有没有。石沉大海，他答应再打报告，也无声息。

"尽了最大的力气，也没办法怪你。"有时，她无奈地说。似乎盯得太紧不好。"贼腔哎！你问我么？我还可以，不急的。"有时，她很大度地说，但能感觉出来，带着一种情绪。"想想我们的事也真难，我对曼华说，放弃了很可惜。嗳，你觉得可惜吗？"她问。仿佛有点嗔怪的意味。"放弃？可惜？！"他肃然一瞥，气哄哄的样子，嗫嚅一句什么话，末了说："快了快了。"仿佛说批复的事，又好像指摘帽子，含含糊糊，底气不足，因为太渺茫太不着边际。两者经常是一对双胞胎，你中有我，我中有你。"娘东！干脆退到过去算了，我末自顾自养大几个小的，盼望他们一个个出道、赚钞票。然后末，娶亲生孩子。你自顾自挖防空洞。若有空，相帮点拨点拨，就算他们的福气了。撑一把，作兴将来孩子会出山的——个个都出人头地不指望，一两个就不错了，对吧？再过十年廿年，我们都老了，没戏唱。至少有过这场，也甘心了，对吧？熄火关灯，一拍两散，就当啥也没发生。各忙各的事，忙完了见见面，说说话。不也很好？"她笑笑说。

"勿太悲观喔，阿姣。"他每每抗议说。"死开！还能怎样？"她眼里含着泪花，咬咬嘴唇。"大不了我走。"说着，抽泣起来。他急了，忙搂住她说啊说啊，要么海市蜃楼，要么天花乱坠，要么虚与委蛇，要么装聋作哑。总之，她等到的回答不是想要的。天上一句，地上一句，仿佛累了，往她红红的耳朵吹一吹气，痒梭梭的。"唔，休息一会好吗？难板在一起。"他讪笑着问，像某种稔熟、心照不宣的暗号。她正结着手中的绒线衫，听了这一声，便伸了伸懒腰，打个长长的呵欠，一面手指当扇子扇着嘴，一面无精打采地自嘲说："呵欠连天，瞌睡煞了。惹气得来！哪能搅头势的？"忙话锋一转，惋惜地说："你呀，运气不大好，偏巧来了喔。"也不忘反咬一口说："啧啧啧，你呀，胆小起来胆小，胆大起来大得吓人。"下一回，再次遇到这种时候，也照样皱皱鼻，鼓鼓腮帮子，一脸无辜地说："要死！要死！吃素碰着月大，身上不方便呀。嗳，你失望了？"似乎急吼吼也不好。他忙说没有，赖得干净。她肚子里笑他，嘴上却吹凉风，说："贼腔样子！这么难，算了喔！"指他们的婚事，仿佛彻底没希望了。但隔了些时，又想同他好好谈一谈。末了，断言说："我们是不会结婚的，我眼光很准，实在不行，也就算了。"眼中泛着泪光，鼻子齆齆的。他嗫嚅一句什么话，总之是等，耳朵听出老茧了。"你要我等，我答应。那么告诉我，究竟多少时间？我已经四十岁了。索性给个准数，行不行？"她气哼哼地说，但刚出口，觉得太冲，忙缓了缓，"勿怪我说话不好听。希望你帮帮我。我一个女人家，有啥办法？有劲使不上，总不能……你越来越没气了，我也灰心透了。你是不是对我厌倦了？"说着，眼里涌出半是倔强半是屈辱的泪水。

还有一次，也是这样相拥喁喁说着。"我想，我们真分手的话，我要过一年才见你，否则受不了。"声音冷冷空空，仿佛从极遥远的地方传来。他浑身一震，颓然了半晌，嘴里喃喃着："阿姣，怎么啦？怎么会这样想？不肯的，我绝对不肯。"随即，她凄然笑了笑说："当然啦，这是最坏的打算。我晓得你不会娶我，等也白等。"他倏地脸色刷白，嘴唇颤栗着说："阿姣，做啥要折磨我呢？你难道不晓得我欢喜你，离不开你？过去是，现在是，将来是。不过，问题一天解决不了，一天压得我喘不过气来……我心里很痛。痛恨自己，我软弱，我很失败，我真想抽自己的耳光！你为啥就不理解？""贼腔！问题问题，我都不嫌，你嫌什么？既然如此，为什么当初……"她恨不得把憋了很久的积怨说出来，但又感到有点残酷。欲说还休，两行眼泪马上滗出来。轻轻呜咽了一会。外面公共厨房，煤气灶上炖的水开了，邻居来敲门。她忙手背抹了抹两颊，整整衣衫，出去冲了水。

等回进来，情绪已冷静了不少。语气显得有点讥诮调侃："喔唷！我一直想说的，最后还是你说了出来。这么说，你不要我了？你到底还有没有信心？没信心就算了。"房子里霎时空气像凝固了似的。"我啥辰光说过这句话？"他受了天大的冤枉，指天发誓起来。"假使这样想，不得好死！"他恨恨然说。"你嘴上没说，心里这样想，娘东！当我不晓得？"她火了。"你是我肚子里的蛔虫？哪能样样晓得？没的事，勥诬赖好人！"他涨红了脸说。"要死快了！谁诬赖你？"她反问。乌云滚滚，眼看一场大暴雨就要来了。但是，每回都这样大吵一场，有意思吗？转瞬之间，又都丢盔弃甲。他望见五斗橱上放着一封新寄来的航空信，立马像捞到救命稻草似的，透了口气说："惹鬼个！好了好了，说来说去，说也白说——白天白说，夜里瞎说。喏，还是念念信吧？"

到了无话可说的时候，这张王牌顶管用，因为是她大儿子寄自北大荒的信，再怎样也不好拒绝。仿佛海底龙王的定海神针，再搅得七颠八倒，一拿出来，立刻海晏河清，天下太平。家恕每月有十五块钱如数寄来，这笔巨款，她天天盼着，钱还没到，早已派好这个那个的用场了。不过，大儿子写给叔叔的信很讨厌，都是理论啦，灵魂啦，真理啦，历史规律啦，悬空八只脚，虚飘飘的，顶不要听。于是，像往常那样，他开始跳着读，专拣她想知道的生活上的事。"很倒霉，遇到一场火灾……"她一听急得跳起来。"要死快了！大猢狲伤着没有？

豪燥念下去!"他自然清楚怎么回事，先报个平安。"亨个……伤倒没伤，就是把记了四五年的日记本都烧了，连同刚到黑龙江记下的，十分可惜……"他遗憾地说。"断命日记簿有啥用？烧了就烧了，人没事就好。"她笑了笑，牵记说，"北大荒冷喔！被头、棉袄、棉大衣怎么样？没烧着吧？烧了是一笔大开销呀！豪燥念，侬豪燥念！"

先交了个底，接着读道："……帮助连队搞政治夜校和各种活动，又亲自参加了一次思想斗争，受了压受了气，同时也锻炼了自己。上个月，连队路线教育，在班子自我解剖会上，我放了一炮。通过较量，打击坏风气。（假如）不揭不批不斗不得了，（那么）谁来把红色江山巩固？我不怕碰得头破血流，只要（是）正义的事业，（就）敢于斗它一辈子。有朋友劝我：'你不要一本正经了，犯不着。'劝我没用。不是要压吗？越压越把硬的给你瞧瞧。斗争是最幸福的。（只要）为大多数人的利益去奋斗，自然（会）眼光深远，立场坚定。叔叔，您说对吗？想必您一定会同意我的观点。前不久，熬不住，又放炮了。我说：'兵团产量不稳定（问题）主要在领导身上，（是）资产阶级法权思想（作怪）。'好家伙！这下捅了大娄子，连队领导气得脸发青！好家伙！各方面的压力都来了，说我'瞎搬硬套理论'啦！'大左派'啦！'想要出名'啦！'为了讨好副连长拍马溜须'啦！甚至还有'看上了人家的闺女'啦！嗐，应有尽有。多么庸俗！多么无聊！多么卑劣！我蔑视他们！老实说，看到周围那么多青年整天暮气加俗气，打牌、下棋、谈恋爱过日子，我是心痛的。难道人就这样活着吗？所以，我挤出时间看书（已读完卡尔·马克思的《资本论》了）。这样一来，却要被他们嘲笑逗乐，还给我一个外号：'蔡老夫子'。不肯看书的人反而嘲笑看书学习的，真不知怎么想的？对于这一切，我必须以人格予以回击。其实，我也多么不希望弄得大家脸儿铁青，何苦呢？"跳过几行之后，信上又说："一个人只有树立了远大的政治抱负，才不能为庸气、俗气、市侩气所迷惑。叔叔，您讲对吗？"

母亲拉长耳朵，半晌，还没提到火灾中究竟有没有损失，需不需要添置什么，御寒衣裳够不够，却听他尽胡扯些不相干的废话："放炮"啦，"斗争"啦，"回击"啦，"抱负"啦，滔滔不绝。她不禁攒眉说："嗳，跳过去好了，夠听夠听。娘东！大火烧了东西没有呀？大猢狲怎么说？"仿佛抱怨念信者不给力似的。哪里知道，祖鸿跌了大筋斗，对前途悲观得很。因此，但凡侄儿在事业上、学习上，哪怕有一点点长进，都无比欣慰。他曾屡次向家恕表露了这样的想法："我不行了，希望寄托在你们几个侄儿身上。将来靠你们了。"这让家恕受宠若惊。尤其像叔叔这样一位满腹经纶，理文兼修，逻辑思维缜密，既精通本专业，跨界知识面又很宽的饱学之士，不光同小辈平等交流，并且将家族的未来托付于他，再没比这更令他自豪、光荣的了。自己才二十三岁，愣头青一个，却跟叔叔一起大谈人生、哲学、理想，俨然成了知己。他向来信赖、景仰叔叔，悄悄把他当成了精神上的父亲。但他们之间，与其说叔侄、父子之情，不如说介乎知己、朋友、战友之间的情谊更恰当。那种亲密无间，连孩子的母亲都不无嫉妒呢。

"可是，我又非常孤独、焦虑，一想到有可能一生将会守在边疆，死在边疆，而日复一日繁重的体力劳动，又不能使我身上的潜能、天赋有所施展和发展，心中就充满矛盾。"祖鸿原本打算跳开这些表述，又殊觉可惜，于是，继续念道，"六年的青春一晃过去了，真快啊。在那些人面前，做少数派没啥不好。说我傲气，我就自傲，怎么了？就是始终不肯向庸、俗、禄三股邪气低头，不当它们的俘虏。我不怕头破血流，（假如）不把连队路线斗争的实质揭发出来，寝食难安。斗争是幸福的！叔叔，知道我为何这样激动吗？这正是我要告诉您的。因为，不久前我被解职了——连队理论小组业务组长、夜校马列学习辅导班负责人。嘿！罢官了！无官一身轻，挺好！前天，我们在莲花泡划船游泳，大家都赤身裸体——当然啦，女同胞没在——多么自由自在啊！突然，脚被水底的草缠住了。您猜，那一刻我脑子里在思考什么?在想中国不能变修。这可关系到国家命运啊。走路摔跤并不可怕,可怕的是停止了思考。跌倒了,爬起来,无非再走自己的路。"信念到此顿了顿。显然,念信人被这句话触动了,产生共鸣。"不错不错,家恕长大了!"他由衷地说。咧着嘴,目光朝孩子的母亲轻轻瞟去,仿佛想找她回应这种高兴似的,可人家却是一种可笑与困惑混杂的古怪神情。"要死快了!大灶上的铁汤罐、铜汤罐,算啥官呀?啰里啰嗦的,没完了!"母亲终于不耐烦。

然而,信的末尾,寥寥数语,却突然带来一条劲爆的好消息:连队群众推荐了五名知青上大学,家恕有幸也在其中。目前,入学表已填好,俟团里审批和学校复审后,便可下发通知书。禀知这一喜讯时,写信人大笔挥挥,添了一行自创的警句或格言:"立志(贡献)于人类事业的战士,只有在向更高、更曲折、更崎岖的险峰上攀登时,心中才会充满无限的幸福和喜悦。"孩子的母亲不知所措,半晌,方大叫一声:"喔唷!不得了,了不得,乃末屋里又要出状元啦!"顿时,喜泪涌出眼眶。"还有么?勥停勥停!"但他扬了扬手中的信笺说:"没了,就这么多。"说着,揽住了她的腰,替她拭泪。她非但不躲开,反而把脸颊埋在他的胸口,听着咚咚的心跳声,半晌方说:"大猢狲出山了!你课子有功,总算没白辛苦,对吗?"是借用了旧戏或旧瓷器上"夜灯课子"的说法。

她一脸幸福,显出几分得意,又有几分甜蜜。

第三章

1. 夜未央

祖鸿心里清楚,孩子的母亲只是被骤然降临的惊喜所陶醉,注意力被分散转移了,但是困境却一点未改变。相反,假使家恕回沪读大学的话,对于他的长辈究竟属于怎样一种关系,似乎应该有个说法了,偏偏难也难在这里。

那个炽热之夏把一切都改变了。在无法抗拒的力量面前,不光颓唐、苦闷、抑郁的情绪一扫而光,还让他重燃起对幸福生活的希望。好像一下子年轻了十岁。"为什么不呢?是的,我可以,我能够,我应该,做自己的幸福主宰。"他身上每个张开的毛细孔,无不如此昭示着。然而,靶子山枪毙犯人却狠狠打了他一闷棍,尤其是景萱之死。他整个给压垮了,变得畏葸、多疑、神经质,经常处于恐惧之中,心里充满不祥的预感。常常做噩梦,有一回,梦到自己居然在刑车上,背上插着画红圈的令箭状标牌。再一看,靶子场入口的布告栏里,也有自己名字,并且就在景萱旁边。给吓醒了,惴惴的,大汗淋漓。幸亏过了半年,才从这种过度的焦虑中缓过神来。这当儿,娇鹏对他的结婚暗示,似乎变得更巧妙、更使小花招了,并且,时间上也更加频繁。

那天,他们应邀一起去吃子芬、曼华的喜酒——看在他俩护理祖鸿出了大力的份上,这人情不能不还。祖鸿、娇鹏偕同出席喜宴,不知怎么,竟成了他们将要共同生活的某种信号。虽然她也很留心,始终没挽过他的胳臂,但熟人一看就懂。对此,两人感到很窘,可又不好解释——这不是越描越深吗？干脆不理会。席间，相熟的老同学口无遮拦，拿他们寻开心，因为这之前，"叔接嫂"的小道消息早就传开了。等新郎新娘过来敬酒时，不知谁瞎起哄，把文章做到来宾身上，好像存心要抢新人风头似的，弄得祖鸿、娇鹂下不了台。她虽不大赞成捣蛋鬼胡闹，可心里却跟抹了蜜糖似的；他却生了闷气，但碍着自己低人一等的缘故，也不好发作。

对于结婚，他有自己的看法。水到渠成，瓜熟蒂落，修成正果，谁不盼望？尤其他们之间波波折折，走了十来年的苦路。但如果仅仅是"为结婚而结婚"，似乎又不是他所想。"两个人在一起开开心心，不也很好吗？"他思忖道。"也不是不考虑，而是目前条件不允许。一旦条件成熟，自然就结婚了，这还用说吗？结婚是我们两个人的事，完全不必做给人家看，鞋穿脚上自晓得。"他假设她就坐在面前，这样辩白说。"我们是苦海行舟，走的是一条苦路。一拖再拖，十年都拖下来了，再拖几年，不行么？况且，我和你都这样了，拴在一根绳子上的蚂蚱，谁也跑不了。"再一想："捆绑不成夫妻，这没错。反过来说，不捆绑不也能成夫妻？'两情若是久长时，又岂在、朝朝暮暮'，连宋词里都这么说。"

渐渐，就有了这么一套懒汉理论。另一方面，也怕做得太急、太招摇，反而横生枝节，甚至招来不测。比方，听子芬闲聊时讲起过，市革会头头"徐老三"，因为容不得人家大喜之日办得热闹、气派一些，竟在大会上说："某人结婚请客四十桌，这是资产阶级复辟！"还有，有个女造反派，奉命监督关牛棚的著名诗人，结果两人谈恋爱了，还准备结婚。诗人遂向单位工宣队提出结婚申请。工宣队认为牛鬼"太嚣张""太狂妄"，是公然的挑衅和"反扑"之举，大骂一通。"徐老三"知道后立刻定性说："这是阶级斗争的新动向。"诗人受不了，一气之下，便开煤气自尽。言者无心，他一听，顿时吓得背后寒气直冒。"我这样一个贱民，不好好改造，争取宽大，却一门心思要跟前嫂嫂结婚，是不是脑子进水了？工宣队师傅会怎么想？真不好说呀。万一也给大骂一顿，岂不是没事找事，自己往枪口上撞？很可能……很可能……"他左思右想，越想越感害怕，真像摊上什么大事了。自然，怕引起多心，她面前是一个字未提。

夏末秋初的某一天，她拎一只旧报纸包着的棉絮卷，来帮他翻棉袄。这件中式棉袄穿旧了，板结、不暖和。桌上摆好了长铺板，棉袄壳子摊平了，开始絮棉。她手很巧，从前一家子冬衣用的骆驼毛、丝绵、骆驼绒都自己弄，不在话下。当下一面扯棉花，一面两个人还热一句、冷一句说笑逗乐。趁不防备，他便偷偷跑到她背后，猿猴似的探过两臂，拦腰一抱。细小的白絮容易飘舞，不知怎，沾到她眉毛、刘海上去了，拿小圆镜子一照，笑得合不拢嘴。尽管嬉闹着，手上的活一点不耽误。不久，蓬松、温暖、厚嘟嘟的棉袄就翻好了。

礼尚往来，一个相帮翻棉袄，一个请看一场电影，自然不好拒绝。去江湾电影院路不远。售票小窗口前，傍晚场刚好有余票，赶紧入场。斜坡地面，排排座位黑黢黢的，银幕却已亮起来，老一套的黑白加片：破晓时分，紫禁城，霞光万道，然后推出"新闻简报"几个字。这回放的是《国产"风庆"轮首航远洋胜利归来》和《热烈欢迎西哈努克亲王到京》，老掉牙了。放十分钟，场子里还静不下来，谈笑声不绝。他俩缄默不语，两手始终交握在一起，偶尔这里挠一挠，那里搔一搔，相视一笑。正式开映了：故事片《海霞》。尽管捉蒋匪特务的故事蛮吸引眼球，不过，他似乎对该片的插曲和主题音乐印象更深。散场了，沿着河畔小径回家。她挽着他，听他嘴里不住哼哼着，虽不晓得它就是刚才插曲里的某个旋律或乐句，听着一样高兴。月色凄冷，虫声唧唧，等过了石板桥，他神秘兮兮地告诉她：刚才就从外国墓地前走过，就是家孝挖墓的那个墓场。还问假使一个人走，怕不怕。她方憬然了，原来刚才怕她受惊吓，才唱歌了。实际上，她早不记得来过这里。"亏你想得这么周到。"她柔声说，不觉叹了一声，吸了吸鼻子。

河里泛着月光,像碎银子一般闪烁不定。祖鸿家那个号门到了。"还不算晚,上去坐坐好吗?"他犹豫地问,一半也出于礼节性,因为晓得不可能答应。没想到,她欣然应允。去看电影前,他们只填了填饥,饿倒不饿,但终归不算正经晚餐。一个人随便就对付过去了,两个人可不行。她起初说,拿白天的剩饭,炒个蛋炒饭什么的就行了。再一忖,公共厨房,她女人家弄得动静太大也不像,就没坚持。他沉吟一下,心想外面点心店作兴还没打烊,不如去碰碰运气。于是,随手抄着个小钢种锅子,就出去了。过了一刻钟的样子,他回来了。锅盖一掀,点心没有,白纸三角包倒有好几只,拆开,竟是白斩鸡、烤籽鱼、盐水门腔(猪舌头)、兰花豆腐干,够得上一桌菜了。原来,那爿点心店还开着,但顾客没了,炉火已熄,卖剩的锅贴、生煎都冷了,油腻腻的,吃起来不舒服。街角一爿熟食店还亮着灯,赶紧敲窗,有一样称一样。她虽然不主张这么破费,但是如此盛情,未免心里一动。

"哪来那么多钞票呀?"她含情笑嗔着问。"这一向手面还算宽,也花不了多少嘞。"他一边说,一边已摸出一瓶杨梅烧酒——酒是大热天怕疰夏,他又干重体力,特为浸好了给他捎去的。透明瓶子里,一颗颗杨梅乌紫带红,瓶底有个沉淀层,一摇晃,像妖怪般起了雾。"杨梅酒我一直舍不得喝。家恕上大学了,第一炮就打响。今天高兴,我们喝一杯吧?"不等她同意,已筛好两小盅,并且在端给她的酒盅上碰了碰。随后一仰脖,咕咚一口喝得精光。她也不推辞,一饮而尽。旋即,不用劝,她自己又痛饮三盅,一盅为祝贺家恕上大学;一盅为了告慰娘舅的在天之灵;还有一盅感谢天赐的缘分。"发痴吧?我已经想通了。"她酡颜含笑,光彩照人,豁达地说,"我们勿跟自己过不去,在一起,开开心心就好。"他又惊又喜,带着几分酒意,顿了顿说:"阿姣,你能这么想我真开心。真的,难为你了,委屈你了……我不应该……"激动得话都说不下去了,突然之间泪流满面,蒙头呜咽起来。时不时,还攥紧拳头不停地擂桌子,压低声音喊着:"我太软弱了!太软弱了！真不是男人喔！"

见他这样伤心、自责，她心里也很不好受，忍泪安慰说："贼腔咪！问题不在你身上。唉，日子已经够苦够苦了，为啥还跟自己过不去？快勥哭了。"又故意激他一激，笑言："喂！再不听，我要回家了。"他一听，立刻抬起头，像小孩子似的无助地央求着："勥走勥走，我心里憋得慌。"还死死抱住她的腰。她噗嗤一笑，答应不走了，他方收起失态的样子。不一会，恢复理智，变得跟先前一般话痨了。半响，见她时不时拧一拧鼻子，齉声齉气的，以为她又心情不好，反来劝慰。"咦，你自己不是说想通了么？"用一种略微带些调侃的语气，说。"娘冬采，脑子想通了，鼻子又不通了，真扫兴。"她叹了声说，"刚才看电影时，头顶一只吊扇对着穷吹，受了热伤风，勥紧的。"他忙冲好了板蓝根，让她趁热喝下。

饭后，他俩一个席地而坐，一个靠在一张旧藤皮躺椅上，喝着刚沏好的浓茶解酒。窗外，一只掉了队的晚蝉突然叫了起来，惹得他们都笑了。"记得吗？那晚也是知了在叫。"他若有所思地说。她默然不语，屈膝盘腿，垂下眼帘。周遭静极了。"这一切，好像跟三年半前一样喔。"他又说了声。这时，感到像有火苗慢慢燃烧起来。放好竹帘。他俯下身，两手撑住躺椅扶手，脸颊跟她的脸颊贴了好一会。她的嘴半开半合着，他毫不迟疑就湿吻她了。"死开点！你怕这怕那，就不怕细菌了？"她挖苦说。他嘻哈一笑，表示欣然接受。"嗳，你感冒好点了吗？骨头酸痛不酸痛？"他关切地问。她摇了摇头，但是鼻子红红的，有些细皮屑，还淌着清水鼻涕，时不时拿手绢擤一擤，发出爆炸般的声音。虽然样貌有点狼狈，却益发显得俏皮可爱、楚楚动人了。"讨厌！紧了，这样放松一点。"她扮个鬼脸，害羞地说，仿佛需要解释一下。他正疑惑着，她已解了衣衫内乳罩上的扣子，变得自由自在。

从这一极细微的动作里，他仿佛体味到"已经想通了"的意蕴。朦朦胧胧感到开心，身子发抖。"你累不累？我们换一下好不好？"她问。他们调换了一下,他靠在躺椅上,她盘腿而坐,仿佛也带些酒意,脸颊绯红。他吻她。她软绵绵的,往后一仰,两人就一起倒在了席子上,缠绵起来。薄薄的衣衫、裙子里面光溜溜的,一无遮拦——显然,刚才去找外买的时候,已洗过身了。"冤家,你好狠心!"她呻吟了一下说。随即,满含泪水,轻声啜泣起来。见她如此伤心、委屈,也越加惹人爱怜的样子,他更加痛恨自己了。

约莫半小时后,谁都不忍拆开,想在秘境里再徜徉一会,你一句我一句,开着无轨电车逗趣。不知过了多久,骤然心急火燎起来。"要死要死!3路末班电车要脱班啦!"她惊呼道。旋即拉过他戴手表的那只手,问了声:"几点钟了?"他笃悠悠地告知已经迟了,反正骑脚踏车带她,晚就晚了,不碍事。忖了忖,说得也对。急惊风碰着慢郎中,有啥办法?况且,她也愿意多待一会。隔了些时,她又有些等不及了,忙问:"现在几点钟?"被催得紧,他方慢吞吞地爬起来,到五斗橱前看了看小闹钟,回到她身边一躺。她抓着他胳臂,咦了一声问,手表就戴在手腕上,何必舍近求远?一看,手腕上光秃秃的——也不奇怪,回家了谁还戴这个?不过,他的神情却有点古怪。

不知怎么,恍觉他手腕上缺了一样东西,已不是一天两天,早就想问怎么回事。"咦,你手上那块表怎么不见了?"她问。他一听,似乎脸色异样起来,支支吾吾,躲躲闪闪,她更犯疑了。"这块表你要放放好呀。"她语气加重了些。"惹鬼个!这块陀飞轮表,娘舅传给阿哥,阿哥又传过我们,怎么会不当心?"他分辩道,但皮笑肉不笑,勉强得很。尽管一肚子墨水,但老实头一个,让他说谎明显沉不住气。其实,她也没往深处想,纯粹想看他被逼急了的样子,蛮好玩的。见她执拗起来,定要弄个明白,只好说手表拿到修理店去加油了,机械表哪有不加油的?谁知,她要他把修表的发票拿来看看。这回瞒不过了,他只得把寄卖手表换钱的事说出来。可这样一来,她又问要钱派啥用场。于是,只好招认把钞票给了景萱家——担心她犯疑心病,景萱挨枪子这一节不提半个字,省得盘问。因为假使顺她的逻辑,靶子场行刑去看景萱,一定是旧戏里"法场送别三杯酒",越弄越乱了。所以,只说景萱死了,留下遗孤,不管怎么说,景萱一度曾是他的未婚妻,事出有因。孩子可怜,能帮就帮一点,不然心上过不去。云云。"现在了结了,不会去了。"他终于舒了口气说。"现在不会。那,以前,再以前会?"她盯紧问,似乎都不敢想。"咦,不都告诉你了?"他回答。她心里猛地一缩,像挨了一鞭子。

刚才,尽管在盘问,也晓得太一本正经不好,太计较了,反而让他笑自己小肚鸡肠,不上台面。所以,她格外大度、洒脱,逗逗趣、抬抬杠,也是情人间打闹嬉戏、发发嗲的成分居多。可提到景萱,尤其承认以前"会",她听了触电一样,降落伞弹射似的跳起来,一边提了提膝间一样什么东西,呆呆地望着空墙壁,泪水直淌。"哭什么?怎么啦?"他追过去问。半晌,传来融雪水般冷森的声音:"要你还这样牵记她!你是同她求婚过的!我还不如死了的人!我嫉妒她!我恨你!"又悻悻地问:"既然你同我好,为什么同她还割不断?我要紧,还是人家要紧?"慌得他脸色苍白,脚骨发软,忙分辩说:"阿姣,你想到哪里去了?事情不是你说的这样……"她鼻子里哼了一声,问:"不是这样,又是怎样?"他呆了呆,挣扎着欲把靶子山遇到的事说出来。但一想,太血腥了。何况,时间不早,一句两句说不清,不如改日再谈。不管如何,自己拿这块手表卖了去填补窟窿,确实做得太鲁莽、太蹩脚、欠考虑。这件事上明显她占理,他理亏。因为急于要平复她的怒气,忙说:"阿姣,请相信我,绝不会做对不起你的事。手表是我不对,求你宽恕。"说着,双膝跪倒,服软认错。偏巧这种时候,一方越服软认错,一方却越想越恨,越恨越火。"这不是饶不饶恕的问题,谁都会在乎的。"她说。见他痛心疾首、滑稽乞怜的样子,突然生出了强烈的厌憎与鄙夷,在这个话题上,不愿再置喙了。

外面下起了雨,一片淅淅沥沥声。祖鸿挑开竹帘子望了望,告知落雨了。若两个人好的时候,骑一辆脚踏车,挤在塑料雨披里打着伞,情趣更浓,但闹不开心就不同了。娇鹂没马上离开,多半想以后不会了,稍稍再待一会,呼哧着鼻子。他又冲了一杯板蓝根端给她,拿一根筷子搅着。"唔,雨还没停喔,我们再谈一谈。"他说。她接过了,喝下去。"再谈也一样,待你再好也没用。时候不早,要走了。"她淡然说。"那我骑车带你吧?"他问。以前,遇上夜晚回家,他总骑脚踏车带她到虹口公园门外的环形街心处,从3路终点站乘车,省了一半路程。他们经常会互相说一声"你往南(北),我往北(南)",然后挥别。她早没这个情绪了,不过想了想,心里还是惘惘的。"不用不用。你累了,早点睡吧。"她截然说。

随后,她拿起伞,离开了。

2. 北大荒

八月里的一个傍晚,他来到鹤岗火车站。刚下车,身上的衣服单薄些,冻得牙齿格格打颤,赶紧往二师招待所跑。数小时前,一同搭乘列车的林学院同学还有不少。放暑假了,大伙都回家,他却要回到他的"第二故乡"——连队去。同班同学,要么对他视而不见,要么爱理不理,要么话里带刺。总之,有些不待见的样子,未免尴尬。好在到佳木斯换车,他们都下了。"那件事,看来还有点后遗症呢。"他想。

刚下石级,有个穿玫红格子衬衣的人蹦蹦跳跳迎上来,拍着巴掌叫了声:"蔡家恕,怎么你也来了?"家恕一看是贺继凤,忙应声上前,握住她的手。眼前的这位东北姑娘,个头不高,一张长圆脸,眼眸乌亮,薄嘴唇,扎着短辫,端庄中又不失活泼爽利。她虽在本地长大,却带着胶东口音,五十年代她随父母一起来到这里,算是荒二代了。早几年,他们一起干农活;后来又同一批被推荐上学,一个学林业,一个学医。相同的际遇,使本就互有好感的两个年轻人走得更近了。前不久，信里虽说好暑期回去，也并未具体到哪天、哪个车次、哪个地点。所以，在招待所不期而遇，两人都喜出望外。随即，约好明天一起搭 N 团的卡车走。

　　天色黑得迟，时间还早。家恕想：不如出去走走吧。外面凉，他添了衣服，独自来到街上溜达。不知不觉，逛到了鹤岗煤矿堆场，乌金堆积如山。在兵团时，年年秋天要上位于江畔的老团部，上煤船突击卸煤。想起卸煤所吃过的苦，一切宛在眼前。黑龙江的上空暮云低垂，江面上波光粼粼，涛声依旧。望着滚滚的江水，他不由蹙了蹙眉头。头一回来这里卸煤时，夜晚跳板上跑来跑去不害怕，天亮了，一看下面居然有这么深，吓得脚都软了。

　　每当寒冬到来，赶在黑龙江上冻之前，准备取暖用煤是过冬的头一桩大事。煤船靠岸，团部分派给各连队的卸煤时间只有一个夜晚，逾时不候。所以，各连队一接到任务，便火速赶往码头，抄起篮筐、扁担，上船挑煤。跳板又高又长。扁担两头装煤的土篮子沉甸甸的。一夜之间，都数不清究竟跑多少来回。一不小心碰上个倒霉事，或系篮筐的绳子断了，或一脚踏空了，就会连人带担子坠落。落下去，不是砸在地上，就是掉进江里。黑龙江水流湍急，如果来不及被救起，后果不堪设想。"掉到江里的感觉真是太可怕了，脑子一片空白……"他记得有一位被救起的女青年这样说，脸上露出一种无法言说的恐惧。

　　一小时后，家恕返回招待所，准备就寝。可是，上码头走了一遭之后，勾起了对连队生活的回忆，思绪翻滚，弄得睡意全无。等睡着，夜已很深了。翌晨醒来，惊觉太阳有三竿高，慌得什么似的。见了贺继凤连忙道歉，贺继凤笑了，非但不以为忤，反而怪昨晚怎么不喊她一起去。两人赶到 N 团的候车地点，卡车已开走了，只能搭乘友邻团的大客，它约有三十个座位，除了喇叭其他都响个不停。好在这辆大客有大半程是与连队同路的，只是到了 E 连路口才分岔，剩下的大约八九里路，就只能徒步而行了。有几回，家恕从上海探亲返回，带着东一件、西一件的行李，也被甩在这个分岔口，叫天不应叫地不灵，苦不堪言。而此刻，徒步成了美事，兀自高兴。他接过她手里的东西提溜着，她也不怎么推辞。

映在眼前的，是一片没有尽头的田野，目光所及之处，蓝天白云与麦收后留着点点麦茬的深褐色大地融为一体。地块是"跑死马"的那种，每条垄都有好几公里长。极远的远方，右面，路旁夹着几排杨树，那是团部；左面，漂浮着几栋带一个或数个烟囱的红砖房，就像汪洋大海中的轮船，那是连队。房前屋后，有许多金灿灿的麦秸垛。知青刚来时，住的是大车马店那种土坯房，男女隔开，连厕所都没有。没办法，女孩子们只好偷偷跑到背着房子、朝向大路的麦秸垛旁解手。但这都过去了，如今好坏也有了一排瓦屋平房。夏天这个美丽的季节，原野上鲜花盛开，狼毒花的紫，黄花菜的黄，野百合花的红，恣意杂糅，恰似印象派风景画家手中的调色板。大自然显得温馨、安详而静穆，仿佛嫣然一笑，在迎接这两位学子的归来。

一路上，不管坐大客还是徒步，他们都在高谈阔论着，好像自来水龙头拧开了，再也关不上。他们既谈到六年漫长的连队生活，谈到周而复始的体力劳动，那种繁重、艰辛与绝望，谈到劳苦时想离开，离开了又想念的复杂的情绪纠缠；也谈到刚开始大学生活的慌乱与茫然，谈到学院高墙隔开了泥土芳香、沸腾劳动生活所带来的不适和困惑。他从她口中得知，她基础差，因学习太紧张，竟然哭了好几回。还有解剖课，见了浸在福尔马林溶液里的尸体，男的或女的，既害怕又害羞，吓得躲都没处躲。她也从他口中了解到，他在林学院太窒息了，那里无一点政治空气。感觉太沉闷，遂利用办学报的便利，在新年来临之际刊出一篇《用战斗的姿态迎接新的一年》的对话体文章，署名"敢锋"，意在针砭林学院在办学方向上的大是大非问题。在连队时，他就向"路线问题"开火；到了林学院，忍不住又放炮了，林学院一片哗然。有位比较器重他的邢老师哆哆嗦嗦，把家恕拉到一旁问：

"敢锋是谁?"他回答:"我啊。"接着开宗明义地说,撰文动机就是用锋芒来挑开林学院的寂默,引起大家的注意,为教育革命多出点力。还说,有错误的地方可以争论嘛,怕什么?否则,怎样担负起"上、管、改"的重任?又红又专,云云。接着,林学院"开门办学",是部分同学留校,还是一个不留?在这个问题上又拧住了。

尽管家恕习惯于照搬书本、经典理论,或《红旗》上的主流观点,欠灵活些,但这回却是从实际出发,认为留校与教改并不冲突,是个铁杆赞成留校的"留派",与大多数同学的"走派"发生矛盾。最后,临出发的夜晚,班里讨论此事,院系领导(倾向于"留派")亲自上教室来做工作,劝说不必再坚持了。家恕一赌气,去寝室里睡觉了,直到领导把他摇醒,说"光留下你一个也没用啊,不如一起上山(林场)吧",弄得十分被动。听完,贺继凤不由捧腹大笑。"你太逗了!"她高声说。要是地上刚好铺着一片麦秸秆,真想打个滚。

大地上空,此时低垂着横贯南北的铅灰色雨云,但是离得很远,下雨还早着呢。天气阴沉,吹过辽阔田野的风带着凉气,弥散着麦子的清香,甜丝丝的。他们来到草甸子,在一小片白桦树和灌木丛前小憩。眼下,麦子已割完,捆好了,一堆堆的,等待运走。裸露的黑土地一条条、一垄垄异常齐整,向天边绵延开去。他们还在兴奋地交谈着,就像有时吃饭太快会打冷噎一样,蓦地,两人都打住了。之前热烈的交谈声,留给了白桦林树叶的唰唰声、麦秸秆叶的簌簌声、螽斯的唧唧声,以及时不时掠过天空的大雁的鸣叫声。四野一片静寂,仿佛大地睡着了似的。不知怎么,突然,两人互相都开玩笑地问起:"你有对象了没有?"还说"是时候了"。连队里,照上海知青的流行话,这叫"谈拷定"。近乎黑话的"拷定"一语,由于她跟上海人接触多了,也懂它的含义。两颗年轻的心怦怦跳着,仿佛一张嘴就会从嘴里蹦出来——自然,由于话说多了,嗓子渴。他们的眼睛不看对方,但彼此都能感觉到各自的呼吸。

半响，刚才他提到和林学院领导关系很好的事，似乎令她想到了什么，便有意无意地说了声：既然如此，那么你留校当老师的可能性很大。至少，也该留在 H 城。倘若这样的话，那真是太好了。听了此话，他并没回过神来，木木的，还一个劲地自谦呢。她的脸颊突然涨红了。"连队快到了，俺们别耽搁，快走吧。"她拍了拍尘土说。接着，仿佛出于女性某种隐秘的想法，她建议剩下的一段路程两人各归各，分道走。他顿了顿，张大了嘴巴，但还是欣然接受。因为照他的揣度，在连队里，跟京津沪等各地知青不同，她是兵团的前身——农场老职工的后代，属于"老土地"。尽管不是原乡人，但落脚生根，安营扎寨，早已叔伯婶婶都住在这儿了，七大姨八大姑的，也不在少数。其中，贺姓等少数几个姓氏，还是当地大户，颇有势力。所以，要避免人家说闲话，也情有可原。

一小时后，家恕来到了老连队食堂。房间一分为二，半边当厨房，半边摆几张圆桌、几条长凳吃饭，木柱旁挂着马灯，中间一堵墙上有扇小窗，用来领取饭菜，递递拿拿。知青食堂特产是"涮锅的水"——白菜汤和白面大馒头，除了填饱肚子，没啥好吃的。除非节日，肉包子、炒肉片管添管够的日子真还不多。令家恕印象最深的，是馒头刚出屉时黑乎乎一片，落了一层苍蝇，用手猛挥，"轰"一声，才成白的了。开饭前，卖饭窗口轧满了脑袋与胳膊，此时就有人站出来大喊："排好队呀！排好队呀！"当下农忙季节，农工排的知青忙农活，午饭也在外面吃，因此，食堂里很安静。吃罢饭，家恕从里面出来，正想着要见一见副指导员文秀，未曾想，刚好就在食堂门口碰上了。"刚回来的？怎么也不说一声……"文秀笑着寒暄说，一口国语字正腔圆，语气显得既亲切又平静，仿佛根本就没他上学、久别重逢，并且重归连队这回事似的。他忙疾步上去，叙起温寒来。

文秀来自首都，跟所谓老三届比，六九届自嘲是"小六九"，确实也小——十六岁就下乡了，属于六十年代初那种纯纯正正、一脸阳光的女孩。她眉目娟秀、细条身材、体态匀称,削肩,甚至过于纤细文弱,仿佛特别容易使小伙子产生要去保护她的冲动。实际上,她内敛持重,非但不骄矜,还能吃苦,身上有一股不服输的劲头,巾帼不让须眉。多年过去,她成了连队的领头人之一,却依然保持着恬淡、偏冷的个性。这样一个拔尖、有魄力也有气质的女孩,对她有好感是很自然的事。她不乏追求者,有人还偷偷给她献情书,可惜大多石沉大海。有阵子,家恕简直被她的魅力迷住了。上海、北京人的不同之处在于身上穿的军装:一个草绿色,一个土黄色,很容易区分。每当看见她穿着土黄色的单军服或棉大衣,配以嫣红的围巾围脖,或小开领里露出红绒线衫,这种明快质朴沉郁之美,确实太惊艳了。而真正近距离的接触,则是在他搞理论学习和办夜校时。无论弄出什么新花样,作为分管领导的她都鼎力支持,私下里,她还佩服他书读得多,除了马列经典,一些古典、翻译小说,也信口拈来。书借来借去,谈起读后感,不无共鸣。比方,有一本叫《钢铁是怎样炼成的》的苏联小说,都很欣赏。所以,他们的关系变得有些微妙:亦师亦友,既是上下级,又是知心朋友。他上大学了,令她羡慕不已,因为她也渴望知识、憧憬校园,对边陲的贫瘠、愚昧、无知无识感到不安和迷惘,虽然是个坚定的扎根派。她会写信袒露自己的困惑与郁闷。他则报之以同情、鼓励。"作为同事,她不怕苦不怕累,不骄不躁,踏踏实实,这种作风值得我很好学习。作为女性,她身上那种素雅谦和,不乏热忱,却又略显冷淡低调,甚至清心寡欲的性情,令我讶异与好笑。不知怎么,内心竟然泛起涟漪,卷起波涛,常常汹涌澎湃……"日记中,他曾这样描述自己的心情。

然而,尽管心弦被拨动了,他却宁愿一直处在感情的朦胧状态中,发乎情,止乎礼。炽热的情怀从未向她表露过,哪怕片言只字,或一个小小的暗示。也许,由于她高冷、被动的脾性,给人一种拒人千里之外的错觉。也许,既钟情、钦慕又担心自尊心受伤,因此踯躅不前。

此外，还囿于不准谈恋爱的清规。总之，种子没发芽。后来，他觉得这样更好，大家轻松。"你瘦了，是不是学习很紧张？"文秀问。家恕答了声，觉得她那张鹅蛋脸变得黝黑了，想必夏收给烈日暴晒的缘故，但忍住没说"你晒黑了"。这里不是谈话的地方，再说文秀也无暇脱身，匆匆聊几句就散了。"忙过了我来看你。知道吗？这回连队推荐名单上又没有，我快发霉了！"末了，她苦笑说，显得又懊恼又不甘。

　　离开食堂，家恕往姚哥家走去。姚哥夫妇俩都是上海知青、校友，不过伉俪属于六七届高中，要比家恕大好几岁。有一次上鹤岗卸煤时，姚哥的胳膊出工伤，连队派家恕去当护工，前后换了多所医院，遂结下兄弟之谊。姚哥夫妇都在学校里当老师，但不久前，他妻子探亲回沪了。当下，他进了姚哥家的小院，门口堆着绊子垛。这是一溜较长的瓦屋，两个通间，一间有大炕，走廊上灶头连着火墙，冬天烧上一捆麦秸，就很热了。推门进去，姚哥还在睡午觉，睡眼惺忪，一见家恕来了，惊喜万分，慌忙起身连声问好。可没说上几句，耳畔就响起一阵清脆、急促而又熟悉的"铛！铛！铛！"——锤子敲击悬着的旧铁片所发出的警报声。听到声音，出屋一望，黑云已压过来了。两人二话没说，撒腿就朝场院的方向猛跑。场院前，大片大片的波形地上摊晒粮食，就像铺着巨大耀眼的黄地毯。西面有一幢房，房前半敞，既可堆物也能遮阳挡雨。远处有一排圆圆高高的粮仓。扬场、晾晒、灌袋、装车，就在这里进行。但是，一场不期而至的大雨，使渐已晒干晒透的麦粒面临泡在水里的危险。警报声唤来了四面八方的增援者，大家奋力抢场。粮食快积完堆时，一场大雨就噼里啪啦落下了，人人浇得浑身湿透，个个都成了落汤鸡。

　　如此一来，家恕只能趑回住地了。洗了几件衣服，晚上去知青宿舍走走。这是长长的红砖平房，斜屋顶上竖着好几个方烟囱，双层窗户。窗与窗留下的地方，断断续续刷着一溜白漆大标语，首尾几个字是"沿着……奋勇前进！"门旁，一副红对联，门楣上架着"大招手"

宝像。跨进屋，是个通底大走廊，两旁宿舍依序排列，每个房间左右各有两铺大炕，每个炕睡五人左右，像听头里的凤尾鱼那样挨着。见到宿舍，家恕格外亲切，就像回家一样。刚来北大荒时，住土坯垒成的旧房，屋顶是用草苫的。冬天一到，屋外，挂满钟乳石倒挂金钟般的大冰溜。枕上连头发丝也给冰黏住，湿毛巾跟脸盆分不开，牙膏挤不出来。最夸张的，宿舍里一只大号的红墨水瓶居然冻裂成两半，墨水也不流了。后来，盖上了新屋。屋里有烧火墙和煤炉子、炕、煤炉、烧火墙里的烟顺着烟道进入烟囱。为了取暖和保暖，烟道作了处理，用搁板留住热能。

不过，暖和是暖和了，冬天容易发生煤烟道堵塞，煤气中毒的事并不鲜见。某连连长，住单人宿舍，就因煤气中毒罹难。家恕连里有个女战友，一天夜里蓦地被刺鼻的煤气味惊醒了，虽然四肢瘫软无力，还是爬下炕，推开门，喊着："救命啊！救命啊！"幸亏及时，她和全宿舍的姐妹总算逃过了一劫。由于炕烧得过热，烟囱管发红，点燃挂着的衣服或屋顶引起大火，也并不鲜见，更不乏有烧死人的惨剧发生。在兵团时，有一年家恕就遇上寝室着火，大家都在冒死抢救自己的东西，可惜，他那些记了多年的日记簿都焚毁了。此刻，宿舍里，战友见家恕来了，纷纷围上来，你一句我一句。但给家恕的感觉，却是五味杂陈。首先，因为上调的上调，享受"独留"的"独留"，上学的上学，回城病休的病休，如此一来，过去那种"五湖四海"和爆棚的人气都没了；其次，"建设边疆、保卫边疆"，一腔热血，那种高昂的斗志似乎减退了；再则，青年们似乎都自顾自、各管各，不像老早那样"天下一家""四海之内皆兄弟"，兄弟姐妹的情谊也寡淡了。对于家恕此番回连队参加劳动，大家反应不一。有表示赞赏的，有不赞成的，也有无所谓的。"你总算跳出去了，真够机灵的。"一个眯缝着眼说。"记不记得？那一年，你破风俗，倡议春节不探亲回家，我们都跟你一块瞎闹腾。结果，爹娘见不着，弟妹看不到，过大年冷冷清清，没吃没喝。你忘了,我还没忘呢!"另一个拿着个盛酒的大搪瓷杯,呷了口说。"你呀,风风光光来,风风光光去。没准,林学院功劳簿上还能记上一笔呢。"还有一个抽着现场卷的蛤蟆烟,拍了拍他肩膀,笑着说。"行啊行啊,八仙过海各显神通嘛。"

家恕打着哈哈,辞出了,回到住地,心里说不出什么滋味。场院干了一天活,当时没觉得啥,睡了一觉,却感到腰酸背痛。昨晚宿舍里的所见所闻浮上心头。"青年思想不安定可以理解,做工作也有一定的困难,这既是社会的现实问题,又是一个怎么做好思想工作的问题。虽如此,主流还要肯定的。"他这样思量着,往场院走去。一连好几天,他都在场院干活。一天下午,贺继凤戴着草帽,穿着红衬衣,也上场院来劳动了。大太阳下晒得浑身冒油,两人见了面也不说话,就当没看见。扬场机的马达开着,麦粒成抛物线,划出一道宽宽的弧线。扬场机下面,有人拿木锨往传送带上推小麦,还有人"打扫帚",后者是个技术活,讲究个轻巧劲。他们两人,一个手拿木锨,一个拿扫帚,干得正欢。隔了一天,两人一起灌袋。还有一天,他肩上披了块搭肩布,扛着麻袋包,上"三级跳",粮食入粮囤。但毕竟今非昔比,扛一百多斤,累得气喘脚抖。"你别逞能了!"贺继凤在一旁笑着埋汰说。别人也许并不觉得什么,他听来,却仿佛有着无限意味——自然,他是愿意服输的。好汉不提当年勇,但也记得当年的傲人成绩。在连队时,他扛着麻袋过磅秤,重量通常都接近三百斤。换句话说,扣除体重,每次扛的麻袋,实打实一百七八十斤。

晚上,参加连队会议。坐在长凳上,腰疼、腿疼、脖子也疼,可心里挺高兴。回到住地,贺继凤衬衣下摆兜着个什么东西,一张脸红扑扑的,来看他了。问那是什么,她笑吟吟地摊开了,一看,竟是四五个煮熟的草鸡蛋。"自家养的鸡下的蛋,新鲜。"她说。他很想跟她聊聊,但是马上有一场露天电影,放映故事片《第二个春天》,不想错过。于是,约好明晚八点钟一起去散步,不见不散。

看完电影，家恕躺在床上，想着明晚的第一次约会，久久不能入睡。既然已错过了一次恋爱，这一次，一定要把它牢牢抓在手中。"我觉得贺继凤进步了，这是真真切切的。"他枕着胳臂，愉快而又忐忑地忖度道，"过去在一个排时，她就显得比较活泼、比较热情，喜欢学习，积极向上。进入医学院之后，彼此交流切磋就更多了。说起话来，很容易说到一起去。并且在心灵的碰撞中，每每能闪出火花。她是个多好的同志啊！——不！何止同志、战友，我们的关系还应该超出同志一步。"一想此，心就突突地猛跳起来。"但是，贺继凤会像我对她那样对我么？自然，看得出她也很愿意跟我聊天、通信。可是，光这些，能说明对我有意思么？为什么回连队谈得很好，怎么一连几天不来见我呢？当然，我应该主动些，可天晓得，她家人多太不便当嘛。是的，也许是出于姑娘避嫌的需要或害羞心理，可以谅解。不过，这难道就是恋爱中的女性应有的态度么？会不会人家根本就没感觉……"这么一忖，仿佛又很可疑，变得顾虑重重起来。

他虽然一向崇尚斗争，冲劲十足，实际上，天性中有一种自尊心过强的人所特有的敏感与羞怯，经常需要掩饰交织着害臊与无奈的内心挣扎。次日中午下大雨，麦子叫雨淋了。下午他没去场院——一半也是怕遇上她，以免影响晚上约会的情绪。于是，上学校，跟姚哥在苞米地走了走。学校距离猪号不远，就上猪号看了看。来到兵团，猪舍班劳动是第一课。那时才十六岁，挑一副百十斤重的猪食桶，压得腰成虾米一般，还得来回奔跑五六次。稍许慢了点，猪就嗷嗷叫，甚至会拱破围栏到处乱窜。清扫猪圈，被骚臭味熏得头昏眼花。一天下来，两腿打飘，累得连床都上不去。这情景他一辈子忘不了。从猪圈出来，向晚的天突然放晴，一缕缕霞光穿云洒落在无垠的大地上，云朵被染成绯红、酒红和金红色。"天一直阴着，现好起来，看来是个好兆头。"他想。

姚哥邀请家恕去吃晚饭。几个上海、外地的知青在座，有男有女，也有本地的丁姑娘。他们中有两位与家恕交情甚笃,一个叫关凯平,他在农大读书,属于"从哪里来,回到哪里去"的那种扎根者,目前正在下兵团实习;一个叫茅之伟,跟家恕是河滨大厦的老邻居,他是个有名的大才子,早几年在宣传队,后来调团部去了。与姚哥一样,他们都是老高中,处于这个年龄段,谈婚论嫁迫在眉睫。酒届三巡,胡吹海喝,已是一片叮叮当当的碰撞茶缸子声,有两位老兄就"三星高照、四喜发财、五魁首、六六大顺",划拳罚酒起来。自然,话匣子也打开了。谈农事、谈回家探亲,谈年岁渐长,回不了老家的苦闷。但最关切的,还是找朋友、谈恋爱的话题,姚哥似乎有意为之。事后才知道,原来姚哥正有意撮合上海知青关凯平与丁姑娘配成一对;也难怪,姚哥一个劲儿地撺掇茅之伟谈他的罗曼史呢。姚哥试图营造气氛,茅却不怎么搭腔,因他素来小心翼翼,做事有板有眼,宁愿罚酒,不愿奢谈。尽管这样,他与一位漂亮的高鼻子北京姑娘处对象的事,怎么瞒得住呢?

正没开交,家恕给他解了围。"老兄,你的手怎样?不碍事了吧?"他找了个托,岔开话题问。"好啦!没事!"茅之伟回答,脸上露出得意之状。"唔,那天半道上碰着'大烟泡',雪有膝盖深,也怪我酒喝多了,一只棉手套掉了都不晓得,手给冻得发黑。回宿舍室友端来一面盆雪揉搓,也不济事……"说着,他伸出了那只病手。但蹊跷的是手指舞蹈,灵活自如。家恕诧然问:"怎么手这样好了?"见他疑惑不解,茅之伟接着说:"吃我这碗饭,少不得捏钢笔写字、甩竹板来段快板书,手指僵僵的哪能行?所以呀,就到上海买了把吉他,弹弹练练。嘿嘿,一举两得嘛……"原来,茅之伟的右手是这样遭罪的:那天,团部宣传队下连队演出。结束后,连里摆开宴席款客,盛情难却,只得喝两盅,不想茅之伟太实在,一喝就喝高了。半途中,天气骤变,暴风雪来了,偏偏车子抛锚,只得下去推。见他醉成这样,且没穿棉大衣,北京姑娘便一把拦住了他——幸亏没下去,否则非冻死不可。

车坏了，七八里路只得走回去。于是，大家分成了几拨，相互搀扶，举步维艰。天色黑得伸手不见五指，雪尘发疯似的打着飞旋。嘴里呼出的热气，瞬间就在口罩上、眉毛上结起了霜。此时，茅之伟被同伴架着一走一跌，跟跟跄跄。醉得稀里糊涂，手套丢了都不知道。暴露在外的手被冻坏了。回寝室拿雪擦，擦过头了，起了串串大水泡。上团部、师部、本省医院都治不了，忙回到上海治疗，手才保住，还用吉他练上了。但即便如此，跟好手比，功能上还差一截。如果做细活，比方，爬格子啦，包饺子啦，或拿针缝缝补补啦，够呛。一年四季，换洗被褥总是少不了的事。见太不方便，出于知青之间的友谊和相互帮助，北京姑娘遂替他揽下了缝被子的活。拆拆洗洗，缝缝补补，一来二去，渐渐地，两个年轻人萌发了真挚美好的感情……

席间，接着才子"一举两得"之语，旁人忙打趣说："缝被子好上了，那才叫真正'一举两得'呢！""对呀对呀！"有人附和着。"嗳嗳！"家恕表示异议说，"光缝被子就成了？笑话！我看，恋爱上也讲辩证法、讲哲学。外因是缝被子，内因却是茅兄人好心好，有书卷气，文质彬彬，而且有大才。否则，换了别人，就缝上一百铺被褥也没用呀！""那倒是！""'蔡老夫子'行啊，张口闭口就是哲学。"显然，有人因家庭成分上不了大学，心生妒忌，借酒冲着家恕"唧"了一声。在酒精，更在浓情氛围的作用下，家恕感到暖融融的。一想到过不久跟心上人的约会，心里甜蜜得就跟抹了蜜似的，哪还顾得上计较这些？一笑就过去了。到了饭桌上打扫战场时，文秀手提一盏马灯，卷着裤腿，推门进来了。"副指导员来得正好！"大家忙说。"屋子里真热闹啊！"文秀笑着回应。还说，等天晚了，还得上各排营地走一走，不能久待。家恕跟文秀泛泛地聊几句，文秀答了话。大庭广众的，她似乎总有一种"和你说点事"的口吻。家恕讪讪的，因惦记着切莫迟到，不久找个借口，便匆匆辞出。

北大荒天黑得迟。晚上八点钟，家恕跟贺继凤如约见面。要对她说的话，打了一遍又一遍的腹稿，早已烂熟于心。聊着聊着，正巧，问起对她有什么看法，他便谈了多年来与她的相遇相处相知。与她共事许多年，认为她是一个比较好的同志。听见这个"比较好"，仿佛有点滑稽，她扮了扮鬼脸，噗嗤一笑。"而且，"他瞅着她漆黑的眸子，鼓足勇气强调说，"这位同志是我愿意，并且希望，能够在同志关系上更进一步。我对你是发自心底、发自灵魂深处的，不知道你愿不愿意？"他的心缩紧了。死一般的寂静。几分钟过去了，直感告诉他：这事不会有苗头，是他过于天真、轻率、自负了，甚至还有几分懊恼。不禁问自己：对她果真很了解吗？不错，她是豪爽开朗的，性格外向，但冷静起来又非常冷静。有时候，会投来一种坚硬锐利的目光，通常不是像她这般年龄、阅历的人所具有的特质。

"我的心都给你搅乱了。"半晌，她才咕哝了声。脸上的表情交织着温柔、慌乱与羞怯，仿佛还有一点点责备的意思。但看上去，她非但没不高兴，还很快活。"关系更进一步没问题，因为我也是这么想的。我很开心，谢谢你。"话锋一转，她又沉吟说，"但请你原谅，还不能马上答复你。这么大的事，需要跟父母商量一下，因为姐姐们也是这样的，可不能破了家里的规矩。得了，你一定笑话我吧？"他内心一阵狂喜，因为从她刚才的这番话，就能感到其中所蕴含的真挚、亲切、温存的意味，尽管没答应，也已表现出足够的善意。何况，与家长沟通也合情合理。毋宁说，对此越审慎，就越说明这对她有多么重要。如此想来，仿佛觉得已有七八分的把握。忙说："哪能呢？只是你要尽快告诉我——因为我是认真的。"她被他逗乐了，鼓起腮帮子突然一笑，忙收敛笑容说："嗯，我也是认真的呀。"

接着，他们谈了一通别的事。她谈到自己一生的梦想、奋斗和未来愿景。也谈到她在H城医学院读书，很喜欢这座城市。关于H城，她一说起来眼睛发绿，仿佛有说不完的话。她争取留下，看来也并非没这种可能，而且几率相当大。在H城生活的美妙图景仿佛就近得能碰上鼻子似的。这一切,是从一个在农场长大的女孩眼中,所看到的美好与绚烂。他能理解,却并不怎样兴奋。对他来说,回上海已不可能,既然身处异地,反认他乡是故乡,就无所谓落脚何处。H城也好,其他城市也好,似乎并没笼罩着特殊光环。自然,她喜欢H城,那么他也喜欢了。

他们且谈且行,不知不觉,落日余晖已变成满天繁星。浩浩夜空中,星星特别大,也特别亮,像眼睛一眨一眨。"知道吗?我可不是把感情看得不值钱的人。"末了,她柔声说,半是含情,半是俏皮,仿佛需要分辩一下。可他听来,却仿佛更像是某种肯定或应许。但这话似乎不好接口。默然了一会,忽而想起刚来北大荒时,有个知青朋友曾告诉他怎么找北极星。"哪一颗是北极星?我们来找一找,好么?"他仰望着星空问。她不屑地微笑说:"那还不容易?"顺着她手指的方向,可以望见北斗七星,像个勺子状,从其开口处第二颗星向前延伸五倍的距离,就是它了。夜空深邃、静谧,星星像一颗颗宝石般缀在天上。大熊星座尾部,清晰地画着个勺子。再依此类推,果然,这回真的找到了北极星。也许是二等星的缘故,并不显得很亮。她也在翘首仰望,那个姿态更凸显腰肢细细的,散发出幽香的青春气息。虽然两人并没挨得很近,但都觉得仿佛心在一起跳动似的。

不知不觉,一种对幸福的预感油然而生。"多么美好的夜晚呀!"他想。

第四章

1. 翻盘

暑期结束,家恕回到林学院。十天的连队生活很有意思,好似有半年长。夜里,他久久难以入眠,有一股情绪萦绕于胸说不出来。这时,遵照中央下达的十三号文件精神,林学院把学生们放到本地一个工厂去参加劳动。事后才知道,下车间劳动,名义上支援抗震救灾(前不久唐山大地震了),实质是帮人干零活,白白耽误了两个月的课,令人愤慨。每一天都相当乏味。尤其是精神上十分怠倦、沉闷,让他产生一种非常消极无为的情绪,压在胸口喘不过气来。他渴望斗争、渴望风暴、渴望做暴风雨中的海燕,但面对的却是死水一潭,真想大吼几声。慢慢,他疲软了下来,只想躲到清闲的环境中安逸度日。这两个月中,与贺继凤书信往来频仍,彼此互诉衷肠,倾吐情愫,互相之间感情温度不时蹿升,还明显突破了种种藩篱。虽然她允诺的那个答复迟迟未见,也不改其乐。至于她提到的美好蓝图,他心知肚明,不敢有半刻的懈怠。

于是,家恕频繁在院领导、老师之间走动,上他们家串门,主人留饭。开门办学坚定的"留派",又在工宣队师傅(院副职领导)的鼓励下屡次站出来、"反潮流",并且学业领先、大满贯的"三好学生",使他轻而易举地成为林学院的佼佼者。除了这层关系,他来自上海,一则,由于上海当时特殊的地缘优势,各方面的消息比较灵通。二则,上海货特别抢手,探亲时捎上些也方便,这是实实在在的。M城贵为北方重镇,毕竟僻远,信息闭塞了些,恐怕这也是老师邀其做客的一大原因。其间,尤其伟人相继辞世,哀恸之中又蕴含着"往何处去"庄严的忧思。任何一点风吹草动都倍关情。譬如,秘传的清明节《天安门广场诗抄》等,当时是被严格禁封的,他却能源源不断地把它递交到老师手里。曾向他打听"敢锋是谁"的邢老师,就曾多次邀他去吃饭,一面传看新的广场诗作。不用说,人家都以为家恕很有背景、神通广大——天晓得,缘于他二弟时不时地在家书里抄录几首,他只是当"二传手"而已。其时,家孝已在外滩某号某局团委任职。作为新上任的团干部,前程无限。外滩那一溜老大楼,它是沪上各系统上层办公的地方,就像神经中枢,又是信息枢纽港,有很多内部消息,那是很自然的事。可以说,他也沾了光。

邢老师是传授专业课的。在老师家,家恕时不时还会见到其他班的同学。一些女同学来了就下厨,烧拿手菜。师生们喝酒聊天,轻松随意,逍遥自在。在座有个女同学,名叫蔡慧,不光与他同籍、同姓,还是河滨大厦的老邻居。不过,毕竟届别不同,又不是住在同一层楼,何况还有大房间、小房间之分。小时候,他们同在崇明支路一所"柴爿"(民办)小学念书。中考时她考上市重点,他则进了普通完中,又在各自学校报名支边。由于不同学校、不同时间报名,虽同在朔北,却也远隔一方,彼此并不了解。当下,他乡遇故知,相谈甚欢。攀谈中,他们会提到某个共同认识的儿时朋友。"某某某,他在哪里?"家恕问。"喔,他在嫩江县红峯人民公社红旗大队插队。大楼去嫩江插队的人可多了。集体户中,他们五个都是小学同班同学,六九届里,最早报名,最早出发。有的还是表亲,有的把亲妹妹也带上了。听说,刚去不久,还成立演讲团回沪作巡回演讲,闹得挺欢。嗨,轰动一时哟,还出了火箭式干部,大出风头。"蔡慧如数家珍,侃侃答道,也不无揶揄。"某某某在哪里呀?"家恕又问。"好像……对了对了,他和某某某一起在瑷珲插队。喏,就是老报人唐振常的儿子。"聊了半晌,都是插兄插妹,她自己似乎也有点好笑,便问:"奇怪,怎么都插队了?

那么大楼里去兵团、农场的,除了我和你两个,还有谁,你知道吗?"他沉吟了一下,扳着手指回答:"喏,我和茅之伟都是二师N连的。听说五楼某某某在苏家店农场;六楼小房间有一个在江滨;好像某某在齐齐哈尔……至于还有谁,我可就说不上了,管它呢!""就是呀,又不调查户口。"

插队好,还是去兵团好?似乎是个早有答案的问题。像他们大楼里的人插队务农,或在嫩江,或在瑷珲,或在别的地方,固然出于一片赤诚之心,但未免也有几分无奈。因为兵团屯垦戍边讲究家庭成分,要过政审关,"红五类"优先。而河滨大厦南下干部、高知、民族资本家的家庭居多,"上山下乡"号令一出,全覆盖。正当其时,大楼里的大部分干部、高知子弟等,其父母亲属正在社会的边缘残喘,或关牛棚,或靠边,或戴帽,或有政历问题,或有海外关系,抑或还有其他说不清的牵牵绊绊。总之,比较软档,配不上。还有的,甚至只为别再斗父母亲,姐弟或兄妹俩一起去插队。兵团对他们而言,可望而不可即。比起在黑龙江插队,或在云南、江西插队,除了天气冷,黑龙江军垦算不上最艰苦,因为至少那里机械化程度高,再加上黑龙江是天然的大粮仓,吃饭不成问题。况且,还有工资拿,每人月薪三十五块二,外加边疆补贴三块二,女知青有五块钱的卫生费。比起军垦农场,插队知青,混得好的生产队一天能挣上六七毛钱,算烧高香了;差的穷的生产队,一个劳动日才一毛钱。辛辛苦苦做一年,饭吃不饱,还要透支、倒挂,养活不了自己,还得伸手向家里要钱。相比之下,兵团真不知要好多少。这本账,其实谁肚子里都清楚。

"起码我自顾自,能省下家里的口粮呀!"去军垦时,不少知青抱着这样的想法。而有些家庭经济困难的,则拼命省钱、攒钱,好寄回家分担父母的忧愁。据说,兵团里有三分之一或四分之一的人,开资后汇款给家里,他们都非常顾家,尤其是女知青。汇款金额要付百分之一的手续费。过去家恕就属于这一拨人中的一个。他省吃俭用,节衣缩食，每月寄回十五块，雷打不动。每回都要跑上七八里地。有时是搭乘轮式28拖拉机，风雪天在车斗里颠簸着，瑟缩一团；有时徒步，夏天，下雨时沾了一脚泥，一步一滑。跑到团部邮局寄钱，汇款单上日戳"咚！"地一响，心里有无限欢喜。间或，还会在汇款单的"耳朵"上留言。汇款收据是一式两联复写的，为了备查，给客户的一联收好。窄窄的小纸条，夹在塑料皮日记本的半截封页内。上海家里，当听到邮递员踩着脚踏车，冲楼上大喊一声："某某某室，敲图章了！"家里人总是乐陶陶的。"这都是血汗钱啊！"高兴中，也会这样想。不过，自从上大学后，上学不带薪，家恕就由向家里寄钱变为收钱了，手头也更加拮据。没钱像一条虫子时时在啮咬着他。

在厂里瞎混，虚掷光阴，耽误学业，十分无聊。周围的空气憋闷，透不过气来。报纸上总喜欢用"时代列车滚滚向前势不可挡"这个比喻，然而，悄没声的，仿佛这列一直自诩磅礴向前的列车突然停下了，一时不知往哪开才好，等在某一个支线上。如此一来，给人的感觉就更沉闷了。书读不进，做事提不起劲，乏味透了。于是，家恕天天盼着能收到来信，家里也好，恋人也好，都使他牵肠挂肚，真正感觉到"家书抵万金"的滋味。对于后者，常常使他有一种不可遏制的焦灼和渴慕。无疑，他已深深坠入情网。然而很奇怪，他一面在恋爱，一面却又觉得哪里不对，十分焦虑。有时候，对自己如此沉湎于恋情感到吃惊，感到不满，甚至怀有一种恐惧与警惕。"寻思自己，我感到很内疚，意志变得衰弱了，年岁还不大，就产生了厌倦斗争、只求和和静静过日子的思想，对政治理论的学习研究松懈多了，这样下去不行啊，同志！要猛醒了。"在日记中，家恕沮丧地提醒自己。

不知不觉，他在写给恋人的信中就流露出一种消极、烦躁的情绪，令她困惑和不快。不过，如果将此视为他对她家态度不够明朗、拖延、迟迟未答复，似乎也可以理解。因为，那种不安情绪恰好证明他多么在乎这段感情，这么一想，她便释然了。通信中，固然不乏温情脉脉、柔情绵绵,让初恋中的他感到无比甜蜜。然而即使这样,仍然抵挡不住阴郁的暗流窜动。他觉得常有莫名其妙的心绪袭来,难以招架。"林学院的空气太窒息了!"他徒然叹息道。书不想看,又没地方可混,百无聊赖,万种愁绪。一天下午,他独自来到公园散心,漫步于湖边,倚树坐下后竟睡着了。醒来,又在长凳上呆坐,心里一片混沌,直到五点半钟才返回。"哀莫大于心死。不死不活的环境中生活最容易使人消沉下去。"他自言自语地说,"还是鲁迅说得好,对付烦恼的法子就是啥也不想早早睡觉,起来再说。"此时,一轮皎黄的月亮挂在树梢,彩云萦绕,倦鸟归林,一片喞喞喳喳声。

十月份,M城不到下午五点半钟,天就暗了。明天休息,一想到此,一种无法排遣的愁闷壅塞心头。"真发愁,休息天干什么呢?无事可做,不如写几封信吧。然后,再看如何混日子。"外面风大,但不冷,吹在脸上软软的。摊开厚厚一沓信笺,既给母亲和叔叔,也给兵团的战友、给天南地北的老同学修书。末了,给贺继凤写了一封长信。写罢,已过晌午。吃了饭,上邮电所把信寄走。从邮电所出来,顺道上同学处走了一趟,刚好碰见邢老师,便上他家去串门,见老师家正忙着挖地窖——北方寒冬到来之前要囤足白菜,便相帮干了半天活。晚饭时间已到,就吃了顿饭,有韭菜饺子,还有窝瓜、地瓜,又嗑了一会葵花籽。忽见天阴欲雨,赶紧回校。半道上,不知怎么,街头巷尾响起了砰砰訇訇的爆竹声,雨中飘过一股呛鼻的刺激性气味。心里纳罕,不是节日,怎么放鞭炮了?回到林学院,同学们说有大事发生了,忙汇聚到小礼堂。小礼堂里有一架十二吋黑白电视机。晚上九点,荧屏上重播中央电视台《新闻联播》。就在节目里,他第一次听到了粉碎"四人帮"的消息。

第二天上午,为了热烈庆贺胜利,林学院师生都上街游行去了。晚上,院里开了隆重的庆祝会。接着,几个同学把锣鼓敲到教室来了,震得耳膜生疼。翌日起来,举目望去,天地一片白茫茫——北国已下初雪了。白昼,大家冒雪游行、开庆祝会。大街小巷,积雪已被踩成稀泥烂浆,哧啦哧啦作响。到处是游行队伍,到处挥动着彩纸小旗帜,到处是鞭炮锣鼓,煞是热闹。林学院内外,欢声雷动。这是一栋有着重檐歇山式大屋顶的老建筑,颇有些苍凉感,在这所当年曾是日寇关东军司令部旧址的房前,有过庆贺抗战胜利的盛大狂欢。夜晚,师生们聚在电视机前,一起收看"首都北京庆祝大会"电视实况转播。隔天,上了两堂课,接着就开大会,声讨"四人帮"。下午,接着又开了"隆重迎接华主席像"大会。大街小巷,爆竹声四处炸响,震耳欲聋。鞭炮放完,满地纸屑,红花花的,就像铺着偌大的红地毯。

一年过去了。转眼间,同学们面临毕业分配,决定命运的时刻到了。头几天,是沉闷的毕业教育。家恕与贺继凤在频频通信中,一块谈分配趋向、如何应对、早作准备等,关于 H 城的事,也不忘提点提点。闲暇时,家恕上林学院主要领导家一一拜访,还造访了工宣队师傅家。主持工作的楚书记对他素来很器重、关照。在楚书记家,一待就是八九个钟头,吃了午饭、晚饭,晚上八点多钟才骑车返回。楚书记勉励他多了解社会,并且服务社会、奉献社会,将来成为国家有用之才。还以亲身经历,谈了怎样去接触社会、磨练自己等,听来大有裨益。据了解,此番分配 H 城名额有五六个。交谈中,家恕委婉地提到想去 H 城。楚书记虽没马上表态,但对此表示关切。依家恕看来,如果争取一下,恐有可能,忙把这个消息告诉女友。

次日公布分配方案。下午,林学院毕业的往届同学,从大兴安岭来院作动员报告,讲的人慷慨激昂,听的人热血沸腾。随后,宣布了分配方案,张榜公布。晚上填《志愿书》。所谓"一颗红心,两种准备",家恕填了几个志愿,但首选是在 H 城。填好表格,他一面望着办公楼一个灯火通明的窗子,一面暗忖:"命运究竟如何安排?那里党委班子正在开会讨论,将最后一次敲定名单呢。不晓得成不成?不会发生意外吧？唉，心怎么跳得这样厉害？"一夜未眠。翌日，据可靠消息，方案已定，在去H城某单位的名单上有他。又说，前几天的分配方案初定后，到了最后定夺，才被调剂上去。

第三天，上午开毕业典礼大会，下午举行毕业聚餐会。觥筹交错，临别依依。要卷铺盖走了，总是几家欢乐几家愁，有人踌躇满志扬眉吐气，有人哭晕在厕所里。到分手时，大家都觉得挺难过，有的抽泣，有的伤心落泪。家恕未免多想了些在新的征程上，如何志存高远、奋发有为的事。昨晚他已拜访过楚书记。楚书记告知此事已定，谈了H城的一些情况，让他很受启发。还在楚书记家吃了顿肉馅饺子。至此，悬着的靴子总算落地了。由于这个原因，他感到笃定、喜悦，只是不表露在脸上而已。餐后，观看电影《连心坝》。电影放完了，他随着拥挤的人流往外走。蓦地想到，去年的今日回连队，看了场露天电影。"一晃，一年过去了，真快喔。"他感叹一声，不禁浮想联翩。"放映前，贺继凤衣服兜着五枚热乎乎的鸡蛋来了，小脸蛋红扑扑，声音像银铃一般脆脆的。约好明天见面。第二天，谈得非常畅快，还望见了北极星。至于她说起H城和她的美妙蓝图，似乎有点遥远。哪晓得，额角头碰到天花板，天从人愿，天助我也！"心里痛快，真想连夜打个电报给贺继凤，电文上八个字："喜从天降，H城有望。"

进了院门，光线幽暗，隔着冬青矮篱，有只凉亭躲在一小片树林后面，黑黢黢的。家恕心情特别好，朝凉亭走去——跟它告别一下。突然，从里面传来一阵女性的啜泣声。他猜想，指不定哪个女同学分配不走运，或恋人各奔一方，不忍分离，因而哭泣，这是常有的事。凉亭里，似乎还有一个男同学在苦苦劝慰她。显然，是一对情侣。见有人进凉亭，两人的说话声突然低了下来，但还轻声拌嘴，仿佛争执着什么，听不清楚。家恕本想坐一坐，可凉亭里太吵，坏了情致，便悻悻而返。没走几步，啜泣声突然变为痛彻心扉的嚎啕大哭，并断断续续哽咽地说着："哎唷哎唷！天啊！我多么倒霉，多么不幸啊！真不如死了才好！"随后，抽泣中夹杂着一通发泄，还明显带着讥诮、无可奈何的腔调。"谁叫我这么倒霉呢？唉，倒了八辈子大霉！哼！人家开心了，满意了，是不是？（男友似乎想制止，这么一来，她变得更气恼了）你甭管，就说他！就说他！谁怕谁啊？反正是去深山老岭的命！好呀，侬辣手的……"无比愤怒中，她一口南方口音的普通话中，竟然漏了一句刮辣松脆的家乡话。

听见这声沪语，家恕大吃一惊。因为应届毕业生中，除了曾在邢老师家遇见的本家妹，没第二个上海人。他不由自主地想向她伸出援手，哪怕安慰一下也好。他踅转身，回到凉亭里。"劳驾，请问你是谁呀？为什么哭泣？"家恕直通通问。周围暗洞洞的，有人打亮了打火机。借着这一小片颤抖、微弱、橙色的火光一看，发现哭泣者正是他的老乡、邻居、本家蔡慧。一时间，蔡慧、她男朋友小阮和家恕都怔了怔。家恕忙问怎么回事，能让他帮什么忙，不凭啥，单凭都是远离家园、走南闯北的知青身份——知青们四海为家，早养成习惯，有一股豪气或江湖气。然而，哭泣者缄默了一会，忽而双手捂脸，哀哀啼哭。嘴里不住呜咽着："天啊！我多么倒霉，多么不幸啊！真不如死了才好！"尽管这对情侣同家恕不是一个专业的，不搭界，但她的男友小阮，在他办院刊时却有些稿件上的来往，能说说话。他是天津人。"蔡慧本来分配在H城的，可末了被换下了，实在想不通啊！"小阮摁着打火机，忧郁地说，"运气天注定。我们也不怪谁，可毕竟太意外了！我们本来打算毕业就结婚的……"家恕隐隐约约猜到了什么，心里一紧。此时，本家浑身害疟疾那样发抖，哭得更伤心了。

数天后，刚挂过"学子闯天下，母校候佳音"横幅的小礼堂里，大横幅换了，人也变成一批陌生面孔。同学们各奔东西，走的走，散的散。家恕送了好几天的同学。晚上返回，原先经常出入的几个宿舍，没半天工夫也换了人。"天之涯，地之角，知交半零落"，不由触动了离愁，甚是凄凉。走廊上，遇到小阮，他阴沉着脸，佝偻着腰，看上去精神萎靡，神志恍惚。还一身臭烘烘的酒气，只说老胃病又犯了，谁信？问起他的女友蔡慧，他瞪着死鱼般的眼珠子，也不搭理。晚上睡觉时，家恕乱梦颠倒，梦中总听见本家妹蔡慧的啼哭，哽哽咽咽，大喊："我多么倒霉，多么不幸啊！真不如死了才好！"心里真有说不出的难过。难过中，还有一种歉然。因为她原先是被安排在H城的，后来党委班子里两位书记发声，提议家恕去H城。名额有限，况且，另外几个都动不得，末位淘汰，因此就把蔡慧给换下了。对此，家恕并不知情。而且，谁上谁下，存在一定的机缘性。宣布分配方案后，蔡慧大哭几场，昏厥过去。这个情况，家恕原先约略是知道的；却不晓得，自己对此也许有难以推卸的责任。

凉亭偶遇之后，还几次见她一脸凄楚，欲言又止，眼睛都哭肿了，像胡桃一般大。此情此景，令家恕心如刀绞。"真想不到，竟给她带来了如此大的痛苦！命运竟会如此安排，让别人的痛苦建筑在我的高兴之上……"他想。每每念及，就像鞭子抽在背脊上。这种不安与歉疚实在无法排遣，一清早，就给蔡慧写了一封私信。说明此事绝非有意为之，谁都无法预料，确实很遗憾。谈了前后经过，还顺便提到自己为何想去H城的初衷，等等。末了说："衷心祝愿蔡同学在新的征程上不断进步！扬帆远航！同时，愿你们之间的美好感情甘之如饴、甜蜜幸福！这是我的肺腑之言。"写毕，托小阮转交给蔡慧。他觉得这封信写得既诚恳公允，又措辞谨慎，并且通情达理。信交出去后，一阵惬意轻松。随后，如约去S地的一个好朋友家，打算住上几天。在去火车站的路上，经过邮局，果真给贺继凤发了电报。想到在兵团时，知青为了探亲回家，总会让家里拍一些屡试不爽的电报，电文"母（父）病重速归"，其实双亲身体好着呢。不禁咧嘴笑了。

从S地返回，刚出火车站就遇见林学院的两位师傅。他们告诉家恕，蔡慧已将信交给党委，此事在全院上下引起轩然大波。家恕急忙赶回，上院教务科的老韩家，并与其一同赶往院办公室。结果被告知，家恕的这封信引起院领导之间矛盾激化,致使党委威信下降,学院师生知道后意见很大。事情的严峻程度让家恕骇异。当晚,想到闹出乱子,连累领导,心情异常沉重,遂写了一份《我的认识》,次日一早上楚书记家当面递呈,同时,将它的抄件交给教务科。然而,一切都无济于事。很快,老韩在与家恕谈话中宣布:"你的分配问题将重新考虑。"并且,要他去内蒙古大兴安岭。

事后知道,由于他的鲁莽、轻率与愚蠢,在那封私信中披露了分配细节,使两位书记都很被动,因为大家都知道他们同他关系不错。不用说,是他们把党委班子上研究的事捅了出去。"领导之间有矛盾是正常的。这么一来,矛盾加剧、激化,问题很严重喔!天啊!我为什么要写倒霉的信呢?祸闯大了,变得不可收拾!"他感到一种灼烧般的痛苦,思忖道,"可是,怨不得人家,苦果只得由我自己来咽下去。"随即,答应去大兴安岭林场。当天下午,开始张罗行李托运等事。不过,毕竟心有不甘,抱着最后一丝希望,硬着头皮,分别去了楚书记、两个工宣队师傅的家。再度登门,境况殊异,判若云泥。无论楚书记,还是俩师傅,言谈都怪怪的。而且,还带着一种怒意或轻蔑意味。从那一扇扇门里出来,他不光愧悔交加,还有被羞辱的感觉,真想狠狠抽自己的耳光!显然,一切已无可挽回。

几个小时后,火车在轻微的、有节奏的金属撞击的铿锵之声中,驶向H城。它是转车到下一个目的地去的必经之地。"本来,这应该是一次多么美好、多么惬意的见面呀!"家恕不胜痛惜地想。那天异想天开,打电报给贺继凤。果然,她收到电报后欣喜莫名,忙回了一封情意绵绵的信。"你能过来吗?自从那年夏天在连队分手,我们已经整整一年没见面了,这真是一种折磨。不理你了,为何总躲着我呀?"她既兴奋又俏皮地说。然而,此信寄达却在信箱里睡觉,因为他出门去了。S地回来,纷至沓来的事弄得他晕头转向,心灰意冷。恋人的信竟成可怕之物,迟迟不敢拆开。直到登上火车才读它,一面读着,一面禁不住潸然泪下。如今，H 城已成伤心之地，期待之中的见面黯然失色。"算了，还是不见的好。"他心乱如麻，手里捏着贺继凤的信，自言自语地说。

火车开进 H 城火车站。在 H 城待了一天，他吃不下饭，睡不着觉，想好不去医学院见贺继凤的，违拗不住，又上那里去了。但半途中，陡然害怕起来，忙折返招待所。一整天，脑袋像要炸开似的。"这是一次人生道路上的惨痛教训。痛定思痛，此事不怨天、不怨地，只怨自己的政治素养、人生阅历还很不够。加上一向志大浮夸，酸气十足，致使铸成大错。"他想。深夜，换车时间已到。坐上开往满洲里的 189 次车去林城。车晚点四小时。在长达十七八小时的旅途中，唯有昏昏睡觉而已。次日到达，便上林管局。不料，机关已下班，无法过夜，只得等晚上的火车折返某小站投宿。尽管头痛欲裂，渐渐也捋出点头绪，想："'男儿有泪不轻弹，只因未到伤心处。'也罢，无非跌个大跟斗。真不应该如此软弱，没出息。远就远一点吧，苦就苦一点吧，干起来再说。时刻要想到心中的抱负……没错，将来是光辉灿烂的。"自然，羞于提到，他向来是"以世界上绝大多数人的幸福和福祉"为己任的。

第二天，他便去林管局报到了。

2. 十月

上午，河滨大厦居委会突然召开大会传达中央文件，那是 1976 年 10 月 20 日。桂阿姨一家一家去敲门，通知开会。心莉大约听见了什么风声，往常倒垃圾倒了完事，这会儿来到工房间垃圾箱前，掀着黑色生铁盖子，仿佛迟疑了半分钟。"要不跟阿姣姐去说一下？"她略微忖了忖。像别处一样，这也是嵌入式直通底楼的垃圾箱，它在转角处，与"筒子楼"小房间仅一步之遥。一些住大房间的人家贪图近，少走几步，所以也不乏端着畚箕来此一倒。乘便，也可以找人张家长、李家短地"嘎嘎讪胡"。这个手枪状的地方，有一道铸铁栅栏的人字形消防扶梯。这里既是上下楼的要津，也是小房间的"客厅"——总有不少人忙着什么，或朱漆大脚盆、木搓板，蹲着洗被单；或一堆毛豆节、一只旧搪瓷碗，剥毛豆；或摆上大竹匾，拣绿豆赤豆；或大人小孩，一个手肘拐缠绒线，一个绕着球状物，绷绒线；还有，家庭妇女在结绒线、隔壁爷叔在补套鞋……逢落雨天，赶紧你一竹竿我一竹竿，横七竖八，晾起了衣裳、床单、尿布及卫生带。由于人多闹猛，大房间有人单单为了凑热闹，也来此倒垃圾。不过，心莉却是另一回事。

当下，主意已定，她将空铅皮畚箕往墙旮旯里一放，下消防楼梯，到了N楼工房间，直奔娇鹂家而去。娇鹂刚好在家，见表妹突然造访，猜想一定有急事。没容她寒暄一下，哪知心莉已嚷嚷开了。"阿姣姊，这下好了！有救了！"她直通通说，天上一句，地上一句。大意是：祖鸿摘帽的事有盼头了。并且，提到了她父亲的沉冤、丈夫的冤屈、自己吃的苦头，以及邻居吵架那宗公案，万语千言归一句："总算有了出头之日。"娇鹂懵懵懂懂似醒非醒，至于提到祖鸿，又慌又窘，因为他们感情上的事已了结。心莉还庆幸着，喃喃说："有救了，有救了。"娇鹂还是一脸似喜非喜的样子。这时，刚好桂阿姨来通知开会，娇鹂、心莉一听正对胃口。表姊妹两个，一个说"等一等，让我换件衣裳去"；一个说"喔唷，我垃圾畚箕还在外头哎"。于是，说好自顾自，就在二层楼电梯口碰头。

居委会里，不少人已经到了。以前，大家似乎已养成了老习惯，开会不就是批判谁、斗争谁？懒懒的。这几年，虽然已非早先那种肃杀之气了，也还一样。娇鹂、心莉在二楼电梯口遇上了，左手边一拐，就到了朝北的213室。娇鹂没事不来，说啥好呢？这里好的坏的回忆都有：曾被要求揭发她娘舅；也曾领回被恶人拎走的缝纫机头……似乎总有些异样。跟娇鹂不同，心莉因为邻居吵架时常需要请"老娘舅"

的缘故,居委会是三日两头跑,也疲沓沓了。虽如此,然而一想到父亲刚从监狱出来,就来这里开会,不久又安排他去生产组等事,未免悲从中来。"人算不如天算,可惜爹爹走了!可怜继母又这样惨法子,哪晓得还有今天……"想到这里,少不得鼻子一酸。

此刻,居委会会议室早已聚拢了一大批人。他们中,也有是给桂阿姨挨家挨户敲门敲来的,也有刚好半路遇着给拖来的,也有一些人不请自来。所以,看上去,参加会议的大楼居民要比任何一次都多,乌泱泱一大片。娇鹂、心莉甫进屋,顿时给这种阵势压住,不作声,倘若见了熟人只颔首,递个眼神,乘空坐下。气氛绷得紧紧的。尽管如此,忙里偷闲,一些阿姨妈妈也不忘拿出绒线、钩针、钻子、顶针箍、鞋爿什么的,或兰花指搭着个绒线、回丝纱,戳两针绒线衫、钩片;或细蜡绳扯得咕咕响,扎鞋底。据说,由于事发突然,此番红头文件虽也逐级传达,但到了基层,几乎在同一时间分头进行。但凡在职的,或有资格参会的,单位里自会传达;而一些退休、退职、病休,或从没上一天班的老头老太,哪里晓得什么?不过话又说回来,这帮人里,有人真不晓得,有人却揣着明白装糊涂,这也不奇怪。因为河滨大厦老干部多、高知多,直通首都北京,甚至中南海。即令七拐八弯沾上些关系,倒也八九不离十,自然消息十分灵通。此外,有人是靠造反住进大楼的。造反派们,感觉形势不妙,已成热锅上的蚂蚁。据说他们想发动什么"巴黎公社式"暴动,都在发步枪了。毕竟一盘散沙,何况群龙无首,很快就树倒猢狲散了。这些昔日的新贵们觉得大事不妙,在外不说,家里却不是不透风的墙。惴惴的,心里发慌,于是也想弄个究竟。

居委会是个两套间,里间或外间,包括直通两屋的一扇门旁边,大部分人坐着,也有站着的,互相悄悄说着什么,或咬耳朵,或手掌心一撇一捺一勾写字。总之,都神秘兮兮。他们中,有夏臻合、凌之轲、英国老太、骆老头、曾翠玉、老庞、倪老太、谭家婆婆、巩雪樵、

"灰兔爷爷"、钱李卉容等或告老退休、或赋闲在家的；也有瑜荪、女画家、楼教授、成苻农、佟颖倩、炳其慧莹夫妇、方瑞、许士祺、缪镜吾的女儿缪独伊等在职，或因故遂游离于单位之外的。所谓虾有虾路，蟹有蟹路。夏臻合、英国老太、骆老头、曾翠玉、女画家、楼教授、成苻农、方瑞、易家姆妈与易家伯伯、许士祺等，事先已经晓得了。其中像女画家、楼教授、成苻农、方瑞、许士祺等，他们本不属于开会对象，急于证实传言不虚，耳听为实，故而不请自来。

那么，他们又怎么会预先晓得呢？这儿可得费些笔墨，一一道来。

夏臻合。老夏有个一同在德国留学的老友，广电技术专家，归国后上了北平，就留在央广事业局从事技术工作了。近水楼台先得月，他最早获知中央电台被接管了。这是一个异常信号。不久，从驻中南海的老记者那里得知，四个人被抓起来了。一天半夜，这位老友给夏臻合挂了电话，悄悄告知这一惊人的消息，并加了一句："真的，我不骗你！"深交多年，尽管相信老友绝不会随便开口，但初闻讯息，着实令退职教授诧异，犹如焦雷炸响，一阵哆嗦。次日一早，他忙约了凌之轲、袁宗瀚、楼教授、谷医生等几个都有留学背景、曾一起喝咖啡的老友，一同在苏州河对岸的河滨公园里，一面打太极拳练身体，一面传递交流消息。这些人，虽已靠边的靠边、下厂战高温的战高温，扫大街的扫大街，可都人脉深厚，耳聪目明，反应灵敏。经过一番研判，确认消息的可信度甚高。老夏兴奋得几夜睡不着觉。"好啦，老头子你一直提心吊胆，这下总算可以放心睡了。"汪琪芳欣欣然嘟哝一声。原来，老夏因为对乱国贼子倒行逆施看不惯、有怨气，竟在剃头匠定期上门剃头闲聊时，一激动，喷了一句："哼！别看江青现在神气活现，总有一天，会像意大利的墨索里尼与他的情妇克拉拉·贝塔那样，被处死后，尸体倒吊在洛雷托广场上示众……"剃头匠怔了怔，随即满脸堆笑，搭了句嘴。如果他晓得克拉拉·贝塔胸部被枪打成蜂窝状，倒吊着裙不蔽体，赤条条的，就更可惊了。这个剃头匠就住在三楼工房里,专门给大楼居民剃头,解放前后一向如此。就像工房间专门替人家洗衣、熨衣、剃头、当司机、做裁缝、做娘姨等一样,他们原都是给大房间里先生、太太们做配套服务的低层人员。剃头匠虽没固定的理发室,在大楼里却有许多老客户,如约上门。或者你去三楼跟剃头匠讲一声,便会来家里理发净面,老人小孩都剃。他身高一米七〇许,拎一只木头箱子,拿出一块白布头一抖一披,十分麻利。碰着小孩,猴子屁股坐不住,他便讲故事。最拿手的,自然是开炮桥段,操着苏北口音说"哐啷当一炮",绘声绘色。老夏虽是剃头师傅的老熟客,彼此有着多年的老关系,但如果将他一时失言说的话捅出去,那还了得?为此,夏臻合夫妇忧心忡忡,寝食难安。接到老友的电话,阴霾为之一扫,心里透亮起来。"这下,赛过心里压着的石头落地了。"他蔼然说。

英国老太。不久前,她打扮入时从消防扶梯下楼,还挨了一口飞沫。隔天,英国驻华大使馆参赞劳森先生,来到河滨大厦造访——一年一度,访问英国侨民是一项惯例。见面时,参赞不光带来了纯素色雪梨纸衬着的玫瑰花,还有口红、眉笔、胸针、杏仁巧克力或太妃糖之类的小礼品,任选一件。更惊奇的是,竟然还带来了一则石破天惊的消息:"毛的遗孀被捕。"这是英国《每日电讯报》于十月十二日率先披露的。老婆婆扣指抱拳放在胸前,默祷了半分钟,旋即笑容粲然地说:"喔唷,实在太教人开心哦!"实际上,老婆婆一家之前都知道了。尽管如此,女儿芙洁再次听到消息,仍然异常兴奋,身子发抖。原来,她丈夫一向喜欢收听"美国之音",备有一台"春蕾703"收音机,全波段,八管晶体管,并且从不避小孩。当时进驻大厦的阿文攻掘地三尺,威赫赫要"四查"(包括查地下特务组织、发报机、谁在收听敌台等),像篦头发那样篦了又篦,并鼓动互撕互咬,夜里还让小朋友挨家挨户贴着耳朵偷听——声势那么大,竟然还是让他漏过了。不过,事实上这样说并不确切。因为,即使阿文攻闹得再凶,英国老太家里，女婿收听敌台的习惯也没改过。不久前，从八管收音机播放的VOA（美国之音）里，听到了这则消息。与此差不多时间，正在江西插队的儿子，也通过手上一台"红灯802"，也是全波段八管，听到了"美国之音"播出的新闻。他偶尔也听"莫斯科之声"，其电台功率大，听得清爽，只可惜里面新闻不多；相比之下，"美国之音"稍稍逊色，但消息多、更新快、时效性强，惜乎其干扰声大，只在夜阑人静时效果才比较好。提前获知了喜讯，使英国老太一家皆大欢喜，忙跑去国际饭店餐厅会餐。老婆婆发现，当天排队的人比往常翻几倍，且都面带一种神秘的笑容。两个头发梳得刷齐锃亮、身穿半旧哔叽中山装、露出雪白衬衣领子的老克勒高声说："今朝辰种辰光，不多喝两杯，对得起啥人呀？"老婆婆家的墙上，挂着个夏威夷吉他却从来不弹。女儿晓得，她丈夫其实弹得很灵。从国际饭店回来，女婿破天荒地弹了一曲 Moon River，天啊，这么好听！"嗳，至少，再不会挨唾沫了。"老婆婆报然说。

楼教授。其时，楼教授戴帽从农场到工厂"战高温"，已逾八载。年龄已过六旬，苦等恢复工作，异常苦闷。于是，接连两年，他都上外滩市革会组织组递交"申请分配工作的报告"，但都石沉大海，不禁产生"好花凋谢，老而无用"的感觉。仿佛一丝游魂，找不到安身之所。可安于现状，含垢忍辱，苟安偷生，又于心何甘？十月初，他又去了市革会组织组，申请工作还是被拒，郁闷不已。他妻子也曾留学美国密歇根，并且是同班同学，后来当了中学物理教师。不久前，她接到一个匿名电话，说"祝贺楼教授，这下您有希望复职了"，晚上，一位在大学任职、他的前助教、学生，悄悄走进了恩师家里，说："那四个人都被抓了！""那四个人是谁？"楼教授并没猜到是谁。楼教授有着留美派一贯的随性、洒脱，西装革履，风度高雅，开自备车，人字纹呢派克大衣一挥，就上台讲课。他学术好、业务精，三十出头就被国立商学院聘为教授，是国内会计界的权威。加之他来自实业界，父亲的家族企业堪称二十世纪前叶苏浙沪丝绸业巨头，其丝织品发家于苏州，在上海丝绸行业占五分之一强。况且，他担任专职教授前，也曾"两栖"，以协理身份加以辅佐。于是，打入牛棚、靠边劳动在所难免。社科院经研所、已被合营了的厂家纷纷上门抄家、封房，财物丧失殆尽。这且不说，就在本大厦里，由于楼家有一只美国大冰箱，扳手咔嗒一声关上门；落地留声机听音乐、整套银餐具当摆设，有时也用来喝咖啡，并且，女儿们会弹钢琴或拉手风琴，亲友们便一起开家庭音乐会。因此，被称为"资产阶级生活方式"，遭到霸凌。某天，大楼"七一"红卫兵宣布被其占领一房，当即架起了高音喇叭。某日，楼家十三四岁的小女儿，其干部家庭出身的小学同学也来轧一脚。大字报上，用一半稚拙、一半白字的字样写道："请看这个资产阶级小姐生活多么奢侈，西瓜冰在美国大冰箱里，冰西瓜半只一吃……"而最不堪的，是不允许去探望老母。对孝子楼教授来说，不啻一种酷刑。当下，学生稍加点拨，楼教授方恍然，不禁拍手称快。"唉，盼望上课，真是望眼欲穿啊。"他不禁唏嘘道。

　　女画家。女画家正在家里打扫卫生，拨盘电话"嘚儿—铃铃铃"响了，对方未通姓名，说了一句："嗳，侬不是还有半瓶茅台么？喝光了吧！"电话是一位曾为人民大会堂画过巨幅大画的国宝级老画家打来的，湖州口音。后来得知，老画家也是偶然知道的。十号左右，他从异地返京，出了北京火车站，就发觉有人在游行了。没有口号，有声音也不大。他想："这是做啥？"忙问，对方悄悄说："粉碎'四人帮'了！"老画家问："'四人帮'是啥人呀？"对方表示不能说，莫谈国事，只做了大闸蟹乱爬的手势，打哑语。老画家想这是啥意思呢，照一般理解，是说吃清水大闸蟹，并且三公一母。后来遇到一位熟人。结婚时，曾请老画家画过一幅立轴青绿山水。新娘的父亲是军队高干。悄悄说："……某老，告诉您一个好消息，他们完蛋了！"老画家怀疑自己耳朵，出现了精神分裂症幻听。"嘻！千真万确，都抓起来了呢。""真的？可靠吗？""绝对可靠，我爸爸亲口说的。"女画家自然不会忘记：老画家们曾以喝茅台为号，在特殊情况下，表示某人倒台，国家有希望了。听了此番隐语，女画家心花怒放，忙放下鸡毛掸子，换了几部电车找丈夫去。阴暗潮湿的一隅找到丈夫，当场不方便讲，只一把拽了就跑。到了家里，"嗒"一声，拧开无线电，借着嗡嗡声，一面把喜讯说了。夫妇俩狂喜之感直冲脑门，何以助兴，唯有茅台，旋把盏筛酒，开怀畅饮。豪饮不可无诗，便有"自君别后万事休，鲜香不供何谈酒""十年茫茫不堪忆，丙辰鼙鼓动九州"等句，即席唱和。过了几天，女画家心有所感，欣然命笔。她丈夫不禁莞尔，但大喜之日，破旧戒是应该的。于是，就在曾经被当做文攻武卫"揭盖子"指挥部办公室，并且当作阿文攻头头办公桌的这张六尺乘五尺的花梨木桌子上，封笔多年后，首度铺开了安徽泾川六尺宣纸，挥毫泼墨，作了一幅题为"黄菊盛开蟹正肥"的挂轴。画上，一坛泥封佳酿，三公一母大闸蟹，水煮火烹，鲜红油亮，膏足腴肥。其蔑视与鄙夷之意，尽在画中矣。

　　成荏农。正在六楼工房间扫地，他妻子钟琼跑来，把高粱扫帚一扔说："喔唷！还扫啥呀！"二话没说，拖了丈夫就走，一边跑还一边叫着："快点！快点！"看钟琼满头大汗、兴奋不已的样子，就晓得一定有大事发生。一回家，就关进马桶间，又特为扳了扳手，抽水马桶"工咚"一声，伴着哗哗的水花声，方将偶遇的事说了说。成荏农异常紧张，水声又大，似乎听不真切——抑或不敢相信，便数次问妻子："真的？这是真的？"骇异、颤栗、慌乱、大喜过望，心里就像打翻了一只五味瓶，欲泣欲泪。成荏农是一位削了职的总工程师，"摘帽右派"。"文革"中，胞妹私下讲江青三十年代拍电影旧事，并且还给领袖算了一卦，遂吃足苦头，三百多人受牵连。祸不单行，成荏农本来就载沉载浮，如此一来，雪上加霜，但心里很不服帖。实在憋不过，只拿孩子撒气。大楼里，电梯照例是不允许乘的。不过，他也硬气。

十年来,每天爬相当于七层楼高的楼梯,没乘过一回电梯;没上过一次河南路桥;没去过一趟南京路,即令要给他双亲送钞票,也只打发儿子代劳一下。"嗳,钟琼,我们是否应该过一过河南路桥,逛一逛大马路了?"他眉花眼笑地对妻子说。妻子却笑嗔着,拖长声说:"我呀,盼只盼抄家抄走的一架钢琴给退还了。娘家带过来的,多少肉痛哦!"

骆老头。某天一时起兴,他摇着轮椅到大楼托儿所转了转。托儿所设在二层楼转角的一个大套房里。此房原先的房主就是骆老头。早晨,托儿所大门敞开,人头攒动,声音嘈杂,不肯上托儿所的孩子大哭小叫,吵得不行。轧闹猛,趁大李、小李老师没注意,他溜了进去,这儿看看,那儿摸摸。鸟恋旧巢,也是人情之常。看够了,踅转身出来,与二层楼的一个老邻居并排而行。这位邻居有点来头,四下望望,便向骆老头神秘地捣鼓一番。一面弦外有音,打手势说:"喏,三公一母,全抓起来了喔!弄得不巧,老骆,你又可以回217去了,信不信由你。""瞎说瞎说。"骆老头答道。由于心里的秘密被暴露,十分惊恐,脚弹琵琶。他五十年代因在家里"蓬嚓嚓",吃了官司,房子没收,妻子也被赶到工房间;又因阿文攻闹出个"沙逊俱乐部"乌龙事件,又吃轧头。所谓"一朝被蛇咬,十年怕井绳",听到活捉"三公一母",吓得面如白纸,一口咬定不会,还喃喃说着:"会不会又'钓鱼'?对,'钓鱼',呆板数是'钓鱼',千万勿上当哦。"将信将疑,坐轮椅车跑了一趟外滩,似乎看到防波堤上刷了大字标语,贴了又撕,霎时有一种飙泪之感。他嗜酒如命,可惜没钱,只得门背后吊着个酒瓶,时不时,嘴唇皮上嗒嗒味道。"老太婆,你说,这辈子有希望搬出小房间么?"他带着酒意、目光灼灼地问。他老太婆木知木觉,只凄然说:"侬困扁头了!瞎七八搭做啥?"

方瑞。方瑞一家正在围桌吃饭,她丈夫的一个失踪多年的老友,突然骑着老坦克到河滨大厦报喜来了。进了门,主人赐座,老友坐下只是眯眯笑,不开腔。老友以为主人伉俪已知晓了,谁知并非如此。

待主人问起"喜从何来",老友方打手势说:"三公一母,捉牢了!"接着,如此这般说了说。空气仿佛凝固了。"这真是爆炸性的消息!"她丈夫说。"天大的好事。天呐,真舒服,真开心啊!"她不禁喜极而泣。方瑞是一位被撤的中学校长。抄家时,因为脾气犟,学生见她不服,便赏给她一个"阴阳头"。很可能,她也是大楼唯一被薅了头发的女人。国庆节将至,大楼居委会照例要发地板蜡。领白蜡的地方在电梯口。长方饼干听盛着黄哈哈乌油油的蜡,按规定一个房间发一斤,家什自带。有人拿生铁勺子舀,一勺一斤。领好蜡,蜡耙下垫块钢丝先拖一拖,去掉老蜡,上蜡,等风干了就可擦了。打好蜡,居委会要挨家挨户检查的。不知怎么,轮到方瑞领蜡时,被告知"对不起,没侬份"。"不是说不缴房钿,才不发蜡么?我们可没欠费哦。"她说。发蜡人很不耐烦,而理由也不容辩驳:"成分不好,不可以发蜡。"顿时,她脸上涨得通红。"大楼成分不好的又不止我一家,凭啥要独吃吃我?"她颇悻悻然。又问,既然不给蜡,那上门检查是否免了?但对方撇了撇嘴说:"瞎缠缠点啥啦?查末,照样要查呃。"自认晦气。于是,回家叫儿子去买。"喏,人性之恶,就在每个细小的地方露出来。"儿子一面想,一面下楼,跑到北四川路上最大一爿五金交电商店,买了够用的蜡与火油。"以后末,至少发蜡,再勿受一包窝囊气了!"方瑞微笑说。

易家姆妈与易家伯伯。易家姆妈的大女儿在外滩广播乐团上班。十月份的一天,她去一份人家教琴,孩子爸爸从外面回来,偷偷告诉大家:"'四人帮'滚蛋了。"钢琴课自然不教了,琴盖一阖,赶紧回家。那时,易家姆妈、易家伯伯睡眠不好,尤其是易家伯伯更甚,每天要吃两粒安眠药,早上不是嗜睡过了头,就是迷迷糊糊、昏昏沉沉。大女儿兴冲冲回家,跑进卧室,父亲还半躺着似梦非醒。大女儿忙把喜讯告诉了父母。易家姆妈与易家伯伯听了,表面上呒啥反应,既不过分高兴,也没不高兴。但到了晚上,夫妇俩下楼到小花园里,荡了一圈又一圈。他们并排散步，往上一望，大楼阳台或窗口里灯光雪亮——难得这么多人家亮着灯。后来，父亲向大女儿透露：都难以承受突然来到的快乐了，于是散步一会，在小花园中心绿岛的矮墙旁戤一会，接接力。风暴期间，最不堪时，他们会翻译但丁的诗篇，或用原文吟咏《神曲·地狱篇》中某些诗句，纾解苦闷。自然，外语是他们的强项。之前，夫妻俩一个在某大学教公共英文，一个在外语学院教专业英语。他们都是圣约翰出身。而在隔壁邻舍的眼里，他们却是一对标准的老克勒、样板的摩登夫妻。谦谦君子，风度非凡，讲究品位。老克勒有许多种，他们所定义的老克勒，与人家不同。关键之关键，是指说一口纯正伦敦或牛津腔的英语、老派绅士、来自好人家、正派，并且"学有所长，术业有专攻"。照理，老克勒太显眼，易受攻击。但所幸，他们素来低调谦和，靠薪水过活，并且没一点海外关系，加之大门上钉了一块"光荣之家"的牌子——女儿任职首都某乐团，该团接待国宾级的外国朋友，受到周总理的重视。凡此种种，任凭风狂雨骤，他们家倒是罕有的太平，一架钢琴始终稳稳站在壁炉旁。夫妻俩秉持独立态度，开门迎客，关起门来，自己过日子。就是听了大喜事，表面上也不惊不乍。易家伯伯素有记日记的习惯。夜晚，他在日记上只留了淡淡一笔："午间醒来，得一可喜消息，复又睡去，酣然入梦矣。"

曾翠玉。曾翠玉有个交情甚笃的姊妹，一天正好路过南京西路，竟发现王家沙门旁贴有书写"打倒江×、王××、张××、姚××！"的大标语，惊骇不已。不久，警察赶到，把标语撕了，忙对围观群众说："这都是谣言，豪燥走开，不许乱说！"这位姊妹因信教屡遭非人折磨，许多残酷的事临她头上，一有机会，就来河滨大厦找曾翠玉。"交通"时，她们不是诉苦，而是感恩于在苦难中所见证的神迹，法喜充满。比方，几年前，当私下里谈到这个运动怎么这样长，不知要拖到哪一年才会太平呢，这位姊妹截然说："快了！快了！"并轻声告知，她在隔离室看到一幅画，预言将会发生某某几桩大事。"看到否啦？静安寺路大标语上，一个个有姓无名，我就脑子唰地一亮！"她眉飞色舞地说。曾翠玉听了大吃一惊，不敢声张。直到坐在居委会会议室，听见周围人窃窃私语，说着文件上要传达的事，方长长舒了口气，暗忖："嗳，这下好了，恐怕再没人能够攻击、伤害我们了否？"不过，会议室这地方，不堪回忆太多。那年，居委会办加工场，大楼里凡有缝纫机的人家都被请去加入，为中百公司做童装。曾翠玉就是其中之一。风暴刚起，原先在外面闹，后来也延烧到大楼小小的加工场了。某天，一个居委干部厉声问："我们工场间，有没有牛鬼蛇神？"又提醒说："我们这里不是也有大学生么？"加工场里只有曾翠玉一人是大学生，矛头所指，再清楚不过。翌日，她的缝纫机上，不知谁挂了一条《语录》："革命不是请客吃饭……"而家门外，贴上了写有"要把隐藏得最深的阶级敌人挖出来"的标语。再后来，批斗会就没停歇了。一想到，这个女干部就坐在台上，曾翠玉不觉起了身鸡皮疙瘩。

这时，居委主任潘幼娴回来了。居委干部先关门碰了碰头，接着鱼贯而入。潘幼娴一屁股坐下，定了定神。脸上的表情既没不高兴，也没很高兴，依旧一半像笑，一半像哭。大家憋得太久，忙七嘴八舌问潘幼娴究竟要传达什么文件。"快呀快呀！喔唷，乃末急惊风碰着个慢郎中。"老头老太、阿姨妈妈笑嗔着说。潘主任一口一口啜着茶杯里的水，不搭腔。在一旁的戚大姐见状，眯觑着眼笑言："勿急勿急，你们开会就晓得了。"戚大姐并非卖关子，作为旧家庭过来的人，她素来谨小慎微，生怕一个不当心给捏住把柄，于是养成了四平八稳的个性，既像玉一般温润，又像泥鳅一般溜滑。任何事，兴奋还是难过，绝不露声色。这当儿，潘幼娴仿佛练功运气，有了气感，便打开红头文件，开始传达。这就是掀开历史崭新篇章的第十六号文件。

十几页的文件传达了近个把小时。伴随着软软糯糯的本帮口音，文件里的四号铅字，一个一个往外蹦着，每个字仿佛都是一把冰镐，寒森森、尖削削地撞击在人们心上。大悲似喜，大喜似悲。刚进入大脑，简直一片混沌，骤然间，群情鼎沸起来。然而，毕竟严冬、肃杀持续了十年，人们还不习惯公开表示喜悦之情，就像进洞房的新娘新郎，见面通常都绷紧着脸，弄得红喜事像白喜事似的。所以，尽管喜从天降，但是在场的人却木木的，既没谁欢呼雀跃，也没谁在奚落嘲弄，更多的是不吱声。听罢，众人都异常平静，接着就怯生生地离开了。唯一的不同，似乎人人都故意避开视线，仿佛万一眼光对上了，就会泄露出巨大秘密似的。潘幼娴没料到竟会这样沉静，反倒有些失望。她哪里晓得个中奥妙？首先，听传达的居民中，有的事先就知道：像夏臻合、英国老太、楼教授、女画家、成荇农、骆老头、方瑞、易家夫妇、曾翠玉，包括娇鹂、心莉、老庞、倪老太、谭家婆婆等少数人。既然已经知道，那种狂喜的高兴劲头已过了，剩下的只是实际进退得失上的考量，自然没必要大惊小怪。况且，对于信源，因事关重大，他们本能地需要保护。其次，有的人事先并不知道。这些人固然高兴得血流加速、心跳加快，不过，因为台上坐的还是那些人，居委会议室还是会议室，过去一次次的挨批受辱印象太深，加之，河滨大厦"揭盖子"三年，那伙"四人帮"爪牙闹得也太凶，岂能忘怀？学乖了，留一手，再等等看看，恐怕这种心思也是有的。这样就不会喜形于色了。再则，文件上好像政策性很强，真正政策范围内能适用的人并不多，何必鲜格格高兴太早？跟你有半毛钱的关系么？故而，就没必要浪费感情了。

第五章

1. 大游行

接连几天,居委会都组织大楼居民上街大游行。

知道的知道了,不知道的,还得桂阿姨早上挨家挨户敲门——至少头天是这样。礼拜天,起得迟。她噔噔噔跑上跑下,气喘吁吁,累得汗涔涔的。看上去,她精神健旺,一如往常,依旧是从前的那股劲头——包括喊人的腔调;对于"坏人",那种尖尖冷冷的眼神、爱管闲事的脾性,以及说不清究竟是认真,还是存心要人家好看的执拗。不过,光景毕竟不同了。于是,被她惹毛了的人,少不得背后咕哝一声:"小脚老太,神气点啥?"似乎总称她为南下老干部的家属,结果也有人翻矛枪了,啥老干部?瞎吹。不错,她家墙上挂着一幅无比狭长、镶着金色镜框的黑白照片。照片上,开国首授军衔、带花带杠、穿毛哔叽制服的军人,分七八排摆了长蛇阵,与领袖合影,仿佛是镇室之宝。实际上,据说这些军官的层级并不高。并且,像这种老长老长的镜框照,大楼里少说也有四五家挂着呢。这时,桂阿姨刚好踅进五楼工房间。"哎,勒跑勒跑,正好寻侬呀。走,一道大游行去。"她对已故围棋国手的女儿缪独伊说,脸上堆着笑,但似乎有点窘。

一晃,缪独伊搬到工房间快四年了。她一向热心公益,有求必应。从前义务当过大楼扫盲班老师和托儿所教师,还在居委会做过事,因此,她俩常打交道,关系亲厚。有时候,桂阿姨忙事,将小孩子往缪家一放,让照看照看,也常有的。自从缪先生被棋院造反派逐出大楼,并遽尔病故,女儿缪独伊一家就到小房间住了。这也没什么可说的。但是，近年有一桩挠头的事，却弄得独伊心里有疙瘩。事情说大不大，说小也不小。原来，缪独伊的小儿子很淘气，某天跟一个比他小六岁的小朋友闹着玩，将其按在地上，并学着影片《南征北战》里敌军长的腔调，嚎叫"给我拖出去枪毙"！小朋友则模仿敌坦克团长的声音说："我为党国立过功啊。"这原是男孩子做游戏。不料，齐巧被桂阿姨撞见，便怒斥道："不得了了！反了你！竟敢拉出去枪毙？！人家是谁？堂堂干部家庭的孩子呀！"于是，死活不依，定规把他当小反革命送进派出所，事情大了。独伊闻知急得双脚跳。父亲已经这样了，两个同父同母的弟弟：一个数学天才已被逼跳楼死了；一个受冲击变成了神经病，发病时在五楼阳台往下扔石磨盘。她丈夫"右派"，被赶出天津，回乡改造。现在就连儿子小小年纪，也关进派出所——这个家不是完了吗？缪独伊又气又急，又难受又无助。幸好，民警罗同志还有点脑子，不予受理，才侥幸躲过一难。说来也巧，经过波折，儿子闭门不出，静心观棋，豁然顿悟，反倒归宗于外祖父围棋的门下了——尽管家学渊源，可惜已无法受到国手的亲炙。日后，他出落成一名少年围棋教练。桂阿姨强送派出所的事虽不了了之，也够狠的。

当下，见桂阿姨喊她去大游行，这位心气平和、端庄秀雅的名媛虽不待见，还是礼节性地寒暄几句。本可婉拒，因为单位里也会组织这样的大游行，但此刻，正所谓"家祭无忘告乃翁"，她想告慰一下父亲在天之灵，于是，便连声应诺。像从前一样，工房间逼仄、嘈杂、拥挤、忙碌。一条细长甬道直通到消防扶梯口，两旁，四个半平米的陋室户户紧挨，并且家家门都敞开。缪独伊踅身出了通往大房间、长廊的刻花厚门。走廊上鸡血红水磨石铺地，踩上去，足底会感到一种鸡油般的细腻润滑，因为是用拖把水拖的，每天拖三遍，干净，却不至于滑跌——很奇怪，老公寓好像大病初愈，仿佛有弹性似的，不经意间，一些往日的景象就悄悄回归了。不过，还是隔一段亮一盏磨砂吊灯，时明时暗，明暗交错。走廊两边，门扉次第打开，透出一片片亮光。与此同时，东一家西一家，不时泻淌出高声量的无线电或半导体收音机的声音。这几天播放的歌曲，无非"舒心的酒啊浓又美，千杯万盏也不醉"，或"大快人心事……"，或"一场古彩戏法开了场，毯子身上盖一盖，变出黄金万两……"相比李光曦的美声、常香玉的河北梆子，上海人自然更乐意享用黄永生的"本帮菜"。长廊约有三百米，原先死沉沉的，倏地像爆炒米花似的，各楼层人如潮涌。大家怀着一种要重新做人般的欣欣然，无论男女老幼，也不管胖瘦高矮，齐刷刷手里都拿着一竿自制的彩纸旗——长条形，或三角形，纸头折个边，用浆糊或饭米糁黏在一根细竹棍或小毛竹篾爿上，不请自来，赶去参加大游行。

大楼各个楼层，一股股涓涓细流慢慢汇在一起，波翻浪卷，不断地涌向电梯口、涌向底楼、涌向C或A或B字门，涌向楼下小花园、涌向北苏州路。当走过长廊时，还依稀记得，那年文攻武卫奉命进驻，一夜之间成了"红海洋"；某天一张宝像破损了，被当作重案追查，连小孩也搭上性命。过弹簧门，来到电梯间，还依稀记得，那时经常掇张小板凳来开会，并且"早请示、晚汇报"如仪；轧电梯轿厢，还依稀记得，阿文攻一声号令，从此只允许早、中、晚若干时间才可乘电梯。为不至于脱班，每每跑得上气不接下气。甚至，不惜叫一辆"乌龟车"赶来。没电梯经常性的。阿爷阿奶由于记性差，临烧菜，方想起要下楼零拷豆油、花生油、菜籽油、酱油，买甜面酱、辣火酱、花生酱、豆瓣酱；住七层楼的小儿麻痹症患者，也只好唝哧唝哧爬楼梯。当踏进400号C字门，还依稀记得，大堂里大字报铺天盖地，跟孝堂似的；嵌有"EB"标记的水磨石地中央也贴大标语，某某名字上画着乌龟。当伫立在C字门口，还依稀记得，这儿上空，一不小心就会跳楼。"嘭！"一声，脑浆迸溅，横尸在地。大楼转角，更有一对老夫妻双双从七层楼跳下。出了大门外，还依稀记得，对面的防波堤墙上刷着黑漆大字："彻底揭开河滨大厦阶级斗争的盖子！"自然，现在防波堤墙上早已换了两个"热烈庆祝"的大红布头横幅。并且，阿娘阿爷、阿姨妈妈下了楼，便在这个大红横幅前稍候，等队伍集结完毕，便可出发。

此刻，阿娘阿爷、阿姨妈妈们就像盼春游的小朋友，早已急不可耐。有的，把小彩旗挥舞得"嗤啦嗤啦"响，没上街，已甩坏了；有的，将纸头旗一卷，顷刻成了棍子或宝剑，互相像击剑似的过招。难得一聚，大家热烈交谈着，逗趣着，嬉笑着，抑或抱怨游行"哪能还不走呀"，仿佛排队买出口转内销的紧俏品，晏点没了。喜逐颜开，笑声朗朗，心里从来也没如此舒畅过。虽然南腔北调，心声大抵相同。一个说："某大姐，侬讲对吧？（那种日子）总算结束了，邪气好！交关好！顶顶好！"另一个说："某家姆妈，侬讲得对呀！"一个说："某老师，苦透苦透，谢天谢地，好坏熬过来了！"另一个说："某大姐，不是我说，这桩事真真得人心呀。"一个说："对喔，某家姆妈，开心得来！困梦头里也想笑。"另一个说："是的呀，某某娘，阿拉赛过年轻十岁啦！"一个却忽然难受起来，说："可惜哎！某大姐，怨只怨阿拉老头子没福……"大家七嘴八舌，称呼不同，人家也不同，似乎有个讲究：被称"某老师"的，多半来自知识分子、医生、艺术家、专业人士家庭；被称"某大姐"的，多数来自干部家庭；被称"某家姆妈"的，也有知识分子，但基本上都属于民族资本家、高级职员之类家庭。并且，姓氏随夫，弄了半天，也不知这位姆妈姓啥。而被称"某某娘"或"某某姆妈"，少了个"家"，不用说，多半是小房间的。

他们中，有大房间的夏臻合、凌之轲、楼教授、女画家、英国老太母女、易家伉俪、成荇农、方瑞、曾翠玉、袁宗瀚、许士祺、谷医生、佟颖倩、鸿禧、唐韵珊、瑜荪、心莉、心舫、郁岱藩、罗紫琳、谭家婆婆、倪老太、乔师母、阿香、吴旺才、项炳其、夏慧莹、老庞、钱李卉容、"灰兔爷爷"、棉纺小开、巩雪樵等；有工房间的娇鹂、宝魁嫂、缪独伊、骆老头、爱珍娘、田黛琳、鸿照、好婆、邝曼丽、姬燕飞、殷明珠、华嫣晨、美雅阿姐、阿强、"酱油西施"，乃至剃头匠、电灯匠、外国铜匠、花匠、看门"老山东";或熨洗衣裳的、做裁缝的,还有卖棒冰或西瓜的阿跷等;大楼下乡知青,刚好回来探亲的有:茅之伟、蔡慧和北大荒蹲"集体户"的若干人;大楼管理干部有:居委潘幼娴、戚大姐、桂阿姨等,派出所罗同志等;大楼房管所及勤务人员有:前电梯工阿胡子和他的女徒弟、锅炉房司炉工等;大楼幼儿园阿姨有:大李、小李老师、牛老师等。先后在大楼里做娘姨、当保姆的,有的住工房间,有的并不住家,她们是:周妈、柳妈、"小笼馒头"孃孃、李妈、黄妈、苏北阿姨和旧称的翁家娘姨、殷家娘姨等,甚至连路过上海、特为带只老母鸡来看望老东家的杏花大嬷,也轧了一脚。另外,还有大楼贴隔壁的洪福里,这一小片石库门也属于本居委,居民有景萱娘、老虎灶阿黄、烟纸店"哈巴狗"等。

约莫五分钟后,大楼参加游行的人终于到齐——过时不候。一声令下,游行队伍出发了。前面,五六个精壮汉子,高擎着华国锋头像木牌一字排开。之后,锣鼓家什,样样不缺,鼓面的边缘,书有一行弧形红漆小字:"南天潼路居委会宣"。四人抬鼓,一人擂着带红绸穗子的鼓槌,且擂且行。大楼原本有腰鼓队,可惜打腰鼓者已去北大荒,鼓手星散,只好算了。锣鼓家什后面,挑空一道绸质大红横幅,挨着几面噗噗翻卷的透明绸彩旗,旗上方块褶缝显著。阿娘阿爷、阿姨妈妈们神气活现,尾随其后。尽管看上去他们漫步徐行,横七竖八,牵丝攀藤,拖泥带水,并且交头接耳,左顾右盼,跟平常荡马路、看橱窗似的,但作为一支以社区老年人为主的队伍,也颇可观。手中无不举着三角旗或竖条旗,旗上酣墨写着"打倒"或"拥护"之类,每当领队潘幼娴拿着个电喇叭振臂一喊,旋即响起一片杂沓的口号声,纸旗刷啦啦一扬。老幼妇孺,南腔北调,而且嗓音也不够洪亮:有的过尖过细,有的干秃秃,有的涩巴巴,有的韧吊吊,有的糯答答;有的嘶声力竭,有的喉咙口分明塞着什么;有的患了感冒,沙沙闷闷、哑壳壳的。至于昂首阔步、齐整划一,更谈不上了。路人甚至朝副领队桂阿姨瞥了瞥，咦了一声。

显然，这支队伍阵势并不雄壮，口号声也并不响亮。据说，过去外地人来沪找河滨大厦不用地址，只消跳上三轮车，跟车夫喊一声大厦的名字，保管笃悠悠停在大门口。可见其沪上驰名久矣。眼下，说是从河滨大厦出来的：有人喝过洋墨水、啃过洋面包；有人名门世家、海上闻人之后，比如，李鸿章的子嗣、黄金荣的孙女等；有人是名医、名教授、名学者、名专家、名演员等；有人为老沙逊或外方留用人员；有人从前是民族资本家——据说，大楼最大的一颗金刚钻有五克拉；以及大家闺秀、小家碧玉，包括前名媛、淑女等，乃至老早的三姨太、四姨太之属。可初初望去，一抹色，都是底层劳动人民的样子，平平常常，没棱没角，敦厚朴实，一团和气。什么气质、腔调、风度、派头；所谓的文质彬彬、诗书风流、飘逸蕴藉、钟灵毓秀、蕙心兰质、冰雪聪明、秀外慧中，等等等等，似乎全给改造殆尽了。

游行队伍原定一个相当诱人的路线图，即A方案：过河南路桥或四川路桥，上南京东路，到西藏路中百公司大转弯，经过人民大道观礼台，然后在大世界门前拐弯，自延安路一路向东，天文台塔楼前拐弯，沿着外滩，行至汇丰银行大楼市革会的紫铜大门前，便告胜利完成。但考虑到年迈体弱等诸多不利，这一雄心勃勃的方案遭到发起人的否定。代之以比较切实可行的线路，即B方案：横穿过四川路桥往东，上海大厦前小转弯，过外白渡桥，再到市革会大门前会师，殊途同归。很快，拍手通过，并拨转马头，顺北苏州路往东。自河滨大厦前至外白渡桥的北苏州路靠河，这一段苏州河活脱脱像一只拉满弓的弓背，弯弯的。游行队伍敲敲打打，载欢载笑。左手边，高大华美、花环锦簇的绿墙伴有一排廊柱，巴洛克风格的塔楼在望。绿色塔尖下，圆柱塔台旁，曾有两座青铜希腊雕像——通信之神麦丘利、赫尔墨斯和爱神阿佛洛狄忒（维纳斯）、厄洛斯。风暴一起，希腊诸神不知所踪。然后，塔台正面的制高点上，竖起了大红"万岁"五个字。人是容易遗忘的,习惯成自然。但此刻,走过廊柱前,未免仰脖瞅了瞅塔楼上诸神的遗址。"喏,空落落的,像煞总归缺了点啥哎。"不知谁喟叹了声。

仿佛热油锅溅了水,立刻就噼噼啪啪爆开了。围绕希腊诸神的记忆霎时被激活。这一个黯然说:"啧啧啧,作孽否啦?听说那天夜里,一帮子红卫兵爬上去,手拿十八磅榔头和十字镐,一顿瞎敲。楼下,粗麻绳套着女神的脖子,杭唷嗨哟,像拔河一样。等扳倒敲碎了,就往苏州河里一氹伊讲。"那一个笑着抢白说:"瞎讲讲点啥?侬亲眼见过了?呃,据我猜测,上面的雕像既没敲碎,也没拉倒,更不会石沉河底——你想呀,啥人介戆?"第三个忙插嘴说:"啥?笑话!(雕像)沉进河底?请问船还开么?不会不会。"顺着此言,有人开无轨电车,讪笑说:"对呀!不过,那时偷偷往苏州河里掼金戒指——啥个铜鼓戒啦、马鞍戒啦、马镫戒啦、韭菜边戒啦、嵌宝戒啦,还有翡翠珠宝,倒是千真万确。嘿呦,乃是'杜十娘怒沉百宝箱'咪!"有人痛心疾首起来,跌脚笑言:"啊呀!后悔真后悔,乃末来勿及!"第六个似乎对这种跑偏很不屑,回归正题,问道:"咦,滑稽哦?不是敲碎推倒,难道自己生翅膀飞了?"这时,抢白者冷冷一笑,含蓄回答:"对不起!覅问我为啥。呃呃,只能说,一夜之间就没了。"第七个聪明人立即打圆场说:"嗳嗳,争末覅争,吵末覅吵,没卵用。不过说实话,巴不得(雕像)早点复原才好。"人们纷纷赞同,还加油加醋:"倘使希腊女神真的能回来,绝对出奇迹喔!我们也能再睹芳华,不是么?""对喽!老早不是讲,看看(雕像)赛过眼睛吃冰淇淋?"正举头望着说着,不防备有人旁逸斜出,往四川路桥指了指,哂然一笑说:"嗳,说够了吧?我末也添句把笑话——你们覅笑。那天下班,哪晓得正巧碰着桥上封路,查包屁股、小脚裤管和尖头皮鞋,乃末妤哉!裤裆、裤脚管剪了,皮鞋手里拎了嗨,赤仔脚一跷一跷,阿要触霉头!"有人忙笑着附和说:"亏得河滨大厦路近,人家路远的,喔唷!乃末要叫三轮车咪!"

随即，哄笑声一片。

说笑之间，游行队伍已行至四川中路、北苏州路十字路口。头顶上，架空电线似蛛网。路旁红绿灯亮着猩红色，不久，转成翠绿，仍旧无法通行，因为桥上桥下、东南西北，早已成了万人广场。一时间，"长辫子"电车、解放牌卡车、墨绿方头"交通"、小三卡、"乌龟"车堵在了桥中央，统统拉闸熄火。而桥的南北堍，游行长龙正源源不断，相向而行。只见天潼路那头，雄赳赳来了一队穿着65式草绿色军服的解放军，清一色白手套，有的胸前挂着竖式鼓，边走边敲；有的举着铜喇叭，边走边吹。陆军后面是海军：大顶帽、蓝披肩、黑飘带，袖口上滚了三条白道。与此同时，从香港路那头，威赫赫来了一队产业大军，八人或四人抬着双领袖画像。棉纺女工白饭单、白帽子；炼钢工人本白帆布工装、翻毛皮鞋、白毛巾挂脖。队伍中，间或夹着一辆大平板车，车上一只圆台面似的巨鼓，六个人同时敲响，震得沿街玻璃窗汪汪响，心里发慌，背脊冒油。车头上扎彩挂红。两队人马南来北往，不分轩轾。擦肩而过时，甚至彼此还都歆羡地瞄一眼，仿佛说："喝！这阵势！""瞧，真威武！"

桥上桥下，正被巨龙碾压着。于是，大楼游行队伍就被卡在了邮政总局大楼正门口。感觉自己就像一只小舢舨，在黄浦江上遇到了一艘艘海轮。上不能上，下不能下，进不能进，退不能退。看来，再要照B方案的路线，横穿过桥，沿北苏州路前行，肯定不行了。正副领队与大家商议，多数人认为：不如化整为零，从桥侧人行道过桥，然后在南端的桥堍集合，再图东进。大家拍手通过。随后，凭本事自己过桥。人行道上，原本有些修脚踏车的、摆小摊的、卖叫蝈蝈的、鸡蛋换粮票的，乃至兜售锡箔、冥币、佛经的，此时，早不见踪迹。满眼皆是人轧人，混成一片。桥下，船只——舢舨、乌篷船、拖轮带着驳子、交通快艇来往穿梭。乍穿出桥洞，摇橹的、掌舵的、撑竹篙的；或舷板上洗衣裳的、端着大海碗吃泡饭的，或给孩子喂奶的，几乎所有人都仰面，争看桥上的盛况。"小火轮"、快艇则纷纷鸣响了汽笛，发出"嘟——嘟——"的长音。有些汽笛也怪，短促一"嘟"后还转调，高了八度。而此刻，桥上游行队伍的竹竿头，正挑着好几挂"五百响"，电光炮炸成一片。所以，汽笛声像早就给空气吸了似的。桥两边不知谁也放起了炮仗。有鞭炮、高升，后者燃着就往上一掼，横竖不管，"砰！"第一响完全不知躥在哪里——或人堆里，或游行队列中，简直无处藏身。跟着"啪！"第二响就炸开了，哄笑、尖叫声一片。

桥南堍的拐角处，站着个圆筒状的岗亭，浅奶黄色身子，箍两道红边，上部一围透明大玻璃。阿娘阿爷、阿姨妈妈们纷纷在此聚拢。这些散兵游勇有早到的，有晚到的，还有迟迟未露面的——显然已掉队，会不会出事？于是，急坏了领队、副领队。看来，队伍散了，再集合是难，但潘幼娴、桂阿姨沉住气，既来之则安之。并且，绝不轻言采纳B＋方案有何不妥。大家左等右等，却还凑不齐。不知不觉，朝桥对面的塔楼大钟上多瞄了几眼。不过，尽管心急火燎，也晓得充其量是穿马路早与晚的问题，没啥大不了的。因此，老头老太兴致不减，依然欢欢喜喜赛过年。他们中，有人老老实实岗亭前一动不动；有人开小差，或倚在桥护栏边，或到近旁河滨公园的林荫下，石凳石椅上坐一坐，抽香烟、嗑葵花籽、抽空戳两针绒线衫。"嗳，勿跑远了，哀歇伊拉来了，寻你们又寻不着，乃末滑稽煞唻。"潘主任关照说。

桥栏边，人们倚栏驰目远眺。无论或行驶中或沿岸肩挨肩停泊的船只也好，污浊发黑、漂着一摊摊垃圾的河水也好，追逐着浮沤中食物的江鸥也好，还是浜南货运码头卷扬机刺耳的噪声也好，这司空见惯的一切，此时此刻，竟然都能引起一种快意，一种久违了的轻松之感。的确，轻松了，不再"早请示晚汇报"，不再有"击鼓传花"上门抄家，不再扫地出门，不再被啐一脸唾沫，不再跳楼，不再受到侮辱与恫吓，不再恐惧，不再担忧，不再终日怀着负疚感、负罪感，战战兢兢过日子。不过，除了高兴与轻松，一般知识分子、资本家的家庭总慢了半拍，仿佛上面的人事更替，对各自前途、命运的影响不会太大。而靠边的老干部就不同了，时来运转，他们从心底欢呼有了再一次生命。望着滚滚的河水，不由得想起辛稼轩的名句："青山遮不住，毕竟东流去。"

桥上桥下，游行大军神龙见首不见尾，等过完早着呢——这厢军人、产业工人队伍没走完，那厢又有两条长龙相向而行，碾压马路。左边，中学生、小学生们手拿彩纸扎的花束，挥着舞着，蹦蹦跳跳，频做引体向上的姿势。右边，年轻人、中年人打着腰鼓、扭着秧歌，每一步都踩在锣鼓点上。更有一支郊县农民队伍，个个头扎雪白毛巾，身着土布服，光花色就有好几种：井字布、梅花布、篾席布、蚂蚁布、格子布和米布，色色不同。清新淳朴之气扑面，仿佛说："伲贫下中农也勿推板！"红旗如林，迎风猎猎，锣鼓声、炮仗声、欢呼声、口号声交织一起，声势十分雄壮。等了一包烟的工夫，大楼里的人总算到齐了，但马路还是堵得针插不进，鸟飞不过。对面，左侧法国梧桐掩映下，一只汽车加油站，倒空得很呢。南苏州路乍浦路十字路口耸立着一栋外形奇特的大楼，像纯奶油蛋糕切掉了一半，它下面是专门放新闻片的曙光电影院。再往东，就是外滩了。外滩近在眼前，然而过不去。"喔唷，乃末急煞哉！"阿娘阿爷、阿姨妈妈叹息着。

这时，从外滩方向蓦地传来海关大钟的"当、当"声，一共敲了十下。还是熟稔的《东方红》的报时声，一切似乎并没太大的改变。报纸上，粗黑通栏标题依然吓人，无线电或半导体收音机里，还同过去一个腔调。收看首都北京"欢庆伟大的胜利"大游行实况转播，画外音还在说："彻底粉碎资产阶级的复辟梦想""'四人帮'比资本家还厉害……"但是，在人们的精神世界，或情感方面，欢乐、轻松、安谧之泉，确确实实已在喷涌、在飞泻了，水滴子一串串，像淡水珍珠般熠熠发光。

钟声传来，声声在耳。

2. 三姊妹

　　N楼有一份人家，一头挨着A字门楼梯，被切掉一块，因此厨房间是大楼最迷你型的。它面朝小花园，底楼是个室内温水游泳池。隔着一块绿地，虽然望不见苏州河了，但好处是，那里肮脏发臭的气味、昼夜机桨船轰鸣的噪声，稍许少点了。这个套房里，就住着易家伉俪和他们的三千金。易家伉俪在大学教书，讲究生活品质：一个仰慕西方古典音乐，常听音乐会，还拉得一手好听的二胡；一个喜欢读英文版小说，如《傲慢与偏见》《战争与和平》等。易家妈妈年轻时就喜欢拍照，老早，王开照相馆玻璃橱窗里挂她的照片，有一股浓浓的老上海味道。"哟，像电影明星，而且，在明星中也是上乘的。""喏，气质摆了嗨的。"人们纷纷夸赞说。每年，这对伉俪都上王开照相馆拍一张合影，经年不变，至老未改。由于易家伯伯酷爱音乐之故，家里两个女儿都学钢琴。这也符合易家妈妈的观念："小囡一定要让伊学东西。"

　　不过，开初姐妹俩是跳芭蕾舞的。到茂名南路跟"罗宋人"——白俄女子学芭蕾，为的是培养节奏感。二小姐叫韵如，那时刚五岁，练脚尖要穿木头鞋子，弄弄脚抽筋，况且个头又太高，似乎不是一块料。于是，两姊妹都改学钢琴，跟了陈老师。陈老师住在淮海中路旁的南昌大楼。两姊妹一起学钢琴很贵，一般人家吃不消，但易家父母工资高，可以承受。唯一令易家妈妈不快的是，陈老师爱虚荣，动辄要家长添置服装。"衣裳做好哦？"陈老师劈面就问。实际上，两姊妹联袂上台，一式演出服自然要穿的。上台前，姐姐心慌起来，妹妹胆大，一把将她推出舞台。跟着，两姐妹表演起了四手联弹。姐姐虽然有些怯场，其实琴弹得很好，人也聪明，悟性高，知识面广，深得老师喜欢。不知为何，对韵如，陈老师却横挑鼻子竖挑眼。

　　照例，教新课前上次布置的功课要过一遍。轮到妹妹弹时，"你这个礼拜没有练琴。"陈老师气得把琴一敲,劈头盖脸一顿说,"你浪费我的时间,浪费你姆妈的钞票,晓得哦?"当即罚弹几遍,说罢自管自走开。谁知小韵如也有脾气,索性把琴谱一夹,走了。"你犯傻呀?老师在气头上,说两句有什么,不犯着呀。"姐姐追上韵如劝说,也不济事。到五年级,姐姐顺利考进了音乐学校。全上海只有一个,凤毛麟角,负责招考的老师诧然,忙问:"哟,侬跟谁学的?啥人教的呀?不错不错。"学生考上音乐学校,给陈老师增了光。一时间,琴童的家长们趋之若鹜,连易家姆妈也带了二女儿再度登门,好话一堆,末了讷讷说:"喏,韵如她姐姐的位子空出来,正好补上呀。"

就这样,再回南昌大楼。时隔不久,陈老师举家去了香港——她哥哥是香港很出名的电影明星。无奈,又到之前的Y老师那里学琴。Y老师教琴在沪上名气很响。对这个学生,她喜欢得不得了,眉开眼笑,态度完全两样。常常,练着琴,Y老师在另一个房间里,蓦地停下手中的什么事,急忙对韵如喊:"嗳,刚刚这句弹得不对……哦,对了对了。好!蛮好——再弹十遍。"很快,轮到妹妹考音乐学校了。考题是弹奏车尔尼299第39条和舒伯特的《军队进行曲》,发挥正常,一枪通过。本埠考生只录取一名。等进了音乐学校,韵如才晓得:"原来自己算弹得好的。"从此,姊妹俩便都在那里上学了。在音乐学校,她们有幸遇到中国钢琴界泰斗之一——L先生的亲炙。

大小姐要比妹妹高两届。毕业后,成了沪上某乐团的钢琴独奏、伴奏演员,在九江路外滩上班。韵如运气就没这么好了:十六岁花季,刚念初二,宁静的校园里来了一帮北京红卫兵。校园成了重灾区,野蛮、暴虐、荒唐的事,天天发生。比如,著名钢琴教授、权威人士,竟然在红卫兵的威逼下互相抽耳光,其中一位因不堪凌辱,与丈夫(著名指挥)双双自尽。比如,该院四十年院庆那天,牛鬼们在造反派的铁帚下一个个滚出"垃圾箱"。刚巧韵如上洗手间路过,亲眼看见,大扫帚正朝一位名教授的头部扫去,他皮肤上略有些白癜风,吃了一扫帚，顿时皮破肉绽，鲜血淋漓。再如，图书馆馆藏大量的琴谱被付之一炬，等等。由于韵如住读，难得回家。一天，回河滨大厦，忽见家门口站着许多人，心里咯噔一下。原来，是外语学院的造反派、红卫兵。"你是第二个女儿吗？滚那边去！"一个凶巴巴的声音说。易家姊妹仨都被赶到了阳台里，瑟瑟发抖。结果，把易家姆妈带走了。后来，易家伯伯天天跟女儿们扳着手指头算："侬姆妈啥辰光可以回来？"过段时间，果真从牛棚放出来，说是要到乡下去，回来取物。被头铺盖一拎去劳动，临出门，易家姆妈还不忘关照小女儿："读书哪里有问题？有啥问题？簿子上统统记好，拿来。"

三小姐读小学五年级，顶不放心。两个姐姐学琴，有专业，不用管；末拖女儿个子矮，手小，不好弹钢琴，易家姆妈就叫她学英文——那时节，有谁学英文？五十年代，大家都学俄语，连当英语教授的母亲，抽暇也会研究研究俄文。固然，学俄语大势所趋，但她就有这样的眼光，对小女儿殷殷说："记牢，英文一定有用。侬一定要拿姆妈的这点书读下去。"况且，易家姆妈那一肚皮英文不传给女儿，传给谁？所以，即令都时兴打砸抢，"读书无用论"，一捆捆的厚皮书进了废品回收站，母亲仍坚持教女儿学英语。还说："人一定要有一技之长。"家里箱子间一关，三小姐闷在里面，偷偷啃英文，晨昏不辍。为检查阅读英文书的速度，特为在台子上摆只闹钟。后来，让她中译英，翻译厚厚一本长篇小说，此书当年风行一时。翻译好了，易家姆妈再逐字逐句核对，润色加工。两个姐姐弹钢琴，声音大，而攻书是不出声的。故而，隔壁邻居都不晓得，原来易家还有个小妹妹呢。当下，做母亲的即令做了牛鬼下乡去，对小女儿还"捉牢伊"不放。

随后，两个礼拜一次，由韵如负责带妹妹去见母亲。见了面，易家姆妈照例直逼逼问一声："侬这两个礼拜在做啥？"牛棚里，虽被两个女红卫兵看牢，但女儿见母亲是可以的。姊妹俩一望，母亲瘦了，乡下吃得也很苦。有一回，总算有一只咸鸭蛋，红卫兵涎水流出来了，对牛鬼教授说："喂！你年纪大了，不是胆固醇有问题吗？蛋黄给我。"说着，不锈钢调羹一勺子，挖去了鲜红流油的蛋黄。易家姆妈倒不在乎这些。她中西女中毕业，从小英文基础就很好，后来进了圣约翰，读文学与英语专业。除了督学甚严，其实女儿也晓得，她自己"多少用功"。即令靠边，还把英文单词做了卡片，趁吃开水的工夫，拿杯子遮着偷偷背单词，"活到老学到老"。确实，易家姆妈一向把学习看得顶重要。平时，女儿们倘使去帮厨，易家姆妈却冷冷地说："厨房间你们勿来。厨房很简单的，有辰光，你去练琴，你去读书。"倘使女儿们坐着没事，她便叠声问："侬在做啥？在等地球转么？'白了少年头，空悲切'，侬晓得哦？就是一分钟也勿浪费。"还说：你们总归要做点事体，不是读英文，就是练琴，空下来末翻翻书。

可在音乐学校，光阴虚掷。难得摸一摸琴键——每天，琴房只允许学生轮流弹一小时钢琴，怎奈权威们关进牛棚，专业老师也不敢教。自然，许多外国曲子不能弹了，除了肖邦和贝多芬。说来振振有词：肖邦属于爱国主义，贝多芬末列宁喜欢——无标题音乐，可以弹。但是，有标题音乐，如《爱之梦》《童年情景》等，属于资产阶级，不能弹。而拉赫玛尼诺夫流亡，逃到美国，更不许弹。一弹，马上贴出雪片样的大字报："请问：你向叛徒学什么？"肖邦、贝多芬虽属可弹之类，然而琴谱已烧毁，图书馆没有，还得学生画五线纸，自己抄谱。去近郊下乡时，韵如就亲手抄了贝多芬第五钢琴协奏曲《皇帝》等。"七一"那天，收音机里突然传来首都演出的钢琴伴唱《红灯记》，惊喜莫名。于是，后任负责人的某老师忙带了韵如等——因为她"耳朵灵"，一边听，一边记谱。很快，她担纲钢琴伴奏的《红灯记》，便在上海首演。演唱者是上官云珠的女儿。《红灯记》演出成功之后，在一位教授的指导下，学了《黄河钢琴协奏曲》。不久，由音乐学校学生挑大梁的青春版《黄河》，便登台献演，风靡一时。

正是一曲《黄河》的成功，毕业时，韵如被某乐团相中，去了北京,担任该团的钢琴独奏或伴奏。该乐团经常为外国元首演出,国宾级演出之余,她又在中国钢琴界泰斗之一——G先生亲炙下,深造钢琴。G先生当时住地离市区很远。每次上课,都在老师那里待一整天,还管吃。由于钢琴演奏的底子好,深得老师喜欢,对她的教学格外细致。要知道,G先生对学生们授课都是免费的。同时,乐团领导也很重视专业,让她有了充足的时间。这一学,就跟G先生学了九年,几乎弹遍了所有的世界经典曲目。

1977年,高考恢复。易家三小姐箱子间里苦读,终于盼来了高考。其间,中学毕业时,因她有气喘病,没去上山下乡,进了里弄加工组,一天工钿才七角。工余攻读,日积月累,其英文水平已超过本科。隔年,考大学有了直升研究生。由于她成绩拔尖,"三级跳",直接考英语硕士研究生,并考进了一所名校。第二年,外交部来沪招收联合国同声传译。三小姐赴京赶考,一举通过。后来,她成为我国驻联合国的首席同声翻译。与此同时,恢复高考后,大小姐到音乐学院在职进修。国门一开,赴美深造,先后在那里念了大学和硕士研究生。易家两姊妹学业有成,一马平川。相比之下,二小姐的求学之路,却要曲折得多。

刚恢复高考,高考中没有艺术类。不久,可以考研了,乐团又不放。领导说:"小易啊,你的水平足够了,就准备在乐团干一辈子吧,安心工作。"有一段时间,上级领导也在某地,韵如跟这些领导也熟,便把心中的苦闷说了。上级领导答应,去跟下属沟通一下,但乐团回答:"她用不着考研,乐团的工作她足够了。一辈子可以胜任的。"为挽留她,还允诺了种种诱人的条件。上级领导一听,没辙了,打电话跟韵如说:"小易啊,单位里都很喜欢你,还是安心在那里干一辈子工作吧!哎?将来乐团有出国机会给你,工资评级时,给你高挑一级,行啦!"以前念音乐学校,照例毕业是可以直升音乐学院的,可惜动乱年代给耽误了。所以,韵如一直渴望上大学钢琴系,偏偏运气就这么差。

说来也巧,其间,G先生作为1976年后第一批访问学者,应邀赴美讲学。在美国,他便将得意弟子韵如推荐给了美国钢琴学院,随身还带去由她弹奏的一盒录音带。该院长听了录音连声夸赞,欣赏有加。还说:"她的水平够我们研究生水平了,不必读大学。"美国院长不光答应给予韵如全额的奖学金,还让她住家里,施坦威钢琴给她练琴,每天他开汽车上班,还捎她上学。条件竟然如此优渥,并且,连校方录取函都办好了。听到喜讯,她开心得浑身发颤。接下去,根据办理流程,等美国移民局发来表格,凭表格去美领馆申请签证,俟签证办妥,便可赴美了。眼看距离该院报名的时间只剩两个礼拜了,可万事俱备,只欠东风——办理签证要有单位开具的介绍信。韵如赶紧向乐团提出出国申请,并递上了那份全洋文的表格。

倏忽之间,焦雷炸开了,领导一声断喝:"小易,你怎么可以这样做?"面对泰山压顶,一霎时,韵如泪水潸然,先是再三感谢乐团栽培,然后忙把此事的来龙去脉,以及自己求学无门、心急如焚之状和盘托出,恳请领导开恩,玉成这事。至于如何拿到美国钢琴学院录取函一事,则弱弱地分辩说:"这是G教授联系的。"搬出G教授这尊大神,领导没话说了,但还是一口回绝。好说歹说都不行,把韵如急疯了,遂愤然提出:"现在就走,我不干了,可以吗?"之前,乐团给了韵如特别待遇,所以,她的工资要高好多。照规定,假如自己提出走人的话,先前所有的待遇都没有了。这样做,风险不小,但为了出国,还管什么?她一意孤行。此外,她丈夫也是上海人,大学毕业后,在某电台担任一个小语种的播出。该语种广播地方上没有,因此,只能留京。他们有个孩子。回沪后势必夫妻分居两地,诸多不便。"是的,这些我都晓得,但顾不上了,就是死要上学。"她对丈夫欷然复又决然说。"因为我已被耽误了整整十年,憋了一口气,有啥办法呀?"

离职从哪里来到哪里去。韵如带着三岁的儿子,回到上海。苦等六个月之后,方等到了对申请护照的回复,只有两个字:"不批。"没办法,只好上她姐姐工作的某乐团去弹钢琴,工资一分没有,吃白米饭。这时,后来就任院长的一位音乐家刚出牛棚,写了一个钢琴作品《湄公河》。韵如拿来一弹,弹出来了。于是,让她回到母校去当钢琴老师。韵如一面教琴,一面复习迎考。当钢琴老师总算有了工资,但也只四十几块,拿的是工人的薪资。翌年,京沪两地音乐学院同时招考研究生。在 G 先生那里学了九年钢琴,考研自然要考首都的音乐学院了。G 教授一听很高兴,立马寄来了央音的《招生章程》。一看,考生年龄要求在三十岁,韵如已三十一了。而按照沪上音乐学院考研究生的条件,年龄可放宽到三十五岁。不久,韵如果然不负众望,以优异成绩考取本埠学院钢琴系研究生,该专业的研究生唯有她一个。消息传到北京,G 教授一听,亲手调教九载的门生飞了,气得吐血。不过,钢琴专业通过了,还得参加全国统考,包括外语。其时,易家姆妈、易家伯伯虽已退休,还双双受聘在某学院教授英语。与此同时,他们在河滨大厦"开小灶"教英文,也广受欢迎,天天围了一房间人。这其中,就有易家的二小姐——她三十几岁了,带着儿子跟母亲学英语。外婆连女儿、外孙一起教,可谓"从娃娃抓起"。日后外孙子去了加拿大。

在导师——钢琴泰斗之一 L 先生的指导下,韵如潜心研修。一晃,研究生毕业。五年之后,她前往加拿大某大学音乐学院,攻读钢琴硕士学位,拿到学位后就在加拿大定居、教钢琴。十三年后,母校向她发出了召唤。海归后,她出任该院钢琴系教授、钢琴系常务副主任、硕士生导师。以后,其众多学生在国内国际获得钢琴大奖。

求学路上,易家三姐妹殊途同归,成绩斐然。念及父母,尤其是当英语教授的母亲,三个女儿都十分感激,不由慨叹道:"姆妈邪气有眼光喔。"顺便提一句,正如易家姆妈所言:"学英文一定有用",一眨眼,英语变得很吃香。中央广播电台里,破天荒地教起了《英语九百句》。在河滨大厦，易家的"英语屋"，绝对是一道靓丽风景。每天，上门来学英文的人踏破门槛。这些慕名而来者，有本大楼的，"近水楼台先得月"，更多是外面的。学员包括低、高年级在校同学，也有来自各行各业的年轻人、中年人，还有不少已年过半百的知识分子，包括一些正准备出国深造的专家、教授。此外，还教邻居小朋友。当年都不收费。毋宁说，这里赛过大楼里的"出国培训部"。因为国门开了，许多年轻人会英文，很快就想看一看"外面的世界"。易家的英语屋热火朝天。据说，就连"江南鲤鱼王"这样身价的女画家，免不了也要一连数年，年年拎着一串大闸蟹，来他们家登门拜访了。

第六章

1. 转折点

恢复高考，易家一门"三进士"。在高知密集的河滨大厦，像这样的人家，可谓不胜枚举。譬如，1977年冬季考试时，茅之伟兄妹同时折桂：一个考入黑龙江大学中文系，一个考入华南理工学院造船系。稍晚，其胞弟考进清华大学自动化系，成为不折不扣的"三进士"之家。茅之伟是从军垦农场参加高考的。同在这片黑土地上，还有一位在瑷珲插队的插兄，考进了华东纺织工学院。当年，五个小学同班同学一起去嫩江插队。该集体户中，有一人虽被推荐学医，等恢复高考，她立即考取了上海第一医学院七八级硕士研究生，后来成了本市某三甲医院的教授。考进该院七八级研究生的，还有一人，长有一对大耳朵。他一度曾被沪上各大报整版报道过，红极一时；一度沉寂下来，尝遍世态炎凉。毕业后，他进了某三甲医院，后来赴美，成了一家医学公司的副总裁。此外，还有来自厂里的两个年轻人：一个做手表的，考进复旦大学哲学系，以后赴美，成了某大学哲学系终身教授；一个修汽车的，考进同济大学建筑系，以后成了首批注册建筑师。一同考取同济建筑系的，还有某人，他家里可谓子承父业，其父亲后来担任上海新客站的总设计师。

上述种种，仅仅是一个小范围的统计。数据未尽其详，如有遗漏，还望见谅。然而，即令从所搜罗的大楼高考佼佼者来看，也足够亮眼了。这是否到了现象级的程度不好说，但有一点不言而喻：至少从一个侧面，印证了崇尚知识、注重传承、家学渊源并且成长背景相对比较好,这个在河滨大厦较为普遍的特点,或曰大楼的一抹底色、一股清流。悠悠文脉,芬芳绵长。

从更大的范围来看,神州大地上发生了另一场历史巨变,伴随而来的是人生巨变,而其中的转折点,便是1977、1978年的高考,改变了一代人的命运。恢复高考第一年在冬季。迎考只有短短两月时间,除应届生,考生几乎直接来自田畴、车间、兵营、社区,乃至天之角地之涯、深山老林,有五百七十万之众,可谓"千军万马过独木桥",最后录取二十七万余,其惨烈可想而知。自然,高考幸运者总在少数。河滨大厦高知家庭居多,尽管如此,首战失利的也不乏其人。这其中,就包括在前面故事里提到的凌之轲、许士祺等家庭:前者是一家央企的总工程师;后者是土木建筑高级工程师,外滩中山东一路就是他设计的。

凌之轲的儿子凌皓颇喜欢绘画与拍照,摄、冲、放、印一条龙,南京东路"科艺"的常客,因为店里有处理的显影、定影药水卖,很合算。他读书一向靠小聪明,自称并不用功,过得去就行。何况六八届的初中生,正经念书不足一年,一元二次方程刚学会,就停课了。跟着,知青下乡、"独留"回来,在饮食行业房建队做了小木匠。高考翩然而至,自家也掂过分量,就算了吧,怎奈父母亲格外热心,不忍拂了这番美意。不久,家长托人弄到一套极为紧俏的《数理化自学丛书》,桌上有一大摞。随后两个月,工余埋头攻书。数学、物理稍好些,化学就傻眼了——直到考前,初中部分尚未看完,故而考卷上的化学题全放弃。从考场出来,结果如何,大致也清楚了。许士祺是个百分百的知识分子家庭,夫妻俩都是老大学生,妻子在中学教数学。许家姐弟俩读书很好,双双考入区重点虹口中学,又双双下乡,一个吉林延边,一个江西永丰。姐姐"独留"先回沪;弟弟叫许慎,到了知青返城,他才回家。里弄生产组自不肯去,想读书,家里箱子间、储藏室一隔,摆只小桌,埋头自学。正赶上1978年高考,忙去报名。不料,由于受冲击家庭之故,不让考。找到乍浦街道要求参加考试,回答是父亲问题虽不受影响,但仍然不给考。又去区里,这回终于允许参加高考。可惜,六八届初中生,加上连年赤脚陷在红土里,毕竟基础不厚,还有迎考也太仓促,因此考砸了。

不过,失之东隅,收之桑榆。高级工程师的儿子,由于是回城知青,赶上了银行向社会招聘。起先,他只是银行仓库里的"点钞机",天天点一角、二角烂糟糟、糊沓沓、臭烘烘的纸头钞票。不久迎来转机,由一家银行的信贷科长,风云际会,任职在某区证券公司。听说,发售沪上第一股——"小飞乐"时,他办公室里有满满一抽屉的原始股呢。而后,他又以出国交流人员考试第一名的资格,赴英伦读金融硕士。海归后,作为金融专家,一直待在公司老总的位子上。与公安合办"摩根大通",三年扭亏为盈,赚回的铜钿银子有三个亿。一度出去办事,座驾前后有打双跳灯的警车、摩托车开道。相比之下,总工程师的儿子要平淡得多,但也拿到了同济夜大本科建筑学专业的"派司"。自然,不久考入区工商局,小木匠不做了。

同样,担任一家大厂总工的某人的儿子,也有错过高考的郁闷。这爿厂专门制造冷气设备,解放前名气很响:北极公司。民国要员也参了股,背景复杂。该总工程师从前是个小开,奶油包头上,金刚钻发蜡油一向搽得贼亮。其父是协大祥的老板。解放后,小开自香港回沪,吃起了技术饭。沪上"和平""新华"两家电影院的冷气设备,就是他设计的。以后,该总工就"一直抬不起头"了。为了有一技之长防防身,总工让儿子学"梵婀玲"。这样,儿子练就一手漂亮的小提琴,拿手的是《五彩云霞》《苗岭的早晨》。毕竟业余级,高考时在权衡利弊后,还是不敢搏专业的音乐系,便与姐姐一起,姐弟档参加文、理科考试。结果,姐姐胜出,弟弟惜败。由于某种原因,他姐姐虽已考取,也错过了大学。据说,她弟弟的考分要比大楼另一位考生要高,而他竟然顺利通过了——其父亲是"两航起义"的功臣之一,也许,内部有倾斜政策吧?总之,总工一双儿女高考都折戟了。不过,聊可安慰的是,儿子的女朋友——后来的儿媳考上了外语学院。她也是从易家姆妈的英语屋出来的。

如上所述,不管"一门三进士"也好,错过恢复高考也好,这些考场的搏击者都是大房间子弟,可谓"风景这边独好"。同样住在河滨大厦,那些工房间普罗大众的后代,却是另一回事了。据粗略统计,恢复高考时,小房间子女竟然没一个考取全日制大学。也就是说,不管弃考,还是考而未中,结果都没戏唱。从某个角度来看,有时候,你不得不承认,社会上貌似有一种铁的逻辑:教授的儿女是教授,干部的儿女是干部,卖油郎的儿子还是卖油郎,个别除外。

像N楼工房间就是一例。一晃,居民小组长爱珍娘(她丈夫阿梁已去世,他是老沙逊手下的电灯匠、"八级电工")、工房扶梯口摆摊的苏州裁缝老爹、过去在外国人家里当厨子的某人,乃至绣花女美雅阿姐家、养鸽子阿强家、拜菩萨广东阿婆家、复员军人长脚家、卖棒冰阿跷家等,其后代,都已过或将至弱冠之年——当年的"光荣妈妈"们,子女都一大串,很会养,但据说也是没避孕之故。此时,"一片红"或其他下乡的,已陆续回城。老裁缝的孙子返城后,在煤球店里做煤球,中秋节一到,则去点心店做月饼。小房间里,爱珍娘家里的兄弟仨比较拿得出手:一个一度是黄浦区文攻武卫指挥部的,本事大,庶几可从看守所或某派出所里捞人;一个受了围棋国手缪老先生的开蒙,后来下乡云、贵,在那里围棋"摆大王",代表该省参加全国比赛;一个作为贵州十万大山里,一家保密厂的驻沪代表,许多事都搞得定。并且,娶得美人归——她是与其一批生去深山保密厂的,可谓百里挑一。

至于娇鹂家,当年祖垫撒手而去,留下一窝"萝卜头",转眼也都长大了。跟大楼"一门三进士"的易家,或茅家一样,娇鹂家的弟兄仁也在恢复高考时应考，结果，无一例外地失之交臂。弟兄仁都已拿工资，母亲总算快熬出头了，不过家里还有两个吃老米饭的。何况，大儿子已届婚龄，寄来的钱得攒起来，将来要讨媳妇——另外两房媳妇也是迟早的事。如此一来，看似儿子都出道了，其实赚来的钱都不能碰。故而经济窘迫虽略有改观，还是天天愁钱，一点不宽裕。钞票不凑手时，时常要跟缝纫间的同事调头寸；再不行，少不得去保健科献血，又会遇上条件不够的麻烦。好在她做事巴结、累活苦活不计较、肯吃亏，并且越忙、越累、越苦，越是笑脸灿烂，捷步如飞，且脾性好、没是非，大家都乐于帮她。到了月底，老姊妹时常会问："盛娇鹂，钞票粮票够不够？不够说一声喔。""谁没不便当的辰光？勿不好意思呀。"粮票说好是送的；但凡钞票借了，到时必还，绝不拖欠。尽管如此，由于经常处在接受、被施与的一方，似乎许多有面子的事跟她无关，也从不啧声，仿佛做小伏低惯了。但有一件，假使关乎孩子的前程未来，她肚子里就会咕噜一声："将来末，谁都不好说。"跟着，眼睛从电动缝纫机的针头、压脚板和白被服之间飞快睒了睒，淡淡一笑，带些鄙夷，俨然像一个赌翡翠原石的行家那样，神情十分笃定。

缝纫间马达嗡嗡，笑语声声。还是老样子，围成回字形的一台台洋机旁，林翡凰、荣德锦、曾美婋、小朱，还有里弄工冼阿姨、丁阿姨等，一面做生活，一面嘴里也不闲着，或聊天，或嗑香瓜子。上至"抓纲治国"，下至鸡毛蒜皮，还有穿着打扮、小菜场买菜、马路新闻等，乃至钢种饭盒里带啥小菜：荷叶粉蒸肉啦，霉干菜烧肉啦，油爆虾啦，面拖蟹啦，臭豆腐啦，八宝辣酱啦，无不成了谈资，而且花样百出。细心一看，周围其实少了几张老面孔：一个是下放的郎老师，一个是总务科老闵，前者已调到科室去；后者回了脑外科，还是"一把刀"，不过历史问题还没结论。此外，就是大组长章寿成，他被一撸到底，先是捅阴沟，后来到太平间车死尸去了。当下，聊得正欢，不知怎么，话锋一转，说到了恢复高考。说冬季开考历史上绝无仅有，说新华书店《数理化自学丛书》都卖疯了，还说某家、某人拼命温课——下乡知青家里孵豆芽，农场职工混病假；有的顶替回来踏黄鱼车不甘心，想跳龙门……娇鹏竖起耳朵听，一面心里对自己说："高考事大，错过了后悔来不及。对，豪燦写一封信，跟伊讲讲。喏，不是我说，大猢狲用功未够用功了，啥啥啥一百万。探亲回来，哪趟不是天天朝南京路图书馆跑？"是说，从前家恕煤油灯下苦读《资本论》，光笔记就有一百万字。

主意已定，修书一封。本来这信应是祖鸿的分内事，鉴于感情已很疏远，再则，也不愿低声下气央求他。况且，如此一来，仿佛带点放软档、回心转意的意味，怪怪的。诚然，让子女写信虽也未尝不可，不过总不如亲自写管用——岳母叫儿子岳飞刺字，难不成让人代替么？她提笔有千斤重，过去扫盲班统共没认多少字，一半还给老师了。但即使这样，还费不少时写下"劝考信"，跟另外叫老三家礼附上的几页信笺夹在一起，塞进航空信封，到邮政总局下面的铜质邮箱嘴里一投。数千里之外，当家恕收到罕有的母亲的亲笔信，既意外又惊喜，还感到一份沉甸甸的重托。当晚，他在日记里特为提到："妈亲自写了封信，看了使我觉得很亲切。家孝准备考政治研究专业，家礼准备考艺术专业，家惠、妹妹头在提高班复习。我衷心祝愿他们取得好的成绩。"还写道："虽然文化基础知识差点，但一定要有决心、有毅力，能有一百斤力量，使出一百二十斤的力来。从我这方面的情况看，考文科要比考理科把握大些，现在要集中力量学好数学、物理，同时看看政治哲学等书籍，到时候再酌定，但数学一定要学好！这是关键的关键。"之后，初中数学攻了个把月，进度极快，毕竟推荐上学有点底子，但在化学、外语方面，难度依然不小。正在突破一个个难关时，却传来风声说"不能考学"，大为震惊。再过一礼拜，该消息确准了，是说林区技术骨干奇缺，林校生起码得服务几年。无奈，没等发令枪响，就退下了。后来听说，他心仪的是复旦哲学系。

家孝一直官运亨通。外滩某大楼某局团委里,十月之后,团干部差不多全体卧倒。其中不乏才俊,纵有满腹锦绣,万人大会脱稿讲上两三个钟头没问题,也一锅端了。幸运的是,家孝的组织关系还在基层厂里,且刚到任不久,不属于剔除之列。恢复高考的喜讯传来,他便去基层厂开了证明,先报名再说。拿来高复材料扫一遍,心想:"我政治不吓的,外文数学白纸一张。"念中学时,红团干部顶吃香,高高在上,读书捣捣浆糊,课不用上一节,考试时各科老师给试题的答案,抄抄就成。大部分时间都用在斗老师、管同学了,还有就是挖战壕、掘坟墓。上课时,往教室后一扇门的小玻璃窗瞄几眼,发现异常,马上冲进去揪人。有时候,从教室收缴的黄色手抄本之类,红团门一关,偶尔也会翻翻,互相讪笑着。大好光阴给白白糟蹋了。临到高考,急来抱佛脚,忙请班主任(数学老师)辅导数学一个月。从头教起,怎么来得及?于是,外文、化学放弃。一考考下来,各科目成绩政治在及格线以上,语文马马虎虎,外语和数学:一个十几分,一个八分——班主任补不补数学课,实在差别不大。这样,就心灰意冷了。隔些时,念了外语夜大学的单科。后来进了市司法局,不久报考了华政某位刑法专家的研究生,可惜未获通过。阿三头记得,那段时间,他二哥裤袋里总掖着像扑克牌那样的厚厚一沓,时不时摸出一张来念念背背,以为他在考研。错了,实际上,做分类卡片,是想编译一本英汉词典,似乎国内还没这类工具书。弟兄俩都雄心万丈,而且很拼。家里只有一张机制板木纹贴面的小写字台,地方不够,他们就一个上半夜,一个下半夜,数年间灯火竟夜不熄。邻居咂咂嘴说:"喔唷不得了,伊拉哪能介用功呀!"

阿三志在搞美术。终极理想,能够在电影院里画巨幅海报,并且该招贴画风行一时,口碑甚好。随着时间推移,他不再流连于靶子山,捡铜弹壳、玻璃弹子和旧刚玉砂轮;也不再陶醉于用面筋、柏油粘知了,或到外国坟墓、铁路枕木旁捉蟋蟀,或到修车行拾来黄鱼车辐条帽做粗铅丝火药枪;还有,拷了浜到烂污泥里抓鱼摸蚌,或到苏州河游泳。摇身一变,他变成一个业余小画家,成天价胳臂上背着个宝蓝色画夹。画夹是自己用两块水曲柳三夹板,蓝色旧绸子加浆糊,糊制而成,对角线背带,细绳子缚两只蝴蝶结。这时已读技校了。课堂上,喜欢画女同学的侧影,因为觉得线条好,姿态妩媚,有韵律感。除了秀发飘逸,面部基本是忽略不计的——保持一种谨慎态度和安全距离,如果需要,也有了遁词:"呵呵,又没画你呀。"另外,被挑中的模特儿恰好在视线内,角度合适,尽量避免"正面照",那像什么?即便这样,被发现在画某人,有的装不知道,有的倏地拘谨或警惕起来,脸颊潮红。后来才晓得,此举似乎被误认为对某某"有意思";甚至,还第一次收到了火辣辣的情书。天地良心,他可一笔也没画过她。

　　拿支钢笔,把铱金笔尖拧弯了,便于画速写,大多选择在外滩、黄浦公园、虹口公园或铁马路小菜场里。画裸体,到公共浴池。浴室里白雾缭绕,水光迷离,似幻似真。泡澡啦,搓背啦,打盹啦,扦脚啦,动态或静态,活脱脱就是1973年版佐治·伯里曼《艺用人体结构》里的某种图例。女体虽无法办到,但靠翻临一些绘画作品或照片,也一样能琢磨相关的结构、比例、透视、色彩问题。学"铁线描",专门用圭笔临摹了名家顾炳鑫、贺友直的连环画,如1970年版的《列宁在十月》,一百二十二页,从头至尾,一笔不苟。至于素描和色彩,除了临摹1977年前后出版的《拉斐尔》《委拉斯凯兹》《伦勃朗》《门采尔》《库尔贝》《列宾》等大师,少不得央求亲朋同学摆个普士。不过,不好照牌头,更多还是自画自——梵高也不一直画自己么?割了耳朵也画。画架没有,只好五斗橱的台面玻璃横过来当画板。钢化玻璃既厚且大,一幅画画下来,胳臂酸痛麻木,都不像自己的了。临摹或写生习作都拿图钉摁在墙上。日子一久,满目飘摇,如残叶翻卷。被拔起的图钉找不到了,说不定,刚好一脚踩着朝天钉子。但是,贴习作的好处在于，画好画孬，醒来第一眼看得顶准。

　　墙角的小竹书架上，有一只肖邦石膏头像，不会比普通石章大多少。这面墙上，贴着阿三画的水墨和彩墨贝多芬、莎士比亚，尺幅够大，这是他的两尊"菩萨"。贝多芬，更多是一种精神引领和励志作用，因为只读了傅雷翻译的《贝多芬传》，亲聆乐圣的作品根本不可能——同年，电台里已首播《命运》，听广播毕竟有随机性，不见得都听见。这时已进厂了。记得数年后在与一位女爱乐者频繁通信中，彼此大谈肖邦钢琴曲，大谈贝多芬交响乐、钢琴和小提琴协奏曲及序曲，装得像那么回事。实际上，那时阿三耳朵旁连一个音符也没擦过；而对方，恐怕也好不了多少。普通人家，谁有留声机与黑胶唱片，更何况是贝多芬、肖邦？莎士比亚，也只是从小册子刊载的戏剧故事上来了解，读朱生豪或方平翻译的戏剧译本，是后来的事。但不知怎么，贝多芬、莎士比亚两幅画上，却已分别题款为："献给不朽的天才——路德维希·贝多芬""时代的灵魂、宇宙的精华——威廉·莎士比亚"，不禁哑然。

　　幸运的是，就在温习迎考时，偶遇两位中年的美术专业老师。很奇怪，她们单名里都有一个"莉"（抑或音同字异，上海话不大分得清楚）：一个姓方，戏剧学院舞美系老师，家住淮海西路；一个姓沈，南京路时装公司美工，家住江苏路。方老师慈眉善目一个粉团脸，鼻子圆圆的，笑容很圆润，但是遽尔收缩眼睑一瞥，有点寒丝丝、空落落，仿佛告知学艺术就意味着奉献和坐冷板凳，趁早准备。看得出，带去的一大摞习作还过得去，不过也还在某处画闷掉的地方，拿橡皮擦了擦，果然透气且更有层次了。红砖勾缝、蜡地钢窗，新式里弄房子很洋气，电钟旁的一只细边镜框里，她的素描自画像很棒，而且是铅笔"排线条的"，正宗学院派。阿三野路子，只用炭精条，所谓画结构、块面，把铅笔素描视为学院风格，其实也未必。沈老师长长的国字脸，长而下垂的鹰钩鼻，肤色异样白皙，长波浪披肩，人高马大，并且已很富态了,故衣裳穿得略大些,广袖博带,衣袂飘飘,感觉像是从神仙卷或敦煌壁画里下来的。不知为何,她嘴里似乎总含着一大口津液,有些细沫子顺嘴角外溢,不过并不明显。一见面,她就像个老朋友似的,亲切中还带有一种母性。无论在原先施公司底楼乱哄哄的办公室,还是一堂海派"灯笼脚"老红木家什的府邸里,她都让人宾至如归,如沐春风。"侬麴吓,胆子大一点,画好咪!"她把蘸好广告颜料的宽排笔交到阿三手里,说。这是换新橱窗,即将布置橱窗用的广告画,让他既吃惊又温煦,像碧螺春或狮峰龙井泡了开水,片片缕缕,舒放开来。

不久,阿三的母亲拿一蒲包大闸蟹,要他送到方老师家去。这个老师是她单位里的老章介绍的,是他一个远亲。阿三执意不从,认为这是一种屈辱和有损人格的行径。不过,毕竟拗不过,还是踏脚踏车带去了。沈老师则一次也没谢过。她不光让他练习画了好些大橱窗,还赠送许多绘画参考资料,及一罐罐的马利牌水粉颜料。从江苏路一所小洋房出来,隔了两条马路,她把他送到电车站。车开了,还在路旁摇曳着白白的胳臂,像"法国棍"面包飘在夜幕中。

大考那天,天气格外炎热。一早,母亲塞给他一副大饼油条,买菜刚带回来,还热乎乎的。"喏,拿好,吃了,肚子不饿。"母亲威严而又骄傲地说,像一顿西餐,别人吃不上。阿三拿过就"哼哧哼哧"大嚼起来,一面赶紧下楼去小花园,跨上脚踏车赶往考场,路还不近。"人生的转折点到了!"他一面猛踩脚踏,一面喃喃自语。由于连日熬夜,没上考场已经有些体虚,身子轻飘飘的,似乎有点恍惚,思绪杂沓。路过南京路上的朵云轩,是否想到去世的父亲了呢?好像也没。五六岁时,父亲总喜欢脖颈驮着他,到朵云轩去画画。一画就半天,出了店堂,便在贴隔壁的"邵万生"犒赏他,大多鸡翅、鸭舌、鸭肫之类。然后,蹲下身,他只要一抬腿,就一屁股骑到父亲的脖子上了。尽管小儿子拆天拆地皮,带他上亲友家,经常皮到主人家马桶打翻,父亲对他还是很宠。别人夸赞他孩子善画时眉花眼笑，说："嚓嚓几笔，就是一匹赤兔马！将来还了得！"除了吃零嘴，其他阿三都不大记得，甚至连父亲的容貌也模糊了，但早些时候，提到亡父，就会鼻子发酸，喉咙口一卡。"嗳，侬没有阿爸哦！"有人说。这是最致命的挑衅与侮辱。对方无论岁数大好多，还是个子高出一头，都不管，他怒目圆睁，冲上去就打。打到后来，渐渐体力不支，手脚发软，但还眼泪鼻涕一泡，死命地打，就像杀红了眼那样。

某大学校门敞开，洋梧桐扶疏，浓荫下停满了脚踏车。考生与陪考的家长混在一起，人头攒动，乌泱泱一片。考生紧张，陪考的人似乎更紧张。一眼望去，不论或男或女年轻年老，都是一张张苍白、半痉挛的脸。脚踏车龙头或车铃上的克罗米，一片闪烁，由于某种角度的关系某处发出反光，映射到眼里，像剑一般冷森锐利。铃声响过，教室里，桌椅已拆了，分隔为两个扇形区域，圆心角的位置坐着一个年轻模特儿，男的或女的。铅笔刀发出一片阴沉细碎的"切切切"声。素描写生大家自顾自，无所谓监考，还可以随便瞄一下周围绘画的进度及水准。除开好的很好，坏的很坏，大多一般般，似乎给阿三吃了一颗定心丸。下午考主题创作，彩色水粉。厕所间合上门，等膀胱中憋了几小时的液体一泻如注，把广口玻璃瓶里斑斓的水倒了，伴随着一阵轻松，旋即腰背便剧烈地酸痛起来，几乎虚脱。不过，整体感觉尚可。考后去跟沈老师说了说，沈老师认为大有希望。后来，她甚至还"调"来试卷看了，还说"蛮好蛮好"。

然而，考试未有斩获。原以为像司机踩一脚油门就到了，骤然之间，一切全变了。阿三感到头嗡地一下，像爆炸一样，眼前墨墨黑。"天啊！为什么会这样？这不公平！"他痛苦不堪地吼了起来，一股寒气沁入身体。这时，母亲欢天喜地笑容可掬地进来，仿佛她家的小猢狲已经被录取了。并且，胸前别了一枚金灿灿的大学校徽，白地红字。望着母亲乐呵呵的样子，阿三心里拔凉拔凉的。拼了好几年，两秒钟梦就破灭了。见小儿子饭不吃、觉不睡，成日价有些呆呆傻傻的，母亲也发愁。刚好她医院里工会发电影票——1976年后复映的彩色戏曲片《红楼梦》非常热门，一票难求。娇鸥是戏痴，一向喜欢绍兴大班和越剧，却割舍下心头之好，把电影票摁在儿子的口袋里。"那，拿好，豪燥去散散心呀！"她笑眯眯地推着儿子的肩胛。一转身，对旁人说："娘东，我就不相信，伊电影院出来还愁眉苦脸！"可事实上，《焚稿》《哭灵》，让他觉得世界上最后的一缕光，也夺走了。

多少年过去了，尽管山重水复，路远迢迢，"前度刘郎今又来"，好坏阿三也是教授级的专业人士了。有一回，茶余饭后，不知怎么，谈到了大楼里恢复高考那些事。爱珍娘的儿子"小赖带"说：大房间高知、资本家、干部家庭，他们考一个中一个，到底屋里底子、遗传基因是不一样喔！没办法，娘肚皮里带来的。跟着，他望了望家礼，幽幽地添了一声："喏，N楼小房间里，所谓读书人末，还数老蔡家。"

2. 一纸文书

一天到夜，家礼背着个宝蓝色画夹，为寻找目标东荡西逛。不过，外滩总是画画最好的地方之一：恋人如织的情人墙啦，练拳耍刀的广场啦，巨伞下脖子吊着个翻盖式"海鸥"拍照的浦江摄影啦，小公园音乐亭旁不乏情侣的镂空长椅啦，还有就是巍峨的建筑物。华灯初上，遥看浦江对岸，霓虹泛着桃红色，映出一排大大的外文字："SANYO"。耳畔，时不时飘过邓丽君或徐小凤的歌——三十年代老歌。它是从流动的面包机、卡带里传出的，该录音机时称"饭盒子"，或称"独眼龙"。上海到底不一样了。

马路斜对面，市政府老汇丰银行大楼一侧的墙面上，贴满了换房子那样的纸片，多如雪花。那是纷纷要求平反的申诉书。个人或集体上访者，密密层层。从早至晚，雕花紫铜大门前人多得"轧坍脱"，都是等候市领导接见的。如果细细辨认的话，还有不少来自河滨大厦的人。他们是：瑜苏、骆老头、成荇农钟琼夫妇、楼教授、女画家、许士祺、方瑞、袁宗瀚、华嫣晨、唐韵珊、鸿禧等，还有已故资深领港贝瑞康、沙逊账房先生老爹的后辈。老早，这两位老先生的薪水都拿六百块，大楼工资最高。此外，当年七层楼双双跳楼的一对老夫妻的后人，也赶了去。

大房间人家一个个都忙着申诉、走访，恨不能告地状、拦路喊冤。落实政策，跟着就是退赔、补发工资，十廿年算起来，有好大一笔呢。工房间的黛琳看了心里发痒，私下里便撺掇娇鹂不妨去外滩跑跑。还悻悻然说："要死快了！那年小房间靠廿份人家，贴大字报贴到侬额角头上，喏，'火烧盛娇鹂'，忘了？啥叫啥'开地下工厂，臭钱赚得木佬佬'！洋机头末拎了就跑。乖乖，没得命哦，哪能好算了？侬呀真好户头。碰到我，这口恶气不出，誓不为人！"娇鹂晓得黛琳是为她好，念小姊妹这份情。不过，事情过去就过去了，何必翻旧账？何况，当初戚大姐帮大忙，缝纫机头已物归原主。再说，阿强坏脑髓做这种缺德事，倒大霉，生了坏毛病半死不活，阿强嫂闹离婚走了——报应来得也快。陈糠烂芝麻的事再拿出来，岂不惹人笑话？于是，当场给回绝了。正好，婶娘乘空过来望娇鹂，把这事说了说。宝魁嫂女汉子一个，那时为侄女两肋插刀，尽拉偏架。听了这番说，颇赞成侄女的想法，夸赞她肚量大、眼界宽，哈哈一笑，就掀过了。接着刚才的话茬，提到外滩告地状，宝魁嫂却大腿一拍，眉飞色舞地说起从前的东家裴太太。"吃不消，伊真是会搅，简直搅得昏天黑地哦！"她努嘴笑言，脸上一半赞许，一半揶揄，似乎在嗔怪老东家"作头势"，太难缠。而从前，每每提到裴太太，尤其她丈夫裴先生，总是肃然起敬，跷大拇指说："他们可是一等一的好人家呀！待人多少客气。乖乖，解放上海，裴先生一个人带了邪气多美式坦克……"

裴太太叫华嫣晨，是个产科大夫，医术高超，宅心仁厚。落难了，她家才搬进小房间住，就在娇鹏家的斜对过。华医生也跟娇鹏讲起，自己怎么一面手术间里接生婴儿、做剖腹产；"划肚皮"，刚下手术台，带着一身酒精气味，一面又在跑东跑西，奔走呼号，为她丈夫老裴蒙冤的事。娇鹏一只耳朵进，一只耳朵出，没怎么往心里去。虽然，华医生向来都周济她家，照拂有加。比方，她胞弟阿淦、弟媳因结婚多年没孩子，急煞。华医生相帮安排她进了国际和平妇幼保健院，请最好的医生动手术——一种对子宫颈糜烂不全切除，而是留下部分组织加以修复的领先医术。之后不出两载，阿淦夫妇就喜滋滋抱上了孩子，而且是男孩。当下，娇鹏听宝魁嫂絮叨着老东家告状的事，忙讪笑说"喔，晓得的"，只是没婶婶知道得那样多，巨细靡遗。

据说，三年多来，华嫣晨不断走访市、区"落政办"，北上南下，走访上海警备区、南京军区等，投寄的申诉书不知凡几。所有接待人员，都会不厌其烦地听她讲一大篇，荡气回肠，一泻千里。说上海解放时她丈夫如何脑袋系在裤腰上，带了四十多辆全美式的坦克车起义啦；接收这支部队后，陈毅司令员如何颁发任命书啦；后来如何遇到不公正的对待啦；还有多年来她为解决历史遗留问题，如何说得嘴生茧，材料写得手胼胝，却杳无回音啦；等等。终于西边出太阳，派出所罗同志陪着区落政办的干部老崔来了。老崔问："华医生，您给上海警备区、南京军区等投寄了许多申诉信，对吧？"华嫣晨应答如流，侃侃而谈，似乎还有怒意。见她像自来水龙头刹不住，老崔忙作一番解释，说此事早已登记在册，目前积压的申诉案材料堆积如山，都需外调复查，劝她耐心等待。末了说："华医生，十年都等下来了，侬愁啥啦？"华嫣晨一听差火，怒道："我千辛万苦，几年里首都跑了三趟，南京军区跑五次，花了多少心血，结果仍旧没落实。陈毅任命书难道一张废纸？究竟谁负责任？这责任不应该我负呀。我哪能会不愁不急？""华医生，您的心情可以理解。心急吃不了热粥，对吧？放心。我们对每一宗申诉案都是十分慎重的，保证会给您一个交代。满意了吧?"

不等老崔说完,居委会外面的长走廊里,人已轧得几乎要打开头。纯铜球状把手晶晶亮,一扇门开了关,关了开,门钮旋个不停。刚送走华嫣晨,门缝里立刻伸进好几颗白花花的脑袋。穿堂间里,影影绰绰,可以见到当事人瑜荪、骆老头、成荇农、许士祺、方瑞、袁宗瀚、唐韵珊、鸿禧,和已故领港贝瑞康、沙逊账房先生老爹的后人、七层楼双双坠楼者的子女等一干人,全是讨说法、盼回音的。一听见区落政办有干部来到河滨大厦,便逼急赶来打探。这阵子,居委会的事特多,潘幼娴、戚大姐、桂阿姨等分身乏术。尽管如此,也赶紧停下来,穷于应付局面,生怕有什么差池。老崔似乎很有耐心,慢条斯理,就像特需门诊名医坐堂,一个个接待访客,尽量让其满意。但是,区落政办受理的案子多了去,怎么应答上来?这也不难,他泛了色的蓝制服上口袋里揣着个翻烂的本本,百衲衣似的,记满了。但凡遇到簿子上有遗漏的,必定挂电话到办公室去问明情由。结果,不管老相识,还是初次碰面,大家对落政干部的印象都蛮好。一打听,原来老崔也是从牛棚里出来的,对蒙冤之苦有深切体会,怪不得既贴心,又周到,而且办事有章法。

隔了些时,老崔有了新的任用。履新之前,出于高度的责任心,仍然应允把经手的一批旧案统统了结。但人多事繁,颇费周章,牵丝攀藤,任期已到,这厢滴滴答答仍收不了尾,新单位不好交代。好在河滨大厦是个特大型的社区,便于集中,一呼百应。落实政策是关乎每人的头等大事,恢复名誉,平反昭雪,人家盼星星盼月亮苦等多年,甚至一辈子,故而尽可能圆满点。这是其一。当初由于文攻武卫野蛮冲击河滨大厦,甚是荒唐。追查所谓"沙逊俱乐部案",游泳池关押、私设公堂严刑逼供,造成冤案无数,死伤不少。对此大楼居民反应强烈,呼声甚高,要求澄清事实,还以清白。这是其二。既然市、区落政办有一大摞申诉或控诉材料均来自河滨大厦,何不把剩下的这些申诉、控诉者集中一道，假座居委会议室，一并宣读平反的结论，达到晓谕全楼、抚慰心灵、恢复名誉之目的，岂不既隆重又省心，而且事半功倍？这是其三。

主意已定，老崔特为跑了趟大厦居委会，跟该居委会班子一沟通，潘幼娴、戚大姐、桂阿姨等举双手称好，一拍即合——实际上，大楼居委也有此想法。潘幼娴虽是后来才接手的，总还在粉碎"四人帮"之前。那爿屋檐下，红脸白脸，有时候刺破面皮，难免会得罪人、惹人嫌、伤情面，或许还吃些哑巴亏，谁愿意？没办法，上面要这样的。如今，区落政办隆重开这个会，多少也可以纾解一下紧张关系，放下历史包袱，让不愉快一笔勾销，这样好的事，何乐而不为呢？于是，当即在C字门大厅张榜告示。大堂与后楼的过道厅上，摆着个屏风样的宣传栏，告示一贴，无论从正门或后门进出，都看见了。这个小过道厅，靠墙一面连着旋转扶梯。站底下昂首一望，尽是长方形的深褐色栏杆，越高越小，好像国际饭店招牌点心蝴蝶酥那样，一圈圈绕上去，当中挖空。宣传栏上的"平反告示"不大，却分外显眼，过路人未免驻足看了看，会心一笑，或低声咕哝几句。

"喏，尹大姐，看见没有？这么多年，总算盼到了呀。"一个臂弯上挎着菜篮子的妇女说。"袁家姆妈，是个呀。"后者头上波浪纹，穿浅色泡泡纱睡衣，肉色丝袜足蹬拖鞋，手里捏着一根竹筷子，筷子上串了一排酥脆蓬松的大油条，想必刚从南天潼路一爿点心店过来。观者如堵，议论纷纷。有个穿得山青水绿的妇人轧进去瞥了瞥，白净大脸盘上露出轻蔑的神色，鼻子一哼，拔脚就往楼梯上跑——住在二楼。尹大姐、袁家姆妈忙喊住她："嗳，潘家阿姐，侬跑了介快做啥啦？"潘家阿姐怔了怔，见是麻将搭子，换了一副面孔，半笑半恼说："人家是好了，阿拉末几时太阳照着还不晓得咪。"又说："忘了？六六年也是箇答块，贴出一张'反修大厦收房令'，难末僵脱！啥人叫阿拉娘胆子小，一噱噱进，奡伊拉刚好候着呀。"是说当年一张勒令杀气腾腾，要求住得宽敞的人家主动交房。落款是收房办,那时大兴改名风,把"河滨大厦"改成了"反修大厦"。尹大姐、袁家姆妈忙劝慰几句,才开口就被截住了。"喔唷!一包气,勥去话伊。"话锋一转,潘家阿姐一手圈在嘴边,笑问:"嗳,有空过来弄脱几圈,好哇啦?"

这个年份很特别。街上衣裳一片蓝蚂蚁、绿蚂蚁不见了,仿佛报复过去不讲究、太寒素,女性自不消说,就连男青年也喜欢留J勾鬓角、穿喇叭裤、戴蛤蟆镜、烫头发——爱时髦的小伙子大多一头密密的细鬈,男不男女不女。爆炸头、喇叭式裤脚管、墨镜,手里提着双喇叭或四喇叭,成天价在苏州河畔、外滩防波堤前闲逛。"现在白天听邓小平,晚上听邓丽君的。"港台人大陆跑了一圈,高度概括地说。确实,概括得非常精准。不过早几年,邓丽君虽然遍地开花,但几乎都是盗版带。有些是从南边海关带进来的;有些是拿TDK翻录的,空白磁带七块九一盘,翻到后来,孙子版有了灰孙子。延安中路音乐书店中图进出口公司设有专柜,可点歌翻录,歌词当场也可复印。只是落雨天印迹模糊,甚至一片黑黢黢,放在盒带塑料壳子里,聊胜于无。邓丽君歌曲大陆年轻一代闻所未闻,而在他们的父母、叔叔或舅舅眼里,却是老上海、时代曲靡靡之音回来了,耳熟能详。随之翩然而至的,是从前那种熟稔的市井烟火,惬意、轻松、温暖、柔媚,熟极而流。

春江水暖鸭先知,外面风气老早就传到了大楼里。喜欢打扑克牌的小年轻,"40分""拱猪"不玩了,代之以桥牌。公寓房子总宽敞些,有些人家,连搓麻将,以及几年后的蓬嚓嚓——家庭Party、茶叙都时兴起来,周末非洲留学生也来跳交谊舞。不过,刚开始不敢声张。跳舞声音旋低。搓麻将识相点,关起门窗,拉上窗帘,窗帘厚厚的,也不怕闷。桌面上垫了层毛毯,外加被单一铺,四只脚绑牢。骨麻将牌都给"扫四旧"扫光了,塑料麻将对付着先搓起来,一样扎劲,只是留神洗牌声别太响。年景不同了,桂阿姨虽睁一只眼,闭一只眼,但也不能太过分。盖缘于此,潘家阿姐悄悄向尹大姐、袁家姆妈发出了邀请。三缺一,还少一个,到时再喊。尹大姐、袁家姆妈向来是好搭子,再忙不脱班,勒子不大,随叫随到。唯有这趟却打回票,一问,原来是想去居委会看看。毕竟,落政办特为来大楼给人恢复名誉是一件稀罕事,从前没有,今后谅必也不会再有。

这天下午,213室门前,看热闹的人早已满坑满谷,工房间的居多。大房间的,特殊年代相互扶持走过来,见了触心。再则,受所谓"阿大勠讲阿二,大家一样"心理驱使,故而,非但家长自己不去,其长辈或孩子也不去。工房间大多普罗大众,无非跟跟喊喊,基本没他们什么事。要么就是看着人家一会儿起高楼,一会儿屋塌人倒,一会儿官复原位,依然春风得意。自然,怪运气不好,也有两头不靠,比较霉的家庭。当下,尹大姐、袁家姆妈望见,陆陆续续,已有个把人迈进来了。歇不歇,不知谁压低着雌鸡喉咙咕噜说:"喏,伊是住某层楼的,老早一直在C字门口扫地……""那,伊拉家主婆扫扫地末想不落,翻身就跨出去了哦。"旁边忙纠正说,该人在小房间二阳台带尖的生铁栅栏前。事实上,大楼太大,怎么可能谁都认得?因此,每当有人进来,似乎总有谁在一旁低低作一番介绍,好像虹口体育场直播申花赛事,体育节目主持人喋喋不休,巧舌如簧。苦命人次第到场,张张面孔饱经沧桑、甜中含苦。奉茶,鞠躬,致谢,落座。与观者嬉皮忒脸嘻嘻哈哈不同,来这里聆听宣读平反书的人,个个都心情沉郁,神色愀然,缄默不语,或很少说话。苦尽甜来,原本应该高兴的,可惜像酱菜在卤水里浸泡太久,高兴归高兴,即令兴奋也总掺杂着些许沉重、伤惨、怨尤、哀戚。毋宁说,越开心就越痛苦,冰火两重天。

别人的痛苦总不大入心。蓦地,隔壁隐隐传来了胡琴、琵琶、扬琴声,一派祥和。冷不丁,有三分像孟小冬的女老生喊一嗓子:"一马离了西凉界……"行腔咬字特别讲究,中气十足,荡气回肠——业余演出队里的阿姨爷叔正在排练呢。也难怪,社区开会总不大正规,好在也习惯了。

第七章

1. 过堂

打头炮第一个进来的,是已故领港贝瑞康的小公子贝世平。贝世平家里排行最小,儿时患胸膜结核,照了镭锭方痊愈了。他家境优渥,自小受到良好教育,嗜好翻译小说,会弹钢琴。高中毕考填表格时,夹了一张黄牌子。后来晓得,那是给"剥削阶级子女"做记号的。上大学无望,社青一个,只好去新疆阿克苏农场。大楼里去新疆的人不下十三四个,其中,竟有一位中美混血美女,叫"外国人"。她养父是首屈一指的产科大夫,从床上把她抱回家,尽管养父刚新婚不久。新疆太苦,大城市人肯定受不了。由于得结核病,加上风暴年代喀什闹武斗,子弹飞来飞去,不安全,贝家小公子便长期漂在上海,自嘲"混世魔王",靠扛麻袋、踏黄鱼车,或去宁波放蜜蜂过活。高堂二老够苦了,怕再给他们添负累,很少回河滨大厦住。那时,对新疆知青倒流向来管得严,稍有动静,就会上门盘查。下面,便是桂阿姨与贝家姆妈在这种情形下常有的一问一答:"看见侬儿子么?""没。""侬去寻伊来,叫伊豪燥回新疆去。""伊不困在家里,寻也寻不到,我已经好几天没看见了。啥事体?""儿子有钞票界侬用么?""笑话,伊自己也没钱,哪能界我用?"

但是,躲过初一,躲不过十五。逢三个月,偏偏报临时户口会碰到桂阿姨。"侬新疆回来的,不好报临时户口。"桂阿姨截然说。贝家小公子怒道:"新疆回来哪能啦?又不是台湾过来的。"又说:"我没有违法,你讲不好报是吧?蛮好,写下来,说我不好报临时户口。"说着,对一旁的户籍警老罗瞥了瞥。"罗同志在这里,侬讲讲看。我在履行法律手续,桂阿姨倒讲不好报,拒绝让我尽公民义务。既然如此,我就拍拍屁股跑路了。"罗同志晓得分际,急忙喊住他,并正色说:"桂阿姨,不行的,快给他报。报了好去粮店办油粮关系,领二十五斤粮票。"桂阿姨一听,脸涨得通红,冷不丁像吃了一记闷棍,对方却贼忒兮兮地说:"滑稽哦?新疆怎么啦?跑到哪里也要给我吃饭——大不了借额度而已。喏,就这点狠。"当下,贝家小公子挺胸凸肚,大步流星,迎面走来。领脖间系了一条簇簇新的玫瑰红丝绸领带。见了这副模样,桂阿姨脸上挂着僵笑,心里却像打翻了五味瓶。过去他东躲西藏,见她就跟老鼠见猫。从某种角度说,那种奇异的关系,的确有点像《汤姆和杰瑞》中的"猫与老鼠"。可时过境迁,今番轮到这只"老鼠"得意了,不禁怃然。

言归正传。贝世平此番是代表他母亲、代表贝家出席这个平反会的。父亲贝瑞康,是国际航海家,也是中国数一数二的领港人。可惜时乖命蹇,他与三位老资格的港监一道被卷进了"国际特务案"。由于是"徐老三"定案,轰动一时,甚至外滩海关钟楼上,"打倒国际特务贝瑞康……"的巨幅标语,从上到下挂着。该案蒙冤者逾百,民怨民愤甚大,影响恶劣,故而港务局对受害人首批予以平反、昭雪,报纸上刊登讣告,总算是一种告慰了。贝老来自宁波的一个望族,家世显赫,祖上进士频出,官至一品,自祖父、父母一辈起笃信宗教。他含垢蒙冤多年,不得解脱,内心已皈依宗教,临终前只说了一句话:"我相信有神有灵魂。"平反、恢复名誉后,在龙华殡仪馆大厅举行了贝老的骨灰安放仪式。只见纸花圈满墙满壁,敬挽者之中居然还有彭真(1949年贝老本已办好护照去荷兰,被他挽留下了),可谓备极哀荣。自然,被割掉的工资予以发还——虽非按照原工资六百元,即使这样,因工资的基数大,且累计十多年,也有十多万元人民币之巨。按物价水平,肯定是天文数字了。社会上正时兴"万元户",当万元户脸上有光。后来,有一年除夕全家聚在电视机前看春晚节目,见女演员个个粉光脂艳珠光宝气,唱着歌,贝太一脸不屑,攒眉微笑着唧哝说:"嗳,戴珍珠项链哪能又行了?那时末亨朋冷给我拿精光,连一只保险箱也搬了喔。"又说:"(丈夫)伊不是剥削阶级,工资六百块末劳动所得。何况,这薪水也是你们给定的呀。"当然,这都是后话了,且不妨先说一说。

落实政策,补发的工资十几万拿到手里,贝家一家老少皆大欢喜。但对于这笔钱如何分,两代人各有各的算盘。作为一家之主,贝老的遗孀、儿女们的母亲,考虑到大儿子——当年某水利学院的数学尖子,因家里三次抄家受刺激,落下了精神分裂症,未婚;等她百年后,无人照料,况有养老问题,故而贝太主张这笔钱暂时不分。小儿子贝世平一家也赞成。大女儿、大女婿的想法却大相径庭。显然,一场家庭的矛盾冲突难以避免。谁都说服不了谁,末了只得法庭上见。贝家17室大套房在S形的转弯处,是大楼最大的一种房型,双阳台。母亲与大儿子住起居室,兄弟两份人家各一间。但是,官司一打,亲情没了,两拨人各自分灶吃饭。"喔唷!难末虹口法院里弄得一塌糊涂、一天世界。"贝家小公子苦笑说。

不久,一份人家拆开过日子。贝太当年是"麻袋大王"千金,娘家陪来的嫁妆——红木家什竟有四十几件之多,而且是"苏作"西式老红木,吃价钿的。幸运的是抄家时它们竟然毫发无损,可是兄弟阋墙,分家当,就把整套家什拆分了各拿几样。也是巧,虹口法院承办员刚好过来。河滨大厦后门走道上贝家的红木家什堆了一堆,他见了指着一只米汤橱,忙说:"不来事!办案期间财产冻结,谁也不许私分哦!"但是,法庭判决后还是分了。贝家小公子一家不久搬走。有一回,他妻子到大楼婆婆处取回其结婚棉被。大姐、大姐夫一听,忙偷偷在棉被里面找:是不是有存折?患精神病的大哥,对家里的乱象颇不喜,私下里把大姐叫做"扫帚星阿姐"。还解嘲说:"钞票有啥用场?钞票不好写在额角头上。"最困难时,他花一块钱买一坛广合腐乳,装有百块之多。腐乳咪咪小,天天一方乳腐过粥,就这样渡过时艰。否极泰来,不料却是这个局面。而贝家小公子,由于诸多磨难,痛感人生无常与幻灭,刚好大楼里的信徒曾翠玉来传福音,自此他便皈依了耶稣基督。

  第二个进来的是成荇农。他面孔圆圆的,梳个刷光的大背包头,腰板笔直,西装挺括,做工道地,面料考究;一手夹着个小黄牛皮大公文包。身后,跟着妻子钟琼,夫妻俩施施然进来。即令在丈夫最灰头土脸的时候,钟琼也安之若素,满面春风,主动跟邻舍打招呼,照样串门子。一身打扮即使不时髦,也蛮清爽相,举手投足之间,给人翩若惊鸿,甚至惊艳的感觉。终于可以扬眉吐气了,她别的都不急,只犯急家里给抄走的一架钢琴,能不能找到。那是娘家给她的陪嫁,特别有纪念意义,好坏还在其次。所以,头一桩事,就是跟丈夫单位去办交涉。那是一爿生产国货名牌轮胎的厂家。下放前,成荇农是那里的总工程师。抄家抄了三天三夜,足足运走几卡车。而且速战速决,东西隔手卖给了"淮国旧",干净利落。钟琼一听,立马追到了淮海中路上的这爿旧货店。旧货店一查老发票,原来,这架 Moutrie 牌琴是给千里之外的内蒙古人买走了。额角头碰上了天花板,一番追寻,钢琴竟然给找到了。睹物忖量,不知是喜是悲,不禁泫然。而另一头,恢复总工程师之职,成荇农好不容易回总师室,却因落难中与工人师傅结下了深情厚谊,难分难舍。老师傅人厚道,累活、脏活不叫他做,给他烟抽;小年轻们因跟他学英文,靠他搞技革,还一趟趟抢着洗他脏兮兮的工装服呢。

  回总师室做老本行,每一张图纸他签了字才算,到处受人敬重。名牌轮胎,产品升级换代、引进先进设备和化工原材料,少不得与国外谈生意。成荇农颇精于此道。解放前夕,他就来往于股票交易所,眼火好,吃进的只只股票都赚。还在大学念书,就开起了美国货"别优克"；外貌上可说没很大优势，居然把公认的校花稳追到手，人家还是英美文学系的——可见，本事不是一点点。确实，他思路缜密、讲信用、派头大、肯担肩胛；原则寸步不让，同时，又拿捏自如，懂得进退，滴水不漏。有一回，派他跟德国人谈成套设备。双方咬得很紧，再无松动的余地。"不好再谈了，再谈下去要掀台子。"他眨眨眼，狡黠地说。渐渐，作为谈判桌上的一把好手，名声在外。不知怎么，传到了某领导耳朵里。

　　七十年代末，由于被深圳、广东抢了先，上海样样晚一拍。突然有一天，上海滩又热了起来。适逢浦东开发，亟需各方面的顶尖人才。市政府渴慕贤士，唯才是举，虽然如此，在外贸谈判、招商引资方面尚嫌不足，令"上海一哥"挂心。某日，工余一班人正打着桥牌，谈及此事，未免着急。"要找啥谈判人才哟，远在天边近在眼前。嗳，你下面的某局某公司里就有一个能人。"该领导笑笑说，旋即对成荇农作了一番引荐。当听说此人出身某名校，跟自己是校友，该校向有打篮球的传统，他也是篮球队的，作为学长、篮球爱好者，一哥对这位同窗、小老弟便多了一份好感。不久，成荇农出任首任市外经贸委主任。据坊间传说，一次，国际橡胶业界有个重要的外贸项目，成荇农是该行业权威、总工程师，市领导派他去谈项目，并组成了包括翻译在内的代表团，规模庞大。成荇农说："没必要这么多人哦。其实，只要有我、翻译，两个人就够。"担任该翻译的，便是他的妻子钟琼。之前，她在沪上一家国际旅行社当导游，英文相当好。如此一来，他们伉俪遂成了生活伴侣、业务拍档了。

　　走马上任后，上下班专车接送。河滨大厦或官复原职，或擢升提拔的干部不少。每天晨昏，C字门前，接送领导上下班的小汽车一辆接一辆。其中，他坐的老爷奔驰车当时要属最好的。他块头大，衣裳下腆着个小肚腩，往前有好几寸。喉咙也响，而且，顶看不惯电梯前不排队。见小年轻插队，便摇摇头说："唉，现在瓣牌小鬼哦！"手动

OTIS 电梯轿厢小，进了电梯，西装笔挺，旁人是碰也不能碰的——若真碰了会不会甩手？倒也吃不准。与此同时，由于抄家时被抢了一间房，他们家不够住，组织上出面解决住房问题。不久，便由原先的朝北房子，搬进一个空关的套房里，面朝苏州河。这个 510 套房，原先是"鲤鱼王"女画家住的。后来老画家被接到上海大厦住了，空置下来，成家入住。据说，该领导曾多次来此造访。另外，还有一件事需要提一笔：由于临河而居，地势狭长，并且四川路桥桥堍沿河一带，还有邮政总局里的邮政车行驶或停泊，关涉到公共区域的管辖权。因此，螺蛳壳里做道场，大楼停车难问题十分突出，居民叫苦。居委会只好上门请成主任来协调此事。从前，每逢暴雪暴雨天气或汛期，马路上会结冰积水。天不亮，喊他这个现行分子、"摘帽右派"去扫雪铲冰排水，桂阿姨总来得个起劲。回想起来，未免感到奇窘吧？惴惴的，谁知也不计较这些。到底面子大，他一出马，这事就摆平了。自此，北苏州路、江西北路马路边，收费泊车，有空位大楼的私家车可以随便停——自然，以上种种，都是多年以后的事了。

第三、第四个差不多同时踅进来，他们是瑜荪、华嫣晨。随即，当年七层楼那一对罹难老夫妻的子女们也来了。前者一进门，特为上前跟老崔寒暄一番，老崔颔首施礼，聊几句不相干的话。要说熟悉程度，华嫣晨自不待言；就是瑜荪也颇有渊源：因当年岳母吸煤气自杀，恶邻欺负他"坏分子"，反诬成"谋财害命"，要稀里糊涂办案岂不就苦了？幸亏老崔秉公明断，一码归一码。想不到再次遇见，已是帮他卸下"沉重的精神枷锁"了，不由感激涕零。由于时间仓促，瑜荪、华嫣晨等都是在大楼这个平反会上，第一次听宣读结论的。像七层楼罹难老夫妻的家属，包括在场的贝家、成家，还有项炳其、佟颖倩丈夫、楼教授、凌之轲、许士祺、方瑞、袁宗瀚、唐韵珊、鸿禧等，这些在职人员，都已在各自的单位里开过隆重的落政大会了，可谓各得其所。一言以蔽之，教授、总工程师、高级工程师、总会计师、校长、原工商联主任、副主任委员等，一一恢复了职务，各就各位；被扣发或截留的工资，予以补还（扣除其中靠边时所拿的生活费）；一些抄家物资，集中在大八寺一个潮湿的地下仓库里，象征性地给予领取，意思意思；唯独被侵占房子一项比较难办，暂时搁置起来。这都是些有头有脸的人，相比之下，七层楼罹难老夫妻极其普通。不过，由于那事影响太大，该单位预先把死者家属接到厂里，跟其他受难者家属一起，开了个大而化之的平反会。为恢复名誉计，这回是到死难者生前的住地，再过过场，好歹对后人也是一种慰藉。

当下，被平反的人纷至沓来，宣读平反书如仪，在此不赘。不过，另外还有一些人，他们本该受到这种待遇的，但委实运气不佳，只能作壁上观。当年，文攻武卫进驻大楼立"下马威"，叫来一批老头老太，站在C字门口柏油桶上示众，而且化了妆凌辱他们，还给起了侮辱性的绰号，如"老狐狸""铁拐李""白骨精""磨刀师傅"等。多年过去了，这些老头老太死的，死了（如"老狐狸"窦婉芷等）；活的，还活着，但恐怖的阴影抹不去了，恐怕一直会带到骨灰箱里。由于不算在平反范围，这些幸存者晓得没这种福气，但还是悄悄来此旁听——单单出口郁闷之气也好。附带提一笔，当时有个某楼工房间的谁，捆了被示众者两巴掌，揪着领圈说："马医生，想不到吧？侬也有今朝！"该揭发者本就是个潦倒的人，其儿子胖海海的，像只黄胖橄榄。后来，儿子在大楼里卖米，尽蚀本，欠了一屁股债；又患着尿毒症，潦倒之极。哪晓得倒追他的女孩还不少。家人便对他女朋友说："阿拉儿子是坏料、流氓，很坏的，侬覅跟伊，快回去呀！"但女孩肚子也搞大了。最后，儿子就在家人的眼皮底下跳了楼。除了当年立柏油桶的被侮辱者，另外还有一些苦主，半辈子生活在历史的夹缝里。这其中，便有骆老头和沙逊账房先生老爹等。他和他后人虽不在受邀之列，单是为了感受感受气氛，或纾解纾解闷气，便不请自来，叨陪末座。

老爹和他1949年前毕业于东吴大学的女儿，都在维克多·沙逊公司做事。解放后，父女俩分别被调整到了杨浦、闸北区的房管所。老爹工资高，有六百元。他为人豪爽、胸襟磊落，嗜酒，手面大，且不无正义感。吃外国人饭，虽从不关心政治，遇上什么事，也决不缩头。比如，他有个当大学生的远房亲戚，因参加地下党惨遭枪毙。他晓得了，便挑头去为他收尸。其情性、侠义可见一斑。也许正缘于此，使他在反右时吃人暗算。那时，房管所书记正苦于完不成反右指标，矮子里拔长子，暗地里相中他。老爹好酒，常跟书记一起吃饭喝酒，高谈阔论，自然不存戒备之心。言者无心，祸从口出。于是，酒肉穿肠过，佛祖心中留，老爹便被拿来顶数，六百块的工资降成六十几块。还好，隔年就摘帽了。摘帽了，工资却不恢复。

风暴乍起，河滨大厦里老爹家算是头一批挨抄，竟然还是自找的。原来，抗战胜利后，住在大楼里的日本人要走了，临走，委托他保管几只箱子。老爹好说话，一口应允，便把那些箱子拎到位于后门小房间底层的锅炉房里。那些箱子，几十年来没打开过，但遇上"扫四旧"，老爹心里兀自打鼓。结果把牙一咬，瞒着家人，就将箱子拎到了乍浦路派出所。当场开验，其实也就是绸缎布匹之类。不过，正因为这样，老爹家被抄检了。由于老爹、他两个女儿女婿都分住在不同的套房里，顺藤摸瓜，索性来了个"瓜蔓抄"。金银细软、存款单、兑换券等悉数拿下。也不知什么路数，抄家四旧不抄，西装、领带、旗袍都留下，单单把新买的料子衣裳都抄走了。没两年，被抄走的物品还了，金器不退，按九十六元人民币一两收购。老爹动乱前就退休了。那点铜钿，一人开销尚缺用，怎么够养两房妻妾？一直靠两个女儿贴钱。心里不痛快，特别是中风后。不久，郁郁而死。由于"右派"帽子早摘了，自然，补发工资这些事就更加免谈。这笔苦账，如今跟谁说？老爹走了，他的两房妻妾渐渐也很老很老了——一大一小，束髻，夏天会穿着外面已见不到的黑香云纱衣衫、一排八脚钮，搭伴住在虹口甜爱路的"千爱里"。两人倒还亲睦，姊妹似的，但没钱没劳保，供养一向是个大问题。鉴于此,沙逊账房先生老爹的后人,此刻坐在旁听席上的心情,或许便不难理解了吧?

而轮椅上的骆老头,情形又有些不同。骆老头是个乐天派,很少有像他这样怡然自得,自得其乐,乃至苦中作乐、以苦为荣的。他活脱脱像隐士般飘逸洒脱,诗书风流,斯文儒雅,文质彬彬。若不晓得孤岛时期,他靠投机跑运输、倒卖煤炭发了财,手下光大卡车就有四部,谁相信他是暴发户出身呢?他满腹经纶,出口成章,涉猎颇广。不光精于昆曲,吹得一口好箫,幽咽婉转,宛如天籁,并且能赋词谱曲;还写一手好字,天分、眼界极高。自服刑回来,217大套房变幼儿园了,遂到五楼工房间住下。也巧,隔壁人家刚好也是从大房间搬来的。一听是民国围棋国手之后,同为天涯沦落人,两家便颇为投缘。工房间就是孩子多,那时都争当光荣妈妈。孩子多也好,让他俨然成了教书先生。

见隔壁小朋友临帖临的是赵冷月,他肩胛耸耸,冷笑说:"赵冷月的字也好算字?伊楷书还没学好,就练草书了。"跟一帮孩子到山东路体育馆去看篮球比赛。马路上,见人家谈朋友,男女轧得老紧。他皱皱眉,鄙夷地笑言:"不上台面哦。现在的人没腔调,哪好同阿拉比?弹开三条横马路了。"说着,给小朋友做标准动作。"喏,阿拉(谈恋爱)本来是一只手,轻轻搭在女生后面。手指头末搭了一点点。"他太太早先是个小学老师。自从经历人生大裂变后,受不了打击,精神出毛病。幸亏是个文疯子,不打不闹,只是经常会偷偷自跟自讲话,或突然大笑起来。对这些,丈夫十分淡定。虽然他吃过官司,却一点也不自怨自卑,仿佛劳改没劳改全不相干。脸上招牌式的微笑,照样很明媚——小朋友笑他是"微笑服务"。确实,无论大楼长走廊里,还是外面马路上,不管认得不认得,见了谁他都微笑相迎,领首鞠躬,一副踌躇满志的样子,尽管家徒四壁,穷得叮当响,连酒都买不起。围棋国手的女婿是个"酒中仙",门旁搁板上有一排老酒瓶。一天,门后挂了瓶"竹叶青"。亏他鼻子灵，识货，闻香知酒——真的茅台、五粮液、汾酒、西凤酒，一闻便知。这会儿嗅着一缕子刚开盖的"竹叶青"，馋痨虫爬出来，径自去"嗒嗒味道"。邻居笑了，请他品尝。于是，他便歇不歇润上一口，谢也不谢，名士风度，烟酒不分家。

骆老头就是这么个人。什么事都很淡然，安分从时，难得糊涂。因吃过苦头，跌过筋斗，仿佛在太上老君的八卦炉里炼过，百毒不侵。老酒一灌，便胡言乱语起来，语出惊人——好在"新时期"了，说话再出格些也没人管。"嗳，侬闲话介多做啥？"三五知己小酌时，他居然大发感慨地说，"一句话，解放啦、革命啦、搞运动啦，其实戳穿了不就是搬房间么？啥，大房间人末，搬到小房间去；小房间人末，搬到大房间来。兴兴轰轰几十年，如此而已。"吃得酒水糊涂，面孔虾红，似喜似悲，半嗔半笑。又说："做人末，有的是一副好牌，有的是一副坏牌。会打的，把坏牌打成好牌；不会打的，把好牌打成坏牌。对不对？"旋即，他舌头嗒嗒滋味，翕翕然美不可言地说，"我们都来日不多了，千金买醉才是真的。人生不过三万天，喜也一天，愁也一天，何必呢？来，吃！吃！吃！"——当然，这也是后话。

此刻，居委会议室的平反会正开得小高潮连连，一波未平，一波又起。当下，轮到给华嫣晨的丈夫宣读《关于裴莱一同志的复查结论》。读完了，该基层单位派来的领导照例说几句，应个景。先前几位也都这样。领导发言，说的都是场面上的话，给足面子，安抚人心，也该知足了。殊不料，华嫣晨不听犹可，一听气得面如白纸，当即就喷出来，大刺刺地嚷道："你们这样不对的，老裴没落实到位。我问你：你们电镀厂什么级别？裴先生陈毅任命什么级别？不对嘛，要大推大板了。弄了半天，原来你们还在欺负老裴呀！"她声泪俱下，说了一大篇。还有"伊有多少苦！谁看得起伊？黄埔军校 N 期生哪敢提？为了报效国家，廿几年没开过一天病假。偷偷还去读财务夜校，读了也不算。就说他们的坦克营，那是远征军部队，打日本鬼子，出生入死立过功呀!"云云。尽管说得舌敝唇焦,甚至杜鹃滴血,附和声却寥寥——有些是情况不明不好置喙,有些是嗔怪她得陇望蜀,有点过分了。顿时,周围起了一阵轻微的嘈杂声。显然,这一闹场,犯了众怒。大家私下里认为,过去人人生活在恐惧中,能够落实政策,轻轻松松过日子,已经很不错了;别不知足、不惜福。"华医生,勠萝卜不当菜,不然的话,给你收回去,又如何呢?"邻居们嘴里不说,脸上的表情却似乎这样说道。老崔罩着手,跟该单位领导轻轻说几句,又抬头望了望墙上的电钟。然后,当众表示:个别细节问题择时再商议,大会继续开下去。

华嫣晨紫涨着脸,不响了。谁知话音刚落,半路杀出程咬金,骆老头竟哇啦哇啦嚷开了。方才,看着在座的一个个都平反了,他很不是滋味。就像过去小房间里烧煤球炉,不用时,浇一勺子湿煤屑封炉口,炉膛里的火给闷住了。但是华医生一开腔,"欺负"两字正好打在他的痛处上,也不知哪来的一股劲,火苗噌噌蹿起,再也压不住。他坐着轮椅,身子晃得厉害,手里端着一把乌油油的宜兴紫泥茶壶。"老崔,听说你也在牛棚里蹲过的,对吧?"他问,"既然被打倒过,那么,是谁打倒你们的?"老崔一看,骆老头并不陌生,便回答:"造反派嘿。""是啊,被造反派打倒的。你们现在恢复工作,工资都补发了,对吧?""补了。""很好!你们恢复工作,工资也补了。那么,我是叫谁给打翻在地的?"骆老头又问。老崔见来意不善,这样胡搅蛮缠下去,很容易变成一颗拧烂的螺丝。于是,忙剪断话说:"喔唷!路归路桥归桥,这账不能这样算的……"骆老头脸刷白,一阵长吁短叹,憋了半天方说:"是的,一码归一码。可是,你们都解决了,官复原职、工资补发,我怎么办呢?我一点没错,白白冤枉了二十多年,弄得老太婆发神经,我也瘫了……嘘……嘘……就勿谈赔偿了,原来我们住的房子,总得给我搬回去吧?"

老崔再度打断他的话,因为这些与会议内容无关。一刻钟后,在居委干部、上上下下邻居心怀感激，并且众星捧月般的簇拥下，老崔迈着轻快的脚步，走过深深的走廊，过了弹簧摇门，朝电梯间其中一部电梯走去。走廊口，路过一份人家，望见一块黄黯黯的冰裂纹门玻璃，不知怎么，倏地想起那天的情景。他带了一份两百多字的草稿，去见房主。照例说明来意，征求该家属对结论有何意见。末了说："……当年'把内部矛盾错判为敌我矛盾，现予纠正'。这样措辞，可以吗？"谁知，女主人只冷冷地问："他人呢？"他回答说，早在某某年就病死在劳改农场了。她听了一阵缄默，随后说："那么把骨灰交出来，我要看。"他窘迫地说："呃，恐怕找不到。何况，监狱那边的事不好办……"女主人鼻尖嗤溜一声，说："你倒十分轻巧！一条人命、我们全家几十年的苦楚，你们给一张拳头大的纸片，难道就一笔勾销了？"他忙这样那样一番劝解，还好心地说："喏，《纠正通知书》交给你们，一方面可以给你们的单位备个案，这对你们的政治前途会有帮助；另一方面，凭这个找到去世者的原单位，还可以作一些经济上的补偿。"女主人勃然大怒，一字一顿地说："滑稽哦！要啥政治前途？谁考虑过什么补偿？你们就是送上门，我也不要——难受！这个钞票龌龊！腻腥！恶心！"

说完，女主人呜咽着奔进另一间房，趴在圆桌上放声大哭。

2. 恨悠悠

门开着，这种门半扇长方格毛玻璃，半扇木头的，似乎不大有隐私。娇鹂轻轻叩了叩，才迈进去。

祖鸿还是老样子，幽幽笑着，一看见她就很兴奋的样子，说："阿姣，真想不到，又同你碰头了……"嘴翕开，露出牙龈，门牙上爬着一丝丝血，她第一眼就注意到了，却没吱声。三年多没见，娇鹂额前已是白发萧然，尽管他晓得这是她家遗传性的，乍一眼仍有点不适，说不清是感慨，还是怜惜，抑或伤痛。总之，有一种"无边落木萧萧下"的况味。因为他有女友陪着，何况娇鹂已到这种年龄了，即令回应也没怎么很热，就一般说说笑笑，叙些温寒。说着，祖鸿很平静地告诉她，他中"大彩头"了，是那种恶毛病。她听了只淡淡地"哦"了声，说些宽解的话，也是泛泛的。他似乎有些窘意，跟娇鹂说："现在日子好过了，'坏分子'帽子已摘，扣发的工资也补了，银行分理处三日两头来催我归队——气伤心了，好马不吃回头草，谁还去？厂里呢，前一向天天盯着我搬桌子，老大学生蛮吃香喔。这不，刚调财务科，就升了副科。还有，小覃待我蛮好，同事都追着问我要喜糖吃呢。"小覃是个老姑娘，清瘦的一张小方脸，皮肤极白，颞部青筋暴露，眼睛很大，有点神经质。也许当面吃不消这一声，一下子脸红到了耳根。她乜斜一眼，嘴里娇嗔一句。不料，祖鸿也不应嘴，自管自对娇鹂说："惹鬼个！老早挖防空洞时，就盼问题解决，早点恢复自由，拼命要好好表现，结果身子弄坏了。好不容易等到问题解决，刚刚日子好过，可命就要没了……"

娇鹂仍是不动声色，身子却微微摇晃。祖鸿的一席话，像小竹尖扎在指甲缝里，钻心痛，一波波逼上来。尤其是说到"解决""恢复自由"，除了如梦随影的难受，还有一种被丢弃的心寒齿冷。往事如潮。"你的问题到底啥辰光解决呀？"那时，她经常会缠住他问。"呃，总会解决的。"他干笑说。"只怕我等不到了。""哪能会？侬覅吓我喔。""吓侬做啥？"他想，谅必是指身体出某种状况，或遇到飞来横祸吧？显然，太不着边际，但也有一种模糊的害怕。"苦日子熬不到头。你说，熬得到么？"她凄然问。他似乎也灰心透了，像从喷过药水的法国梧桐叶瓣掉到地上的洋辣子，华丽炫目，佝头缩颈蜷作一团。见此状，她骇然了，反倒安慰他说："苦日子总会过去的，天会亮的，你要有信心喔。"说着，眼泪劈栗扑簌滴下来。"侬覅难过，我有信心的。"他强颜一笑，说。没曾想，生活开了个大玩笑，苦尽甘来，他的好日子里却没有她的份了。对于这一点,她慢慢也想开了,所以并不怎么难受——至少,不会感到是一种猝然的打击,或者某种伤害。只是,听说祖鸿来日不多,想回小房间住一住,她脑子里乱极了,接连数日内心异常矛盾、焦灼。"你小伯活不长了……"一天,她召集全家的人说,"他对我们家出力很多,一向有恩于你们,应该把他接过来住,对吗?"她问,仿佛是在央求,怯生生的,明显带着喘息声,眼睛一红。"对呀对呀!"孩子们异口同声。还说,睡不下,可以搭只帆布床。或者干脆借宿到朋友家里去,难板的,不打紧。极简单的几句话,让母亲倍感安慰。一张脸,一会笑,一会哭,似乎也不加掩饰。

那天祖鸿真记住了娇鹂的话,会有希望的,尽管微茫得很。坚持,与其说是出于活下去的勇气,不如说憋了口气,只想证明自己的清白无辜。获得平反后,回到之前下放的锻压机床厂,仓库里发劳动防护品。但凡向他提起不堪的过往,便龇龇牙,咕哝道:"惹鬼个!资本家的孝子贤孙嘞。"但似乎并不怎么偏激和怨尤。因为其他人遭遇的不幸远比他大得多,小巫见大巫了。不久,可以回银行了,组织科来征求意见,他一口回绝。其实,除了赌气,工厂实惠也是一个原因:银行个人劳保,没医保;厂里不光有大劳保,享受干部待遇,还给免费订《参考消息》。那时,报纸上都提"尊重知识尊重人才",老大学生蹲仓库也不像样。厂里调他到财务科去,他不肯。"老蔡,你明天到财务科来报到。"下命令了,不好不依。不久当了该科的负责人。由于至今未婚,单身,热心人便撺掇着给他介绍对象,起先也不肯。

刚好,公司搞联谊活动,有一位老姑娘很疙瘩,挑三拣四给耽误了,冷不丁遇见祖鸿,一箭上垛。有涵养、有书卷气不说,更有独住房子,似乎还退赔了一笔钱。时兴的择偶条件"海、陆、空",占了两样。玉树临风,谦谦君子,这样好的条件,打着灯笼也难找。"真的哎,老吃伊的。"小覃私下跟小姊妹说,一副千肯万肯的样子。然而,祖鸿却并不急着结婚。因为跟娇鹂始终好不到一起,翻来覆去,三不罢四不休,终于心凉了。仿佛为了怄气,随随便便就跟小覃好了。但出于某种纠结,一半失望,一半无奈,遂患上了"婚姻恐惧症"。口中自然好听,说不想耽误人家,一根指头也不碰她。旋踵,身体就出状况了。为不拖累老姑娘,恳请她等待六个月,倘使好转就考虑结婚。但疾病没好转。上苍是残酷的。

没多少工夫,祖鸿就感到体力不支,面色蜡黄、虚汗淋漓、怠倦、心绪很恶。小覃忙服侍他躺下,盖了一条厚被子仍嫌不够,娇鹂又搬来了一条薄被,压上了。床下一只五十年代牡丹花图案的高脚痰盂罐,榉木旧牌凳上搁一只漱口杯,枕边放一叠马粪纸,后两样是吐痰用的——断命喉咙口的痰来得个多,腥腥的,有点咸。有时也图省事,就纸上"噗"一下,折叠起来。痰盂罐、漱口杯、草纸的确是好伙伴,所谓"一点残灯伴夜长"。很快,被子下的病人就发出了磨牙声,还低低打着鼾,鼾音和哨笛音混在一起,突然停顿下来,带着一种轻微的恐怖。隔一会,尖利的"嘘——""嘘——"声又续上了。拉了拉线开关,带上黄铜门钮,两个女人肩挨肩,穿过筒子楼夹着的甬道——那一扇扇门或开或关,有没有小精灵那样灼灼的眼睛盯着?或像啮齿类动物发出欢快的吱吱声?似乎也没顾着,管他爱说不说。过道口一个公共用水间,环壁半人高的绿油漆,潮湿,墙面起壳。过去这儿离地约两尺高,戳着一只铜水龙头,怕溅,龙头上箍着根红橡皮管子。水门汀四周一圈凹槽,水流下去。如今是各家各户都装水槽和小水表了,水龙头不少,高低错落。一边墙上并排挂着好些个湿拖把。

等来到外面的穿堂间,借此机会,小覃对娇鹂说了些她与祖鸿的事,末了声音低了低说:我们还没结婚,朋友轧了几年,压马路。都怪他一推再推,推到后来就不行了。"我也不晓得为啥呀!"她顿了顿,忸怩地说,"他呀,就是一点不肯动我,好像嫌憎女人的肉体,会不会是一种病哦?嗯,不过嘛,他身子不好,我全放开了,不去想它,算数。"娇鹂木然,吃不准答嘴好,还是不好。"阿嫂,万一伊福大命大,挺得过去，能过上一两年，我也知足了。倘使再有可能，我倒希望留下他的亲骨血哎——我比较贪了，是吧？侬讲呢？我们女人总好说话，对不对？倘使有机会，嗯……讨阿姐一个人情，帮我豁豁翎子好哦？"说着，一边淌眼抹泪，一边害羞地笑了笑，红头脸赤的，倒是万分恳切。娇丽听着她说，一面也暗暗掂量着，是否话里有话？还有，吃不准他究竟跟她吐露过他们的关系没有，为何说这种话？心里乱乱的。然而，毕竟病势沉重，压在心头。还没容她多想，小覃换了个口气，果敢地说：他这个病，医生诊断只剩一两个月时间，不能开刀，急煞。依我想法，索性死马当活马医，说不定，碰巧给治愈了。"他很想'冲一冲喜'——不是那个意思，是指要高兴高兴。有时候，高兴是比什么药都好。都这样了，这种要求也不好不满足他呀。"因为他一直在说，河滨大厦当初如何如何好，就替他出个馊主意，不妨回去住一住。"也是仰仗阿嫂开恩，给腾出了地方。脏兮兮的，这个病还会过人，阿嫂也不嫌弃……"小覃说。

　　娇鹂非常木讷，隐隐的，还有点痛。整个感觉，就像自己是一块暴腌带鱼，在不断地往身上擦盐。半个钟头后，娇鹂回到家里，蹬木梯上了阁楼，扑倒在被头上。幸好，两个大姑娘——女儿家惠、养女妹妹头，一个上早班习惯早困，闷头大睡；一个嫌挤到七层楼借宿去了。而小阁楼下，并排两张单人床，一张是临时搭好的帆布床，床空着，家孝、家礼各人一盏台灯，各自忙着什么事。大楼房子就是层高高，三米多，阁楼上下两不碍。故而母亲即令动静大了些，也无人看见，否则，算什么呢？但是，稍微定了定神，她还是甚感马虎不得，胡乱跟下面的弟兄俩关照这关照那。一早还要拎篮头去买菜，尤其还有病号菜，更应该早点去铁马路排队。于是，一面催着他俩别弄太晚，一面楼上的塑壳拖线板总开关"吧嗒"一揿，实行宵禁了。又过了半个钟头，唧粒骨碌、窸窸窣窣的反抗声音化为舒缓、此起彼伏的呼噜声，伴随着不知哪里传来的鸽子的"咕噜—咕噜"。

娇鹂瞪着天花板,一夜未合眼。时而记挂着病人会不会嘴巴干了?会不会肚子饿了?高脚痰盂会不会满了?甚至于,会不会有事?没人看顾着,万一有个闪失谁担得起?心尖着,一刻不敢放开。倘使照她素来的脾性,快手快脚,早就披件衣裳过去弯一弯了,哪还牵丝攀藤,等到肚肠骨发痒?然而,不知怎么,现在好像被捆牢了似的,五花大绑,动弹不得。"娘冬采!有啥啦?住到我这里来就要管,病人要紧,万一有个……"她心里喃喃道,"就是算在亲戚的份上,他阿哥没了,做阿嫂的,难道不应该出力?一笔写不出两个蔡。老话讲'不看僧面看佛面'呀!"总之,横竖都是一条天大的理由,抬抬身伸伸腿。但是片刻之间,"嗳,侬介起劲做啥?"周身寒彻,霎时泄了气。如今,尽管这个房间与那个房间只隔了两个大阳台,但心的距离何止千里万里。

妹妹头借宿到七层楼心莉姨妈家,就不是嘴快,此举本身早就走漏了风声。心莉心舫一听,焦灼、难过得不行。嫡嫡亲的表兄妹,哪有不急的?何况,表弟祖鸿吃那些苦,桩桩件件,都与其已故的老爹爹密切有关。首先,那宗所谓的"抽盗案"。那时抄的抄了,封的封了,交房子也交了,就连银行里存的钱也给冻结,弄得家里没钱吃饭、没钱添衣、没钱看病。外甥看不过,就给通融通融,哪知变惊天大案,弄得这样惨法子。再则,尽管老娘舅说话算话,做主玉成了"叔接嫂",但后来发生的枝枝节节,现在看来反而是误了人家前程,可见生米做不成熟饭。她表弟同娇鹂一家本来走得很勤,慢慢也不怎么走动了,亲不成变冤家,若要细究,爹爹黄泉之下恐怕还给"牵头皮"了。另外,所谓"冤有头,债有主",那笔账都算在"四人帮"头上。看到左邻右舍那些高干、高知或"解放"了,或升官了,或退赔了,大多加官晋爵,可是,老爹爹与继母窦婉芷,非但一生心血、全部家业荡光了,两老竟连劫后见一面的福气都没有,每每想起辛酸落泪。这个苦楚,下一代不会理解,也唯有跟过来人吐露吐露,而老表祖鸿是从头至尾都看见的。前些天,有个老干部家庭的女儿倒说了句公道话。她对另一个也是老干部的街坊说:"你们夠心里不平了,想想看,从'三反五反''反右'到后来一个个运动,有多少人,是从你们手里被打进十八层地狱的?退潮了,你们多少挽回损失了,可他们那些人呢?"一句话,听得心莉心舫欲哭欲泣,通体血流加速。心想:"也值了,也值了!"这些苦情,或许只有跟老表说说。

她们姊妹俩还有瑜荪,一字排正从嵌入烟道式垃圾桶旁的消防扶梯下来,穿过头上四五道横七竖八的晾衣竿,有的裤脚管还在滴水。冷不丁,一嘟噜掉进项颈与领圈的空隙里,凉凉的。此时,子芬、曼华也正从穿堂间弯进来,跟心莉一干人前后脚。闹哄哄来了这许多人,祖鸿见了非但不领情,还兀自难受起来。人逢喜事精神爽,子芬乌浓的两撇卧蚕眉下,眼睛电力十足,话声朗朗,插科打诨,还贵在引经据典,一派学者风范。世事难料,鹬蚌相争渔翁得利,他因家庭成分不好,向来做人低调,谨小慎微,当逍遥派。但是到了时兴"两个尊重",老大学生这点资本更兼"君子不党",受到加持,噌噌蹭越发往上蹿了。若干年后,已稳坐在四大银行之一的N行头把交椅上。多年后,娇鹂家的老三想弄清楚前辈那些事,包括细枝末节,特为去位于北外滩的一幢西式华楼里,访问了叔叔辈的阎子芬。一看,就是行长派头。高大敞亮带着浮雕、大理石圆柱的房子里,他靠在一只宽宽的皮椅子上,一双处理上亿、数十亿款项的手,有点女性化地轻轻交叠着,白皙而瘦长。高档衬衫的袖克夫间,隐约露出一块"百达翡丽"。提起亡友祖鸿,依然带着深挚的感情和发小那种特有的亲昵,絮絮说着,仿佛一切都在一只电冰箱里藏着,保鲜水灵,令阿三十分诧异。当下,子芬仿佛在劝慰祖鸿什么,啜嚅道:有些事是想不到的,人算不如天算嘪(似乎暗指他操弄的"调包计"及"叔接嫂"后来的演化)。还说,不如归队去银行好,计划经济已然过去,市场释放出巨大的活力,银行大有可为。嘴里蹦出一连串术语,如生产要素啦、供求关系啦、流动性啦，外行人不懂这些，总有点云里雾里。总之，听老友的口吻，祖鸿好像还能做几十年似的。难怪祖鸿绷着脸，不时要触几句霉头——也太得意忘形了。今天探病的有好多客人，但就像共舞台来了个天皇巨星，风头都给他抢去了，旁人显得多余。曼华倒注意到这一茬了，那蓝棠皮鞋的脚尖，不时踢一踢他的鞋尖。

"那，没啥招待，酒酿水潽蛋吃碗去。"娇鹂含笑说。她端了个朱漆托盘，装着一式多碗，未入先吱喝了声。这面子不能不给，大家不管爱吃不吃，都承情拿了，碗盏、调羹"叮叮"声盈耳。子芬是这儿的老熟客了，早先主人经常留饭，便出噱头说："嫂嫂，还记得那碗鸽蛋圆子否啦？"是指那年祖鸿关进肝炎隔离病房，他受托上门取衣物，不料女主人很客气，端上了点心，他后悔不该相瞒，便道出实情。即令欢乐中，娇鹂也有些酸楚，惘惘的，思路停顿，想不起什么来，发窘。子芬笑眯眯地说："咦，侬忘了？'那，坐个坐，吃碗点心再走'……"才说了一半，曼华忙一声岔开了。语气虽柔柔的，"呦，要你耍什么贫嘴！"差不多就这意思。压一压丈夫，也表明尽管子芬发达了，还捏在妻子的手底心，别逞强。随后，阎太就以过来人、闺蜜的身份，倚老卖老，同娇鹂聊开了，多半也是给她打圆场。如此这般，将娇鹂以及床上的病人敷衍得面面俱到，滴水不漏，功夫一流。在大庭广众下，心莉、心舫通常是矜持娴静的，就略微叙了叙旧，说些感激之语。眼看探病有一阵了，不增加病人负担，早早告辞。心莉、心舫、瑜荪、子芬、曼华一个个说句把安慰的话，躬身辞出。祖鸿漫应着，但面容肃然，似有一种轻蔑、烦躁、嘲讽，甚至无情的复杂神情。心里冷笑说："嘀嘀，你们这是在遗体告别了，绕上一圈喔。"

随后，一干人在娇鹂的陪送下往外走，送到穿堂间20号门口的地方，所有人均拦下娇鹂，只说："你忙你忙，留步留步。再送我们索性回进去，不走了喔。"娇鹂遂不勉强。但是照她的脾气，是定规要走过长廊、送到电梯口的。心莉本想跟娇鹂说说私房话，晓得不是时候，就作罢了——反正一幢大楼里,再择机吧。表亲们想原路返回,抄近路。于是,这拨人一分为三,各走各。回进去,娇鹂路过祖鸿那个房间,忽见小覃已在搬椅抬凳,抹桌扫地,忙得一头汗了。她早就来了,瞥见一房间人,又都陌生,就避了避,免得一说起就像调查户口似的,还无趣,不如不见。"阿嫂,不好意思,穿了件风衣没处放,就搁在侬屋里了。"她说,还聊了几句不相干的话。回家一看,果然,儿子那张钢丝单人床上,躺着件女式风衣,带风兜,雪纺欧版,俏丽摩登。工房小,顶苦恼的,过年跑亲戚,出客大衣无处挂,一般请客人宽一宽衣,都是往床上一铺。但是,小覃不打招呼就这样,未免太那个了。娇鹂心里不痛快,隔手就找出个木质衣架,把风衣吊挂在门后,嘴里恨恨说:"不然,小孩不当心一屁股坐下去,皱唧刮啦,人家还当故意的咪。"

祖鸿住回来有几天了。老地方、离娇鹂家又近,仿佛是一帖安慰药,宽心不少。可太近也不好,但凡探病的人来多了,热水瓶啦、灌热水啦、茶杯啦、凳子啦,不够就调剂调剂,不算什么。还有病人身旁不能缺人,接不上时,娇鹂及侄儿侄女替补一下。饭食搭伙不说,主要是过去一个屋檐下久了,什么荤腥蔬果配胃口,娇鹂晓得。况且,只要有事祖鸿就找娇鹂,只消喊一声,就过去。有时候,病重的人得将就些,因为这种时候出奇古怪,像小孩子似的喜欢黏人,简直没道理。小覃肚量大,可以容忍,但有时也会嗔一声,对娇鹂说:"阿嫂,他无论什么事就相信你,吃什么、什么事,都问你哪能、哪能,也不相信我……"有时也跟子芬、曼华抱怨说:"伊老相信嫂嫂的,无论什么事都要问她呀……啥事体侪交界伊打理才放心喔。"自然,娇鹂把事情都安排得妥妥帖帖,考虑周全,她也蛮服帖的。子芬曼华心里煞清,虚与委蛇地说些原委,譬如,"俗话说'长兄代父,长嫂代母'"啦,"能者多劳"啦,"举贤不避嫌"啦,再有"是你的总是你的"啦,等等。嘴给堵住,小覃不好再说什么。慢慢,也就乐意当个"二传手"的角色,非但不争,反而有些礼让起来,凡事都说:"阿嫂侬顶辛苦,拜托。"这种奇异的关系维持了一段时间。

有一回，小覃来探望，祖鸿刚好没在（后来晓得，医嘱病情要注意随访，去医院做检查了），门外老等不来，斜对过一个邻居倒是好心，请去坐一坐，泡了杯碧螺春。三聊两聊，大概有口无心，把早先"叔接嫂"的事走漏了些。自此，小覃照样来，但是陪病人的时间明显缩短了，但凡祖鸿有事，习惯上往娇鹂身上一推，嘴巴很甜，但笑容语气里稍许有点异样。"……我过天再来，害侬吃力煞，人也瘦了一壳。"她柔声说。边说着，一条小细胳膊边往风衣的袖子管里一伸。外面落雨了，臂弯里勾着雨伞，把风兜拉上，前额腮旁露出几绺子乌亮的细鬓。临走，拿个粉镜补了补妆。

湿手沾面粉，推不掉。娇鹂里里外外一把抓，大事小事一脚踢，都没问题。她本来就特能干，风风火火，眼疾手快。只有一件，她自己也有家庭、儿女，不可能时时刻刻陪伴他。但生病，特别是重症病人，他的思维方式、行事逻辑跟正常人不同。很可能像个孤独执拗的登山爱好者，悄悄已在登顶了，不管谁谁怎么讲，都阻止不了，说什么也不听——简直自私极了！反正到这会儿，已不按常理出牌。白昼夜晚，他就只想把她拴在自己身边，如果她不在，就异常恼火，无法安静下来。她要上班，不能动不动请假，家务事也一大堆，觉得蛮讨厌的；而且，时间一长，邻居未免在背后切切察察。筒子楼，门对门，两旁门扉夹着条小径，便是通衢大道，熙来攘往。路过祖鸿家门口，借故停留或瞥上一眼，也常有的。饶这样，病人还一意孤行。于是，娇鹂便委婉地告诉他："不是我说，人家问起，话也难讲哎……"

诚然，娇鹂尽可能多点时间陪祖鸿。小覃故意跑开，说"讨厌！讨厌！正好有事没办法呀，阿嫂，侬就多费心，叨陪叨陪，拜托拜托……"让她和祖鸿独处。其实，独处也没多少话好讲，该讲的都讲过，无非就是"祖鸿，困一歇好咪，身体不好，勿吃力了"；或"今天天气……"或"想吃点啥？改天烧两只，调调胃口"等。倘使娇鹂有话说不出犹可,可要命的是,确实无话,也想不出。说什么呢?没必要了,或没心情了。通常,她就埋头织绒线衫,前片后片,竹针嗒嗒响着;脚旁摆只麦秆草编篮头,盛着圆滚滚的几只绒线球,时而一抽。手中的编织物像件水手那样的海魂衫,夹花条纹,枣红加白。她缄默良久,斜签着身子坐半天,腿压麻了方换一换。他开眼或闭眼睡觉,久久没响动,静得只听见小闹钟的指针沙沙沙……

时间就在这种没生命的星球般枯寂中,一分一秒溜走,虽然都殊觉可惜。

第八章

1. 死

　　祖鸿睡在原先的小房间里，尽管这儿那儿，疼痛还像一百条毒蛇在咬，心里却十分踏实。半醒半梦中，听着"嗒嗒"的竹针声；听着大阳台时而足声登然；听着不远处弄堂里飘来的叫卖声："栀子花，白兰花"，或"阿有坏个棕绷藤绷修哇"或"爆炒米花喽"，或"箍桶哎"等；更兼隔壁一只无线电终日不休的弦索叮咚，女人腔的男子正说得扎劲，说什么不晓得；更远的什么地方，隐隐传来做第五套广播体操亲切的声音——闹市里的学校或弄堂厂，乃至商业街的一爿爿店，没地方，要做操就沿马路站一大片，算作七八十年代的都市一景。这套广播体操人人做，许多年了，简直熟到发酥。"冲拳运动"过了，第三节"扩胸运动"，展臂并下蹲，音乐舒展柔美；转而变刚健雄武了，形体是岔开一个Ｖ字，弯腰，指头碰鞋尖，蜻蜓点水似的，有点俏皮；"体侧运动"来了，左脚弓步，左臂上举，右手叉腰，左侧屈上三次，相反三次，乐声极其妩媚柔婉，气息宽广，仿佛来自西北高原；随后，做到"腹背运动"，仿佛出大事了，雷电滚滚，颇有泰山压顶之势……这一切，卧床听来，都很有情味。

　　时而醒来，时而沉入梦乡，抑或似睡非睡，似醒非醒，极短地打个小盹。通常乱梦颠倒，方醒一片混沌，记不起来了，可有时也清晰如刀雕。比如，梦见自己搭只帆布床，睡在门外的甬道上，既不避风也不挡雨，枕边飘过雨毛丝或雪粒。比如，梦见刚从乡下出来，正赶上哥哥家一个接一个生孩子，母亲给婴儿喂奶，所以胸前总汪着一小摊奶渍，看了发窘。(这次醒来，不禁诧笑，开心了很久。哥哥家向是这样：孩子的母亲喂奶只趸一趸身，喂好了，侧腰里蝴蝶扣一扣，另一条胳膊跟着向他过一过，孩子便过给他抱了，有股子奶花香；说："嗳，帮我掮一掮，我要去烧夜饭了喔！") 再比如，梦见六月里，家里放一只椭圆高脚朱漆大木盆，洗澡用的热水，向来他热水拎进，脏水拎出。脚盆里浮着法兰绒似的浮沤，厚嘟嘟的……梦里都很遥远，仿佛故意同他捉迷藏，很想要后来他与娇鹂发生的那一段光景，哪怕片言只语也好，偏没有。即便如此，他也陶醉了很久。

紧接着，陡然想到自己横不肯、竖不肯结婚，辜负了她一片心，内心万分煎熬，便痛骂自己是"懦夫""混蛋""废物"，颓唐得很。骂自己愚蠢，也晓得他其实是一个畸零人，一个时代的弃儿，哀叹百无一用。空有一肚子才学，文不文，武不武，四处碰壁。把心血一股脑儿放在侄儿侄女身上，课子甚勤甚切，可惜遇上"读书无用"，偏又不是块学数理化的料，怨其不要，恨其不学，劳而无功。欣逢高考，纵有提携之意，想出把力也不济事，结果落得个满盘皆输。"嘿嘿，这一生算完了。"他怆然想。什么都做了，什么也没做成。所有都是些小杂碎，马尾巴串豆腐——提不起来，徒劳、空虚、无望。"我就是个顶没用的人，大事不会做，小事做不好，一生就这样白白糟蹋了。唉，惹鬼个，白活了，白活了！"他想。不出声的，眼泪顺着面颊簌簌地淌下来。他在枕旁涕泗俱下，她坐在一边默默织着绒线衫，知不知道？也许知道，也许不知道。总之，所有与感情相关的一切，都是漠然的，或装聋作哑，或眼开眼闭，视而不见。

难道真的一点点也不想？也未必，因为过天她去心莉那儿挖心挖肺说了很久，恨恨然道："娘东采！今朝拖明朝，推三挡四，说啥'戴帽子''戴罪之身''贱民''连累'，其实是不肯。气就气这一点呀！"听她还提挖防空洞时的旧账，心莉又沉痛又惋惜又好笑。从女性角度，似乎不无宽慰，忙体己地说："幸好没生什么事哦，否则，有多烦人。"

娇鹂羞得两颊绯红,蓦地牙根一咬,嫣然说:"心莉姊,我当你是亲姐姐,说句话你也许勍听——我呀,巴不得咪。"心莉吃了一惊,诧笑说:"哦?真的?"娇鹂幽幽地说:"痴哦?真有这么一出,那就都全了。"末尾声音一低,但是眸子放光,仿佛一下子年轻了许多。没等回过神,心莉又见她噙满泪水了。

　　病痛折磨得祖鸿有点脱形了,精神也极其萎靡,厌食。她翻花样做了中他口味的小菜,端来,看了想吐。肝区疼痛一阵接一阵,仿佛有一只冲击钻嘎嘎嘎在响。但是,只要稍稍减缓些,就千方百计找她说话。娇鹂的缄默,让他自讨没趣。有一次,他故作生气地说:"我来日不多,马上就要走了。惹鬼个!阿姣,你怎么还不跟我聊一聊?"她暗忖:有什么可聊的?又有一回,两人默然了一阵,祖鸿似乎有所触动,自管自念道:"'盈盈一水间,脉脉不得语'……阿姣,晓得古诗讲什么吧?"娇鹂很窘,未免含嗔笑言:"娘东!欺我不懂,还拿出这些陈年宿古董,不是存心要我好看是啥?"祖鸿不理会,惊异地说:"嗐!肝脏坏了,脑子也坏了,哪能只记得这些?喏,'迢迢牵牛星,皎皎河汉女',后面,再想不起。"非常懊恼的样子,拳头轻轻捶着脑袋。"啥想不起来?想不起勍想,又不好当饭吃。"她破例答嘴说。"喏,'皎皎河汉女'中有个'皎'字。"他打趣说。"'皎'跟你小名的'姣'字阿是差不多?古诗上写的,勍怪我喔。"娇鹂窘住了,含糊笑了笑,威吓地说:"侬吃吃我好了。"一出口就后悔了,因为有点撒娇的味道,幸亏没人。"她哪怕能有一点点的会意,该多么好呀。"他想。这也是向来的一桩恨事——她不懂这些,恐怕这种遗憾要带进棺材去了。记得第一次在西郊公园幽会,鸟馆前一个黄莺鸟铭牌,跟她名字搭界,他说了"一行白鹭上青天",倘使她接上句"两个黄鹂鸣翠柳",该多好。唉,人世间有些东西合该"此事古难全",索性丢开了。

　　远在深山林场,家恕接到家里的电报,紧赶慢赶,终于赶到了。在家恕眼里,叔叔一直是精神父亲、最好的学习上的导师,兼莫逆之交。叔侄俩的通信简直可以出一本《傅雷家书》。探亲回家，他向是前胸后背掮俩大行李袋，双手还提溜俩小的，袋袋里无非是黄豆、松子、榛子、砧板，还有值钱的绵白糖之类。"腾腾"放下沉甸甸的家伙，顾不上擦把脸，就来见叔父。不过，祖鸿这向状况更差了，终日昏昏沉沉，哼哼唧唧，说些不可解的话。大侄儿平生最中他的意了，但是体衰神昏之极，似乎已不辨厚薄。叔叔曾屡次说起，要把自己的一套《毛选》，加上新出版的第五卷，给侄儿留作纪念。不知怎么，提起了这事；又见门后边，靠墙小搁板上竖着五卷本，就抱了来。庶几可以请叔叔方便时题个落款，假使能写些什么就更好了。因为是叔叔早答应的事，也不顾忌什么。不料，拿得太快了，令叔叔十分恼怒。半晌，姐夫鲍世骧也赶到了。祖鸿没其他亲人，唯乡下大石岙还有个亲姊姊，金粉见电报万分心焦，家务农务缠身又走不开，只得叫世骧跑一趟——也向来是买好了回程火车票，速去速归。乡下人实在，见内弟病势沉重，忙咕哝了声："葛是要快点找一块地，准备一支坟个，省得手忙脚乱来不及。"祖鸿缠绵病榻，兀自不闻不理，偏偏世骧这句听进去了，怫然大吼说："哪有这么快？"说得大家面面相觑。

阿三是过继给叔叔的。但自从娇鹂不再上祖鸿家去，过继的事不提了——本来也没在派出所办手续，就拍了张合影照。年事渐长，近郊那些知了、金龟子、蟋蟀、小鱼儿等野趣不再满足和吸引他了，尤其志趣在绘画，故而上农新村就不爱去。过年过节按照礼数，也就点个卯。叔叔管得严，又偏重理科，不甚对路子。而且，阿三在数理化上没信心，况又顽劣淘气，心野得很。往往是，三道应用题或代数解不出，气得叔叔金刚怒目，大呼小叫，擂桌子，甚至会哭，弄得很窘。对他，除了敬畏、惊疑、怅惘，更多的是羞愧。作为子侄，有负栽培大恩，自惭形秽。受教的功课不行，自创一条路又打不通，徒叹奈何。失望中，想起年幼时祖鸿每趟来看他们，心头一暖。叔叔像煞圣诞老人，每趟都会带来一纸袋的糖果点心：蝴蝶酥啦、油枣啦、绿豆糕啦、鸡仔饼啦、苔条麻花啦、沙琪玛啦、花生酥啦、凤梨酥啦、葱油奶圈啦。牛皮纸袋袋搁五斗橱上，一望心痒得不得了，馋痨虫爬出来。涎着脸，歇不歇去抓一把，快乐到发抖。糖果纸袋上有一行"一定好"的字样。后来忖量，也是小时候穷，味蕾不满足的缘故。

毕竟有过这茬，叔叔病重，着实让阿三有了报效的机会。能够做的，就是骑脚踏车不断地给叔叔送"枕头包氧气"，它暗绿带黄，橡胶质地，有个充气阀，到武进路第一医院将氧气钢瓶里的氧气灌入。然后搬回家，细管子嘶嘶响着，往病人鼻孔里一插——其时，由于并发症，祖鸿其他器官也衰竭了，但医院不收，需要在家给氧。每隔二三小时替换一次，侄儿几个轮班，数阿三跑得最多。一次，他腋窝下夹着个胀鼓鼓的枕头包进来，给病人输氧，着忙里还想揿两笔，画速写，因为之前画了几幅都不甚满意。正勾勒轮廓线，就听枕旁传来一个微弱、颤栗然而坚毅的声音，说："去呀……去把你娘叫来，我有话说，快、快呀！"一边吭哧吭哧喘着粗气，面色灰白。

娇鹂忙着做午饭。来了，围单上揩揩手，小指头抿了抿耳轮旁的鬓丝，坐下，默然结着绒线衫——想结好了，以防万一，好让他穿了走。似乎也不好说穿。祖鸿拉风箱般喘息着，伴着一阵咳嗽，鼻孔移位，细管子脱出，发出刺耳的咻咻声。阿三放下本本，忙给接上了。半晌，祖鸿没开言。娇鹂矬过身瞥了儿子一眼，阿三识相，赶紧借故离开。没等走远，只听一个苍老、舒缓的声音在说："……哼个，孩子大了，总要一个个结婚的，他们出去，你会很孤单的，我担心的是这个事。还有……"他喉咙艰难地咽了咽，咳了咳痰，往漱口盂里吐一口，接着说，"孩子出道了，你岁数也大了，覅再去献血，献血对身体不好。身体亏空了，将来要吃苦。还有，覅舍不得吃，舍不得用，对自己好点。还有……呃，家恕在深山老林没出路，不如南边寻个对象，调回来，落手要快……"他一件件地交代下去。她颔首应着，表面上不动声色，内心越来越难受，眼泪像暗河里的水，在肚里哗哗流。"哦，差点忘了。自从分开后,同景萱一点事也没有,我是清白的,信不信由你,阿姣。"

从病榻的位置望出去,越过门,越过甬道,朝北是一只大阳台——如今阳台已封了墙壁,装了钢窗,不像早先这儿只是一道铸铁带尖刺的镂空铁栅栏。铁栅栏外,楼下一大片红屋顶,鱼鳞瓦。这是贴隔壁洪福里的弄堂房子。"我是清白的。阿姣,碰到侬是我福气。我们俩是一棵苦树上开着的两朵苦花,只开花,不结果。"他顿了顿,北望着已看不见的洪福里,平静、克制地说。不知不觉,她已泪流满面。"哼个……最后,我希望回到乡下去,葬在阿哥身旁。坟头分两个,碑还是要立的。墓碑究竟合一块,还是另做,随便你们哪能,我没意见。清明节,你只管上阿哥的坟头,烧香燃烛摆羹饭,自然我也有了,人家不会笑话的。至于,我同你的事,天知地知、你知我知。人死如灯灭,我一走,趁早忘记干净才好,我也不配。从今往后,我还做我阿哥的兄弟,你还做我阿哥的亡妻……"

他们俩,一个孀妇,时时处处要提防人家的眼睛;一个曾经是坏分子,成了国家敌人,时刻要忍受世人的蔑视与践踏,两人倒确实有许多相通的地方呢。想到在这个薄凉的世界上,今生好过一场,成为知己,就没什么可憾的了。不久,祖鸿就过世了。娇鹂尽管心里在号哭着:"祖鸿啊!为何要丢下我这个苦命人走了?"但想到连这样痛哭一泡的资格都没有,悲号立刻噎在喉咙里。泪水涌上眼眶打着转,始终没流出来。后来,娇鹂一遍遍地想:人家不就想找你聊聊?为什么不同他说说话?这有什么?有多难?

2. 北方以北

内蒙古大兴安岭林区最高的山峰——奥克里堆山,鸟瞰着山下一片莽原。这里是中国的最北端。历史上,鲜卑部落在此栖息,其祖先曾入主中原，建立北魏王朝。到了二十世纪七八十年代，林海雪原，万籁俱寂，蓦地，蒸汽机火车喷着浓烟长啸一声，轰然驶过，堪称北国最经典的画面之一。货运车厢满载的原木来自原始森林。在那里，作业工人手拿大肚子油锯，将高大的树木放倒，"爬山虎"（拖拉机）把树木拖走，装车场绞盘机把它们装上车，并由火车或运材汽车运到贮木场。

起先，森林茂密，几人合围的大树众多，主伐工队很红火，可以待上一年，伐完整个山上的大树，再换一座山。慢慢，可采资源就枯竭了，不得不化整为零，采用班组采伐作业。于是，小工队遍地开花，林业工人的苦乐年华就在其中慢慢流淌着。伐木的黄金季节在冬天。凌晨三四点钟就上工了，月亮挂在头上，油锯、集材车、"爬山虎"的吼声震山响。楞场上的木材堆成垛，等着运材车远走。不觉已夕阳西下，方带着一身疲惫回到小工队。迎接他们的，是热腾腾、香喷喷的酒饭，大胖馒头，大碗炖菜。自然，有大锅饭，也有"小灶"，大伙大多更乐意后者——大把挣钱，大把花钱，别舍不得。边喝酒，边吆五喝六，划拳猜酒。喝酒少不得吃馒头片，吃着吃着总感觉有股异味。原来，烤馒头片的炉盖子上，刚烤完鞋垫子呢。酒足饭饱，一挨枕头就睡。有人喝得醉醺醺，半夜反胃，把谁的鞋子当泔水桶拿来就吐。翌日，人家穿鞋，踩了一脚脏兮兮的。碰巧，这人就是昨夜的劝酒者，便犯疑在报复他，另一个则死活不承认。无奈，只得找队长给评评理。

队长姓席，约莫三十五岁，长得腰圆膀粗，他个头不高、面色黧黑、胡子拉碴、鼻梁上架着眼镜，一开口文绉绉的，带有几分南方腔，说话慢条斯理。虽然是一种发散性思维，东一拳西一脚的，实则逻辑性很强，一席话，两人的疙瘩就解开了。席队长大名叫冬冬，是六七届的大学生，赶上动乱，派斗，打打闹闹，拖着一直毕不了业。终于要毕业分配，为了摆脱剥削阶级家庭的羁绊，便自愿报名到最北端、最艰苦的地方去，一半也是那儿地处与苏联接壤，曾起战火，必要时，可以拿起武器报效国家。孤身来到鸟不拉屎的高寒禁地，在深山老林，才发现那时的想法有多么幼稚，而且不值。因为动乱年代讲究出身、成分、血统，时过境迁，当初这些深深啮咬、吞噬他自尊心和前途的东西，早已不那样念兹在兹了。天高皇帝远，并且处在社会最底层，似乎更在乎的，是怎样于严酷的大自然环境下活下去、活好。

好在茫茫林海，森林遍布，所谓"油锯一响，黄金万两"，伐木披星戴月，趴冰卧雪，虽然异常艰辛，但是来钱快——计件制，收入相对高，几个月吃辛吃苦，换来大把花花绿绿的钞票，可维持一年，谁不愿意？只有钞票是真的，其他都瞎扯蛋。经过蛇一般无数次地蜕皮，和无数次的摸爬滚打，加上脏累苦寒危险，一切都挺过来了，慢慢坐到了队长的位子上。别看小队小，也是生活、生产、经营都要管，包括拿油锯伐树、驾驶"爬山虎"、集材装车，开吊车，样样行家里手，而且挣得到钱，人家才服帖——本地有好些都是鄂伦春人，粗犷、豪迈、质朴，似乎还信奉萨满教，住"木刻楞"屋。

冬冬住在阿乌尼，这是鄂温克语，意为"有画的岩石"。阿乌尼距离林业局所在地阿龙山，不算远，也不太近，由于地僻人稀，但凡有个风吹草动就传得很快。譬如，前不久就听说阿龙山有个 M 城林院来的学生，上海人，身穿绿色破棉袄，腰系一根绳子，特别朴素勤勉，好学不倦，做事也很卖力。冬冬听了诧然，便立刻萌生去会一会这个上海同乡的想法。这天，他特为坐火车赶了三四十里路，到阿龙山一打听，原来同乡在林业局下面的 Z 林场蹲点，再坐四十分钟的火车，赶到 Z 林场，上住地一看，不巧铁将军把门，未遇。冬冬心有不甘，从铁丝襻儿之间的缝隙往内瞅了瞅，只见里面书橱上，威风凛凛地立着一排马列书籍，印象大好。怎奈林区这种地方，一天只有两班火车经过，访客甚是不便，加上又有急事打搅，拜访的念头就丢下了。一年之后，林管局举办技术学习班，主要是学开解放牌汽车。各林场企管干部都来了，机缘巧合，任教老师冬冬与一年前的被访者不期而遇。

相谈甚欢，更纳罕的是，前者居然还是后者的表叔——早先他一向管他称"小娘舅"，那是为了亲近些，顺着母亲的表弟来叫。其实严格说来，舅公的儿子属于表叔一辈呢。据说，"家恕"以及他弟兄几个，还是舅公给起名的。

就这样，同住在河滨大厦，并且还是表亲的叔侄俩，竟然在高寒边陲温暖邂逅了。家恕落脚在崇山峻岭之间的林业局，不知不觉，已逾四载。那么，他是怎么过来的呢？实难尽述。约而言之，自从林院突变，败走阿龙山之后，他又饱受感情变卦、高考无望、知青大返城错过的困扰、波折或挫败。并且，目前仍陷在是否南归、是否放弃一切的深深的纠结中。首先，初恋像夏夜一道急遽下坠的流星，怆然划过。到林业局不久，女友继凤便致书一封，称学业紧张，感情上的事搁置一段时间再说。信上还烦托他购买些教辅材料。为此，他不得不辗转上海求购，并奉邮H城。再隔了些时，一封婉拒信翩然而至。自然，理由充足：家母不同意。——后来，也听说，她母亲为女儿死了这条心，给她在首都物色了一个人选，品貌地位，均算上乘，她似乎也犹豫彷徨了好一阵。接信后，家恕晓得是自己的愚蠢铸成大错，万般痛惜，千种懊恼，一怀愁绪。于是，提笔写道：

"你好！又刚收到来信，和前封信的时间相同，也是接着回信。继凤，事已如此，我不强求。对于你，我是知道的，你说你不是把感情看作不值钱的人，我也体谅。请你，也请我就把这一段事忘怀罢。对于你来说，是个痛苦；对于我来说何尝不是，况且，这痛苦在一时是不易消逝的。想消除痛苦的办法，我想不出，姑且让它痛下去。什么时候消逝，什么时候完结。但我希望，你不要这样。请相信我这句话是从内心发出来的。蓦地想起《钢铁是怎样炼成的》一书，其中保尔和丽达有过一段经历，当时我看了，很有感触：深为保尔的命运叹息，也为他的品行感动，想不到现在我也在走保尔的路。继凤，已过去的事，就这样吧！书钱寄来，这样不好！太见外了。其余两本书，有了，会寄来的,请放心。尚有其他什么需求,还请告诉。请保持以前的关系吧,你看这样好不好?我绝不会有其他想法……"

"一片孤城万仞山",在这样孤绝的情形中,遭受如此猝然一击,其重创必定是加倍的。由于禁不住,家恕决定马上回上海探亲。恰好,当年的年假也该用了。回沪见到母亲、叔叔、弟妹们,其乐融融,虽也十分快乐有趣充实,但以此来抵消蚀骨的痛楚,也属枉然。这一趟返沪,家恕特意陪弟妹们上南京路东海眼镜店,个个都给配了一副秀琅架眼镜——这个款式正时兴。一掷重金,如此破费,母亲肉疼钞票,等知道了忙叫停。可惜已来不及,急得跌脚嗔怪说:"要死快了!你的钱哪能再好用?囡囡好,常恐还不够哚。"家恕无语,但在心里却耿耿的,想:"她说得对。假如我处在她的环境,我也会这样做,因为事情是难办的。咬紧牙关吧!"这样的话,已重复无数次了。每趟回沪,受托替人家代购物品总是免不了的,颇费事。此番,还给林区捎上十二只热水瓶——铁壳喷花,大红花卉图案,据说还是岭南画派名家黄幻吾或沪上名家唐云的手笔。假期结束,托运走了热水瓶,遂乘上长河号客轮,驶往大连,转道H城,返回阿龙山。

途经H城,想起贺继凤,便上医学院见了一面。饭后,一同去车站取回寄放的行李,一同拎到火车站,就在候车室晤谈着,等下一班火车进站。因为说好情事已了,不再忸怩忐忑,反倒轻松随意。但是,于随性空泛中,仿佛也有一种沉重与哀愁。少顷,她似嗔非嗔地问了声:"为啥不留校或分到H城呢?"他没接口,不知怎么,说起近几年里不再考虑个人问题。她柔声说:"应该考虑了。"半晌,他咕哝了声,没听清,因为蒸汽机火车已经轰隆轰隆开来了。她顿了顿,突然问:"你在北京的时候,文秀告诉你了什么?"家恕疑惑地说:"没有。文秀会告诉我什么呢?"她未语,火车喷烟的呼哧声贯耳。得赶紧上车。上了火车,一路向北。路上乃至有很长一段时间,他一直也没参透那句话究竟有何含义。从此音讯终断。近卅年过去了,时兴荒友会,兵团天南地北的旧友聚首一堂,姚哥、关凯平、文秀、贺继凤等都来了。不过,家恕正在北美他儿子的小别墅里含饴弄孙,远隔万里,未能参加。一个赴会的老兄获悉,贺继凤之前在某省城下面的地级市医院当主治医师,已退休。其女为医学博士。后来,这位老友没把这个情况告知远在美国的他,无必要了。

其次,知青大返城浪潮席卷北大荒,家恕离开兵团已不相干,但也有所波及。固然,在上海的母亲弟妹们是好心,一再催促家恕弃职回沪。家孝在信上问兄长:政策有所变化,目前知青返城通过困退或病退的途径极为容易,若想回来,回兵团仍作知青处理,只消开出一张病假单便可回上海,你看是否可以?娇鹏则宁愿放弃医院工作,提早退休,让大儿子顶替。"不过,暂时要委屈你一下。呦,这有啥?人人都这样呀。"母亲直通通说。娇鹏在医院后勤,洗衣房、被服室、裁缝间一揽子算一个大组。大不了,就先从滚筒洗衣机洗衣裳,或踏黄鱼车做起。家恕的自尊心受不了,没法应允。何况,辞职退回兵团之路也何其艰险,这个想法太不切实际。虽如此,能回上海怎么不动心呢?故而,他悄悄去兵团探了探营,速去速回。一看兵团荒败与寂寥至此,惨不忍睹。除了结婚的,绝大部分的知青蟹有蟹路,虾有虾路,都走了。恢复高考时,兵团公认的大才子、家恕的知交兼老邻居茅之伟,与另一位知青C同时考进黑大文学系。后者的女朋友已顺利回归,为了滑脚回去,C竟然潇潇洒洒退了学,到兵团敲了图章就走——自然,知青中的翘楚,茅之伟是个例外。他既不为所动,也不恋栈故乡上海,在黑龙江念完本科,上了北京,把家安在首都。后来投身外交界,历任驻外大使馆一秘、参赞、总领事和驻澳门特区特派员公署副特派员,成为一名学者型的著名外交官,这是后话。

由于家恕是国家包分配的,C退学回兵团再病退的路径未必能走,弄得不好,鸡飞蛋打两头空。这也正是令他挠头、纠结的地方。就在踌躇彷徨时,与冬冬不期而遇,喜出望外。刚好,师傅带教驾驶舱里坐不了几个，家恕不跟车，就与表叔促膝长谈起来。两人的生活轨迹、成长背景、学养专攻、脾气性格，乃至兴趣爱好完全不同，但这并不妨碍深入交谈。况且，娇鹏初到上海，在娘舅家，是所谓看着冬冬长大的，尽管年龄一大一小，难得他们素来亲厚。后来，表弟渐渐长大，因为憎恶、排斥、痛恨他的剥削阶级家庭，于是鄙视与作践父亲、继母，发泄环境、没出路所施加于其身的苦楚，投射出孩子气的怨毒、愤懑、仇恨。一句话，决意背叛有原罪的家庭、父母，与之决裂。这样一来，使他对属于劳动阶级的表姐，以及工房那样的陋室，愈加发自内心地亲近和喜欢了。尽管，他已经很久很久没回河滨大厦，有太多不测的变故、刺心的回忆，即使大楼似乎已岁月静好，也懒怠去。有趣的是，说起娇鹏，第一个回忆竟然是不愉快的。"真难为情喔！那天在你家里吃饱老酒，发酒疯，当着你母亲的面狠狠踹了爹爹几脚，继母扑上来保护，就全落到老太太身上了，惭愧惭愧……"他惶恐痛心，愧疚地说。

见家恕袖子管缠着黑纱，几次想问都打住了。交谈中，家恕偶尔也说起母亲怎么怎么，就撇开了。这回却刚发现似的，诧问："怎么？你这是？"说着，瞥了瞥家恕的袖管。家恕见问，便把祖鸿去世的事提了提。末了说："在我们眼里，他是像父亲那样的一个人。可惜这么早走了，还单身，这么有才华，太可惜了……"时乖运蹇，对于他们那一代人的蹉跎与凋零，冬冬自然有着比祖鸿更直接的切肤之痛。何况，亲表哥的死还与老爹爹有关，未免有一番深深的悲怆。"关于这个话题，我们以后再谈。唔，你母亲啦、我表哥啦、河滨大厦啦、林场啦，还有脱胎换骨啦、前途与命运啦、物质与精神啦、个人与社会啦、形而上与形而下啦，一切的一切……嗳，你上阿乌尼来吧？咱们好好唠唠嗑。还有，见见你婶子。她嘛，也是上海人。"冬冬眼睛灼灼的，兴奋不已。"敢情好！"家恕往手心里擂了一拳，叫道。几天来的攀谈，使家恕看到了这样一个表叔：朴实、憨厚、幽默、直爽、质朴、接地气、有点粗砺，又很有学者气。尽管来自大城市，早年还是上海滩浪富家小开养尊处优，但是多年极端环境的历练，已然蜕变成另一个人。一般林业工人那种特有的随遇而安、争强斗狠、知足常乐、吃苦耐劳等脾性或精神特质，他身上都有。反观自己，屡屡跌跟斗，是由于志大浮夸、骄傲自矜、书生气、抱怨怀才不遇所致；而这些毛病，在冬冬身上几乎看不到。这恰恰就是他高贵的地方。"他与本地人一样，跟周围环境打成一片，真叫佩服他！"家恕由衷地想。

从此，家恕便经常去阿乌尼他的家拜访，主人饭菜伺候，偶尔也喝几盅。一般都是上午十点钟去，十四点钟回来，因为茫茫林海，唯有一班火车往返，就这样刻板，过时不候。家恕独自一人苦闷、彷徨、枯寂，而阿乌尼是那么温暖、自在而澄澈，在那里他找到了一个疗伤的心灵诊所，一个天涯旅人暖暖妥妥的小木屋，一座漂泊无定、随时可能翻船的海上所见到的灯塔。闲时去阿乌尼，也没什么事。"家恕来啦？走，吃饭去。"蓝婶每次都这样说。随后切肉、烧饭、一起吃饭，喝喝老酒，叙谈叙谈，时间一到，怕脱班，立马就回。表叔家也不刻意，有什么吃什么。大冬天肉挂在外面，冻得很硬，拿下来切肉。地窖里囤好了过冬的白菜，绝对是主角，万变不离其宗。如：冻肉炒白菜、白菜炖冻豆腐、野蘑菇炒白菜、凉拌大白菜——整些干豆腐丝儿、粉丝儿、黄瓜啥的，再浇点辣椒油。间或也开大荤：猪肉炖粉条，或小荤蒜苔炒肉、大葱炒鸡蛋。素的有炝拌土豆丝和酸菜等。除了米饭，抑或是大馅饺子、韭菜盒子。女主人厨艺不错。

然而，尽管如此，有时候愁闷、空虚、恓惶的感觉还是无法摆脱。刚坐上火车蠕蠕欲动的一刹那，面对苍山大林、茫茫雪原，他感到忽然从胸间涌上一股难以形容的、既怜惜又辛酸的绞心疼似的痛，足足有半小时沉浸其间。此刻，心情异常复杂，唯有辛弃疾的长短句"少年不识愁滋味"可以自况。"咣当——咣当——咣当——"的铿锵声中，火车在下一个小站停下，又开了。车窗盖着水蒸气，抹一把，透过污浊的玻璃往外眺望,风雪凄迷,渺无人迹。此时,天地的浩渺无垠与生命的渺小短暂,构成了异常强烈的反差。"难道一生就这样定调了?我的上苍。"他在心里绝望、焦灼地悲号着,"难道一生就这样碌碌无为,无个成就?我的上苍。难道一生就这样在挫折与失败之中消沉下去!?我的上苍。命运是不可信的。然而,命运却总是无声无息地不断地在嘲弄我,而我也就这样甘心被嘲弄着,竟再没与它抗争的勇气。难道就这样从年轻到老迈、从生到死吗?我的上苍。我是如此懦弱,竟然无一点顶天立地叱咤风云的气概,难道就为活着而活着?难道没有一种崇高的事业,让自己值得为之奋斗、献身吗?!"

天晓得,他也曾奋发过、向人生挑战过、搏击过。那会儿,他是站在绝峰上向下看,一切尽在眼底,以为无所不可;而现在意气消沉,无所作为的思想占据了整个心灵,好像是在山脚下望绝峰,它是那样的高不可测,云遮雾绕。他坦承:自己经不起失败的考验和日复一日乏味生活的摧残,意志力薄弱,已无可挽回地退缩了,颓唐了,倒下了。"嘿嘿,也许在外人眼中我还是蛮卖力、蛮刻苦的。"他嘲讽、恶毒地笑了笑,心里呐喊着,"可这是怎样的生活啊!"林区技术员的工作单调、繁琐、乏味、灰色,总是老一套:要么某队四台车全压在检修站,造成停产,催着连夜抢修啦;要么505吊车发动机缸体冻裂,或吊杆折断三截,要骑马去鉴定并昼夜抢修啦;要么一台车气门头扭掉,造成燃烧室破裂生洞、活塞涨碎的严重事故,要将旧缸盖拿到中修厂修理啦;要么半夜绞盘机离合器打滑,摸黑去贮木场,来回走了近两小时,冻得脸都失去知觉啦;要么找局长请示关于一台报废车的恢复问题啦;要么装车场绞盘机坏了,去鉴定并提出停车意见;那次回来险些迷了山,想抄近路,结果瞎走两小时,天快黑了,野外气温已达零下45度……

"不久前,林管局开电话会议,指出A林业局管机械的职能人员下基层少,这不明摆着在批评我吗?可是我挂了技术员的名,工作中无权无地位,谁理你?如何去管理、督促机械的管用养修呢?这关系到整个生产管理体制问题,非一人之力可左右。林区机械状况十分不良的情况很普遍,队长们全是凭一股蛮劲干活,几乎是在糟蹋国家财产。还有,领导同志不知科学为何物,只知浪费人力、机力,搞人海战术,观念陈旧。林业局管理杂乱无章,简直如同烂摊子,太混乱了!而且,组织机构臃肿,互相扯皮,弊病甚多。而这些,我都无能为力。"他长叹一声,摇头苦笑着,思绪不禁又回到原先的地方,"……虎瘦尚有雄心在,一笑百川惊万兽。可我呢?日子如梭般飞去,虚度年华,痛哉怨哉惜哉。仰天长啸,寸心何宁。碌碌无为,青春几何?人生三十,前一阶段已经走完了。惭愧呀!勤无学、劳无功、志无成、业无立、情无归处……"

阿乌尼的一天,阳光照射在门前,积雪没膝深,烟囱吐烟,桦子垛旁零零星星地露出些嫩绿草芽儿,耗子花开了。山谷间,满坡的达达香、稠李子花,或怒放或含苞吐蕾。倘若五月一到,兴安杜鹃满山满谷盛开,它色泽浓烈,一种郁金香那样的暖紫,而不像南方杜鹃那种红艳艳。跟着,紫花鸢尾、野百合花、榆叶梅花、芍药花、华北蓝盆花、山菊花、狼毒花、野罂粟花、柳兰花、婆婆丁花等次第开花,醉眼迷离。野地里的花朵,既没人播种,也没人浇灌。它从不抱怨嗟叹,也不艳羡什么,而是径自烂漫吐艳,花期过了径自凋零,自生自灭,一派乐天坦荡,淡然处之。这种时候,家恕焦灼、疲惫的心会感受到一种抚慰,一种启示,一种来自大自然的坚忍不拔、生生不息的力量。推门而入,宾至如归。不管隔了多久,表叔、表婶总是春风扑面,像上一次那样殷殷款客;时间一到,家恕一抹油油的嘴巴就走。去久了,慢慢跟蓝婶也熟了,熟不拘礼。席间,男爷们胡吹海聊,把盏共醉,蓝婶烧菜做饭,忙这忙那,一般不上桌——所谓饭桌,也就是炕上的小炕桌,还有一只炕柜放被褥,一家一当也就这些。到了林业局工资五年不加,八十年代中期兴评职称了,冬冬总算评上工程师,蓝婶助理工程师，还是家徒四壁，连个熊猫牌半导体收音机，还是后来托家恕给捎去的。

蓝婶名叫小棻，先前他俩是一所大学、不同系不同届别的同学。年龄要比冬冬小好几岁。表叔跟家恕，虽说辈分摆着，但小叔大侄，其实岁数相差有限；而与蓝婶就更接近了，故而说是"蓝婶"，实际可叫做"蓝姐"。女性似乎都乐意有青春年轻的感觉，所以，小棻在家恕的嘴里就成蓝姐了。蓝姐长得很秀气，要比冬冬有气质；娴静伶俐乖巧精明，待人上比丈夫圆滑得多，只是不大爱磨嘴皮。年纪不轻了，没孩子，身上自有一种林黛玉的味道，似乎有点弱不禁风。头一直低着，说话轻轻怯怯的。但这样一个"林妹妹"，却有一股子罕有的爆发力，不可小觑。据说，为了能跟男友冬冬在一起，毕业分配时，竟然主动要求去内蒙古大兴安岭。她是独养女儿，家境不错，见女儿如此决绝，她父母亲愤而以断绝关系相威胁，居然不为所动，一意孤行。初抵雪原深处，方知与冬冬并不在一个地方，两地相隔近百里路程。冬冬根本就不晓得有这回事。而且，只是恋人，没结婚，要把工作单位调到一起也无从说起。后来，总算结了婚，并调到一起，林场给他们伉俪分配了一所房子。婚后，一年有三个月，丈夫要去小工队，在很远的山沟里伐木，妻子独自过活。还听说，他们夫妇曾有过孩子，可惜怀上了宫外孕，结果大出血差点死去，孩子没了。而这时，丈夫偏又在深山里安营扎寨，匆忙赶回，但听说妻子给切了一根输卵管，即使能重新怀孕，再次异位妊娠的可能性很高……病休养病，回到上海，娘家竟然不肯让女儿进门，而倔犟的女儿也不愿喊一声"阿爸姆妈"。至今，双方还僵着，老死不相往来。

有时候，家恕也跟表叔表婶谈起回上海的话题。"蓝姐，山上的杜鹃鸟都在叫'不如归去'，难道就没想想办法？"家恕问。"算了，俺们不回去，拉倒吧，就老死在大兴安岭。"冬冬沉着脸说。冬冬的名字，似乎让他感到某种宿命的东西，连带想起给他取名的爹爹，不免惘惘的。父亲死了，回忆是一种难言的痛。再说，河滨大厦的房子现在姐姐、姐夫住着，一定要回去，似有冲着房子去的感觉——说起房子，前一向倒确实有一桩闹心的事。起因是姐姐心莉、心舫都来信报知，河滨大厦要给维克多·沙逊的后人回购去了，正在洽谈呢。由于这个关系，街道、居委、大楼房管所动静很大，并挨家挨户通知：过段时间户口可能要冻结，如果有变更需求得抓紧，一冻结就没法再动了。姐姐们念手足情，再说，按传统的观念，房子这样的不动产是传给儿子的。虽然父母亲都不在了，并且唯一的儿子又远在林场，但道理是这样。差不多同样内容的信，家恕也收到。他们叔侄都一个态度：不掺和这事，该怎样就怎样。实际上他们的户籍早已迁出，还能怎样？冬冬抱定决心不回去了。蓝姐向来听丈夫的，见这么回答，不吭声了。

话虽如此，其实，家恕也晓得调回去是天方夜谭。因为假如夫妻长期分居，按政策可以商调，但也要找到肯接收的单位，然后单位和单位之间发函；一方愿放，一方愿收，并且本局、本地干部局准予。上海这样的直辖市、八类地区，还有户籍问题，调入需要有与之对等的条件，否则免谈。可见，硬性规定摆在那里，表叔表婶在职时是回不去了。便是家恕自己，也早就掂出几斤几两，回南方不可能，实际已经认命了，在外面过一辈子。南归的可能性极小，除非是通过婚姻关系，那还得对方有合适的单位，并且同意调。否则，平白无故，一个单位怎么肯接收你？"再说，要婚姻铺路，跟谁结婚？人在哪里？人家会把终身大事托付给遥远的山沟沟么？更何况，自己已说过不再考虑。嘿，就死了这条心吧！"他暗忖道。

不曾料想，有一回上阿乌尼，蓝姐边张罗着锅碗瓢盆，边笑盈盈急不可耐地说："家恕，给你介绍一门亲，怎么样？愿不愿意？有没有缘分我不敢担保，可人家姑娘呱呱叫，绝对是个好姑娘欸！"说着，一五一十，把来龙去脉，对方品貌为人、脾气性格、兴趣爱好、家境和工作单位等一一罗列出来。同时，拿出一枚玉照，并告知家恕，他的照片已给她过目了。末了说："老实讲，你婶早有这个想法，可是不成欸。一来，你对谈恋爱伤了心，左一个不谈，右一个不谈，还要当快乐的单身汉，弄得心都凉了；二来，人家姑娘近抢把啥情况不晓得，再说，对路不对路也不知，不好贸然提亲。巧是巧，她母亲——也就是我在南边的表姑，上个月挂长途跟我聊天，说她女儿没男朋友。并且，她的择偶观跟一般小市民不同。喝，志向大着咪！我留了个心。这种事不好急欸。还有，倘使不是真心愿意、真有缘分，否则，这么好的姑娘，给人家说的一门亲，对方远开八只脚，还在北方的北方一个林业局里，那不是坑人家么？表姑晓得了，要骂死我了！嗳，你想怎样？前不久我回上海治病，有个堂房阿侄结婚吃喜酒，姑娘也来了，刚好一桌，就捂着嘴、凑着耳谈起来，一谈就刹不住。你猜怎样？人家有眼光欸，说了句'接触起来再说'，有戏！这不是一半答应了么？接下去，要看你的苗头了喔！"

玉照上，是一张端凝的长圆脸，五官秀美，中长直发，清汤挂面式，大大方方，身上似乎还有股子英气。"喏，这么好的姑娘，你可要好好把握了。"蓝姐说，边笑着把手中的照片递了递。印象中，蓝姐话不多，谁知方才竟来了这么一大篇。家恕接是接了，但仿佛有点猝不及防，怔怔的，僵在那里。一个钟头以后，他像往常那样坐在一只差不多固定的硬席座上。茫茫林海，一片苍翠，天空飘着大团大团的雪，飞来，窸窸窣窣碰在湿玻璃上。

第九章

1. 加层

八十年代前后，层出不穷的新鲜事，把不可能变为可能，一次次让人又惊又喜：威猛乐队唱着《Careless Whisper（无心的呢喃）》来到中国；北京机场出现巨幅的泼水节女性裸体壁画；电影复映，自带干粮通宵看电影，《流浪者》里的"阿巴拉乌"与《马路天使》插曲《四季歌》同时在街头巷尾响起；《庐山恋》里有个破冰之吻，张瑜换了四十三套衣裳被津津乐道；一大群人围观外国电视剧《大西洋底来的人》或《姿三四郎》；上海音乐厅（南京大戏院）上演了由陈燮阳指挥的贝多芬交响乐全集；马路书摊唱主角的是萨特的《存在与虚无》、海德格尔的《存在与时间》，聊的是尼采、叔本华或弗洛伊德；日本家用电器走进千家万户；华侨被允许回国探亲，离散家庭纷纷出国团聚；被占的花园洋房奉归原主；撒切尔夫人访问上海，海关大钟的钟声一度恢复"威斯敏斯特"；邮政总局塔楼上的雕像回到原先的基座上；和平饭店里蓝调与爵士乐开始浅吟低徊；到了九十年代初，上海证券交易所开业的第一锣敲响，草根族摇身一变成了杨百万、李百万；小鸭变天鹅、麻雀变凤凰式的上海传奇又回来了……这一切，生气淋漓、生意盎然、生机无限，无不体现胸襟的开阔，气度的雄浑博大，恰似眼前浩浩汤汤的一江春水。夕阳下，苏州河泛着一道鸡汤油那样的金黄色，光滟滟的。

说起上海的母亲河——苏州河的变化和浜南浜北的变迁，枕河而居的河滨大厦老居民似乎最有资格：一河之隔，解放上海的最后一仗，解放军在对面攻,国军在这面守,打得很激烈。当初某家有个苏北娘姨,见守军也是苏北人,便去劝说道:"霞子哎,你们这么年轻,就不要再打了。"另有一份人家,靠河的厨房间煤气灶上正在煎荷包蛋,"当啷"一响,子弹飞进来了。苏州河上,老早来往的船只基本是木质的,全靠手工摇橹,也有带烟囱的小火轮,橹声咿呀伴随入梦,到了七十年代,特别是七十年代末,木船变成挂桨机船,它的船尾有三只柴油机,又没消音器,噪声响得不行,家里连说话都听不清;拖轮挂一队驳子,过桥时汽笛拉响,非常恼人。五十年代初,河水虽没"碧如蓝",但也算清澈,小时候从河旁栈道或石级下到河边,可以捉到螃蜞,一种半透明的小蟹。以后,河水污染非常严重,泛着黑潮、红潮,整一块"黑地毯",恶气熏天,臭得无法开窗。后来,全面治理噪声和水质污染,船不允许鸣号,河水通过节流排污等,慢慢初见成效。眺望对岸,和平饭店的金字塔顶、海关钟楼、汇丰银行大厦罗马式的穹顶等,勾勒出外滩建筑一道美丽的轮廓线。除了解放后新盖在外白渡桥旁边的海鸥饭店,三十年来几乎未变。与伦敦、莫斯科一个款的大本钟近在眼前。"我们看时间,"有人笑言,"不看自己家的钟,就看海关的钟。一看,就晓得现在几点了。嗯,那时眼睛邪气好欸。"

嘴里不说,心里是不无自豪感或优越感的。确实,在八十年代前后,弄堂里到处还生煤炉、倒马桶、公共自来水用水、老虎灶泡开水等成了常态,而那时的大楼里,已用了近卅年的铸铁英国大浴缸、水槽尽管露出一大块生铁斑,好处是绝不生锈。除了有半圆形指针楼层指示器的手动 OTIS 电梯和大浴缸,硬件有带烤箱的五个喷嘴的煤气灶、打蜡地板、马赛克拼花地砖、临河落地钢窗、全景阳台、摁钮门铃、翻盖式叫唤女佣蜂鸣器(已不用),屋内还配有一个或几个箱子间和内壁橱,这些都引领时尚,代表着布尔乔亚式的生活品质。长廊幽深,玻璃摇门微闭,大楼似乎连时钟都调慢了几分钟,仿佛一艘巨大的超级邮轮航行在渺渺的洋面上。流年似水,静静缓缓流淌着。况且,刚好在虹口、闸北、黄浦三区的交界处，高高的公寓楼傲视四周，有些人甚至会把周边某些地方称作"下只角"。大楼后面挨着洪福里，且直道式垃圾房有股子异味，小房间、锅炉房也在后楼。尽管楼外有一条南天潼路，可自视清高者却从来不走后面，嗤声说："哎，河滨大厦里的人，哪能好走那里？"

然而，外面的世界在变。慢慢，大楼鹤立鸡群的高度就不凸显了——非但不够光鲜，甚至窘迫起来。至手动式电梯一换，似乎是个标志性的事件。据说，也是由于美国货 OTIS 运行了卅多年，要维修原装零配件没了，使电梯的井道、轿厢不匹配，换电梯势在必行。同时，大楼里的孩子都长大了，已届或过了青春期，有的到了青壮年，结婚是迫切的问题。更严重的，是住房空间有挤爆的危险。尤其随着南方省份的迅速崛起，上海已落伍了，南下广州、深圳变成一种潮流。上海人似乎憋了一口气，与其去深圳、广州、海南岛，不如去国外闯荡。一半，也为看看"外面的世界"。于是，大楼的子弟们纷纷选择出国。在"巴拉巴拉东渡"的风潮中，包括民国围棋国手、民国元老的外孙等，不少人东渡念书打工去了，一些人不久又回来；有不少人去美国，其中一份人家的姐姐兄弟仨都去了，大家在那里读本科、硕士、博士，有的留校当终身教授，有的移民定居，有的揣着绿卡回国办实业，两头吃；也有不少人去澳洲留学——据说，有一位先行者，由于在那儿一所语言学校工作的原因，大楼里似乎设了个"中转站"，由此路径去澳者甚多；有人远嫁德国；也有人去了比较冷门的地方，如俄罗斯、巴布亚新几内亚、阿联酋等；宝魁嫂颇费周折找着老东家后人，辗转将咪宝弄到了秘鲁。

诚然，大楼的孩子们都长大了。不少人去插队落户并大返城，边疆内地跑了一大圈回来，拖家带口的；或按照政策知青子女可落户上海，即便留在家中的儿女们也要结婚，但住房还那么一点大，明显不够住——三十年来，上海也造了不少工人新村，毕竟跟不上。何况靠单位福利分房，住大楼的人基本没机会，购商品房又没有。这种种，岂是一个困字所能道尽的？河滨大厦号称"远东第一"，虽然原先沾着点贵气，但它最初的功能定位是公寓式宾馆，类似现代的民宿概念，不是长住过日子的。里面设施、家具等齐全，客人拎着行李箱入住，退房走人。所以，套房开进去都有一条内甬道，又有若干箱子间、内外壁橱，晒台宽敞。倘以得房率计，实在既低且很不实用。由于早先都是独门独户居住，自然相安无事。可惜后来大多变成一门两户，或三户人家；这其中有两代人分开的，又添出些"户中户"。由于公用设施仅限于单门独户，套房里膨化般爆出如此多的住家，不轧得嗷嗷叫才怪呢。

于是乎，大房间也免不了有这样的尴尬事：教授级高级工程师许士祺，十三级干部，落实政策是落实了，工资补发、一双儿女回城，还带着同济大学的硕士生。但是居住环境的窘迫，甚至恶劣，使他为了内急，不得不天天拿着个小凳子，在卫生间门口等如厕——说来羞惭，老年人与成年儿女同住一室，小便还能用痰盂罐对付，大便却不能了。讲起来，许先生还是抗战时建造中印、中缅公路的参与者，沪上中山东一路的设计者，厕所却把他难住了。更有甚者，是扛不住套房内邻居无休无止的"狮子吼"。隔壁一份人家，夫妻、母与弟、两个孩子，一家六口挤在仅廿八平方米的屋子里。女主人似乎患"甲亢"，凶得很，老公成了她的排泄口，一天到夜骂声不绝。她丈夫倒是很佛系，"挺骂不动气"。据说，他还是某局的一位副局长。骂好老公骂家人，挨个骂。由于两家合用，公共设施条件不足，厨房烧饭、水槽用水，乃至卫生间上马桶、洗澡等，都很容易增加"摩擦系数"，而许家秉持的态度，一向都是礼让对方，息事宁人。"我们总归让他们呀，不会抢的。"许家女儿说。饶这样，骂战还是波及许先生家。许家姆妈是在中学当老师的，斯文秀雅，被逼急了，气不忿，站出来，于是首当其冲。邻居欺负许太太，起因又都是些鸡毛蒜皮的小事，如公共地方的使用权啦，卫生间地上有水滴子啦，等等。因许家靠近卫生间，邻居竟悍然将脏水泼进去。实在受不了，许家只好走为上策。殊不料，换房子时，人家上门来看房，每回那甲冗女人都追着"触壁脚"，讲坏话，吓得人家都不敢来。也巧，一物降一物，有一趟来看房的人偏巧在公安局做事，笑笑说："谁怕谁？阿拉末是不吓的。"等许家搬至另一楼住，邻居才领教了：原来新来者还要凶呢。不久，许先生的单位给分配湖南路房子，他们便告别了大楼。

"搬只小板凳，让许先生在门口等还算好的咪！"江西老知青Z说。他住二层楼，套房有三间屋，三户人家合住，其中一间老夫妻分居，等于一共住了四户。这四份人家里，还有个刚从牢里放出来的，此人甚是豪横，动不动拔拳头。盛夏一到，他们家向来喜欢占领卫生间，门提前一刻钟就关了，早高峰（如厕），晚高峰（洗澡），弄得前后接龙密不透风，任谁都插不进。偏是这种地方卫浴合一，加上大浴缸里兼有洗衣被的功能，不管使用哪样东西，插销一锁，剩余的休想派用场。并且，门不开，还不能去敲。否则，被认作"太不识相"，吵将起来。早晨的"第一泡尿"，酷暑下班回家后的冲凉洗澡，憋着等着，好不烦恼。另外，各家抢公用地方又是一场战争。麻烦的是，要界定公用地方十分困难。譬如，套房内的箱子间，位置上往往与主人家分离，其归属牵涉到入住的早晚、历史的传承，故而箱子间的使用权，以及门口归属地如何确定，都存在相当的模糊性，公有公理，婆有婆理。由于上述原因，老知青Z回沪结婚没法住了，只能外面借房子。

与上面不同，七层楼的某家倒是清一色套房。不过，其儿子、女儿结婚无房，于是，儿子将主卧一割，拦出个十一平方米小间，外加一只壁橱，算一份人家；女儿、女婿住箱子间，算一份人家；父母亲住起居间，也是一家。厨房间里，再装一只水斗。三家的水电煤、户口自管自，分开。即使这样，为了公用地方或琐事，儿子、女儿女婿、父母之间，仍是大吵三六九，小吵天天有，甚至互相厮打，拳脚相加，人伦、孝悌、母子或手足之情荡然无存。母亲对邻人悻悻然说:"侬讲滑稽哦?伊叫我上头摆东西,难道我还要拿只扶梯爬上去呀?"而六层楼的某家,男主人还是某学院教授,一家门吵来吵去搅得不行,家庭矛盾无法调解。后来可以售房了,还是他们的阿嫂摆了句话:"房子没办法像斩肉那样分,干脆卖掉算了,钞票末照分……"

所谓家家有本难念的经,林林总总,不一而足。上海这座城市人满为患,又长期住房滞后,要想建造住宅吧,资金匮乏,囊中羞涩。怎么办呢?最省事的办法,是对老房子挖潜加层,四川北路一带,"长高"的楼宇还真不少。河滨大厦建筑的地基深、材质优,自然,地段又好。关键之关键,体量巨大,能够解决两千人的住房困难。这个规模,简直就像一个小小的集镇。想法有了,旋即,几方能人、要人各显神通,一拍即合,由虹口区房管局、市房管局、第一人民医院、商业二局等联合筹资参建。借此一方宝地,在原有八层的基础上,加盖了三层,中间转角处顶端呈八角形塔亭状。大楼长高了,除有柱子的塔亭外,加盖部分立面上的内阳台、小窗,间有浅褐泰山面砖装饰,几近原样,乍一眼真还看不出来呢。加层之后,虽然在缓解住房难方面较起作用,但也颇受争议。诟病者坚持认为:其建筑比例失调,新建的塔楼不伦不类,是个败笔,有损于经典老公寓的历史风貌。

不少原住民或老住户顽固地持否定态度,主要基于情感因素和生活品质两大原因——自然,给人家尽捡便宜、捞好处,也是不快的。前者,对他们来讲,老大楼顶层有着儿时深深的记忆,一加盖就给抹掉了。解放初,顶楼曾驻扎着炮兵部队,战士穿苏式军服,戴橄榄帽。屋顶上,架着一门门高射炮,除了演练,平时都穿着炮衣。每个礼拜天夜晚,部队要放露天电影,挑起一块白幕布,放映机一架就开映了。小朋友们或其他的大楼居民,自带小板凳去观影是被允许的。大楼小同学还与战士一起搞联欢。舞动小方彩旗,教小同学怎么打旗语……

而后者，感觉在生活品质、生活环境和人员素质上，明显下降。最突出的一点，是人口暴涨。原先一个楼层三十二个套房，算上"户中户"，顶多也四五十户。加层后，每一层楼就有九十六个套间，全小户型，三层加起来可了不得。人口多了，电梯就这么几部，况且轿厢又小又窄，轧得滗进滗出。人多，尤其是高峰时间，排队排得老长。有时候，索性就爬楼梯了。此外，老大楼考虑到采光，七层楼走廊上，天花板原先是隔一段有玻璃天窗的，蓝天白云一碧如洗。加层后，走廊上头布满了污水管，又黑又粗，既像巨蟒盘踞，又似根根肚肠暴露在外，哗哗响着，未免有点恐怖。还有，大楼里老鼠乱爬，被怀疑是弄堂里夹带来的。

上述种种烦恼，也许还算是浮在水面的，更深层的原因，似乎在于文化层次方面。对于老住户来讲，多年的熏陶濡染，已形成了某种固化的东西，即令动乱年代受到一次次冲击，也冲不走。最简单的例子，譬如：乘电梯排队，从来不插队的，而且都站在靠墙的一边；不要说抽烟进电梯了，就是把香烟头扔在地上，也不会；还有，绝不可能男子赤着膊乘电梯。再譬如，长走廊口有两扇玻璃弹簧门。后面有人，先入者都会替他摁着门，怕弹到人家。开好弹簧门，总归用手撑着，朝后面看一看是否有人，后面没人，手才放掉。而后面的人，也一定跑来接门，撑好，等前面的人一过，他们再进去。另外，夏天大房间的女性基本上都是长裤、长袖、连衫裙，鲜见有穿着短衣、短衫、平脚裤出门的；即便男性也不会穿汗背心、打赤膊……

再往细里说，早年大楼里，会有许多外面绝对看不到的"老古董"：阿婆阿奶，不出客也穿得清清爽爽，脑后打个髻，说话文绉绉的，据说从名牌大学毕业，一辈子也不上班；孃孃嫂嫂，衣着素雅大方且质地很好，路遇时笑微微的，避让对方，侧肩而过，似乎有一股淡淡的百雀羚香；老先生老爷叔，头势煞清，衣冠楚楚，穿着或臂弯兜着马裤呢或人字呢大衣，风度翩翩，腕间都有块好表，天热拿着个折扇，开口时偶尔下意识地夹些外文单词，嘴边衔着大烟斗；此外，大楼里还深藏着好些电影明星级的大美人，且有名有姓，惊鸿一瞥，但都低调、谦逊、极有教养——据说，六楼或七楼的待嫁女，每天门缝下会塞满了情书，而她们是不看的……

总之，仿佛三四十年代犹太摄影师沈石蒂所留下的珍影里的人，一个个都还活着——活在历史的肌理中。这种味道，外面是没有了。这一切，大楼从1950年到七十年代末是一个层级；从1978年加盖三层，到后来又是一个层级，后者的变化来得越加彻底，几乎是断层。对如许之变，无论是七楼下面的老住户，还是上面似乎弄堂化了的新居民，仿佛都感到有些惆怅和茫然。而关于大楼身份之争，到了八十年代中期，沙逊后代准备来回购河滨大厦，似乎把争议性推至极点。原来，维克多·沙逊家族1949年退出中国上海后，一直有着回归的鸿鹄之志——不得不承认，来自印度孟买的英籍犹太人确实精明强悍、商机嗅觉灵敏、有前瞻性。战后剧变，人家财富大量缩水，乃至破产，沙逊家族竟然于兵燹中立于不败之地。到沙逊爵士的孙子这一辈，便开始着手在维克多·沙逊发迹的地方——上海，再展宏图。沙逊家族的后代受到上海官方的礼遇，他们下榻在外滩"华懋饭店"（沙逊大厦，后改为和平饭店），谈判开始时相当顺利，但后来遇到一个棘手的问题，不得不搁浅了。那时回购河滨大厦的资金标的，据说是两个亿，到了千禧年大概已涨成三十个亿。似乎小沙逊跟他爷爷比，手笔还嫩得多。

说到搁浅的原因，其争议焦点，竟然主要是由于大楼加层。河滨大厦回购的事一时传为美谈，住在大楼里的人有的兴高采烈，有的忧心忡忡；而接到有关方面讯息，街道、派出所、居委会、大楼房管所闻风而动，动作麻利。顺便提一下，当初"小笼馒头"孃孃时不时念叨"英国人老板回来了"，真到小沙逊想同她见一面，却已不在了，也是没福气。很快，大楼里户口要冻结了。其中还有一个蛮人性化的政策：知青子女如果满十六岁，允许在冻结前户口落地。这条政策，对老知青Z、娇鹏家的家恕等所有没回城的插兄插妹们，特别有利。因为扎根结婚、上学、上调、招工，这些人失去了回城机会，动迁政策予以安置，知青后代至少可早点进上海，等到他们退休，就可回上海了。"初闻涕泪满衣裳"，可是不久，谈判就谈不下去了——主要由于对大楼住户的界定问题。一方说，包括所有大楼住户在内都需安置；一方说，加层的住户无关，不算在安置范围内。谈判双方僵住，不欢而散。于是，河滨大厦回购一事就黄了。

这是一段插曲。无论赞成也好，不赞成也好；也无论回购成也好，不成也好，反正已尘埃落定。当初刚加盖好，脚手架拆了，一望上半截与下半截有色差，视觉上不协调，仿佛带些困难时期衣裤打补丁的味道。后来，到了千禧年举办上海世博会，大楼里里外外漆了漆，终于簇簇新，上下融为一体。关于加层，似乎还可补上一笔：那时脚手架上有个女油漆工，天天来大楼刷油漆，陡生好感。经过月老一撮合，一门亲事成了，新郎官便是N楼小房间黛琳家的独养儿子，一个六九届插队落户的返城者。几年后，他成了一家制药公司的经理。

的确，加层起到了纾难解困的作用，这是有目共睹的。受惠者有普通人，但也不乏有"花头"的人家，僧多粥少，不然也轮不到。自然，各参建单位"我投资、我分房"，其中有一部分住房资源，则掌握在市级部门，统一调配。大楼原住民英国老太、民国围棋国手家属等，就是通过这一途径，先后增配到加层里的房子的。随着时间的推移，那些被吐口水、扔番茄的日子过去了。不过，令英国老太感到欠缺的是，房子太小，祖孙三代七口人，挤在一起，总归很不舒服。她原先住一个大套房，双阳台、双卫生间。当年还是维克多·沙逊爵士作陪，她的丈夫——弗朗西斯先生挑中的。丈夫殁后，她尽管领着英国侨民享有的丰厚的养老金，毕竟后代人多、负担大，房租一平方一块钱，也不便宜。故而五几年，套房的另一半给退了租，只剩下现在这点地方。这回,大楼加层给增配了一室半,总算解了燃眉之急。

英国老太又回归往常的生活:精致优渥,无忧无虑。照例,广东人在吃上头特别讲究,每天铁马路小菜场拎回两篮头菜,荤素搭配,十分地道。这种五个喷嘴的煤气灶带着烤箱,配有各式各样的蛋糕模子,另外还有打蛋器、现磨咖啡壶等,老婆婆喜欢自己动手,用打蛋器、蛋糕模具、烤箱等烤制面包、做西点,拿巴西咖啡豆现磨咖啡。然后,一家人一起享受美美的英式下午茶。葡式蛋挞是她的专宠,一生不渝。外婆的这个偏爱传染给了后代,为此,大外孙在江西插队落户时,知青都叫他"欢喜吃蛋挞的朋友"。小辈们都说:"我们享外婆福,少吃许多苦头,得到了不少照顾。"大外孙是六九届的,他忙补充说:"政治上没地位,生活上没吃过啥苦头。困难时期,苏州河边人家在捡菜皮,我们在吃鸽子蛋。"1970年,他上江西插队时,一只环氧树脂大方听里,装了一听头的绵白糖、香肠和咸肉。插队当年,他第一个探亲回沪,从上海回赣带了七只行李袋。"单程火车票要十五块二一张,一般人肯定吃不消。我插队落户的费用,基本上都是外婆拿出来的喔。"他又说。因为外婆英侨的关系,他们有大把的兑换券,可以随便进出友谊、华侨商店,购买外面没有的紧俏货。当年,SONY沃克曼、印彩色照片、卡片机佳能、理光、富士等刚进入上海,他们就在玩了。

1982年,撒切尔夫人到访上海,在老锦江法国总会接见了英国侨民。那时,整个华东地区的英侨只剩三人了,老婆婆是其中一个。女儿芙洁陪母亲一起去,她圣约翰出身,尽管做着个油漆工,英文很好,对答如流。老法国总会大厅四周站满了英国保镖,第一眼见到撒切尔夫人,老婆婆的那种心情不可描述。偏巧她大外孙是个集邮爱好者,轧闹猛,行前特为准备了一些明信片、集邮簿,托外婆带去,想请"铁娘子"签个名,邮品无疑会身价百倍。结果,老婆婆母女一紧张,竟忘了拿出来。在这之前,某年老婆婆生重病,住进了第一医院外宾病房。面朝苏州河，一个房间只有两张床，老婆婆母女各一张，她女儿是陪护母亲的。其他病房都有规定的探望时间，外宾病房却随进随出，畅行无阻。客饭一天就一百多元。住院、医疗费是用外汇结算的，贵得吓人。出院时，一结账要五万元。好在英侨的费用全报销，否则怎么花得起？

像英国老太家一样，民国围棋国手的亲属也分到了房子，在加层的十楼。十多年前，缪老先生客死异地，当时棋院造反派正得势，"鲜花着锦、烈火烹油"。自然，一代围棋国手，死得无声无息。到了平反、落实政策这一波，也赶不上趟，虽然当时许多被迫害致死的名流都给补办了告别仪式。说来，是有几分寂寞的。缪老过世，遗孀缪老太还一直住在松江，照顾老人很不方便。于是，热心人张罗着，又是反映情况，又是呈报材料到市政协、体委。上级部门顾念缪老先生对中国围棋界的杰出贡献，即便人不在了，还是给予照顾，分了房子。由于当初为情势所迫，围棋国手缪老等于是被驱逐出河滨大厦的，如今的回归，似乎也有了一种特殊的意味。不久，缪老先生的老妻便在十楼住下了。女儿缪独伊一家，先前被赶进五楼工房间，增配一房，遂也得以回归。此外，她丈夫反右时吃轧头，从天津退回余姚老家，但没多久就摘了帽。平反落实政策时，按有关政策，他的户口可以迁回上海。就这样，一家人总算团聚了，得享晚年。

写到这里，大楼一甲子的故事就将接近尾声。除了标签性的人物缪老先生、佟颖倩、成苻农、贝瑞康、老爹、英国老太、骆老头、易家姆妈一家、许士祺、茅之伟，以及乔师母、倪老太、谭家婆婆、庞先生、唐韵珊、项炳其、嬢嬢"小笼馒头"等，已陆续在前面提到；还有一些大楼颇有代表性的人物的下落，借此也一并作简单交代。他们是：女画家、凌之轲、楼教授、夏臻合、曾翠玉、方瑞夫妇、袁宗瀚等。下面，不妨摆上一桌"流水席"，一一道来。

2. "流水席"

曾住在510的女画家。女画家与先生感情甚笃,先生苦熬到了云开日出,竟遽尔驾鹤,令人痛惜。她屋里基本不挂画,除了书房墙头有一先生的山水画遗墨,暇时怡倦眼。有很长一段时间,丈夫的骨灰盒就在屋里与她相伴。直到过了千禧年,方在苏州香山墓地入葬。是日,她默念着:"终于入土为安了。"先生走后,很久女画家才走出悲恸。从前,她似乎不大与人交往,慢慢也熟络起来,或与邻居密谈,或跟一般小年轻聊天喝酒。斜对过一份人家主人姓桑,老干部,以前在市委里做政策咨询。他太太,越剧界的一位"名丑",与袁、徐、傅、范、庞等都是老姊妹。女画家有时去找老桑谈事,去时便把门一关,桑家孩子等不许听的,后来似乎为了答谢,她以扇面有芦雁、书法《七律·长征》的墨宝相赠;有时则去找桑太太说家常,因她喜欢京戏、昆曲等,偶尔也喜欢唱两嗓子,自然十分投机。动乱年代后,仿佛冲了一把澡,文艺界人士素有的那种精致与风雅几乎不存,与老桑说事时香烟对呼,跟邻居大妈也一个模样了。故而,女画家尽管很独立,却显得十分随性、豁达、豪爽,从不藏藏掖掖。高兴起来,就跟一班小年轻香烟抽抽、老酒吃吃,操着一口吴侬软语,说来就来,唱一段梅派《玉堂春》。"我喜欢跟年纪轻的在一块,谈得来呀。"她蔼蔼然说。酒是拿一只铝壳热水瓶,到大楼旁天潼路河南路转角的"大丰"去拷的,散装啤酒。小朋友盛赞她的画,尤其是鲤鱼与芦雁。"咦,这条鲤鱼哪能介灵啦?"说看老画家画鲤鱼,很潇洒,鱼鳞片晶晶亮,真想把它刮下来。她漫应着,笑答:"哎唷,跳龙门呀!"说着,啤酒瓶底一般厚的眼镜玻璃片一闪。"嗳,我就欢喜这种鲤鱼跳龙门的感觉。"又说。

老画家孤身一人,自然,更多时候,是同养女在一起。她是女画家七妹的女儿,自幼过继给她,亲如母女。近朱者赤,由于养母的熏陶与提点,养女慢慢也吃起了文艺饭——译制片配音演员,后来当了导演。第一部戏,是在日本电视剧《姿三四郎》里分别为姐姐高子、妹妹早乙美配音。这是一部劲爆的电视剧,当年,还刮起高领棒针绒线衫——"高子衫"流行风。钟点一到,女画家再大的事也得停,说:"《姿三四郎》辰光到哉。"电视剧播完,借着画画,她便跟养女说出一番道理:"画画末讲究明暗虚实,以表现不同的层次。其实,声音里也有,哪里应该抑,哪里应该扬,要好好琢磨。"养女出嫁时,她张罗着跑前跑后,忽见新房墙面上拿滚筒滚出来的彩色立体花卉,有的剥落了,有的色泽不鲜艳。翌日,她拿来画笔颜料,扶墙而立,亲手一笔笔补描上去。八十年代,经常有宾馆、饭店请老画家去作画,她慨然应诺,不取分文画酬,就连下榻时的饭钱都自付。有些大型国企请她作巨幅的画,也从不收一分钱。并且,但凡有求助,或单位谁有困难,她总是伸出援手。除了慷慨捐出所藏徐悲鸿的名作,以及所藏珍玩,在故乡成立女画家的艺术院时,她悉数捐了一生辛劳所存的画作:人物、山水、花鸟、走兽,包括精绝之作鲤鱼、芦雁、仕女。并且特为关照养女说:"墙上的画也捐了。"女画家辞世后,央视去她故居采访,墙上连一幅画也没有,只能借来几幅遗作,临时挂了挂。

住在N层楼的凌之轲。之轲已恢复担任某央企总工程师的职务,还先后出任市政协委员、常委。被抄走的黄金珠宝等,国家收购。有一对极品翡翠成色甚好,后来落实政策时,有关方面不好意思,又加补了九千元。一对珍稀青花瓷盘,给市历史博物馆看中,给个价,说要留下"研究研究"。凌家夫妇说:"既然国家需要,我们一分钱也不要,送给博物馆吧。"至于字画卷轴,包括有一些是凌之轲、孟婉婷结婚时,民国书家、民革要员于右任等所赠,还有其丈人——同盟会员、辛亥革命元勋、某省副省长的亲笔墨宝,都没了。说来也巧,多年后凌家重返故地扫墓,其小儿子凌皓竟然意外在一爿旧货店里,重新购得其外公九十年前所书的一副对联，上书"文章千古事，社稷一戎衣"。同时觅得的，还有外公这位民初"都督"的军刀、都督服。凌之轲、孟婉婷伉俪日子过得样样称心，除了儿子凌皓结婚无房的烦恼。其时，他们马拉松式恋爱已跑了六年，年纪不小，无法再等。房子是心头的一枚刺。说起来，当初人家也不算硬抢。"能够保留一间算好的，有人扫地出门了呀。"他当时安慰自己说。等于自己交出去的，要讨回房子的理由，法律上不够充分，苦果就吞下了。等到落实政策时，人家说："搬出去可以，只要达到我（需要）的水平嘞。"可是房源紧张，哪能满足对方的要求呢？只好作罢。结婚无房的窘况很普遍。好在凌家元老、将门之后，通过亲戚疏通关系，找上了市里的副职领导，刚好也是同乡；况且，之轲又是市政协常委、市级统战对象，说出去，海外影响也不好。于是，一番波折后，总算给增配了一套新村工房，儿子得以迎娶新娘。之后，为了离父母近些，又"两调一"换房，回到河滨大厦。

凌之轲的三哥、九弟、四姐都在台湾，当年压得他喘不过气，哪敢提？两岸破冰了，但由于其三哥、九弟均为空军高级将领，仍无法回大陆。某年，因九弟媳在蓉城的老母亲病重，母女俩已有卅六年未见面了。为此，冒险避开台湾当局的审查，私自绕道新加坡，九弟媳才得以回蓉探望。来大陆的第一站是上海。亲戚团聚，应尽地主之谊。可之轲生性胆小，未免抖抖豁豁，遇到这等"大事"，不禀报不行。一商量，上面便敲定让警备区的一位干部全程陪同，名义上只说是老朋友。开着警备区的车去接机。九弟媳是台湾某大学的英语教授。第一次来大陆，双方见了都很僵，一路无话。等到家坐定了，九弟媳方弱弱地问："我们家有共产党吗？"之轲一家都笑了，忙说："家里没有共产党（员），就是想入，也入不了喔。"在沪时，哥嫂及侄儿陪客人逛街，外出吃饭等需要用车，"尾巴"甩不了。其实，弟媳哪有不晓得的？"嗳，那人大概是统战部的吧？"她私下突然问。大家都微窘，说不出话。不过，有"老朋友"也省事。这趟回大陆，九弟特为买了十几块台湾产的石英表捎来，大陆那时鲜见。没想到出关时，石英表竟然全被扣下。经"老朋友"交涉，翌日就开了绿灯。那位海关关长亲自到场，还郑重地对九弟媳说："欢迎凌将军能回来看看喔。"后来，两岸睽隔的兄弟终于见面了，那已是1995年。

住二层楼的楼教授。他做事特别认真，而且讲究章法，有条有理。这些秉性，就是在生活的细枝末节也体现出来：每天早上，花不少时间打理头发，梳得锃亮滑泽，一丝不苟；吃无锡带来的水蜜桃，每每用刀把皮剥下来，净了皮，随即切下桃肉小心地送入口中，丝毫不漏；吃大闸蟹，大卸八块，破螯剔肉，吃完后，残壳能拼出个完整的螃蟹。他家有四朵金花，个个颇有音乐细胞，先后添置了三架钢琴，他喜欢将钢琴昵称为"姑娘"：第一个"黑姑娘"，曾陪伴女儿们度过幸福愉快的童年、青年，可惜动乱中，被扫地出门；等经济条件稍有好转，东拼西凑，隆重请来咖啡色的"棕姑娘"，为此，他还作《七律·闻琴有感》两首，诗云："归来燕子宛曾识，从此高歌唱不完。"再后来，又请来了"白姑娘"。这一切，无不体现出这个家庭的洋派，与知识、艺术气息浓郁，注重情趣。确实，楼教授就自称是这样的一只"火车头"。1980年三月底，他以教授的身份奉调去财经学院，二十多年绕了个大圈子，回归本行。喜悦之情难以言表，不禁写道："我希望在五年里带出一批接班人来——年轻或中年、学术上有点水平的一批人。如果能实现这个目标，我也对得起财经专业、对得起后来人了。将来，等我撒手西归的时候，总算稍有交代，也不枉此一生了。"又说："一个人活在世上，就是应该为世界留下点财富，如果因此而少活几年，也是心甘情愿的。"其时，他已年过六旬，感叹被耽误了十年。于是，老牛奋蹄自扬鞭，加倍努力。搞科研、搞教改、编教材，成绩斐然，硕果累累。曾三度赴美进行学术交流，代表中国参加联合国大会会计专家会议。先后担任系主任、名誉系主任、博士生导师和终身教授。

被国内誉为"会计学泰斗"。

四楼的曾翠玉,一向温文尔雅,人文素养很好,态度亲切和蔼,穿着整洁素雅,说话声低低柔柔的,从不跟人争什么。她没工作、没收入,后来,靠拿低保过日子。尽管这样,却还尽可能地去帮到别人,传播福音。她家面朝苏州河的大套房被占了一间。剩下的,一间她与大儿子住;一间给结了婚的小儿子住。夏天燠热,无法睡觉,她便去庐山避暑。在庐山,父母亲的别墅已被收去,问及这栋私人别墅的产权归属,对方答道:"我们帮你保管了这么多年,算下来,保管费要比房子还贵呢。"翠玉思忖道:"我死了以后,又带不去,要它做什么?上帝给的,已够多了。"借住在朋友家里,她写了一本小册子《我的失败,神的恩典》,以纪念一位曾帮助过她的牧师。到了九十年代,开始讲《启示录》,这一经典博大精深,一般信徒都不敢讲。老姊妹盛赞曾翠玉讲得特别好。有段时间,景灵堂准备叫她去做专职牧师,被婉谢了。不过,她却深入当时上海的穷街——虹镇老街,那里以环境脏乱差著称,路边小便池发出阵阵刺鼻的异味。她一趟趟去那里,给姊妹兄弟们"查经"、做见证。据说,那里的小流氓人家管不好,竟然被她感化了,从此改邪归正……

六楼的夏臻合,动乱过去,终于又可以跟一帮留洋老朋友聚在一起喝咖啡了。有一段时间,他带着轻蔑和嘲笑,特别留意那些内心龌龊、毫无底线、坏事做绝的小人。能够精准地说出当年进驻河滨大厦的一个个造反派、"文攻武卫",尤其是进驻指挥部的坏头头老屈,讲出他们的姓名、工作单位,讲他们所做的缺德事,特别是欠下的无数条人命。告知来大楼调查者说:这就是"三种人"。据说,老屈的下场很惨。另一方面,夏先生又相当宽容、厚道,认为那些里弄干部、红卫兵们则是"不明真相,犯了错误"。至于他自己,不光名誉得到了恢复,已届高龄,还被特聘为地质学会的名誉会员,并且受托翻译有关采矿、海洋石油开发方面的原著。为弄懂某些源自日语的专业术语,他又攻起了日文。固然，老留学生德语很好，有一阵外语学院招聘外语教师，他去应聘，可惜该次招聘不要德语。跟他同去的、圣约翰出身的老伴汪琪芳念了一段英文，竟然语惊四座，该院当场要录用她。不过，夏太只是小试牛刀而已——一辈子都没上过班，渐入暮年，还会去吗？此时，她的胞妹，一个上海名媛、盛宣怀孙子的太太，正在东京开一爿饭店，又加盟那里的京剧票房，很火。

五楼的方瑞夫妇，岁月静好。方瑞的丈夫是一名高级工程师，吃技术饭的。后来，先后历任市工商联副主任委员、全国政协委员、工商联常委。有段时间，出任市仪表局副局长。上任头一桩事，是规定外贸单位，上班一律不准穿西装短裤和凉鞋，未免有点苛刻与发噱。功成身退，颐养天年。到耄耋之年，当听说多年前由他主持研制成功基准电压，并整理出一种公式，目前在美国计量局作为一个测量标准，仍然在使用中，还不无得色呢。

袁宗瀚的故事先搁一搁。走笔至此，似乎还可以附带提到另一个人——黄金荣的孙女。她与"流水席"中的人物毫无共同之处。不过，其神秘奇谲而又变幻莫测的存在，如果说，在体现河滨大厦的传奇性、隐喻性特质方面，好像又有着某种相似的地方。她祖父是昔日上海滩赫赫有名的大亨，黄氏家族怎么会隐居在大楼里？解放初他在大世界门前扫地的同时，是否就住在大楼？其嫡亲的孙女一生是怎么过来的？岁月流逝，随着黄家后人的离去，这一切都成了历史之谜。谜团还有许多，据说李鸿章的后代也住在大楼里，其行迹已不可考辨。只晓得，黄金荣的孙女就住在方瑞夫妇家的贴隔壁，是个独住的套房。孙女长得酷似其祖，有人说，"一只面孔像猪头三"。年迈的她，秃发很厉害，喜欢戴着个假发套。似乎有了"第二春"，嫁给年轻她好多的男人。落实政策时，给发还了七八万人民币。那么有钱，但好像不载福，某天在看电视，她看着看着，就归天了。

第十章

1. 契阔

赶上重用知识分子的好时光,冬冬连跳三级,很快由林业局副主任、副局长,再擢升至 Y 林管局主管生产的副局长。由于伪满以及后来的种种历史沿革,Y 地的归属权一直在黑龙江、内蒙古之间游移,变得两省兼具,加上早先以林业生产为主,因此,林管局与盟政府合署办公,既下辖许多林业局,又统领其他,等于掌管一切,十分了得。冬冬坐上这把交椅,威风八面,"春风得意马蹄疾",似乎正处在人生飞扬的顶点。八十年代靠近中期的某天,他带着手下的到杭州开会,公干之余,想到家恕就在离杭州不远的 L 地,不妨去会会老友。

在葵巷坐上公交车,五十分钟之后,找到家恕住地。有很大一块褐黄色"疤"的山脚下,一个厂区的锅炉房外,家恕正提溜着两只热水瓶在泡水。冷不丁,肩胛上被重重一拍,叫了声:"家恕!""冬冬,你怎么会来的?"他又惊又喜,热水瓶一放,就陪表叔去杭州玩了三天。他们还像在阿乌尼时那样,谈得逸兴遄飞:名胜典故啦,应景的名篇名句啦,进庙随喜啦,风土人情啦,社会与人生啦,哲理玄机啦,官场见闻啦,仕途升迁啦,林区管理啦,乃至从前的深山伐木、火车小站、冻肉、地窖里的白菜等,无所不包,饶有机趣。其间,跟班替局座拎着个大皮包,递递拿拿,一口一个"席局"。尽管如此,他们叔侄俩异常投契,不分轩轾,冬冬因过去"夹紧尾巴"惯了,即令大权在握,做人还是很低调、不张扬。只是末了一天,家恕由于离家数日,孩子没人带,又疲于哀乐中年琐事一大堆,遂提前告辞,这时他余兴未艾，方稍有憾意。"哎呀呀！再陪陪俺们一个晚上嘛。你明天走，不差这一天。"冬冬蹙眉说。家恕急急忙忙要回去，孩子小，妻子顾不过来。"唔，既然你们明天要回去，就不陪了……"说着，家恕有点"嗒嗒动"，即心有戚戚焉。临别，还给做大媒的蓝姐捎上了杭州特产——小核桃。不免想起，冬冬提到蓝姐多年前又有过一次宫外孕，血如潮涌，十分骇然。

自从杭州一别，以后二十多年他们再无往来，哪怕片言只字。岁月无情，离多会少。巧的是，家恕离开东北的最后一晚，竟然就"躲"在冬冬家里。可以说，大返城搅动了每个羁留者的回归之心。家恕也一样，十六岁离家，已在外漂泊了十三年，渴盼着早早离开朔北、离开林业局。蓝姐做媒，千里姻缘一线牵，进展还挺顺当。考虑到婚姻与南调互为因果，缺一不可，况且，存在不确定性的风险，宜速战速决。婚姻大事虽说急不得，但情势所迫，故而，男女双方似乎都有一种乘特快列车的感觉。不久，南归变为现实。这最后的一天，家恕思量再三，一来林业局爱惜人才，许诺丰厚条件加以挽留，因此不能动静太大；二来人际交往，方方面面牵牵攀攀很多的，实际上也顾不过来，万一顾此失彼反而不好……所以，决计谁都不告诉，突然销声匿迹。自然，该还的人情、该走的人家也都去辞行了。就这样，家恕悄没声地来到了阿乌尼表叔、表婶家里。在朔北边陲十三年，说不上轰轰烈烈，但也够折腾的，如今即将告别黑土地，想不到竟是这样凄清的一晚……

"家恕，你调回去是对的。"冬冬兴兴头头地说。像从前一样，他们盘腿坐在炕上，喝酒聊天，海阔天空，菜肴丰盛，蓝姐破例也陪家恕啜上一口。家恕把盏深谢叔婶俩，一个，在荒寂中让他有了精神家园；一个，有心替他做成了大媒，万事俱备，南归在即。"家恕，是应该谢谢你婶欸。说起来，还是'亲上做亲'。假使没你婶子撮合，你哪能找到这么好的姑娘？哪会中这个'六合彩'？天底下哪有这么好的一对？嗳呦，按我说，你们还有天大的好事呢！"蓝姐烧着两颊，抹胭脂样红红的。说着，又自斟满了，也不与客碰杯，一饮而尽。"还是你好欸。俺们呀，回不去喽！"说罢，眼眶里涌出一泡泪水。记得蓝姐提起她回沪看病，到了娘家给关在门外的事，家恕忙把话岔开了，说："……来北大荒，我最慌两件事：一是蚊子、小咬、牛虻叮咬；二是冬天上厕所，知青厕所在旷地里，风呜呜吹，冻得实在吃不消。自然啦，还有探亲路上，受那份罪。"是说，驮着一大堆行李换车。譬如，到天津东站，再坐公交车去西站。再譬如，上海北站，没尽头的排队，检票进站，然后两个大旅行袋肩胛前后一搭，撒腿拼命跑，列车停得真当远。跑啊跑，浑身上下都是汗。拼命挤上车，再死活找一丁点可歇脚的地方。

都晓得，知青火车56次被称为"强盗车"。经常睡在人家的座位下。有时，塞在高高的行李架上，背脊弯着，脚搁在薄薄的靠背顶上。上厕所非常难，靠从肩胛、头顶上过。"就这样，我还要写日记咪！老站着，写呀写的……"家恕继续滔滔说着。记得在兵团时，探亲前去仓库木撮子一撮，打廿斤黄豆。绵白糖要到连队的小商店去买，或上团部去买。回上海，带绵白糖，蘸淡馒头吃，很受欢迎喔。在阿龙山，就只有松子、砧板了。上山采松塔，沉沉一麻袋，扛下山，累到发抖。可是扛回家，大家比较冷淡。"连我姆妈也说，'嗳，松子贼贼硬，带介多做啥？给谁吃？'"像这一类冷笑话往常也说，但是，此刻却别有一番滋味。想到即将告别这一切，心上总笼罩着一层淡淡的悲哀与惆怅。"木材都托运好了？"冬冬陡然间想起什么，问。是指按照老政策，干部调离林业局可带若干方木材。那个时候，森林资源尚充足。"很麻烦喔！搞点木头，求爹爹告奶奶，真是劳民伤财。"家恕颔首回答。是那种林场特有的樟子松，板方或原木。请人伐木、用拖拉机牵下山，再晾晒、去皮、锯开、机械加工等。处处打点，烟酒招待花了十五元，酬谢酒席摆了好多，每桌廿七元。还算小钱，这批木材，光火车托运费就八百多。亲亲眷眷,自然都想到了——八十年代,成套家具都兴自己做,便宜。家具店买要托人开后门,凭户口簿,还贵得吓人。家恕重视亲情,顾念到方方面面,就超量了,装车一核算,未免吓人。好在另外捎上的原木卖了,可抵冲运费。听了家恕一番说,似乎前景堪忧,冬冬攒眉摸着下巴颏,诡谲地笑了笑。"家恕,你什么人都顾,没准自个吃亏,当冤大头呀。"蓝姐担心地说。

"喝!到东北整整十三年,只换回了这些木头。"家恕感慨系之念叨着。这已是翌日在绿皮车上了,但仿佛也并没更多想法。对他而言,在遥远的南方,新婚才不到两年的娇妻,和刚呱呱坠地的未谋面的宝贝儿子,才是全部。说起蓝姐介绍的这门亲,还得补叙一下。女方叫黎晨,中等个子,清朗娟秀。求学、入职时,似乎处处都比较拔尖,眼界就不一般。况且成熟果决、独立,智商情商都比较高。待人接物上,似乎还像只"热水瓶":外冷内热型,憋急了,说不准软木塞"噗"地跳出来呢。第一次见面是春节前,相约在L地影剧院,一起看了译制片《佐罗》。上L地,可以说是"途中",因为打这个老县城火车往绍兴开,就到了家恕的外公、外婆家;而探亲回沪,看望老祖宗向来是固定的节目。此时,外公已不在了,外婆年迈昏聩,稀里糊涂,称眼睛里看见鬼魂飘着,因此,常在枕下掖着把雪亮的菜刀。见了大外孙,外婆一高兴,脑子也不迷糊了。家恕远道而来,被亲眷乡邻尊为上宾,天天吃饭坐"上横头",一晃,就到了年初六。

其间,蓝姐这个红娘也没闲着,一趟趟跟表姑、表妹打长途。嘴干舌燥,捣鼓这门亲,来来回回,说阿乌尼这些年对家恕的印象如何如何;说他志大才高,好学上进,而且勤勉刻苦,还有,一手字也邪气漂亮……总之,好话一堆。但是,人家姑娘自有主见,岂是表姐说得花好稻好就够的?凭直觉,姑娘似乎对家恕印象还可以。仿佛也有个说法:看人不光看本人,还要看其长辈、家庭、生活环境等。就譬如,找姑娘家,将来是胖是瘦,先要找丈母娘搭搭脉。黎晨存着这个念头，刚好，家恕节后火车路过L地，两人再次约会，并且由蓝姐一手安排，姑娘应允一道去了趟上海——反正，杭州到上海也不远。在上海，娇鹂跟未来的毛脚媳妇头次见面，买了件衣服相赠；黎晨给未来的准婆婆娇鹂买了只提包，作为回礼。大家都不熟悉，即便是谈朋友的双方也是，自然客套些。中午饭馆里吃贵妃鸡，两人还闹出笑话。的确，初次交往也不可能很热络。这种时候，家恕两个弟弟好像给逮着了机会，大大释放善意和热情，来得个起劲。一个忙叫来恋爱中的女朋友，同桌吃饭，敬酒搛菜，一递一声，甚是亲热；一个见大哥不知怎么吃坏了，便陪未来嫂子去黄河路长江剧场看话剧《清宫外史》，自告奋勇，殷勤备至。黎晨落落大方，以礼相待，恰到好处，又把握分寸，进退有度。但话说回来，一个姑娘家，来到一个全然陌生的地方住下，况且，还是寒素之家，空间又这么狭小逼仄，这要有多大的勇气呀。人家图什么？

　　翌日，送走黎晨。蓝姐一直悬心，因为似乎物质条件上不怎么地，结果一问还好，人家姑娘不是那种人——自然，两者兼有，岂不更好？但也说"再往下走一程看看"，显然，门没关死。等到下一个探亲假，家恕上L地，黎晨调休陪他去附近运河边一个古镇。随后，同去杭州游玩数天。沪杭两地你来我往，各尽地主之谊，礼尚往来，说起来谁也不欠谁。于是，泛舟西湖，第一天去了白堤、虎跑、六和塔、灵隐寺；次日上保俶塔、初阳台、满觉陇、烟霞洞、北高峰……临别一日，到访龙井、九溪十八涧、六吊桥、岳王庙、平湖秋月。就在头天，家恕以一支铱金钢笔作为信物相赠。不料，忙中出错，居然给她弄丢了。如此一来，反倒推波助澜，陡生一种跌宕感。转眼归期已到，不忍分开；加之蓝姐又在远程指挥，长途电话里叮嘱家恕："路远迢迢，见面不易，怎么不多待几天呀？"好极了，一待，又是数日光景。佳期如梦，柔情似水，念念远隔数千里，不知不觉，变得难舍难离。况且，刚好又看了场《尼罗河上的惨案》，电影里大侦探波洛有一句精彩台词："女人最大的心愿是叫人爱她。"这句话像一把小锤子敲在姑娘的心上。确实，黎晨也是这么想的，可她的男朋友家恕呢？分袂前，两人又爬了回山。遥望暮霭中沉沉一线，那是沪杭铁路，绿皮车缩成了合金玩具火车，萧然一声。

　　回到阿龙山，正下着大雪，一片旧貌，满目荒凉。家恕忙给黎晨写一封长信，回忆着一起游西湖的情景，恍若隔世。他心里，暗暗赞许她为人老成、热情、大气，不世俗，视才视德为重。而且"疑人不交，交人不疑"，有信任感。承蒙她的不弃，面对如此盛情，假使自己不珍惜，天理难容。然而，他又顽固、愚蠢、可笑得很，竟然执拗地相信：人一生中只能爆发一次爱情。内心神圣的地方似乎很难被触碰。对于谈朋友这件事，好像更倾向于是一种命运的安排。于是，一面忆述着美丽邂逅和生命之约，似在强调、肯定这份感情，一面又笼罩在一种既惋惜又伤感的情绪中，不绝如缕。"可惜呀可惜！这么好的姑娘，却没在第一时间遇见她……"家恕想。信寄出了，随后是不可忍受的焦灼与等待。要知道，深山老林，交通不便，收到回信一般最快也得五六天。何况，大雪下了三天三夜，积雪有半米深。阿乌尼铁道裹挟在纷纷扬扬的雪片中，变得模糊不清。窗外，雪花窸窸窣窣轻声呢喃。这样的天气，邮差是不会来的。因此，倍感寂寞，咽泪装欢。荒山野岭，穷乡僻壤，看一场电影要跑上一百公里。"断肠人在天涯，便是这种滋味了吧？"又想。

　　苦等多日后，久久等待的信终于寄达，家恕立刻捧读起来。哪知，信上非常不满，措辞异常尖刻激烈火辣，通篇是雷电般的愤怒和斥责，但也能感到其中蕴含的真挚、温柔与期许。他被深深撼动了。"……是的，我确实有错待她的地方，太不应该了！嗐，我就是个没出息混饭吃的人，在山沟沟里混吃等死，哪里配得上她啊！"忖着，赶紧铺开信笺，连夜给黎晨回信，但秉笔欲书，踌躇再三，又难以落笔。好不容易写完，寄走。蓝姐也叮嘱他：信要多些勤些热情些，别像块木头，

"侬勒拎勿清呀！"她也火了。兜兜转转，柳暗花明，方提出了结婚事宜，并酌定婚期。随后，接到回信，黎晨答应在今冬明春结婚。唯此，商调南归的事方有着落。"看来，只好先结婚后恋爱了……"黎晨说，既惋惜、不甘，又很无奈。还说，中秋前夕，在宿舍独自眺望，那座山，他们曾一起登临。春节前，他们迎来了大喜之日。爱巢，暂时就筑在杭州的岳父岳母家，靠近京杭大运河旁。家恕向林业局请了三个月的婚假。其间，新婚夫妇到苏州、无锡蜜月旅行。"上有天堂，下有苏杭"，这就给占全了。转眼到了尾梢，最难的是新婚别，何况，明日又隔天涯。按照约定，夏天，在阿龙山相会。嗣后，新娘子不远数千里，如期到了林业局。七月是最美的季节，花开遍野，香沁心扉，满目苍翠，百鸟鸣啭。在这之前，为迎接新娘，新郎早已收拾好房子，买了两床被褥套，外加白糖、奶粉、麦乳精、花瓶——几只花瓶里，插满了刚采撷的野百合、紫花鸢尾、芍药等，奇花异草，花团锦簇。奇怪的是，杭州娘家寄来了一只大邮包，打开一看，竟然是咸鱼和大米。正是采山时节，新婚伉俪便挎篮到林子里去采蘑菇，还有纯天然的野果：羊奶子、高粱果、水葡萄、旱葡萄、覆盆子、蓝莓、稠李子，纯天然的果子既新鲜又干净，采下就吃。假期将结束，新郎一路相送，伉俪偕同到了北京，游玩六天；又到天津卫，才一个南下，一个北上。在首都，兵团荒友们又欢聚了，有茅之伟夫妇、文秀等。文秀返城后在社区里任职。见了面，夸赞新娇娘说："长得蛮清爽的！"

　　九月，南调已刻不容缓。同时，一批樟子松也在打理中。妻子信中说："自从来你这里后，对你在感情上有了质的变化，时时处处能想到你。"并为思念而流泪。"如果没有她，真不知我的生活、命运会怎样？"家恕经常这样忖量道。"感情无法解释。我越来越感觉到她的好，有一颗金子样的心。她是值得爱的人，我越发离不开她了。"与此同时，远方飞鸿，妻子也欣喜地说：我们夫妻之间的感情天天在进步。末了提一笔：最近吃东西总会引起恶心。"会不会怀孕了？"令家恕喜出望外。果然,确实有了身孕。十一月,双方单位都发出了调动工作函。此时,广播里正传来中国女排夺冠的喜讯。几个月过去了,黎晨挺着大肚子,一趟趟上杭州跑干部局催。先说调令已发,可是林业局未收到;再查,原来调动已准予,但调令尚在抽屉里睡觉。由于盯得紧,也许多半也看在孕妇大肚子的份上,很快,一张调转表方寄至林业局,上有"为解决干部家庭问题,拟调你局蔡家恕同志并收档案"的字样。调转费可得八百元(刚好用作木材的托运费)。这时,家恕正忙于上山放树。不料拉树木的拖拉机发生故障,掉了履带⋯⋯翌年五月,预产期已临近,可未出生孩子的父亲,还在遥远的深山里盼消息。不久,林业局收发室收到电报,电文四个字:"生了男孩。"猜想母子应该平安吧?家恕十分高兴,忙回电报说:"⋯⋯欣闻。珍重。晋级。"末句,是指尽管要离开林业局了,但还如期给升了技术职称。此外,早叫给孩子起名,一直拖着。事到如今,家恕为了纪念难忘的北疆岁月,便拟为单名"寒",乳名寒寒。

六月初的一个清晨,家恕这个姗姗来迟的父亲抵达杭州。推门而入,舍姆娘正在给婴儿喂奶;小家伙实墩墩,胖大结实,眼睛、额角、耳朵都跟父亲"活脱斯像"。婴儿的母亲乍一眼有点不认识了,乌发很久未剪,穿着翻领草绿军装,瘦了一圈,但气色不错。一切安好。远道归来,打开行囊,见家恕一口旧箱子里尽是破衣烂衫,洗过竟不敢晾晒出去。改天,去杭州人事局报到。隔了数日,再去L地工厂上班。坐在斜桌面前,拿鸭嘴笔、三角板,描图纸。于是,簇簇新的生活便开始了。一个月后,托运的木料运抵,被放到了杭州郊外的一个小站。谁知由于超量,横生波折,被木检部门悉数扣下。几经交涉无果,末了,处理意见为:原木大多没收,罚款一百零五元,加五十五元运输费、保管费,共计一百六十元。调转费八百搭进去不算,还亏损了这许多。八十年代,这可不是个小数目。"你什么人都顾,没准自个吃亏,当冤大头呀。"想起蓝姐曾这样说,不禁黯然。

家恕的两个弟弟各分得半方木头，结婚时都打了套马蹄脚家具。亲朋都沾光，可并不很了解：人家债务缠身，况又刚回南方，安家落户、数度搬迁、抚养孩子，由于经济拮据，入不敷出，使一切都变得很窘迫。又值中秋节，说要给老丈人送礼，正愁身无分文；妻子想吃毛蟹，舍不得钱，只好放弃。翌年三月，寒寒生盲肠炎，动手术要花钱；十月，岳父被摩托车撞倒昏厥，幸好无恙，但体虚羸弱，需要调养滋补。到了国庆节，原打算去上海一聚，没钱也只得作罢……一直到许多年后，欣遇厂里调资，夫妇俩一次性拿到预发工资三百元，这才翻过身。不光还清旧债，还陆续添置了电视机、电冰箱、洗衣机等几大件。同时，单位划归某政府系统管辖，效益明显增加。从此，轻松做人，扬眉吐气过日子。寒寒念高中时，知青子女户籍回沪……

时光飞逝，转眼之间，寒寒在沪上一所名校硕士毕业，已被美国哈佛大学录取为博士生。出国之前，准备举办婚礼。新娘叫蓓蓓，是他的同窗、硕士研究生，已被麻省理工学院录取为博士生，双双负笈留美。天作之合，喜上加喜。五月，男方在西子湖畔举行一场婚礼。九月，在女方家乡内蒙古举办另一场喜宴。地点就安排在林城。巧的是，这儿正是家恕当年被分配去林业局，之前来林管局报到的地方。它是内蒙古自治区某盟的首府。显然，举办寒寒、蓓蓓婚礼是当地的一件大事。虽都是汉族，但入乡随俗，按照蒙古族的传统礼仪，给女儿女婿办婚礼，相当隆重热烈。更何况，女亲家还是盟里第一号的人物，女儿大喜之日，想低调都难。场面之大，嘉宾之多，古风之纯，委实让人羡煞。大家忙着分头做准备，蒙古式婚袍啦，蒙古包啦，毡房啦，哈达啦，马匹啦，勒勒车啦；还有宰六只羊，煮六锅肉等，一一落实停当。与此同时，新郎的父亲家恕则急于找表叔冬冬一家。因为林管局就在这座林城，听说冬冬老早已升正局长。这还在其次，作为表叔，特别是他们有着多年交情，天涯同命，投契深挚，这样的恩人、老友和莫逆之交，加之，蓝姐又是当年牵线的"红娘"，欣逢小辈喜宴，不请他们光临，岂不是很大的憾事么？

一打听，冬冬早已退休，并且也不住本地——据说，购买商品房，住到靠近渤海湾的异地去了。那怎么办？正发愁，有人告知近一向冬冬刚好在林管局帮忙，发挥余热。一通座机电话打去，果然立马就联系上了。旋即，夫妇俩拿着烫金喜帖，忙跑去与冬冬晤面，邀请他们伉俪参加他儿子的婚礼。阔别多年，重逢有日，款叙衷肠。但是，晤谈中，冬冬神情萧索，话语寥寥，似乎不大像他向来的做派。从亲家那里，家恕约略也了解些林城的情形。随着原始森林面积的萎缩，林管局日渐式微，商业性采伐慢慢就要历史性谢幕。一句话，昔日鼎盛气象不再了。诚然，冬冬已退下，这都跟他无关。不过，"曾经沧海难为水"，热闹阔气之后再清寂，也许就有点那个了吧？叔侄俩的这番初晤，似乎隔了层什么。忙把话题引向蓝姐。"我表姑呢？快叫她来！哼，她不赏光可不行呀！"在一旁的新婆婆黎晨插嘴说。"咦，你是她亲戚，也不晓得？"冬冬一脸倦怠，老气横秋，瞥了瞥诧异地说。再问，便不肯说了。"家恕，记不记得？她倒讲过的，也是瞎猫碰着老鼠……"冬冬说，声音沙沙的，仿佛卡着虾壳，不知是喜是悲。家恕忖了忖，突然想起"躲"在阿乌尼的那一晚，蓝姐似说起过"你们还有天大的好事呢"，方憬然。隔了这么久，带着兴奋与冀盼，还有满满的回忆，没料重逢却是这种样子。"老伙计！你真行啊！"想象中，冬冬一定会拍拍肩这样说。

第二天中午，婚礼盛大开场，场面异常火爆。喜宴楼外面，小汽车、中巴大巴，都满得潜出来。当地四套班子齐齐出动，来宾都是各界重量级的人物。新娘、新郎一行被前簇后拥，多辆披彩汽车一路护送，一程又一程，环环相接。更兼有一彪蒙古骏马队，绸旗飘飘，马蹄得得。富有民族风情的草原、蒙古包、毡房；金镶边、闪闪的袍裙和蓝色哈达；蒙古包里摆宴，牧区婚俗特有的掰羊脖骨礼；吉时到了，认亲敬酒，长辈给一双新人送礼包、给改口费；银碗洒羊奶，弹着中指或小指头敬天地之神……草原上婚礼特有的风俗礼仪，这儿都有。大酒店豪宴只是婚礼的一部分。还有蒙古族艺术家、歌手助兴表演，长调悠扬。详情这里就不赘述了。到了两亲家分别致辞的环节，家恕一番陈词，声音哽咽。"……想不到，三十年后的今天，我们会在这个著名的林城，为儿女们举行结婚庆典……"说到这番奇缘，全场来宾都像被磁铁般吸引住了。"……儿子很有眼光，找到了蓓蓓。蓓蓓天资聪颖、品格超群、为人谦和，在大学读书时成绩始终名列前茅，超过寒寒。虽然是恋人，学习上却是从不自满的竞争者，正是这种互相之间的砥砺和激励，使他俩走到一起，并携手留学……"话音未落，喜宴大厅里顿时响起打雷般的掌声。末了，新郎的爸爸说："……还希望你们尊敬长辈、孝顺父母，不管到了哪里，牵挂着你们的始终是生你养你的父母……"

  席间，大家为喜结良缘祝福，也被某种奇异的不可思议的东西所感动，并快乐着，啧啧赞叹着。欢乐情绪几近沸点。宴席是下面操办的，自然将四套班子安排在同一个大圆台面上，靠近主桌。由于都是现职领导、各界名流，冬冬挨不上边。再说，退下有年头了，一茬茬领导走马灯似的，谁还记得谁是谁？于是，无足轻重，远远的，挤塞在一堆陌生亲眷中，自饮自酌。可话说回来，倘使林管局还威风八面，即令退了，老领导多少还是个人物呢。少顷，新娘、新郎开始一桌桌敬酒。旋即，双方亲家也一桌桌举杯。半圈下来，男亲家蓦然问起冬冬在哪？还没给表叔敬酒呢！一番寻觅，谁也找不到他在哪里，以为上洗手间。会不会喝高了？女亲家赶紧派人去找，也没有。有人忽报："在这儿呢！"一看，靠近墙旮旯的某桌席卡上写有"席冬冬"的名字。同桌的人告知，还在男方家长致贺词时，他便已悄然离去，喜糖也忘了拿。在盟里一号人物兼亲家的面前，尤其是大家都那么兴高采烈，家恕似有点下不了台。但也更后悔照应不周，礼数不到，轻慢了表叔，委实很不应当。况且，在旁人嘴里，他惊悉蓝姐已不在了。因正忙着，加之也不是说这种话的时候，就没怎么上心。喜宴后，家恕伉俪赶紧上门赔罪去。另外，把一百元的礼金也退了——自己人不讲这些虚礼。不知怎么，冬冬竟有些愠怒，话语生硬，兴致寡淡，弄得喜气洋洋的两夫妻有点窘。家恕谈到了阿乌尼、谈到蓝姐做的大媒等，想调剂一下气氛。没顾着反而碰到点什么，冬冬的脸色更阴沉了，两颊凹陷，胡子拉碴，衣裳皱巴巴的，有点邋遢——想当年，即便冬冬很落魄时，当着个小工队长进山伐木，也从未见这副样貌。"家恕，你调回去是对的。"须臾，冬冬想了想方说。此话廿多年前就说过了，再炒冷饭有必要么？

婚礼之后，一双新人就启程赴美了。一去经年，小夫妻俩分别读完博士，又做博士后研究。博士后毕业时，家恕、黎晨专程赴美参加了他们的毕业典礼。儿子、儿媳留下了，在北美按揭买了一幢别墅楼，还有了男宝宝。其时，蓓蓓已在一家跨国公司做了中层；寒寒获聘某所大学的终身教授，并且有他自己的研究团队，在由他领衔并兼老板的某个研究实验室工作。年轻的博导，带着老外博士研究生。每年，他们团队均在世界顶尖 SCI 刊物如 Nature 上发表论文，寒寒多为第一作者，和该论文的"通讯作者"，即课题的总负责人，承担课题的经费、设计，文章的撰写和把关。除了在大学授课、做研究，还担任某专业学术刊物的主编。儿子、儿媳风华正茂，前途无量，后生可畏。家恕这么多年吃苦、受挫折，现在看到下一代追逐自己的梦想，化为累累硕果，感到非常欣慰。退休后，他们赴美带孙子，为第三代忙碌，辛苦并快乐着。

2. 尾声

当初，也许为避开新娘、新郎以及他们的父母会单请自己一桌——事情也不会不是那样，冬冬立马就回渤海湾住地去了。他的家，有一种老上海的味道，而且装修、软装潢等按当时来说，一点不差，但已很旧了，倒还整洁。有一间屋子靠墙供着四季瓜果鲜花，燃着两盏长明灯，上头挂着一幅妻子的遗像，黑白的。房间悉如女主人生前的摆设，丝毫未动。冬冬老早有一句话不离嘴边"我把你坑了"，常絮絮叨叨，后来就不怎么说了。

他的心里，既空空如也，又塞得满满当当，都是一些老掉牙、发霉、不合时宜的东西，舍不得扔掉。他冲不破自己牡蛎般坚硬的外壳。毋宁说，躲在自己的小天地里实在、舒坦。过去发生在他身上的事，无论朝一向宠他的父亲心窝子飞起一脚也好，还是拼命跟自己罪恶的家庭一刀两断也好；无论一意孤行，跑到与苏联接壤之地准备投入卫国战争也好，还是一肚皮学问当着个小工队长爬冰卧雪也好，以及死活不愿回上海……似乎都想法古怪或幼稚，感情冲动，举止乖张，不近情理，不合逻辑。说给别人听，还当是一个滑稽或伤感的笑话。然而，在他却是虔诚，或真诚的——即令做了伤害父辈那样愚不可及的蠢事，也很无辜。他对周围发生的一切感到隔膜，左看不惯，右看不惯，牢骚满腹，容易愤怒。后来，他信佛、吃素了，焦灼之心遂得以安宁。

他的姐姐心莉、心舫一向的努力，是设法使弟弟返回上海，回到河滨大厦去住。这既是手足亲情，也是现实的窘况所致。前者，姐姐们似乎暗示胞弟，过去家里人确实恨他，亲朋、邻居似乎也耻笑他这个"奶末头"的独养儿子没良心。还告诉他，爹爹已获平反，所谓"抽盗国家财产"，罪名根本不成立。罗织罪名，构陷好人，在银行领取自家的存款何罪之有？而且，还不是本人的意愿。并且，她们暗示亲人们理解他，也宽恕他了，只希望他早点调回去……但是，一次次遭到拒绝。因为他知道，自己再也回不去了。至于后者，实际上心莉叫冬冬回家去，是由于一场旷日持久的邻居战争，令她疲惫不堪，精疲力竭。不久前查出了恶病，叫弟弟回家，是想把父亲留下的老家给保住了。否则，她表示，自己将留下一条遗嘱，死后她丈夫如果再娶，将不得住在河滨大厦。说起这场漫长的邻居之战，那真是可怕，而且带点黑色幽默，令人啼笑皆非。

  当年富阿婆曾扬言，席家已死了两个人，接下来就轮到女婿了。瑜荪大怒，说看看究竟谁先死。富阿婆尽管八十开外了，但身体健旺，天天打太极拳，身子骨结实，可以从浴缸一跳跳到窗台上去；并且讲究进补，鹿血酒、驴皮膏、西洋参、红枣之类——吃胡桃，拿房门来轧胡桃壳，"咔嚓、咔嚓"响；还爱干净，一天洗两次澡，精神好到这样。每天吃饱了饭，拉开阵势就寻相骂，瑜荪下班回来骂得更凶。不仅如此，逮着机会，便做手脚使坏：公共厨房里，一矬身就将龌龊水倒进人家的淘米锅、漱口杯、热水瓶里，或正炖着的砂锅里，甚至朝人家烧着的菜里吐痰；"灶披间"摆的台子、碗橱等，往人家的地方挪上五六寸；夏日倒了痰盂罐，随手拿人家的门帘布揩一揩（席家靠近卫浴间）；听见人家要给孩子洗澡了，赶紧将痰盂里的污水往浴缸里一倒；遇到大楼洗水箱，偷偷拧开水龙头，塞上塞子，没留神来水了，涨大水首先漫进席家……这样促狭法子，而且处心积虑，弄得心莉、瑜荪家里时时提防、处处盯着，简直一刻也不能断人。早先住着一对老夫妻——来此避居的公婆郁岱藩、罗紫琳还好，后来，落实政策，他们在延安东路带草坪的独栋洋房，给退还了一大半（还有几户赖着不走），好歹可以住回自己家了。公公婆婆一走，儿子郁郁念书，瑜荪要上班，女主人心莉就无暇离开了。有时候，万不得已要离开家，就叫妹妹头来替班。妹妹头的亡母是老爹爹收下的养女单苏，最早也是大户人家，父母留下的独栋洋房给占了，由于单苏已殁，退还是不可能，但给妹妹头另外分了房。妹妹头握有房契，自然不服，还在没完没了打官司呢。自然，妹妹头忙着，也不好经常照牌头……

  就这样，七层楼大套房里，一场漫长的邻居之战，持续了数十年。即令造反派、文攻武卫都垮台了，热战或冷战仍然顽强地进行着，而起因，不过是为了一只小小的箱子间。从历史原因看，似乎双方各自都占理。矛盾激化，居委会、户籍警、双方单位跟当事人也没少调解、协商，但均未果。其间，令人顶痛心和遗憾的，是一宗煤气自杀事件——心莉的继母婉芷殒命。调解人向来充当"老娘舅"的角色。不过，早先囿于主流观念，所谓"屁股绝对不能坐到资产阶级那里去"，尤其资本家席秉逊还在吃官司呢。这样一来，总是席家吃亏。闹得再凶，"下三滥"再使阴招，说起来，还是怪心莉、瑜荪"占着不给"或"年纪轻的欺负老人"。到了八十年代前后，大气候已变了，似乎原先的格局依然如故。席家自然气不过，怎么咽得下这口气？有一次，为避免门帘被当做揩痰盂的抹布，心莉叫人装了扇木质腰门。哪知富阿婆看了眼睛出血，往自己头上搽红药水，还说是被撞的，告诬状。有个管辖区戴大盖帽的，不问青红皂白，破口大骂，还说这是违章（法）建筑，要拆。心莉、瑜荪怒不可遏地说："穿了这身皮，跑到这里是非不分，瞎讲侬也相信？这是违章建筑吗？有种侬拆了试试！哼，侬大概给塞饱、捞饱了喔！"当时，大楼套房里装这种木头腰门的有好多。还有许多次，时任居委头头的潘幼娴来调解，拉偏架、不公道、不主持正义；开口闭口，都说心莉、瑜荪怎么怎么不好。听说，富阿婆、巩雪樵老两口会打点，小恩小惠，经常拿些从港台、国外带来的巧克力、太妃糖、水果糖之类小东西孝敬人家。刚对外开放时，海外、国外的东西很吃香。塞得多，自然就帮谁讲话，看得懂的。"就是塞东西，也迓迓较嘛。"心莉不屑地说。指也不藏着点。

毕竟，旷日持久，几十年耗不起。受了窝囊气，还被说这也不好，那也不好；一不留神，又有龌龊东西了，防不胜防。长期以来，心莉精神高度紧张，情绪低落，心情很不好，简直处于崩溃的边缘。除了邻居吵闹，加上过去当老师要下放，三班倒。早先，家里还继母、公婆住一起，关系微妙，顾这顾那，还要照顾孩子等，一日三餐，年复一年，不堪其累。某天害牙疼，不久发现牙龈溃疡严重，因怕离家会有人使坏,一直就拖着不去看病。"我一步不能离开,离开他们就要做坏事体呀。"心莉说。后来,实在熬不住,等去看病已经来不及了。单位医务室医生说:"你这个病,大概是'坏东西'。"旋即去第九医院就诊,被确诊牙齿里生了鳞癌。开刀,大面积把淋巴拿掉,也来不及,已经转移了。晓得自己得了恶病后,心莉开始考虑将来怎么办。一是邻居恶搞,一是父亲留下来的房子,两桩事,委实放心不下。心舫一家早住出去了。儿子在念书,结婚还早。丈夫刚退休,过去吃了许多苦,时下光景好了,年纪还不算老,肯定是要再娶的。倘使再婚,女方如果嫁进门来,挡也挡不住。这套七层楼房子,原先是父亲用三根"大黄鱼"顶来的;要传,也传给他的儿子冬冬。存此念头,便跟胞弟说了几次,末了还兜底讲穿,但冬冬还是无所谓的态度,淡然说:"这好办,等郁郁结婚,就结在七层楼里好啦。愁啥?"一句话点醒了孩子他妈。

　　于是,心莉便跟瑜苏约法三章,定下君子协定,将来倘使他有再婚的打算,结婚不准住在七层楼房子里。想不到,瑜苏倒也"乐凯"得很,一口答应。并做了法律公证。这份法律文书上,有心舫和心慰、心慈(均在外地)等亲姊妹签名作证。其中,也签有第三方证明人的表姐——"盛娇鹂"的名字。娇鹂已半头白发,鹤发童颜似也不见老。临时工已转正了。五十岁那年离开了裁缝间,胸佩大红纸花,捧着个镜框退休。此时,早已搬离大楼,她的几个子女,浦东浦西,各住一方。好在她精力充沛、手脚麻利,坐公交横穿上海南北东西,当"救火队长",一家家相帮去带孩子。有一阵子心犹不甘,想点捞外快,贴钱给农村的七旬老母,便推个童车卖桂花粥、皮蛋粥和糖粥;还在家里踏缝纫机,外发加工,做滑雪衫、击剑衫、夹克衫、九分裤等。有阵子还迷上了扶乩,回乡下试了试,丢开了。后来,一门心思,管顾第三代。当下,来到心莉家,签名才三个字,却苦了娇鹂。因最先嫁到上海,娘舅嫌她名字太土,给改成后来那样的"娇鹂"。不想老式繁体字,笔画何其繁复,即令换了简体,似乎也从没把笔画写全。而且,七歪八斜,不是偏旁太小,就是左右失当,像外国人写汉字。"阿姣姊,想不到,我们家热闹了一场,人一个个走了,会有这样的结局……"心莉不禁掩泣说。抱住娇鹂,身子像生疟疾似的,发出一阵可怕的哆嗦。娇鹂心如刀绞,百般安慰劝解,未免也想到自己十八岁嫁到上海,刚来时的情形。娘舅家的三小姐还在学堂念书,午饭要拎着盒篮送去;放学遇上雨雪,赶紧拿雨伞、套鞋去接。"我同瑜荪结婚,你送的红缎绣花鞋……"心莉又说。难为她还记得,娇鹂听来,鼻子酸酸的。之后,又拖了些时间,心莉恨恨的,泪尽而逝。

果然,两年后瑜荪就找了个老伴,反正延安路房子也很宽敞,在那安新家。不过,往事萦绕于心,便常常这样说:"我不恨造反派,顶恨河滨大厦那个死老太婆。没有她,我岳母、岳父和原先的爱人也不会死。"后来某一天,他在某大学同学会上碰到诬告他的老同学,咕哝了声:"老兄,你把我害得不轻呀。"那人装聋作哑,称根本没有写材料牵连到他的事。瑜荪脸涨得通红,愤然说:"我给你搞得家破人亡,你连一点责任都不承担。好吧,不跟你说了。"两个曾经最要好的朋友,从此拉黑。

七层楼某个套房里,席家与邻居失和,两家交恶,其矛盾关涉到社会的方方面面,历史的枝枝节节,也许还有人格、脾性、情绪或出身、生活习惯上的因素。不过,归根结蒂,恐怕还是配套设施的支配权与公共空间如何相处的问题。按照原先设计及功能配置,箱子间属于堆放物件的储藏室,并不住人。如果套房只有一份人家,独门独户,矛盾便迎刃而解。解放后,河滨大厦这一高知、老干部、资本家高密度集聚的地方,度尽劫波,或风波过后,这家或那家,失去居所,特别是属于自家的套房内失去房间,并不在少数。因此,有实力的人家最大的心愿之一,是把失去的房间再买回来,回归套房一统,回到未被分割的原初。千禧年前后,单位福利分房结束。住房进入市场流通之初，河滨大厦的房价，相比多年后，一套一百六十余平方米房子到手价一千四百八十万，那时的房价不贵，一般人似可接受。比方，楼教授的女婿，在一个外资公司当经理，积攒了钱，刚好他隔壁那家要卖房，就从房产中介那里回购。据了解，大楼有许多人家都在这样做——被忍痛分割出去的追回，就像失散多年的亲人回家了，这种狂喜、唏嘘与满足，是任何文字也难以形容的。

此外，还有一些住户，看准老公寓值钱——外国人都很喜欢这种房子，便及时在高位抛出，属于做赢的一类人。譬如，像潘幼娴，老早在附近弄堂里拉老虎榻车，慢慢来到大楼里，慢慢住进大房间。据传，慢慢手里有了若干房子。然后，退休了。到这些房子最值钱的时候当机立断，立刻出手，高开高走。并且，附近她原先住的弄堂房子也动迁了。早几年，动迁政策好，又给钱又给房，还有这个那个补贴。一句话，喜事连连，好运不断。

写到此，河滨大厦的故事就结束了——且慢，殊不料，还有人同框。此刻，河滨大厦 C 字门口，有一对中年夫妇正走进大楼。门首，两旁靠里落地大玻璃前，分别饰有类似风帆状细细累累的黄铜条，一种漂亮的 Artdeco 花式图案。伉俪中，女士是许士祺的女儿。许家搬到湖南路去了，可机缘巧合，故地难离，他女儿结婚又住回大楼。R 先生住在七楼，他父亲是高级知识分子，一位赫赫有名的治疗疟疾病专家。1949 年华野"向大上海进军"时，部队战士有好些人都在打摆子，没法打仗。率领大军的谭震林将军急了，便把这位专家从北方请了过来。可以说，他父亲为解放上海立下了功劳。不久前，R 先生在南京路逛街，冷不丁遇见早先的一个老邻居。她蓬头垢面衣冠不整，坐在上街沿，嘴里唧唧哝哝，周围一堆孩子嬉笑着起哄。回家告知太太，R 太一听诧然，忙拉着丈夫，换了几部车子，直奔某家。见了面，忙问一个年轻姑娘："侬姆妈坐在马路边，晓得哦？"说了她母亲怎样怎样。她女儿慢吞吞的，似乎并不意外，末了说："喔唷！在啥地方？阿拉也在寻伊呀!"来访者告知在哪里哪里,并且说有好几趟了。R太还说:"老作孽的,你母亲是我中学同学呀。坐在马路边像什么?快点去把她领回来吧。""噢,晓得了。"

说着,姑娘急急忙忙赶到了南京路,拨开人群。映入她眼帘的,是这样一个邋遢女人:背弯了,嘴瘪了,牙没了,但是一张脸也并不见老,一双狐媚眼还依稀可辨,只是四周布满褶纹。胳膊抱在胸前,一只手附在脸颊上,好像害牙疼似的;不断唠叨着,不断与臆想中的某人争执;随后,怒而一走了之,但弯了一小弯又折回,继续絮叨着什么。她,就是袁宗翰的小女儿——袁梦露。据说,很久以前,袁宗翰是国民党的一个文职少将,因为有专长,解放后成了建筑材料研究所的总工程师。在河滨大厦,袁家属于屈指可数的上等人家之一,看来有过一番火上烹油的盛景吧。袁宗翰有三个女儿,分别起名叫安娜、海伦、梦露,太洋气了,挨人家骂。住在朝苏州河、马路拐角的一个大套房里,有三间,先前用着几个娘姨。家里"三朵金花",人人会弹钢琴。两个姐姐在外埠念大学、安家,剩下梦露一个,格外受宠。不过,她运气没姐姐那么好,升高中时,志愿是区重点复兴中学,结果考砸了,从云端跌到烂泥地上。变社会青年,到崇明去卖苦力,过集体生活。梦露心高气傲,长得很漂亮,这样娇滴滴的大小姐,怎么吃得消?渐渐,有点异常,躲在卫生间几个钟头不出来,并且动作总是很慢。出状况了,家里不敢正视,也没带女儿去看病。国军少将,顶着这样的名头,袁家受到毁灭性冲击,是很自然的。梦露受到刺激,毛病加剧。五年不工作,就在社会上混。几年下来,在虹口一带有了名声。住大楼、会弹钢琴、漂亮,而且气质优雅,这一切,让她罩上一圈扎眼的光环。即便在那个年月,苏州河畔依然有她的歌声和钢琴声,人们笑称为"夜半歌声"。

当年,小华侨也是罩在光环里的一群人。姑娘羡慕,因为结了婚有希望出国。这些东南亚华侨子弟,就在控江中学侨生班念书,毕业保证能进工矿——想当年，这委实让人羡慕嫉妒恨。班上有个侨生，不知怎么遇上梦露，惊为天人，穷追不舍。结了婚，男方就住在河滨大厦——反正袁家有个大套房，起居室、大卧带衣帽间、小卧，观景阳台等，一应俱全。两个姐姐均在外地，房子空着也是空着。说到底，反正将来要出国的。一切都很风光。不过，婚后梦露才发现，虽说丈夫家在泰国有个橡胶园，家里有九个孩子，并非想象中那么有钱。似乎成家后，公公婆婆也并不接济他们。其实，不过是个穷华侨。晓得实情未免很受伤，但梦露要面子，闷在肚里。更大的打击，是出国泡汤了。加上华侨一不懂生活，二不做家务，于是，小夫妻的关系很僵。这也算了，偏偏到了九十年代，姐姐们都是正规大学生，回城政策上不允许，尽管如此，还是挡不住，一心要打回上海。不久，她们如愿以偿，但这样一来，由于住房，家里的平静从此就打破了。

此时，父亲已经去世。母亲退休前是个会计。对她来说，一碗水要端平，房子女儿各有一份。说来，这也是常理。由于理念不同，姊妹之间便有些罅隙。一闹矛盾，梦露气得胸口疼，对人家说，姐姐抢她房子。恍恍惚惚，精神异常，看上去，情形更糟了。后来，她母亲也走了。于是，房子矛盾总爆发。大姐姐很有脑子，做事也很公平。末了，索性把大套房卖了，三姊妹，大家平分。考虑到病情的原因，她给梦露在靠近精神病院的地方买了一套房子，安置妹妹。此时，华侨已跟梦露离婚并出国了。生活起居，一切都由她女儿照顾。女儿职校毕业，在一个美容院里做事。后来，梦露经常发病，经常住院。病情平稳点出院，出门经常走失。好几趟，过几天才把她找到。更有一回，走失了廿多天，再找回来。她路已不认识了，偏喜欢往外跑，拦不住。前些天又走失了，也亏得老邻居，来报知消息……

"哪能搞的？好像谁在跟她作对似的。" R 太说。当下，夫妇俩进了门厅，走过米黄底镶有多道黑条纹的水磨石地坪，上面嵌着"EB"的字样，即 Embankment Building 的英文缩写。上了五级台阶，R 太似乎还沉浸在深深的惋惜中，对丈夫说了声："惨吧，侬讲？"这时，左右两部电梯中的一部门开了——不知什么时候，门上给刷了苹果绿的油漆，有点触目。在老住户眼里，电梯门，还是从前那种老派的伸缩式铁栅栏来得舒服。轿厢里涌出一大帮子人来。进了轿厢，上楼，七楼到了，下了电梯。方才轿厢太轧，不好说话。"你不晓得，梦露过去老灵老灵的。周围人只要讲起她，都说老灵的喔。"R太带着梦幻般、少女般的笑容，热烈地继续说道，仿佛需要为梦露辩护似的。她丈夫却在一旁讪笑着。好久，才宽宏大量地说句什么，算很给面子了。"嗳，她家里书也特别多，我把那里当图书馆呀！"他妻子脸上仍然漾着微笑。不知为何，这位梦露当年的老同学、老朋友，不光自己考取了区重点虹口中学，而且她的弟弟也考上了，而梦露却考砸了。想到这点，仿佛有点抱歉似的，闪过一丝不安或凄楚的表情。"人家往上走，她呢，不断往下滑、滑、滑。"她说。

　　来到穿堂间，夫妇俩一抬头，就看见粗粗的水管子，仿佛就架在脑袋上，未免蹙了蹙眉。正闷头往里走，冷不防，耳畔传来一阵"咚咚""哐哐"的巨大声响。这是大楼后面打桩机正在打桩子。一面打桩，一面还在拆房子。说是说了很久，贴隔壁南天潼路那一小片石库门房子——洪福里要拆，终于拆了。那里与河滨大厦相伴而生。最早洪福里、宝泰里和宝康里都是老沙逊的房地产。当初，就在宝康里这块地皮上，拆了石库门里弄住宅，盖起了河滨大厦。是的，用不了多久，这一小片红鳞瓦、石库门就要给抹去了。

　　大楼外，"咚咚""哐哐"声还在轰鸣着。

初稿完成于 2020 年 7 月 28 日

跋

  本来想把《我缘何要写河滨大楼?》一篇旧作附上的,它曾在市文联名刊《上海采风》上刊载,有了较大影响和传播面,还带来了一波大楼朋友。但考虑到文章篇幅有些长,几经转载于各类媒体,在此不赘述。不过,经过创作拙著漫长的煮字或访问,终于完成时,也的确有话要说,就再啰嗦几句。

  为河滨大楼造像,前后断断续续已逾十载,苦乐均在其中。如今长卷的第三部即将杀青,掩卷而思,不禁慨然。伴我写作,夏有鸣蛙,秋有寒蝉,春有潇潇夜雨,冬有嚎猫。可笑晨鸟天不亮就叫,旁若无人。画眉百灵的鸣啭,布谷斑鸠的咕噜,或大声对谈,或独自陶醉。每天清晨五点钟,送奶工货运急刹车的嘎嘎声,乃至上楼至门外开箱锁、放奶杯的吱嘎声,十年悉如昨。

  我想,拿生命中的近十年时间煮字写作,应该是值得的吧?伏案敲字,有时,为找不到最适合的文字、细节、切入点、叙事结构,甚至偶尔思路壅塞,为接不下去而苦恼;有时,也为下笔顺利、意念纷至沓来而欣欣然,可惜白天有事,立马打住,等待下一次再写。这种时候,往往就像谈恋爱时在等待下一次约会那样,满心的甘之如饴和充实。有时,为时下都喜欢碎片化阅读的大趋势而兴叹——纸质书没多少人愿意读。殊不知,煮字不易,出版更加烦难。其间,更有庚子春节前后,被大疫情困在家里,像置身于大海孤岛那样的惶恐、焦虑和孤独无援。无法忘记那种揪心与惴惴不安,心里一片荒芜。

  时常,会有儿时夏夜听见蟋蟀叫按捺不住,天不亮要去捉蟋蟀的那种踊跃;时常,会羡慕地望着鸽子成群结伙振翩高翔。"是不是吃饱了撑的？它们在做什么呢？不愁吃、不愁用，何必飞得这么卖力？"但又想，也许它们不为什么，就是飞的一种简单欲望，或一种本能。也许，稍许还有些在异性鸽子面前表现或炫耀的意思。那有什么？不也很好吗？于是，感到莫大的安慰。因为毕竟做成了一件事。其间，还相继通过"喜马拉雅"音频，重温了世界名著《战争与和平》《安娜·卡列尼娜》《罪与罚》《卡拉马佐夫兄弟》《白痴》《傲慢与偏见》《红与黑》《呼啸山庄》《包法利夫人》《了不起的盖茨比》《洛丽塔》和《红楼梦》《金瓶梅》等，学海无涯，学无穷尽，大有裨益。睡觉前，一般用小小的 Hi-Fi 蓝牙音响，听半小时西方古典音乐，舒缓一下绷紧的神经。QQ 音乐带来托斯卡尼尼等大师于二十世纪三四十年代指挥"贝九"，或其他音乐大师的交响乐、室内乐、歌剧序曲的现场声，伴有掌声或咳嗽声。某天，传来舒伯特的"未完成交响乐"，顿时莫名窃喜，心想总算把这个长卷给完成了，老天待我不薄。

毕竟，在这个多卷本的长篇小说里，有许多人物、许多挣扎、许多欢愉和泪水、许多肌理与细节。在时代的投影下，大楼这个多棱镜，折射出大千世界、社会人生、芸芸众生无穷的聚散枯荣、哀愁喜乐，从而生动呈现出上海这座移民城市特有的生活轨迹和富含质感的原生状态，揭示从农耕社会融入都市社会，在现代契约经济社会的矛盾性、艰巨性和种种挫折阵痛，痛苦与迷惘，挣扎与奋进，既闪现人性的光芒，也挑战其弱点。第三部延续上部几个家庭主要人物的故事，将故事发生的时间锁定在 1971 年至 1988 年，并延伸或跨越至 2000 年后。除了民国围棋国手、英国老太、骆老头等"老面孔"，同时，随着时间推移，又新添诸多大楼颇具代表性或标签式的人物，如：早年具有留洋背景的高知夏臻合、凌之轲等；素有"江南鲤鱼王"之称的女画家；第一代领港人贝瑞康；沙逊账房先生老爹；由"摘帽右派"变为外贸高官的成荇农；信徒曾翠玉；钢琴家和她的英语教授父母；国内会计学泰斗楼教授；学者型的外交官茅之伟；以及四马路来的"雌老虎"富阿婆；原国民党文职少将和他的千金袁梦露等。另外，大楼里有一些人，则完成了从社会底层到人生赢家的超越。当来到1976年十月的阳光下，特别是三中全会拨乱反正，春回祖国大地、河滨大厦，呈现一派生机勃勃景象：恢复高考、平反落实政策、改革开放、"英语热"、"出国潮"等。而二十世纪八十年代，意气风发、锐意进取、蓬勃向上的精神风貌和生活特质，更是一抹炫目的亮色，让人眷恋不已。总之，许许多多的记忆。岁月会冲淡乃至带走一切，而如果把它们写进书里的话，或许有可能留存于世，幸莫大焉。

说到这个长卷，之前两部出版时，作者与媒体均称作"霓虹三部曲"。不过，随着故事的进展，上海五十年代中后期至七十年代中期，霓虹灯已凋落，乃至绝迹了；要有，也只是白炽灯泡连缀起来的轮廓线，没有色彩纷繁、蹿闪变化。走进"新时代"，岂止沪上，天南地北，遍地都夜色璀璨，已说不上所谓前"十里洋场"，灯光耀目，一枝独秀。这样，继续沿用"霓虹"就不行了。好在拙著第二部出版时叫《魔都》，如果一定要叫三部曲，那就改为"魔都三部曲"吧，特此禀告。

最后，本书无论在前期采访，还是写作、出版中，都得到了方方面面的扶持，得到老师、同行、朋友、老邻居的鼎力支持帮助与鼓励。市文化发展基金会连续三次给予出版资助。市作协等单位举办了前两部长篇小说的研讨会，媒体大量报道。赵丽宏老师在拙著上一部出版时，发表了书评《一座大楼的史诗》，征得允许，用作本书的序言。还有，承蒙前两部拙著的出版者上海文艺出版社、上海文汇出版社和先后担任责编的谢锦女士、朱耀华先生赐教。此番，还拜托作家简平先生、朱慧君女士费心看了《春水》的原稿全文，予以指教。书中人物民国围棋国手缪镜吾、信徒曾翠玉的部分素材，分别来自与其原型有关的文字，包括亲历者朱伟先生写的特殊时期"围棋轶事"；信友小册子《我的失败，神的慈爱》。另外，在第三部写作中，多承河滨大楼老邻居、老朋友，还有老同学一路相助，分别读了约三分之一不等的原稿，给予指点。还有，给予宝贵、慷慨支持的前两部作品的热情读者们。在此，一并衷心感谢、鞠躬。

没这些支持给力，要完成这部长卷之作，是难以想象的。

图书在版编目（CIP）数据

春水 / 徐策著.——上海：文汇出版社，2021.6
ISBN 978-7-5496-3505-4

Ⅰ.①春… Ⅱ.①徐… Ⅲ.①长篇小说-中国-当代
Ⅳ.① I247.5

中国版本图书馆 CIP 数据核字 (2021) 第 074476 号

春水

著　　者　徐　策
责任编辑　徐曙蕾
装帧设计　张志全

出版发行　 文匯出版社
　　　　　上海市威海路755号
　　　　　（邮政编码200041）

照　　排　南京理工出版信息技术有限公司
印刷装订　启东市人民印刷有限公司
版　　次　2021年6月第1版
印　　次　2022年1月第2次印刷
开　　本　720×960 1/16
字　　数　380千
印　　张　30
印　　数　2001—3000

ISBN 978-7-5496-3505-4
定　　价　68.00元